Sozialpsychologie des Schulalltags
Grundlagen und Anwendungen
Band I

Gisela Steins

Sozialpsychologie des Schulalltags
Grundlagen und Anwendungen
Band I

3. überarbeitete Auflage 2017

Universität Duisburg-Essen

PABST SCIENCE PUBLISHERS
Lengerich, Bremen, Miami, Riga, Viernheim, Wien, Zagreb

Korrespondenzadresse: Prof. Dr. Gisela Steins
Universität Duisburg-Essen
Fakultät für Bildungswissenschaften
Institut für Psychologie
45117 Essen
e-mail: gisela.steins@uni-due.de
homepage: www.uni-due.de/biwigst

Bibliografische Information Der Deutschen Bibliothek
Die Deutsche Bibliothek verzeichnet diese Publikation in der Deutschen Nationalbibliografie; detaillierte bibliografische Daten sind im Internet über <http://dnb.ddb.de> abrufbar.

Geschützte Warennamen (Warenzeichen) werden nicht besonders kenntlich gemacht. Aus dem Fehlen eines solchen Hinweises kann also nicht geschlossen werden, dass es sich um einen freien Warennamen handelt. Das Werk, einschließlich aller seiner Teile, ist urheberrechtlich geschützt. Jede Verwertung außerhalb der engen Grenzen des Urheberrechtsgesetzes ist ohne Zustimmung des Verlages unzulässig und strafbar. Das gilt insbesondere für Vervielfältigungen, Übersetzungen, Mikroverfilmungen und die Einspeicherung und Verarbeitung in elektronischen Systemen.

© 2014 Pabst Science Publishers, 49525 Lengerich, Germany

Formatierung: Susanne Kemmer
Druck: KM-Druck, D-64823 Groß-Umstadt

Print: ISBN 978-3-89967-933-5
eBook: ISBN 978-3-89967-934-2 (www.ciando.com)

INHALT
Inhaltsübersicht

Vorwort 15

Teil I: Eine Einführung 17
1. Sozialpsychologie in der Schule 19
2. Die Rolle der Beziehungsgestaltung für die Entwicklung Heranwachsender 37
3. Wissenschaftliches Denken 49

Teil II: Praktische Theorien für die Schule 59
4. Personenwahrnehmung 61
5. Konformität und Macht 83
6. Soziale Vergleichsprozesse 103
7. Attributionstheorien, existenzielle Attributionen und attributionale Theorien 119
8. Die sozial-kognitive Lerntheorie 143
9. Die Selbstaufmerksamkeitstheorie 155
10. Die Theorie der symbolischen Selbstergänzung 171
11: Die Reaktanztheorie 179
12. Emotionstheorien 189

Teil III: Theorien kombiniert einsetzen 219
13. Theoriegeleitetes Handeln 221
14. Theoriegeleitete Definition von Schlüsselbegriffen 229
15. Theoriegeleitete Reformen 235
16. Vielfalt in der Schule 255
17. Schule als System, das schwer zu verändern ist 271
18. Geschlechtergerechte Didaktik 279
19. Sozialerziehung 285
20. Ausblick 293

Anhang 295

INHALT
Inhaltsverzeichnis

	Vorwort	15
	Teil I: Eine Einführung	17
1.	**Sozialpsychologie in der Schule**	19
1.1	Theoretische Grundlagen konstruktiver Interaktionsgestaltung	21
1.2	Themen des Schulalltags aus Schüler/innenperspektive	23
1.3	Alltagstheorien über Lehrende, Lernende und Eltern	31
1.4	Zusammenfassung	33
1.5	Fragen, Übungen, Lektüre	34
2.	**Die Rolle der Beziehungsgestaltung für die Entwicklung Heranwachsender**	37
2.1	Die Lernenden	37
2.2	Die Lehrenden	38
2.2.1	Professionelles Verhalten in Lehr-Lernsituationen	39
2.3	Eltern	42
2.3.1	Die Bedeutung elterlicher Involviertheit für den Schulerfolg des Kindes	42
2.3.2	Familientyp und Schulleistung	43
2.3.3	Bildungsgrad der Herkunftsfamilie	44
2.4	Peers	44
2.5	Geschwister	45
2.6	Die institutionalisierte Ebene	46
2.7	Zusammenfassung	46
2.8	Fragen, Übungen, Lektüre	47
3.	**Wissenschaftliches Denken**	49
3.1	Was ist eine Theorie?	49
3.1.1	Strukturelle Elemente	49
3.1.2	Dynamisches Element	50
3.1.3	Funktionen von Theorien	51
3.2	Was ist eine gute Theorie?	51
3.2.1	Falsifizierbarkeit	52

3.2.2	Wissenschaftliche Objektivität	52
3.2.3	Wissenschaft im Feld Schule	53
3.3	Auswahl der Theorien	54
3.4	Zusammenfassung	56
3.5	Fragen, Übungen, Lektüre	57

	Teil II: Praktische Theorien für die Schule	**59**
4.	**Personenwahrnehmung**	**61**
4.1	Der Zugang zu anderen Personen	62
4.2	Egozentrismus	65
4.3	Beobachter-Handelnden-Divergenz	66
4.4	Implizite Persönlichkeitstheorien	67
4.4.1	Kategorisierung	67
4.5	Soziale Wahrnehmung in der Schule	71
4.5.1	Folgen von impliziten Perönlichkeitstheorien am Beispiel Geschlecht	71
4.6	Kann auf Kategorien verzichtet werden? Psychiatrische Diagnosen als zentrales Merkmal: Eine exemplarische Diskussion	73
4.7	Überprüfen eigener Theorien über Personen	75
4.8	Perspektivenübernahme in der Schule	75
4.8.1	Der Aufforderungscharakter anderer Personen und seine Auswirkungen auf Perspektivenübernahme	76
4.8.2	Konflikt in Interaktionen und sein Einfluss auf Perspektivenübernahme	78
4.9	Anwendungsmöglichkeiten	79
4.10	Zusammenfassung	80
4.11	Fragen, Übungen, Lektüre	81

5.	**Konformität und Macht**	**83**
5.1	Grundlagen der Macht	84
5.1.1	Belohnungsmacht	84
5.1.2	Bestrafungsmacht oder die Macht zu zwingen	85
5.1.3	Legitime Macht	85
5.1.4	Referenzmacht oder Vorbildmacht	86
5.1.5	Experten/innenmacht	86
5.1.6	Informationsmacht	87
5.1.7	Ökologische Macht	89
5.1.8	Macht durch Emotion	90
5.2	Anwendungsmöglichkeiten	90
5.3	Majorität und Minorität	91

5.3.1	Der schlechte Ruf von Konformität	91
5.3.2	Komplizenschaft durch die Wahrnehmung einer Mehrheit	92
5.3.3	Einflüsse auf Mehrheiten	93
5.3.4	Konversion durch den Einfluss von Minderheiten	93
5.4	Anwendungsmöglichkeiten	94
5.4.1	Das Problem der Wahrheit	94
5.4.2	Das Treffen von Entscheidungen	95
5.4.3	Schule als Konformitätsexperiment	96
5.4.4	Unterrichtsgestaltung	96
5.4.5	Glaubwürdigkeit der Lehrperson	97
5.5	Macht und Konformität	97
5.6	Anwendungsmöglichkeiten	99
5.7	Zusammenfassung	101
5.8	Fragen, Übungen, Lektüre	101
6.	**Soziale Vergleichsprozesse**	**103**
6.1	Die Theorie der sozialen Vergleichsprozesse von Festinger	104
6.2	Anwendungsmöglichkeiten	105
6.2.1	Vergleich von schulischen Leistungen	105
6.2.2	Die Situation in der deutschen Primarstufe	106
6.2.3	Einführung von Noten	107
6.2.4	Systematische Wahrnehmung von Informationen	107
6.2.5	Sozialen Vergleich facettenreich gestalten	109
6.3	Das Selbstwerterhaltungsmodell	110
6.4	Anwendungsmöglichkeiten	112
6.4.1	Akzentuierung durch den Vergleich mit Peers	112
6.4.2	Hilfeverhalten und Selbstwertschutz	112
6.4.3	Metawissen über soziale Vergleichsprozesse lehren	113
6.4.4	Die Relativität von Leistungen verdeutlichen	115
6.5	Zusammenfassung	116
6.6	Fragen, Übungen, Lektüre	117
7.	**Attributionstheorien, existenzielle Attributionen und attributionale Theorien**	**119**
7.1	Kelleys Attributionstheorie	120
7.1.1	Informationstypen	121
7.2	Anwendungsmöglichkeiten	122
7.2.1	Schulischer Misserfolg und schulischer Erfolg	122
7.3	Existenzielle Attributionen	123

7.3.1	Die Suche nach einem Sinn	124
7.3.2	Positive Effekte existenzieller Attributionen	125
7.4	Anwendungsmöglichkeiten	126
7.5	Attributionale Theorien	127
7.5.1	Informationen und Kausaldimensionen	128
7.6	Anwendungsmöglichkeiten: Intraindividuelle Ebene	129
7.6.1	Auswirkungen der Kausaldimensionen auf der kognitiven Ebene	129
7.6.2	Auswirkungen der Kausaldimensionen auf der emotionalen Ebene	131
7.6.3	Auswirkungen der Kausaldimensionen auf der Verhaltensebene	131
7.6.4	Auswirkungen eines globalen internalen und stabilen Attributionsstils	132
7.7	Anwendungsmöglichkeiten: Interindividuelle Ebene	134
7.7.1	Wahrnehmung von Verantwortlichkeit und Persönlichkeit	134
7.7.2	Selbstdarstellung	135
7.7.3	Reattributionstraining	136
7.7.4	Theorien über sich selbst und ihre Auswirkungen	137
7.7.5	Konstruktives Feedback	138
7.8	Zusammenfassung	140
7.9	Fragen, Übungen, Lektüre	140
8.	**Die sozial-kognitive Lerntheorie**	**143**
8.1	Die sozial-kognitive Lerntheorie von Bandura	143
8.1.1	Vier Teilprozesse des Lernens	144
8.1.2	Selbstwirksamkeit	146
8.1.3	Modelllernen	146
8.2	Anwendungsmöglichkeiten	147
8.2.1	Lehrer/innen als Modelle	147
8.2.2	Selbstwirksamkeit im Schulalltag bei Lehrpersonen	149
8.2.3	Peers als Modelle	149
8.2.4	Selbstwirksamkeit durch Techniken des Lernens	151
8.2.5	Unterrichtsformen	151
8.3	Zusammenfassung	153
8.4	Fragen, Übungen, Lektüre	154
9.	**Die Selbstaufmerksamkeitstheorie**	**155**
9.1	Die Theorie	155
9.1.1	Reize, die Selbstaufmerksamkeit auslösen	155
9.1.2	Aktivierung einer Norm	156
9.1.3	Diskrepanzen zwischen Realität und Norm	156
9.1.4	Emotionale Folgen	156

9.1.5	Folgen für das Verhalten	157
9.1.6	Positive Diskrepanzen	157
9.2	Empirische Evidenz	157
9.2.1	Selbstaufmerksamkeit als gesellschaftliche Kontrolle	158
9.2.2	Beispiele aus dem Alltag	159
9.2.3	Optimale Selbstaufmerksamkeit	161
9.3	Anwendungsmöglichkeiten	162
9.3.1	Unterrichtsgestaltung	162
9.3.2	Selbstreflexion anregen	164
9.3.3	Konzentration steigern, Unterrichtsstörungen verringern	165
9.3.4	Techniken zur Aufmerksamkeitsregulierung	165
9.3.5	Selbstaufmerksamkeit und die Beziehungen zu Peers	166
9.4	Zusammenfassung	168
9.5	Fragen, Übungen, Lektüre	169
10.	**Die Theorie der symbolischen Selbstergänzung**	**171**
10.1	Die Theorie	172
10.2	Empirische Befunde	174
10.3	Anwendungsmöglichkeiten	175
10.3.1	Beispiele aus dem schulischen Alltag, die relevant für die Lehrer/in-Schüler/in-Interaktion sind	175
10.3.2	Beispiele aus dem schulischen Alltag, die relevant für die Lehrer/in-Eltern-Interaktion sind	176
10.3.3	Beispiele aus dem schulischen Alltag, die relevant für die und Kollegen/innen-Interaktion sind	177
10.4	Zusammenfassung	177
10.5	Fragen, Übungen, Lektüre	178
11.	**Die Reaktanztheorie**	**179**
11.1	Die Theorie	181
11.2	Anwendungsmöglichkeiten	183
11.2.1	Kommunikation im Unterricht	183
11.2.2	Sanktionsverhalten	184
11.2.3	Drogenprävention	185
11.2.4	Soziales Verhalten	185
11.2.5	Mathematikunterricht	186
11.2.6	Deutschunterricht	186
11.2.7	Hausaufgaben	187
11.3	Zusammenfassung	187

11.4	Fragen, Übungen, Lektüre	188

12. Emotionstheorien — 189

12.1	Die Zweikomponententheorie der Emotion von Schachter und Singer	191
12.2	Erregungsübertragung	193
12.3	Anwendungsmöglichkeiten	193
12.3.1	Emotionen stecken an	193
12.4	Das Emotionskonzept der rational-emotiven Verhaltenstherapie	194
12.4.1	Ego-Anxiety: Angst vor Verlust des Selbstwertgefühls	196
12.4.2	Geringe Frustrationstoleranz	196
12.4.3	Umkehrung der goldenen Regel: Feindseligkeit	196
12.4.4	Kombinationen nicht hilfreicher Bewertungssysteme	197
12.4.5	Verbreitete irrationale Glaubensgrundsätze	197
12.4.6	Die Disputation irrationaler Glaubensgrundsätze	197
12.5	Anwendungsmöglichkeiten	200
12.5.1	Lehrpersonen-Schüler/innen	200
12.5.2	Eltern-Lehrpersonen	205
12.5.3	Lehrperson und Kollegium	207
12.6	Rational-Emotive Erziehung im Unterricht	209
12.6.1	Das Einbringen hilfreicher Überzeugungen in den Unterricht	209
12.7	Anwendungsmöglichkeiten	211
12.7.1	Das Hinterfragen eigener Erziehungsvorstellungen	211
12.7.2	Rationaler Umgang mit ängstlichen Schülern/innen	214
12.7.3	Rationaler Umgang mit Ärger- und Wutanfällen	215
12.7.4	Selbstdisziplin	216
12.7.5	Grundverhaltensregeln für Lehrer/innen	216
12.8	Zusammenfassung	217
12.9	Fragen, Übungen, Lektüre	217

Teil III: Theorien kombiniert einsetzen — 219

13. Theoriegeleitetes Handeln — 221

13.1	Anwendung von Theorien in ausgewählten Situationen in der Schule	222
13.1.1	Ein Schüler boykottiert den Unterricht	222
13.1.2	Zwei Schülerinnen rauchen heimlich auf der Toilette	223
13.1.3	Eine Schülerin wird gemobbt	224
13.1.4	Ein Schüler beleidigt einen Lehrer	226
13.2	Fragen, Übungen, Lektüre	227

14.	**Theoriegeleitete Definition von Schlüsselbegriffen**	**229**
14.1	Respekt	229
14.1.1	Lehrer/innenpersönlichkeit	231
14.2	Zusammenfassung	233
14.3	Fragen, Übungen, Lektüre	233
15.	**Theoriegeleitete Reformen**	**235**
15.1	Jahrgangsübergreifender Unterricht als Kostensparmodell	236
15.1.1	Diskussion des jahrgangsübergreifenden Unterrichts	236
15.1.2	Stand und Art der Forschung zum jahrgangsübergreifenden Unterricht	238
15.2	Eine Evaluation	239
15.2.1	Kriterien der Bewertung	239
15.3	Methoden	239
15.3.1	Zur Erfassung der Perspektive der Kinder	240
15.3.2	Zur Erfassung der Perspektive der Eltern	242
15.3.3	Zur Erfassung der Perspektive der Lehrerin	243
15.4	Ergebnisse	245
15.4.1	Die Perspektive der Kinder	245
15.4.2	Die Perspektive der Eltern	247
15.4.3	Die Perspektive der Lehrerinnen	248
15.4.4	Die Perspektive der Durchführenden	249
15.5	Implikationen	249
15.5.1	Anmerkungen zum schulischen Selbstwert	250
15.5.2	Konfundierungen	251
15.5.3	Konsequenzen von Erprobungsphasen	251
15.5.4	Schlußfolgerungen	252
15.6	Zusammenfassung	253
15.7	Fragen, Übungen, Lektüre	253
16.	**Vielfalt in der Schule**	**255**
16.1	Schulrelevante Dimensionen von Vielfalt	255
16.1.1	Umgang mit Vielfalt in der Schule	256
16.2	Vielfalt in einer Gruppe und Leistung	257
16.3	Bedeutung dieser Befunde für den Schulunterricht	259
16.4	Vielfalt, Gruppenzusammenhalt, Schul- und Klassenklima	261
16.4.1	Klassenklima	264
16.5	Die Rolle der Führungskraft für den konstruktiven Umgang mit Vielfalt	265
16.5.1	Interaktion mit Schülern/innen	265
16.5.2	Umgang mit Gruppenleistungen	266

16.5.3	Einführung von Normen	267
16.6	Zusammenfassung	269
16.7	Fragen, Übungen, Lektüre	270

17. Schule als System, das schwer zu verändern ist 271

17.1	Schulinspektionen	271
17.2	Zentrale Prüfungen	272
17.3	Die zweite Ausbildungsphase	272
17.4	Personfaktoren als ein Teil der Erklärung	272
17.4.1	Das Selbstkonzept	272
17.4.2	Reaktanz	273
17.5	Situationsfaktoren als der andere Teil der Erklärung	274
17.6	Was kann die einzelne Person tun, damit positive Veränderungen weniger schwierig werden?	276
17.7	Wie kann die schulische Umwelt Veränderungen erleichtern?	276
17.8	Um welche Veränderungen geht es?	277
17.9	Zusammenfassung	277
17.10	Fragen, Übungen, Lektüre	277

18. Geschlechtergerechte Didaktik 279

18.1	Soziale Realität und Objektive Wirklichkeit	279
18.2	Zu den Unterschieden zwischen Jungen und Mädchen	280
18.3	Welche Merkmale sozialer Realität begünstigen die Förderung von Jungen und Mädchen im Lern-Lehrkontext?	281
18.3.1	Genderkompetenz der Lehrenden	282
18.3.2	Gestaltung sozialer Situationen	282
18.3.3	Fähigkeitseinschätzungen	282
18.3.4	Positive Modelle	283
18.4	Zusammenfassung	283
18.5	Fragen, Übungen, Lektüre	284

19. Sozialerziehung 285

19.1	Was ist Soziales Lernen?	285
19.2	Wirkungen von Sozialem Lernen	286
19.3	Soziales Lernen in der Schule	287
19.4	Grundlagen einer Unterrichtsreihe Soziales Lernen	288
19.5	Wie wird gelernt – was tun die Lehrenden?	289
19.5.1	Feedback als wichtiger Prozess Sozialen Lernens	289
19.6	Wie wird gelehrt?	290

19.7	Konstruktive Interaktionsgestaltung als eine zentrale Aufgabe der Lehrenden	290
19.8	Zusammenfassung	291
19.9	Fragen, Übungen, Lektüre	291
20.	**Ausblick**	**293**

Teil IV: Anhang	**295**
Literatur	297
Internetquellen	315
Empfehlungen für weiterführende Lektüre	316
Verzeichnis der Tabellen	318
Verzeichnis der Abbildungen	319
Danksagung	320
Index	322

Vorwort

Eine wesentliche Voraussetzung dafür, dass „Schule" ihrem Erziehungs- und Bildungsauftrag gerecht werden kann, ist gegeben, wenn Lehrende, Lernende, Erziehungsberechtigte, Sozialarbeiter, Schulpsychologen usw. konstruktiv zusammenarbeiten. Die schulische Realität zeigt allerdings, dass die Zusammenarbeit in diesem komplexen sozialen Feld nicht immer reibungslos läuft. Oft erschweren Konflikte innerhalb der oder zwischen den beteiligten sozialen Gruppen die pädagogische Arbeit im schulischen Kontext.

Die vorliegende überarbeitete zweite Auflage des Buches von Gisela Steins liefert wichtige theoretische Grundlagen für ein besseres Verständnis der sozialen und psychologischen Mechanismen im schulischen Alltag und bietet fundierte praktische Lösungsansätze für daraus resultierende Probleme.

Darüber hinaus setzt sich Gisela Steins in der neuen Auflage ihres Buches mit der schulischen Sozialerziehung auseinander und liefert für ein in der heutigen Zeit sehr wichtiges - aber leider auch vernachlässigtes – schulisches Erziehungsgebiet fundierte theoretische Grundlagen und unterrichtspraktische Vorschläge.

Ein weiteres wichtiges Gebiet, das in der neuen Fassung enthalten ist, ist die Geschlechtergerechtigkeit im schulischen Kontext – sowohl als Erziehungsauftrag als auch als Grundlage der sozialen Interaktion in der Institution „Schule".

Gisela Steins hat ihre zweite Auflage zur Sozialpsychologie der Schule leserfreundlich getextet. Schulrelevante sozialpsychologische Theorien werden mit praktischen Beispielen aus dem schulischen Alltag veranschaulicht. Aus den Theorien abgeleitete Problemlösungsansätze sind für in Schulen tätige Personengruppen sehr gut nachvollziehbar.

Das Buch von Gisela Steins richtet sich schwerpunktmäßig an alle in Schulen tätige Personen und an alle, die sich auf schulpädagogische Berufe vorbereiten. Auch schul-/bildungspolitischen Entscheidungsträgern kann dieses Buch bei der Planung und Beurteilung ihrer Arbeit nützlich sein.

Wir wünschen der neuen Auflage des Buches von Gisela Steins viel Erfolg!

Maria Limbourg und Karl Reiter

Eine Einführung

„Aus der Verbindung, aus den Beziehungen ...
von Einheiten geringerer Mächtigkeit ergibt sich eine Einheit
höherer Mächtigkeit, die nicht verstanden werden kann,
wenn man ihre Teile isoliert und unabhängig von diesen ihren Beziehungen
zueinander betrachtet."

„Und eben dies, dass sich Menschen in Beziehung zueinander verändern,
daß sie sich ständig in Beziehung zueinander gestalten,
dies ist charakteristisch für das Phänomen der Verflechtung überhaupt."
(Elias, 2003; S. 23; S. 45)

1. Sozialpsychologie in der Schule

Dies ist die geeignete Stelle, um für gute Theorien zu werben. Floskeln wie „Das ist zu theoretisch", „Alle Theorie ist grau", „zu akademisch", lassen darauf schließen, dass wissenschaftliche Theorien im Alltag keine Rolle spielen. Welche Gegenargumente gibt es?

Eine gute Theorie macht ein Phänomen erklärbar. Eine gute Theorie hilft auch, sich dem Phänomen gegenüber sachgerecht zu verhalten. Gute Theorien haben einen sehr praktischen Aspekt.

Der Satz *„Es gibt nichts, was so praktisch wäre wie eine gute Theorie."* stammt von Kurt Lewin, dem Begründer der *Group Dynamics* Ende der vierziger Jahre (*Kurt Lewin, nach Marrow, 1977; Lewin, 1948*). *„Die Theorie solle zwei wesentliche Funktionen erfüllen: Erstens solle sie erklären, was bekannt sei; zweitens solle sie den Weg zu neuem Wissen zeigen"* (in Marrow, S. 41, 1977).

Gute Theorien sind nützlich, weil sie Richtlinien an die Hand geben, wie die vielfältigen Eindrücke aus einem komplexen Erfahrungsbereich sinnvoll geordnet werden können. Man ist dann eher in der Lage, eigene Erfahrungen, Gedanken und Eindrücke zu formulieren und bestimmte Ereignisse besser zu erklären. Gute Theorien liefern einen Bezugsrahmen. Sie helfen, komplexe Situationen zu beschreiben und zu erklären und, wenn sie wirklich gut sind, dann beinhalten sie Ansätze für Lösungen von konkreten Problemen. Sie liefern für komplexe Situationen eine Metaebene, die Distanz zu den Verwicklungen des Alltags geben kann.

Menschen haben Theorien über soziale und nicht soziale Vorgänge. Manche dieser Theorien sind ausgereift, manche sind nur kleine Minimodelle. Diese Theorien sind oft nicht bewusst, aber sie bestimmen das Erleben, Denken, Fühlen und Handeln.

Als Beispiel dient ein Schüler, der sich als Außenseiter wahrnimmt. Natürlich wird er eine Theorie darüber entwickeln, warum dies so ist. Wenn seine Theorie für ihn schlecht ausfällt, wird er als Ursache sich selbst ausfindig gemacht haben und denken, dass er eben ein Kind ist, das für andere Kinder nicht liebenswert ist, weil er nicht genauso stark ist wie die meisten seiner Mitschüler. Und weil er das denkt, wird er versuchen, diese erlebte Minderwertigkeit auf einem anderen Gebiet auszugleichen, aber alle anderen Bereiche, die mit dem kritischen Gebiet zusammenhängen, zu vermeiden. Er fehlt zum Beispiel bei sportlichen Wettkämpfen oder beginnt, sich über Jungen mit Muskeln, aber wenig Hirn, lustig zu machen. Sein Verhalten und das dadurch bei anderen provozierte Verhalten (die so verspotteten Jungen „mit Muskeln" werden

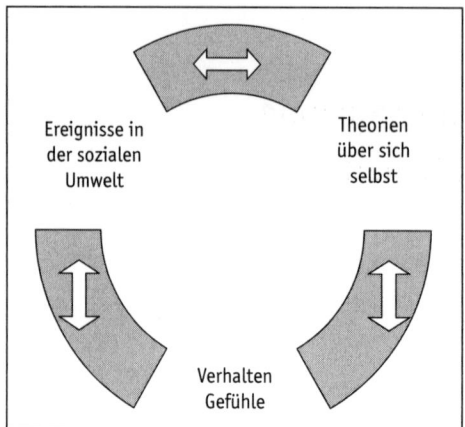

Abbildung 1:
Theorien über sich selbst und andere und die Folgen.

sich ihm gegenüber nicht von der besten Seite zeigen), wird er als Bestätigung für seine Annahmen werten. Auf alle Fälle beeinflusst seine Theorie über sich selbst und andere einen Teil seines schulischen Alltags. Die Ereignisse in seiner schulischen Umgebung haben ihm Anlass gegeben, Theorien über sich selbst und andere zu bilden, die sein Verhalten und seine Gefühle beeinflussen *(siehe Abbildung 1)*.

Würde er lernen wissenschaftlich zu denken, dann würde er die soziale Zurückweisung durch seine Mitschüler aus einer Vielzahl von Perspektiven beleuchten. Er würde verschiedene Hypothesen testen und erkennen, dass die Wirklichkeit komplex ist und nicht nur mit einer Theorie zu erklären ist.

Bei Schülern/innen übernehmen in der Regel die Eltern die Rolle derjenigen, die versuchen heraus zu finden, was eigentlich in ihrem Kind vor sich geht, wie es sich dieses oder jenes Ereignis erklären mag. Entdecken sie beispielsweise einen „Minderwertigkeitskomplex", dann setzen sie diesem meistens etwas dagegen. Sie versuchen ihrem Kind Erfahrungen zu vermitteln, die es überzeugen, genauso wertvoll zu sein wie andere. Sie setzen ihre eigenen Theorien gegen die ihres Kindes und bemühen sich Beweise zu erbringen, die ihr Kind von der Ungültigkeit seiner eigenen Theorie überzeugen.

Lehrer/innen haben es hier schon schwerer. Es fehlt häufig die Zeit und die Gelegenheit, heraus zu bekommen, was in den einzelnen Schülern/innen vor sich geht und dementsprechend zu handeln. Dennoch verwenden auch Lehrer/innen Theorien, die ihr Verhalten gegenüber den Schülern/innen steuern. Im Sinne von selbsterfüllenden Prophezeiungen können sie Schüler/innen zu eher negativen, aber auch positiven Verhaltensweisen anleiten.

Wenn man verschlossen und kühl auf andere Personen zugeht, ist es wahrscheinlicher, dass man negative Reaktionen erfahren wird als wenn man offen und positiv auf dieselben Personen zugehen würde. Wie man aber auf andere Personen zugeht, das hängt vor allem davon ab, welche Theorien von diesen man entwickelt hat.

Jede wissenschaftliche Disziplin verfolgt die Aufgabe, eigentlich bekannte Dinge, Prozesse oder Themen in einem neuen Licht zu betrachten, um zu neuen Erkenntnissen zu kommen, um neue, weiterführende Einsichten zu entwickeln, die den Alltag verändern können. In diesem Buch wird die Disziplin Sozialpsychologie und mit ihr verwandte Theorien auf den schulischen Alltag angewendet in der Hoffnung, die interessierten Leser und Leserinnen zu neuen Interpretationen der Schulalltagswirklichkeit anzuregen und damit ihr Handlungsspektrum zu erweitern. Der Blickwinkel der Sozialpsychologie, der Wissenschaft über die Begegnungen zwischen Menschen, deren Ursachen und Auswirkungen, lenkt die Aufmerksamkeit auf die Beziehungen zwischen den in Schule involvierten Personen, auf Schüler/innen, Lehrer/innen und Eltern. Tabelle 1 gibt einen Überblick über verschiedene Definitionen der Disziplin.

Tabelle 1: Was Sozialpsychologie ist – eine Auswahl von Definitionen

With few exceptions, social psychologists regard their discipline as an attempt to understand and explain how the thoughts, feelings, and behaviors of individuals are influenced by the actual, imagined or implied presence of other human beings. The term „implied presence" refers to the many activities the individual carries out because of his position (role) in a complex social structure and his membership in a cultural group (Allport, 1954).
Social psychology is a discipline devoted to the systematic study of human interaction (Gergen & Gergen, 1986).
Die Sozialpsychologie beschreibt und erklärt die Interaktionen zwischen Individuen sowie die Ursachen und Wirkungen dieser Interaktionen (Herkner, 1991).
Sozialpsychologie befaßt sich mit dem Erleben und Handeln von Individuen im sozialen Kontext (Fischer & Wiswede, 2002).

1.1 Theoretische Grundlagen konstruktiver Interaktionsgestaltung

Die Sozialpsychologie als die Wissenschaft von den Interaktionen zwischen den Individuen, deren Ursachen und Auswirkungen ist eine relevante Quelle der Erkenntnis für die Weiterentwicklung und Fundierung von Wissen über eine konstruktive Interaktionsgestaltung in der Schule. Sozialpsychologische Erkenntnisse helfen zu verstehen, warum sich Interaktionen zwischen Individuen und Gruppen in Abhängigkeit von situativen Faktoren und Verhalten der Individuen auf bestimmte Art und Weise entwickeln und welche Konsequenzen damit verbunden sind. Ausgehend von Lewins grundlegender Formel Verhalten = f(Person, Umwelt) spielen Personfaktoren und Situationsfaktoren hier eine Rolle.

Sozialpsychologische Forschung liefert allerdings nicht das so häufig geforderte Rezeptwissen von Lehramtsstudierenden und Schulverlagen, so wie sie generell kein Rezeptwissen liefert, sondern an einem Verständnis grundlegender interaktiver Prozesse interessiert ist. Sie schafft einen sprachlichen Raum, der eine differenzierte Wahrnehmung und komplexes problemorientiertes Handeln ermöglicht.

In einem Konzept zum Erwerb von Interaktionskompetenzen müssen also Theorien eine Rolle spielen, die ein grundlegendes Verständnis von Interaktionsprozessen ermöglichen.

Studierende erfahren Lehrkulturen, die sie dann als Lehrkultur weitergeben und die wiederum zu einer bestimmten Lernkultur führen kann. Das *Wie* der universitären Lehre spielt eine Rolle für die Motivation und Einstellungen der Studierenden (Steins, 2012; Viebahn, 2004). Will man Heranwachsende in ihrer ganzen Entwicklung fördern, dann müssen Interaktionen mit ihnen emotional und sozial kompetent gestaltet werden. Wie bei den Schülern/innen als Lernenden ist auch bei den Studierenden als Lernenden wichtig, dass sie konstruktives Feedback erhalten. Studierende sollten bereits in ihrer frühen Ausbildungsphase mit konstruktivem Feedback versorgt werden, denn hier werden entscheidende Konzepte des Professionsverständnisses erworben (Gibson, 2003). Zur Etablierung von Verhaltensstandards erhalten sie klare Kriterien darüber, was es bedeutet sozial und emotional kompetent mit den Schülern/innen umzugehen. Sie lernen, dass die Schüler/innen im Fokus stehen und nicht sie selbst.

Es ist wichtig, den schulischen Alltag so gut zu gestalten wie möglich. Kinder und Jugendliche verbringen einen beträchtlichen Teil ihrer Zeit im schulischen Umfeld, rund 14.6800 Stunden ihrer Kindheit und Jugend. In dieser Zeit sollen die Grundlagen für ihre Erkenntnisfähigkeit gelegt werden. Sie sollen das Handwerkszeug erlernen, welches es ihnen ermöglicht, als mündiger Mensch selbstverantwortlich zu handeln.

Ein Weg zu einer konstruktiven Gestaltung von Schule kann in der Kenntnis und Anwendung psychologischer Grundlagentheorien liegen. Ein entscheidender Vorteil einer wissenschaftlichen Perspektive liegt darin begründet, dass durch die Auseinandersetzung mit verschiedenen theoretischen Blickwinkeln eine Art des Denkens gelernt wird, die nicht *eine* mögliche Sicht der Dinge als absolute Wahrheit betrachtet, sondern die Komplexität von Realität akzeptiert und sich dieser durch verschiedene Zugänge annähert (Langer & Piper, 1987). Die Fähigkeit, theoretische Perspektiven anzuwenden ist nützlich, um die eigenen Einstellungen und Meinungen zum schulischen Alltag zu ordnen, zu formulieren und damit in einen Diskurs zu treten.

Deshalb richtet sich dieses Buch an alle Menschen, die daran interessiert sind, sich konstruktiv mit dem schulischen Alltag zu beschäftigen, sich eine fundierte Meinung zu bilden und aktiv an sinnvollen Veränderungen im schulischen Alltag mitzuwirken. Die Formulierung eigener Erlebnisse im Lichte theoretischer Vorstellungen wird sich als sehr nützlich erweisen, *denn theoretisch heißt auch praktisch denken*. Eine Analyse des Schulalltags im Lichte unterschiedlicher Betrachtungsweisen sollte zu neuen Erkenntnissen und weiteren Denkanstößen führen.

1.2 Themen des Schulalltags aus Schüler/innenperspektive

Der Einstieg in die Analyse beginnt beispielhaft mit einer Schülerin der sechsten Klasse eines Gymnasiums. Die Inhalte des folgenden Interviews schneiden viele soziale Themen des schulischen Alltags an: Die Macht der Lehrer/innen, aber auch die der Schüler/innen, die Vorurteile auf beiden Seiten und deren Folgen für die Interaktionen untereinander, die Wünsche von Schülern/innen an ihre Lehrer/innen, die menschlichen Bedürfnisse, die beide Seiten, Lehrer/innen, Schüler/innen in den Unterricht hineintragen, die unzulänglichen Methoden mancher Lehrpersonen gegenüber den praktischen Problemen des Schulalltags wie beispielsweise mangelnde Motivation der Schüler/innen und Unterrichtsstörungen.

I.: *Wer ist eigentlich Dein Lieblingslehrer[1]?*

S.: Das ist eigentlich schwer, weil alle Lehrer nett sind. Aber auf eine andere Art und Weise. Ich mag Herrn M, Herrn K und Frau W und Frau B.

I.: *Was magst du denn an denen so?*

S.: Also Frau B und Herr K, die verstehen auch mal Spaß, aber bei Herrn K, bei Frau B und Frau W ist das so, dass sie es nicht zu weit treiben mit dem Spaß. Herr M übertreibt manchmal. Aber der ist zu jedem Schüler gleich nett und deshalb mag ich ihn.

I.: *Was heißt denn „Spaß" machen? Nenne mal ein Beispiel.*

S.: Ja, wenn jetzt irgendwas passiert, wenn jetzt einer mit dem Stuhl umkippt, dann ist das nicht unbedingt witzig, aber wenn demjenigen nichts passiert ist, dann kann man da auch drüber lachen.

I.: *Und was heißt übertreiben?*

S.: Wenn man die ganze Stunde nur Scherze macht.

I.: *Was ist daran nicht so toll?*

S.: Ja, das ist ja Unterricht.

I.: *Was ist denn noch nett an den Lehrern?*

S.: Dass die überhaupt kommen und uns unterrichten.

I.: *Aber das gehört ja zu deren Beruf. Du sagst du findest es nett, wenn der Lehrer auch mal einen Spaß machen kann. Was findest du an denen denn noch nett?*

S.: Das weiß ich nicht.

I.: *Machen die besonders interessanten Unterricht?*

S.: Ja, ich finde schon.

I.: *Was machen die denn da gut? Was ist denn daran besonders interessant? Liegt das am Fach oder liegt das am Lehrer?*

S.: Ich glaube, das liegt auch am Lehrer.

---

[1] Alle Namen wurden geändert

I.: *Was machen die denn da so interessant?*
S.: Mein Musiklehrer, der bemerkt nicht mal, der weiß nicht mal, wann er zum letzten Mal, wann er zuletzt die A-Moll-Tonleiter gemacht hat und wiederholt die dann fünf mal in der Woche und die anderen Lehrer, die haben einfach Übersicht über das, was sie gemacht haben.
I.: *Und was machen die noch besser am Unterricht als die anderen Lehrer?*
S.: Die Klasse einfach ruhiger halten.
I.: *Wie machen die das denn?*
S.: Also, ich weiß nicht. Man respektiert die mehr.
I.: *Warum? Nenne mir mal ein Beispiel von einem Lehrer, den ihr überhaupt nicht mögt.*
S.: Herrn T.
I.: *Warum respektiert ihr den nicht?*
S.: Weil der, na ja, das ist so. Ich respektiere den schon, aber viele aus der Klasse halten den eh für homosexuell und verachten den deswegen, weil die sich davor ekeln.
I.: *Wie kommen die darauf, dass Herr T homosexuell sein soll?*
S.: Weil – das weiß ich auch nicht, aber -, ich weiß es nicht.
I.: *Meinst du, die würden auch Herrn K so behandeln, wenn sie denken der ist homosexuell?*
S.: Nein.
I.: *Woran liegt das noch?*
S.: Er kann sich nicht richtig gegen die Klasse wehren, die ist mächtiger als er. Also, er kann Klassenbucheinträge verteilen, aber, wenn er das gemacht hat, dann finden die anderen das toll.
I.: *Warum finden die das denn toll?*
S.: Weil das als besonders cool gilt. Schätze ich mal.
I.: *Was heißt das denn, den zu respektieren?*
S.: Na, Respekt heißt ja, das man einem anderen Menschen auch zuhören kann und auch die Ideen der anderen Personen entgegen nimmt und sich nicht immer sofort dagegen stellt.
I.: *....*
S.: Ich glaube, weil der Sebastian, der ist bei den Jungen relativ beliebt und der hatte von Anfang an Schwierigkeiten mit Herrn T, glaub ich. Und weil der eben bei den Jungen immer ein großer Hecht ist, denke ich, dass die anderen Jungen auch gegen den was haben und das hat sich dann bis zur 6. Klasse so als Hass entwickelt, weil die hassen Herrn T richtig.
I.: *Was könnte denn Herr T tun, damit das aufhört?*
S.: Also, wenn ich er wäre, würde ich aufhören zu unterrichten.
I.: *Ja? Der sollte gar nicht mehr unterrichten? Der kann also gar nichts mehr machen, damit die Schüler ihn mehr respektieren?*

S.: Selbst wenn, also einmal hat sich Frau B dazu gesetzt und der Lärm hat trotzdem nicht aufgehört. Und Herr K hat sich auch einmal dazu gesetzt und der Lärm hat nicht nach gelassen.
I.: *Was hätte Herr T denn vielleicht vor zwei Jahren anders machen sollen?*
S.: Keine Ahnung.
I.: *Na gut, aber war das da auch schon so schlimm wie jetzt?*
S.: Ja. Ja, genauso schlimm. Sogar noch schlimmer.
I.: *Hast du vielleicht noch andere Ideen, was er noch machen könnte, damit es leiser wird? Ist es denn jede Musikstunde gleich laut? Oder gab es schon mal Ausnahmen?*
S.: Es gab auch einmal, es gab zwei bis dreimal eine Ausnahme. Das waren nämlich die Wochen, wo er „Usher" gemacht hat.
I.: *Was heißt das?*
S.: Zum Beispiel, dass er seinen Unterrichtsstoff abgewechselt hat, also, Montags gab es immer Klassik und Tonleitern und so was, was er unterrichten wollte, aber am Mittwoch, was die Schüler eigentlich haben wollten. Und er hat sich eben nicht an unsere Abmachung gehalten und deswegen mag ihn jetzt niemand mehr.
I.: *Wieso hat er sich denn nicht mehr an die Abmachung gehalten?*
S.: Herr T hat gesagt, er habe 25 Jahre Klassische Musik studiert und möchte nichts anderes machen, weil er mit der modernen Musik von heute, weil er sich damit nicht auskennt.
I.: *Und was war eure Vereinbarung? Habt ihr eine wirkliche Vereinbarung getroffen?*
S.: Ja.
I.: *Wie sah die denn aus?*
S.: Die Abmachung?
I.: *Ja.*
S.: Wie die ablief?
I.: *Inhaltlich.*
S.: Dass wir das so machen, dass eben ein Kompromiss gemacht wird.
I.: *Zwischen euren Interessen?*
S.: Genau.
I.: *Und von wem ging diese Anregung aus? Diese Vereinbarung zu treffen?*
S.: Von uns allen. Weil Frau B hat das geraten, als das einmal ziemlich schlimm wurde. Da hat Herr T auch geweint, glaub ich, vor Anstrengung und Stress, denk ich mal und Verzweiflung. Da hat Frau B gesagt, dass wir doch mal ein Klassengespräch mit Herrn T führen sollen. Das haben wir dann auch in Angriff genommen und haben das auch besprochen mit den beiden Klassensprechern und in der Stunde waren wir auch sehr zurückhaltend und haben erst unsere Meinung gesagt, also ganz offen, und dann hat Herr T ganz offen seine Meinung gesagt.
Und dann haben wir das eben abgemacht, also diesen Kompromiss zwischen „Usher" und Klassik.

I.: *Ein paar Wochen habt ihr dann den Kompromiss ausprobiert?*
S.: Ja. Zwei Wochen bis drei Wochen und, nee, einen Monat, aber in diesem Monat hat er zwei Wochen Klassik gemacht und nur zweimal „Usher", also viermal Klassik und zweimal „Usher".
I.: *Und in der Zeit war der Unterricht ruhiger?*
S.: In den Klassik-Stunden war es ruhiger, weil alle wussten, wenn sie sich ruhig verhalten würden, dann würde „Usher" auch weiter gehen. Das haben wir zumindest gehofft. Weil, er hatte vorher einmal „Usher" abgebrochen und als wir dann wieder ruhig waren, da waren wir eine Woche ganz ruhig im Unterricht, da wollte er trotzdem „Usher" im Unterricht nicht mehr weiter machen.
I.: *Hat er das begründet, warum er das nicht mehr weiter machen wollte?*
S.: Ja, ich habe ihn gefragt und er hat gesagt, wir müssen endlich mit dem richtigen Unterrichtsstoff weiter machen. Aber ich weiß ja nicht, was er unter richtigem Unterrichtsstoff versteht. Ich denke mal das, was er über seinen Musikstil weiß.
I.: *Er hat doch bestimmte Themen, die muss er im Unterricht durchnehmen.*
S.: Ja, aber er kann doch nicht fünf Wochen hintereinander die A-Moll-Tonleiter machen, obwohl wir die schon alle haben.
I.: *Das heißt, ihr habt nicht vereinbart, wie lange ihr „Usher" durchnehmt?*
S.: Doch bis zum Ende des Schuljahres.
I.: *Ach so. Das hat er dann einfach beendet?*
S.: Ja.
I.: *Und seitdem ist es in der Klasse schlimmer geworden?*
S.: Ja, weil jetzt alle wissen, dass Herr T sich nicht an unsere Abmachung gehalten hat und dann wollten sich ein paar Leute auch nicht an die Abmachung halten, dass wir ruhig sind.
I.: *Und wie geht Herr T jetzt mit Kindern um, die in den Unterricht reinreden?*
S.: Zu einem Jungen, der sehr laut war, ist er hingegangen und ist krebsrot angelaufen und hat ihn angebrüllt, richtig angebrüllt, dass er ihm noch eine 5 auf das Zeugnis gibt.
I.: *Hat denn nur ein Junge gebrüllt oder auch andere?*
S.: Auch andere.
I.: *Was macht er dann?*
S.: Also, er, also er provoziert sie auch irgendwie, ohne das zu wissen.
I.: *Was macht er denn?*
S.: Er geht zu denen hin, die gar nichts getan haben, zum Beispiel zu Sebastian — und der hat sich in letzter Zeit ziemlich angestrengt in Musik — weil er vorher immer so laut war. Der ist jetzt nicht mehr laut. Und Herr T denkt immer, dass Sebastian das alles wäre und beschuldigt deshalb immer Sebastian.
Den Sebastian ärgert das ziemlich, da er ja ungerecht behandelt wird und dann schreit er auch rum, der will sich das eben nicht gefallen lassen.

I.:	*So dass der ständig laut losbrüllt?*
S.:	Ja.
I.:	*Ist denn die Musik interessant, die Herr T macht?*
S.:	Also ich finde das schon ganz o.k., ich hab da nichts gegen, was er macht, aber ich finde, er sollte sich eben an unsere Abmachung halten. Damit alle Spaß am Unterricht haben und nicht nur er und ein paar andere.
I.:	*Aber er hat ja auch keinen Spaß.*
S.:	Ja, aber, ich finde das schon. Wenn er das nicht gewollt hätte mit dem „Usher", dann hätte er uns das ja ruhig sagen können und dann hätte er ja nicht sagen dürfen, ja o.k., das machen wir dann. Da hat er uns ja auch ein bisschen angelogen.
I.:	*Gibt es noch einen anderen Lehrer, den du nicht so besonders toll findest?*
S.:	Eigentlich nicht, nur, ach ja, genau, Herr R.
I.:	*Warum?*
S.:	Weil der immer so blöde Sprüche ablässt.
I.:	*Nenn mal ein Beispiel.*
S.:	„Das interessiert jetzt hier keine Sau!"
I.:	*Zu wem sagt er das denn?*
S.:	Er meint damit natürlich eine bestimmte Person, die etwas gesagt hat, das nicht zum Unterrichtsthema passt.
I.:	*Meinst du, er macht sich dann über dieses Kind lustig?*
S.:	Ja. Ja, heute zum Beispiel war wieder so ein Beispiel. Wir haben ja sehr viele Brillenträger bei uns in der Klasse. Der Simon zum Beispiel, der ist ein ganz starker Außenseiter und der trägt auch 'ne Brille und die hat er heute, aus welchem Grund auch immer, abgelegt und vor sich auf den Schreibtisch gelegt. Und da hat jemand aus dem Buch vorgelesen und da kam der Herr R zu dem Simon, der sitzt hinten, und hat die Brille vom Schreibtisch genommen und hat die sich selber aufgesetzt.
I.:	*Und was fandest du daran doof?*
S.:	Ja, ich finde, der sollte den Simon schon fragen, ob er die Brille aufsetzen darf und außerdem darf er im Unterricht nicht einfach da hinten hingehen. Es ist schließlich Unterricht.
I.:	*Hat jemand in der Zeit ein Referat gehalten?*
S.:	Nein, da hat jemand vorgelesen.
I.:	*Was findest du denn an dem so doof? Dass er sich so lässig benimmt?*
S.:	Ja.
I.:	*Warum benimmt er sich denn so lässig?*
S.:	Weil er, weil es bei den Jungs aus meiner Klasse, weil es bei denen gut ankommt.
I.:	*Wie kommst du denn darauf, dass es ausgerechnet bei denen gut ankommt?*
S.:	Weil -, ich weiß nicht. Das ist so mein Eindruck.

I.: *Hat Herr R gesagt, er möchte gut bei den Jungs ankommen?*
S.: Nein, aber, wenn er zum Beispiel dieses T-Shirt mit dem Totenkopf vorne trägt, dann, als er das zum ersten Mal an hatte, da schrie Bastian in die Klasse, „Das ist aber cool, Herr R" und am nächsten Tag hatte er das dann wieder an.
I.: *Warum, denkst du, hat er das gemacht?*
S.: Weil er genau dieselben Sprüche ablässt wie unsere Jungs.
I.: *Was denn zum Beispiel?*
S.: Ja , habe ich doch eben schon gesagt!
I.: *Das mit dem „Das interessiert hier keine Sau?". Das sagen die Jungs in eurer Klasse auch?*
S.: Ja.
I.: *Und was gefällt dir daran nicht?*
S.: Ja, er ist unser Lehrer und er müsste eigentlich ein Vorbild für uns sein. Statt, also für mich ist so ein Lehrer kein Vorbild.
I.: *Stört das denn auch andere?*
S.: Ja, viele.
I.: *Ja?*
S.: Ja.
I.: *Auch die Jungen?*
S.: Ja, aber die tun, wenn der Herr R da ist, dann tun die so, als ob sie den Herrn R total cool finden würden.
I.: *Warum tun die denn dann so?*
S.: Ich weiß es nicht. Aber, viele von denen sind nicht so gut und kriegen vielleicht auch eine 4 oder eine 5 aufs Zeugnis und ich glaube, dass manche aus meiner Klasse denken, wenn sie sehr nett zu dem Herrn R sind und den eben als cool bezeichnen, dann kriegen die eine bessere Note aufs Zeugnis.
I.: *Ist das denn so? Kriegen die eine bessere Note deswegen?*
S.: Nein.
I.: *Das heißt, Herr R kann das durchaus unterscheiden?*
S.: Ja.
I.: *Wer ist denn dein Lieblingslehrer? Dein absoluter Lieblingslehrer oder Lehrerin? Ich weiß die Entscheidung fällt dir schwer, aber versuche es mal.*
Bei wem fühlst du dich am wohlsten?
S.: Bei Frau B.
I.: *Erklär mal warum.*
S.: Die hat alles im Griff. Also, bei der verdrehen wir nicht die Augen, wie beim Herrn K und die ist auch irgendwie, die kann gut mit uns umgehen.
I.: *Was heißt das? Nenne mal ein Beispiel.*
S.: Der Herr K, wenn jemand die Hausaufgaben bei Frau A nicht gemacht hat, dann kommt

der in die Klasse und schreit uns an und sagt, dass das sehr respektlos wäre und so. Aber wenn Frau A das der Frau B sagen würde, bin ich mir eigentlich ziemlich sicher, dass die Frau B nicht so reagieren würde wie der Herr K.

I.: *Was nimmst du denn an, wie die reagieren würde?*

S.: Ich denke, sie würde auch in die Klasse kommen, das dann aber in einem ruhigen Ton halt sagen und nicht so ausflippen.

I.: *Das heißt, sie reagiert in einem ruhigen Tonfall?*

S.: Ja.

I.: *Ist das alles, was du so toll an ihr findest?*

S.: Die macht auch einfach ihren Unterricht interessant. Bei der verstehe ich das alles sehr gut in Mathe.

I.: *Ist Mathematik dein Lieblingsfach?*

S.: Schriftlich ist es ganz bestimmt nicht mein Lieblingsfach, aber seitdem ich bei Frau B bin, find ich das alles viel interessanter. Weil sie das alles sehr gut erklärt und man merkt, dass sie sich auch dafür interessiert und ich denke, das steckt auch einfach an und deshalb gehört es schon zu meinen Lieblingsfächern.

I.: *Ist es das Fach, wo du am besten bist?*

S.: Nein.

I.: *Welche Note hast du denn in Mathematik?*

S.: Auf dem Zeugnis?

I.: *Ja.*

S.: Eine 3.

I.: *Aha. Das heißt, obwohl es nicht dein bestes Fach ist, hast du es bei ihr sehr gern?*

S.: Ja.

I.: *Wie schafft sie das?*

S.: Wenn sie zum Beispiel von dem Koordinatensystem redet, dann wirkt sie immer sehr begeistert.

I.: *Was heißt das? Was macht sie denn dann?*

S.: Dann kriegt sie auf einmal gute Laune, wenn sie vorher schlechte Laune hatte. Und sie macht das dann alles auf einmal mit Schwung. Und wenn jemand das dann nicht versteht, dann macht sie sehr viele Beispiele an der Tafel. Und was ich allerdings nicht so gut an ihr finde, ist, dass sie nicht alle Dinge richtig erklärt. Also, sie erklärt es schon, aber wenn manche das nicht verstehen, dann macht sie zwar Beispiele an der Tafel, aber wenn einige es dann immer noch nicht verstehen, dann sagt sie „macht das einfach" und das finde ich nicht so gut, denn es ist ja ihr Unterricht und den sollte sie schon richtig unterrichten können.

I.: *Das heißt perfekt ist sie nicht?*

S.: Nein.

I.: *Und wie geht sie sonst so mit euch um? Macht sie auch mal Späße?*
S.: Ja, aber nicht zu viele. Das finde ich ganz gut, weil, man sollte das ja nicht übertreiben.
I.: *Ihr giltja als ziemlich schwierige Klasse? Das sagen die Lehrerja. Findest du denn, dass sich die Lehrer angemessen verhalten bei Schülern, die sich daneben benehmen?*
S.: Nein.
I.: *Warum nicht?*
S.: Weil Lehrer, also wenn ein Schüler oder eine Schülerin häufig die Hausaufgaben vergessen hat und wenn diese schon früher aufgefallen sind durch Hausaufgabenvergessen oder Klassenbucheinträge, dann werden die immer runter gemacht. Wenn jemand anders die Hausaufgaben zum zweiten Mal in der Woche vergessen hat, dann sagen die Lehrer „Du wirst ja schon wie der oder die!" und die machen das eben auf Kosten anderer und das finde ich nicht in Ordnung.
I.: *Was sollten die denn stattdessen machen?*
S.: Ich finde, die sollten die Eltern benachrichtigen, dass der Sohn oder die Tochter die Hausaufgaben schon so und so oft vergessen haben. Ja und dann sollten sich die Eltern darum kümmern und die Lehrer sollten vielleicht auch nachgucken, ob die Person die Hausaufgaben auch in das Hausaufgabenheft eingetragen hat.
Das kann die Lehrer ja auch nerven, aber wenn den Lehrern auch wirklich was daran liegt, dann sollten sie es auch machen.
I.: *Wie ist es denn, wenn ein Kind ein anderes Kind beleidigt oder sich total daneben benimmt? Reagieren dann die Lehrer, wenn sie das mitbekommen?*
S.: Ja, also beim Herrn K gefällt mir das gut, wenn er darauf reagiert. Weil, wenn die Melanie zu mir zum Beispiel sagen würde „Du Schwein!", dann reagiert er genauso darauf, wie wenn der Sebastian zur Melanie sagt „Du Idiot!". Das finde ich gut. Das ist so Gleichberechtigung.
I.: *Was sagt er denn? Oder macht er dann irgendwas?*
S.: Nein, aber er steht dann eben immer noch vorne und sagt „Sebastian, musste das jetzt sein?". Bei der Melanie sagt er das dann eben auch.
I.: *Und dann passiert aber nichts weiter? Dann muss man sich nicht entschuldigen?*
S.: Doch. Oder nein – muss man nicht.
I.: *Es gibt dann keine Strafe?*
S.: Nein. Wir haben mal eine Strafe erfunden, in unseren Klassenstunden. Und die lautet, dass, wenn man ein anderes Kind beleidigt, dann muss man eine Woche lang Ordnungsdienst machen und an die wird sich aber nicht gehalten.
I.: *Warum nicht? Hat Herr K das nicht eingeführt?*
S.: Nein.
I.: *Die habt ihr also aufgestellt und dann wurde sie nicht eingehalten?*
S.: Ja.

I.: *Wie findest du das?*

S.: Ja, doof natürlich. Auch wenn ich jetzt ein anderes Kind beleidigen würde und eine Woche lang Ordnungsdienst machen müsste, dann find ich das natürlich auch doof für mich, aber im nach hinein ist es ja berechtigt, dass ich das eine Woche machen musste. Aber es ist dann auch nicht besser geworden, weil, man hat ja seine Freunde dabei und man wusste ja, dass einen die Freunde nicht gleich verpetzen, dann hat man das ein bisschen ausgenutzt.

Viele Themen schwingen in diesem Interview mit: Gerechtigkeit, Glaubwürdigkeit, Respekt, Gefühle, Konsequenz, Freundlichkeit. Es wird deutlich wie die Art des Miteinanders untrennbar verwoben ist mit dem Unterricht und seiner Qualität. Die Rolle gegenseitiger zugewiesener Vorstellungen über den anderen wird deutlich: Sebastian war eine Weile störend im Unterricht, strengt sich nun aber an. Herr T bemerkt die Veränderung nicht, sondern behandelt Sebastian, als würde er weiter stören. Sebastian reagiert mit negativen Emotionen. Es wird eine Frage der Zeit sein, bis er sich wieder störend verhalten und so Herrn Ts Erwartungen bestätigen wird.

Im Lichte sozialpsychologischen Theorien werden die Inhalte dieses Gespräches wieder aufgegriffen.

Jeder und jede kann beim Thema Schule mitreden, denn die meisten Menschen haben selber eine Schule besucht und haben auch als ehemalige Schüler/innen indirekt weiterhin mit dieser Institution zu tun. Dieses informelle Experten- und Expertinnenwissen kann durch eine gezielte Beschäftigung mit wissenschaftlichen Theorien reflektiert und von Lehrern und Lehrerinnen, zukünftigen wie gegenwärtigen, konstruktiv genutzt werden, um den Schulalltag für alle Beteiligten positiv zu gestalten. Ein Interview wie dieses kann nun den Auftakt dazu geben, über Lehrer/innen als Gruppe herzuziehen; aber auch über Schüler/innen, die sich nicht benehmen können. Die Inhalte des Interviews weisen aber deutlich daraufhin, dass alle Beteiligten in einem komplexen Beziehungsgeflecht stecken und darum ringen, irgendwie miteinander klar zu kommen. Das Verhalten von Menschen ist eben eine Funktion von Person und Umwelt. Dieses Bemühen um eine gute Zusammenarbeit wird häufig untergraben durch die Alltagstheorien, die über Schule existieren.

1.3 Alltagstheorien über Lehrende, Lernende und Eltern

Die in den Schulalltag involvierten Gruppen, die Lehrenden und Lernenden, auch die Eltern der Lernenden, werden in der Öffentlichkeit eher negativ wahrgenommen. Wenn über Gruppen als Ganzes gesprochen wird, ist die Versuchung groß, die gesamte Gruppe in Hinblick auf deren negativste Vertreter/innen hin zu akzentuieren (Elias & Scotson, 1993). So entstehen negative Stereotype über Gruppen, und deren Mitglieder werden entsprechend wahrgenommen.

Eltern werden zunehmend negativ in der Presse und den Medien dargestellt (z.B. Gaschke, 2003). Berufstätigen Eltern werden materielle Werte unterstellt, die vorrangig vor dem Kindswohl sind, aber auch nicht berufstätige Eltern sind vor dem Vorwurf der Vernachlässigung und Überbehütung nicht gefeit.

Dem widerspricht der zu beobachtende Trend, dass immer mehr Eltern Elternkurse besuchen. Dass es überhaupt eine solche Vielzahl an Elternkursen und Elternratgebern gibt, weist eher daraufhin, dass in der Gesellschaft der Konsens über Erziehungsfragen verloren gegangen ist und einer Unsicherheit Platz gemacht hat. Ganz im Widerspruch zur Pressemeinung, werden sich die meisten Eltern durchaus ihrer Verantwortung für Wohl und Wehe des Nachwuchses sehr bewusst sein, sich aber durchschnittlich zugleich auch hilfloser und ratloser fühlen (Tschöpe-Scheffler, 2005). Bereits vor über sechzig Jahren schrieb Horney: *„Theorien über Erziehung, Überbesorgnis oder die aufopfernde Haltung einer „idealen" Mutter, sind Faktoren, die prinzipiell zu einer Atmosphäre beitragen, die mehr als alles andere die Grundlage für künftige Gefühle einer ungeheuren Unsicherheit bildet."* (Horney, 1951/2004; S. 79).

Die Lehrenden kommen nicht besser weg. Das Berufsfeld des Lehrers und der Lehrerin erstreckt sich von „Allmachtsphantasien", was die Erwartungen und Ansprüche von außen angeht bis zur „Zuschreibung völliger sozialer Impotenz", wie Pesendorfer bereits 1974 feststellt. Nach einer Analyse von Etzold (2000) enthalten 75% aller Urteile und Zuschreibungen in den Printmedien negative Inhalte. Dabei enthalten die meisten Urteile Zuschreibungen wie „überfordert", „faul". Werden einmal positive Inhalte formuliert, dann sind diese konditional formuliert, wie z.B.: „Der Lehrer müsste engagiert sein."

Alltagstheorien zu den heranwachsenden Generationen sind traditionell negativ. Fest steht zur Zeit, dass, statistisch betrachtet, Kinder schlechtere Ernährungs- und Bewegungsgewohnheiten entwickeln. Das gilt aber auch für die Erwachsenen moderner Gesellschaften, ist also ein gesamtgesellschaftlicher Trend und hängt mit dem recht hohen Fernsehkonsum und dem Gebrauch anderer elektronischer Medien zusammen. Dazu kommt, dass Menschen dazu neigen, heranwachsende Generationen grundsätzlich negativer als ihre eigene Generation zu sehen. Auch das Bewertungsschema des Verhaltens ändert sich über die Generationen hinweg. Von einem sechsjährigen Kind werden heute ganz andere Fertigkeiten verlangt als von einem sechsjährigen Kind vor 50 Jahren und es bewegt sich in komplett anderen sozialen Verflechtungen, so dass Trends wie sie in Alltagstheorien thematisiert werden, kaum einem empirischen Vergleich standhalten könnten, wenn er überhaupt möglich wäre.

Vor dem Hintergrund dieser Gerüchte, Übertreibungen und Generalisierungen wundert es niemanden, zu hören, Lehrer/innen seien überfordert, da sie die mangelnde und schlechte Erziehungsarbeit der heutzutage hauptsächlich materiell eingestellten Eltern übernehmen müssten und deswegen seien Kinder eben im Grunde genommen verhaltensauffällig, wenn nicht sogar gestört. Es wundert auch niemanden, Eltern über die Institution Schule schimpfen zu hören. Das

Gesamtbild wird präzise zusammengefasst von Kaube (2002): *„Eltern zeigen auf motivationsarme Lehrer, diese zurück auf erziehungsunwillige Familien, beide auf die Bildungsverwaltung, ...".*

Dennoch müssen alle in Schule involvierten Gruppen miteinander klar kommen und sollen dabei kreativ, aufnahmebereit und entwicklungsfähig sein. Ein wertschätzender Blick einer Gesellschaft auf diese drei Gruppen wäre sicher konstruktiver.

Die Fähigkeiten, Stile und Eigenschaften von Gruppen beschreiben zu wollen, schürt Vorurteile. Es entstehen Theorien über Vertreter und Vertreterinnen dieser Gruppen, die zu deren Stigmatisierung führen. Gruppen beschreiben zu wollen, indem man sie insgesamt bewertet, schafft weder konstruktive Lösungen noch die Bereitschaft, nach solchen zu suchen. Es schafft aber Fronten zwischen Gruppen, zieht Gräben, entfremdet einander und schürt gegenseitige Ängste voreinander. In Gruppen zu denken ist auch willkürlich. Egal ob es sich um Mädchen oder Jungen handelt, um Kinder oder Jugendliche, um erfahrene oder junge Lehrpersonen, um leistungsschwache oder -starke Personen, um deutsche oder ausländische Personen: Man wird der Vielfalt von Realität nicht annähernd gerecht, wenn die Individualität der involvierten Personen aus den Augen verloren wird.

Ein besonders negativer Aspekt des Denkens in Gruppen ist, dass Vorurteile gegenüber Gruppen, ihre Reduzierung auf die negativsten Vertreter/innen, auch innerhalb der Gruppe zu Misstrauen und Uneinigkeit führt. Statt gemeinsam Probleme zu lösen und sich gegenseitig zu unterstützen, spalten sich Gruppen mit einem negativen Ruf und tragen interne Kämpfe aus.

Das Spiel mit Perspektiven ist eine entscheidende Voraussetzung, um die Komplexität eines Realitätsausschnittes zu verstehen, Alltagstheorien aufzubrechen, und eine konstruktive Interaktionsgestaltung zu enwickeln.

1.4 Zusammenfassung

Schule besteht aus einem komplexen Miteinander unterschiedlicher Gruppen. Zunehmend werden diesen Gruppen – Eltern, Lehrkräften, Schülern/innen – negative Merkmale zugeschrieben, die nicht zur Motivation, es besser zu machen, beitragen. Die häufig generalisierende Darstellung dieser drei in Schule involvierten Gruppen in den öffentlichen Medien zeigt, wie destruktiv undifferenzierte Theorien über Gruppen von Personen sind. Generalisierende Alltagstheorien tragen nicht nur nicht zur Problemlösung bei. Sie schaffen genau die demotivierte Einstellung zur Arbeit in der Schule, die dann die Ergebnisse hervorbringt, die Schule oft vorschnell bescheinigt werden. Wissenschaftliches Denken über menschliche Verflechtungsgebilde kann helfen, einen realisischen Blick zu entwickeln und eine konstruktive Beziehungsgestaltung zu enwickeln.

1.5 Fragen, Übungen, Lektüre

Fragen
- Was ist Sozialpsychologie?
- Was ist Ihre persönlich positivste Erfahrung als Schülerin bzw. Schüler gewesen?
- Was war Ihre negativste Erfahrung?
- Welchen Aspekt in dem dargestellten Interview finden Sie besonders interessant? Warum?
- Was ist eine Alltagstheorie?
- Welche der hier genannten Urteile über die involvierten Gruppen Lehrer/innen, Eltern, Schüler/innen finden Sie zutreffend? Begründen Sie Ihre Meinung.
- Welche Alltagstheorien stecken vermutlich hinter den Urteilen über die Mitglieder dieser drei in Schule involvierten Gruppen Lehrende, Lernende und Eltern?

Übungen
- Führen Sie ein Gespräch mit einer erfahrenen Lehrperson (die mindestens schon seit fünf Jahren unterrichtet). Versuchen Sie zu erkunden, welche Aspekte für diese Person zentrale Bedingungen eines gut durchgeführten Unterrichts sind. Schreiben Sie die wichtigsten Punkte auf, die Sie aus diesem Gespräch gelernt haben. Reflektieren Sie, welche Rolle das Miteinander für die interviewte Person für die Planung des Unterrichts spielt.
- Führen Sie selbst ein Interview zum Miteinander mit einem Schüler oder einer Schülerin durch. Überlegen Sie genau, was Sie wissen möchten. Versuchen Sie, Ihre Fragen offen zu formulieren. Schreiben Sie die wichtigsten Punkte auf, die Sie aus diesem Interview gelernt haben.
- Interviewen Sie einen Lehrer bzw. eine Lehrerin. Beginnen Sie damit, dass Sie sich für die Reaktionen von Personen, die selber nichts mit dem Lehrberuf zu tun haben, interessieren. Fragen Sie Ihren Gesprächspartner bzw. Ihre Gesprächspartnerin nach eigenen Erfahrungen. Fassen Sie die Essenz Ihres Interviews zusammen.
- Interviewen Sie einen Elternteil eines Schülers oder einer Schülerin. Welche Erfahrungen hat dieser Elternteil mit Schule gemacht? Fassen Sie die zentralen Aspekte des Interviews zusammen.
- Versuchen Sie eine für Sie relevante Alltagstheorie zu identifizieren und zu beschreiben. Reflektieren Sie diese kritisch. Was ist möglicherweise falsch an Ihrer Theorie?
- Interviewen Sie einen Gesprächspartner oder eine Gesprächspartnerin Ihrer Wahl. Fragen Sie diesen bzw. diese nach seinen oder ihren Erklärungen für unterschiedliche Schulleistungen. Warum gibt es leistungsbezogen „gute" Schüler/innen, warum „schlechte"? Welche Alltagstheorien verwendet Ihr Gegenüber?
- „Lehrer sind faule Säcke." Starten Sie eine Diskussion in Ihrem Freundeskreis: Was stimmt daran, was stimmt nicht? Fassen Sie die zentralen Aspekte der Diskussion zusammen.

- Schauen Sie sich die Verfilmung „Der Gott des Gemetzels" von Roman Polanski an. Reflektieren Sie das Geschehen vor dem Hintergrund dieses Kapitels.

Zur Nachbereitung empfohlene Lektüre
- Fischer, L. & Wiswede, G. (2002). *Grundlagen der Sozialpsychologie. (Teil I).* Oldenbourg.
- Steins, G. & Haep, A. (2013). *99 Tipps: Soziales Lernen. (S. 7-10).* Berlin: Cornelsen Scriptor.

2. Die Rolle der Beziehungsgestaltung für die Entwicklung Heranwachsender

Das Ganze ist mehr als die Summe seiner Teile. Diese aus den Prinzipien der Gestaltpsychologie abgeleitete Aussage trifft auch auf das soziale Geschehen im schulischen Alltag zu.

Die einzelnen Elemente bestehen aus verschiedenen Personengruppen: Schüler/innen, Lehrpersonen, Familie und Peers (siehe Abbildung 2). Jede dieser Personengruppen steht in einer Wechselbeziehung mit der jeweils anderen Gruppe. Die Intensität und Häufigkeit dieser Beziehungen sind nicht stabil, sondern werden sich in Abhängigkeit von Umständen, Entwicklungsschritten und anderen Einflussgrößen verändern. Jede Veränderung in der Beziehung zwischen zwei Personengruppen wird auch Veränderungen in den anderen Konstellationen beeinflussen. Das ganze Gefüge stellt ein dynamisches komplexes System dar. Zunächst werden die einzelnen Elemente betrachtet. Dabei wird sich zeigen, dass diese Elemente nicht losgelöst voneinander sind, sie sind durch subtile Prozesse unlösbar miteinander verflochten.

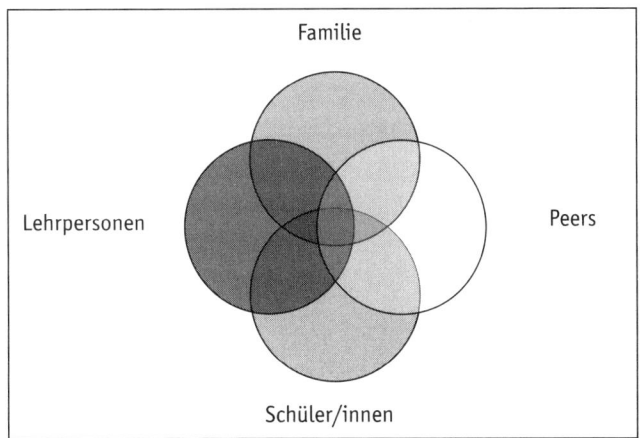

Abbildung 2:
Die Komplexität des schulischen Alltags

2.1 Die Lernenden

Schüler/innen sind den gesamten Schulalltag hindurch in soziale Interaktionen involviert. Sie sind mit ihren Peers zusammen, sie müssen auf die Anforderungen der Lehrpersonen reagieren. Sie tragen die verinnerlichten Erwartungen und die Stimmung ihrer Familie von Zuhause in die Schule. Diese vielfachen Beziehungen sind charakterisiert durch ein komplexes Geflecht von Ablehnung und Zuneigung, in dessen Mittelpunkt sich ein Schüler und eine Schülerin befindet (Berger & Luckmann, 1966). Kommt der Schüler oder die Schülerin nach Hause, befindet er oder sie sich wieder in einer Gruppe. Diesmal sind es die Beziehungen zu Vater, Mutter und Geschwistern, die im Vordergrund stehen. Mit zunehmendem Alter werden Freunde und Freundinnen wichtig. Auch hier geht es um Anerkennung, Ablehnung, Sympathie und Akzeptanz.

Der Alltag eines Heranwachsenden ist durch die nicht selbst gewählte Zugehörigkeit zu verschiedenen Gruppen gekennzeichnet. Dabei mag je nach Erwartungsdruck des Elternhauses die Schule ein Übergewicht in der Lebensgestaltung von Schülern/innen finden. Aber immer sind auch die emotionalen Aspekte von Beziehungen relevant.

Das permanente Eingebundensein in soziale Interaktionen ist auf den ersten Blick für die erwachsenen involvierten Personen genauso gegeben. In einem Berufsleben sind alle Menschen mit Kollegen und Kolleginnen und Vorgesetzten, in einem Privatleben mit Verwandten konfrontiert, die ebenfalls nicht gewählt wurden. Erwachsene jedoch verfügen über eine Metaebene, die es ihnen sehr viel leichter als Kindern oder Jugendlichen macht, mit diesem Beziehungsgeflecht kontrolliert umzugehen. Heranwachsende müssen erst die Techniken der Kontrolle beherrschen und lernen ihre Emotionen zu regulieren und Frustrationstoleranz zu entwickeln. Das menschliche Gehirn reift langsam und diese notwendigen Fähigkeiten sind noch nicht vollends entwickelt, wenn Heranwachende die Schule verlassen. Verständnisvolle, freundliche und klare erwachsene Bezugspersonen helfen Heranwachsenden sehr bei einer positiven sozialen, emotionalen und kognitiven Entwicklung.

2.2 Die Lehrenden

Innerhalb ihres Berufslebens sind die Lehrpersonen der Institution Schule in die Dynamik unterschiedlicher Gruppen involviert. Sie müssen innerhalb verschiedenster, sich wechselnder Gruppenkonstellationen vorgeschriebene Unterrichtsziele einhalten und dabei dennoch die Stärken und Schwächen der einzelnen Kinder und Jugendlichen im Auge behalten. Im Unterschied zu ihren Schülern/innen sind sie in der Schulklasse in der Regel nicht in weitere Beziehungen verwickelt. Die Lehrperson erscheint im Klassenzimmer in der Hauptsache als Individuum, das sich in kritischen Situationen des Rückhalts anderer Lehrpersonen oder Freunde versichern kann.

Was Peers für den Schüler und die Schülerin sind, das können Kollegen und Kolleginnen für den Lehrer und die Lehrerin sein. Kaum aus der Klasse, befinden sie sich zusammen mit anderen Kollegen und Kolleginnen. Ihre eigentliche berufliche Leistung erbringen sie als Einzelperson, im besten Fall in Kooperation mit der Gruppe der Schüler/innen. Bleibt ein Schüler oder eine Schülerin den gesamten schulischen Alltag hindurch in seiner Gruppe, kann, im Vergleich hierzu, eine Lehrperson zwischen ihren beiden Bezugsgruppen in der Schule wechseln, denn diese sind getrennt voneinander. Solche Rückzugsmöglichkeiten schaffen wiederum Kontrolle.

Im Kollegium finden eigene Dynamiken statt. In Deutschland ist Schule hierarchisch organisiert. Relativ wenige Personen übernehmen Verantwortung für die schulische Organisation und ihre Inhalte. Je nachdem wie harmonisch die Dynamik eines Kollegiums ist, kann sie anregend und aufbauend für Lehrpersonen sein, aber auch entmutigend und destruktiv.

Der Lebensstil der Lehrperson entscheidet darüber, ob sie zu Hause alleine sein und frei über ihre Zeit außerhalb der Schule entscheiden kann oder ob sie in die Dynamik einer weiteren Gruppe, bspw. ihrer eigenen Familie, involviert wird.

Die subjektive Rolle von Lehrern/innen im schulischen Alltag ist sehr komplex. Sie sind Individuum, Kollege oder Kollegin, Lehrperson, möglicherweise Vorgesetzte oder Vorgesetzter und immer konfrontiert mit dem Auftrag, eine spezifische Leistungsfunktion zu übernehmen (Langmaack, 1991). Für eine Person, die in ihrem Berufsleben dermaßen viel mit den verschiedensten Menschen zusammen kommt, ist psychologisches Grundlagenwissen sehr nützlich.

Lehrpersonen sind mit unterschiedlichen Quellen der Macht ausgestattet. Sie können positive und negative Sanktionen verteilen, sie gelten als Experten und Expertinnen ihres Faches. Sie sind auf unterschiedliche Gruppendynamiken vorbereitet und verfügen häufig im Laufe ihrer Berufserfahrung über eine Metaperspektive, die ihnen insgesamt eine höhere Kontrolle einräumt als Schülern/innen.

2.2.1 Professionelles Verhalten in Lehr-Lernsituationen

Diskrepanzen in der Wahrnehmung

Diese Kontrolle ist jedoch begrenzt, was die Einschätzung des eigenen sozialen Verhaltens angeht: Menschliche Selbstwahrnehmung, auch diejenige von Lehrern und Lehrerinnen ist verzerrt. Die realistische Einschätzung der eigenen Fähigkeiten ist ohne ein offenes Feedback unterschiedlicher anderer Personen nicht möglich und dies fehlt Lehrpersonen recht häufig.

So wundert es nicht, dass die Einschätzungen von Lehrpersonen, Schülern/innen hinsichtlich zahlreicher Aspekte differieren (Saldem, 1991 in Ulich, 2001). Lehrer/innen aus 49 Hauptschulklassen bewerteten das Sozial- und Unterrichtsklima in der Klasse, ihre Gerechtigkeit, ihre didaktischen Fähigkeiten, die Unterrichtsbeteiligung und Anstrengungsbereitschaft der Schüler/innen positiver als die Schüler/innen selbst. Die Schüler/innen wiederum nahmen in stärkerem Ausmaß untereinander Konkurrenz wahr als die Lehrpersonen dies bei den Schülern/innen wahrnahmen.

Solche Diskrepanzen sind Lehrpersonen häufig nicht bewusst, da sie im Alltag oft nur an subtilen Hinweisreizen erkennbar sind, wie beispielsweise an erstaunten Gesichtern von Schülern/innen bei Lob durch die Lehrperson.

Die Rolle von Erwartungen

Genauso wenig sind Lehrpersonen auch die Auswirkungen ihrer Erwartungen bewusst, die sie hinsichtlich der Leistungsgüte der verschiedenen Schüler/innen etabliert haben.

Erwartungen an die Leistung von Schülern/innen kommen schnell zustande: Durch Informationen, die in Lehrer-Eltern-Interaktionen einfließen („Bei uns zu Hause wird viel gelesen" ... „Ich bin schon zufrieden, wenn er die Klasse nicht wiederholen muss"... etc.), durch Kenntnisse der Lehrpersonen von den bisherigen Leistungen, durch das Aussehen der Schüler/innen. Solche Informationen liefern die Basis für implizite Theorien, die wiederum die Art und Weise steuern werden, mit der Lehrpersonen auf bestimmte Schüler/innen zugehen (siehe ausführlicher in Kapitel 4). Der sogenannte Rosenthal-Effekt, die Steuerung des Verhaltens anderer Personen durch eigene Erwartungen und des sich daraus ergebenden Verhaltens, ist eine Tatsache im schulischen Alltag (Dumke, 1978; Hattie, 2009; S. 121).

Fry (1982) führte hierzu ein anschauliches Experiment durch. Er simulierte im Labor eine Klassenzimmersituation. Seine Versuchsteilnehmer/innen waren zwei Lehrerinnen, zwei Lehrer und 160 Drittklässler/innen. Manipuliert wurde die Erwartung der Lehrpersonen an die Schüler/innen in hoch versus niedrig und die von der Lehrperson ausgeübte Kontrolle (hoch versus niedrig). Die Aufgabe bestand aus zehn Aufgaben zum Buchstabieren. Eine *hohe* Erwartung an die Leistung der Schüler/innen wurde folgendermaßen manipuliert:

> *„All of you are eight or nine years old and not little kids any more. ... I expect each of you to learn the spellings of all ten words I am going to teach you and to write many sentences about them. I expect you to be very attentive and to work very fast. Remember, I will not accept any excuses from you and I will be most displeased if your performance is poor. ..."* (S. 223)[2].

Bei der Etablierung einer vergleichsweise *niedrigen* Erwartung sagte die Lehrperson denselben Text (der hier ausgelassene Text wurde, durch (...) angezeigt) bis auf folgende Änderungen:

> *„I hear all of you are eight or nine years old. (...) It will be interesting to see how many spellings you will be able to write. I guess you'll try to be attentive and to work fast. I know some eight or nine year old kids who would probably be able to do quite well in the spelling and sentence exercises but then I guess that some of you may find this work quite difficult. I'll be curious to see how many sentences you can put together in two minutes. (...)"*[3]. (S. 223).

---

[2] Ihr seid alle acht oder neun Jahre alt und keine kleinen Kinder mehr. (...) Ich erwarte, dass jeder von Euch das Buchstabieren der zehn Wörter lernt, die ich Euch beibringen werde und dass Ihr viele Sätze mit ihnen schreibt. Ich erwarte, dass Ihr aufmerksam seid und sehr schnell arbeitet. Merkt Euch: Ich werde keine Entschuldigungen von Euch akzeptieren und werde sehr verstimmt sein, wenn Ihr eine schlechte Leistung zeigt. (...)

[3] Alle von Euch sind acht oder neun Jahre alt. (...) Es wird interessant sein, zu sehen wie viele Buchstaben ihr richtig schreiben werdet. Ich denke, Ihr versucht aufmerksam zu sein und schnell zu arbeiten. Ich weiß, manche von Euch acht- und neunjährigen Kindern werdet wohl ganz gut darin sein, andere werden es ziemlich schwierig finden. Ich bin neugierig, wie viele Sätze Ihr in zwei Minuten zusammenstellen könnt. ...

Es wurden also in dieser Bedingung klare, hohe Erwartungen formuliert und es wurde vorweggenommen, dass bei deren Nichterfüllung keine Entschuldigung akzeptiert werden würde. Hohe Erwartungen und hohe Kontrolle motivierte zu den besten Leistungen. Insbesondere Jungen wurden zusätzlich durch den Kontrollfaktor beeinflusst[4].

Die Erwartungen der Lehrpersonen steuern also indirekt und oft von allen Beteiligten unbemerkt das Leistungsverhalten der Schüler/innen. Erwartungen anderer, besonders relevanter Bezugspersonen beeinflussen Theorien über die eigene Person. Im schulischen Kontext werden besonders die Einschätzungen eigener Fähigkeiten entwickelt und bestimmen das Verhalten und Erleben (siehe Abbildung 1).

Dieses Experiment zeigt anschaulich, dass Schüler/innen sich auf die Erwartungen der Lehrpersonen einstimmen und sich nach diesen ausrichten. Umso wichtiger ist es, dass Lehrpersonen ein Gespür dafür entwickeln, wie weit sie gehen können, ohne ihre Schüler/innen permanent zu unter- oder überfordern. Winner (2004) erwähnt in diesem Zusammenhang ein Beispiel einer New Yorker High School. Hier wurden alle unteren Leistungsgruppen abgeschafft. Die Schüler/innen, die vorher daran teilgenommen hatten, kamen zu den anspruchsvolleren Gruppen hinzu. Die Lehrer/innen waren hiervon nicht informiert worden, dachten also, dass nur besonders begabte Schüler/innen in diesen Gruppen waren. Sie stellten weiterhin die ensprechenden hohen Anforderungen. Ein höherer Prozentsatz der Schüler/innen als vor dieser Gruppenkonstellation bestand die Prüfungen. Winner schließt aus der Erwartungsforschung *„Wir würden weit besser fahren, wenn wir das Unterrichtsniveau für alle Schüler anheben würden und unsere Ressourcen für die etxrem hochbegabten Kinder verwenden."* (S. 249; die laut Winner selten vorkommen).

Das Verhalten der Lehrenden

Erwartungen bilden nur einen Aspekt der Beziehung zwischen Lehrern/innen und Schülern/innen, die warm, verständnisvoll, zugewandt, ermutigend und empathisch sein sollte (Hattie, 2009; S. 188ff; S. 164; siehe auch Kapitel 4 und 7). Freundliche und gleichzeitig unterstützende wie anspruchsvolle Haltungen gegenüber den Schülern/innen sind starke positive Prognosefaktoren für die Entwicklung Heranwachsender. Heranwachsende schwingen mit den Stimmungen, die erwachsene Bezugspersonen signalisieren, mit (Kapitel 12). Erwachsene geben durch ihr Verhalten die Standards für die Lerngruppe vor (Kapitel 19). Dass es regelrecht herausfordernd ist, sich nach diesen Kriterien zu verhalten, ist unbestritten. Der Standard für Professionalität sollte jedoch hoch sein, denn es geht immerhin um die Entwicklung der nachwachsenden Generationen.

---

[4] Dass besonders eher die Jungen von der Kontrolle profitierten, hängt mit geschlechtsasymmetrischen Sozialisationsbedingungen zusammen, die teilweise in den Kapiteln 4 und 18 thematisiert werden. Für eine eingehende Reflexion dieses interessanten Aspektes siehe Steins 2008a, 2012a.

2.3 Eltern

Objektiv betrachtet sollten Mütter und Väter am wenigsten involviert in den schulischen Alltag sein, denn sie sind nicht dabei. Dennoch ist ihr Alltag durch die Schulroutinen stark geprägt. Schulzeiten determinieren den Tagesablauf, die Urlaubsplanung und auch die Zeit, die mit den Kindern verbracht wird. Bei den Hausaufgaben muss Hilfe gegeben werden, Eltern müssen häufig unerwartet und spontan Rückhalt bei Problemen in der Schule, seien diese nun sozialer oder schulischer Art, sicherstellen. Eltern sind eingespannt in den schulischen Alltag, ob sie wollen oder nicht.

Eltern müssen die Kontrolle über ihre Kinder abgeben, wenn diese in der Schule sind. Vielleicht ist es diese Tatsache, die manche Eltern hilflos macht, andere wiederum zu besonderem Engagement antreibt, um die fehlende Kontrolle auszugleichen.

Emotional sind Eltern jedoch häufig sehr involviert in den schulischen Kontext. Es berührt Eltern, wie ihre Kinder mit den Anforderungen in der Schule zurecht kommen, seien die Leistungen der Kinder nun Anlass zu Stolz oder Niedergeschlagenheit.

2.3.1 Die Bedeutung elterlicher Involviertheit für den Schulerfolg des Kindes

Die Einbezogenheit der Eltern in den schulischen Alltag ist eine wichtige Einflussgröße für den Schulerfolg des Kindes. Elterliche Involviertheit wurde von Maccoby und Martin als *„committed to his or her role as a parent, and to the fostering of optimal child development"* (1983, S. 48) definiert. Die Eltern fühlen sich der optimalen Entwicklung des Kindes verpflichtet.

Elterliche Involviertheit ist messbar als das Ausmaß der Anstrengung, das in kindorientierte Aktivitäten investiert wird und wird nach Grolnick und Slowiaczek (1994) *„... as the dedication of resources by the parent to the child within a given domain"* (S. 238) definiert. Drei Arten von Involviertheit können mindestens unterschieden werden:

Eltern können durch ihr *Verhalten* einbezogen sein, sich beispielsweise in der Schule engagieren oder bei Problemen Lehrpersonen ihrer Kinder aufsuchen. Dieses elterliche Verhalten wiederum kann bei den Lehrpersonen deren Einstellungen gegenüber dem Kind verändern.

Eltern können *persönlich* involviert sein, so dass das Kind auf einer affektiven Ebene erfährt, dass die Eltern sich um Schulangelegenheiten kümmern, dort in soziale Interaktionen treten und diese möglicherweise auch positiv bewerten.

Eltern können auf einer *kognitiv-intellektuellen* Ebene involviert sein, indem sie ihren Kindern außerhalb des schulischen Alltags stimulierende Materialien und Aktivitäten anbieten. Besonders für diese dritte Art elterlicher Involviertheit in die Schule fanden Grolnick et al. positive Einflüsse (siehe auch Hattie, 2009; S. 66).

Die Rolle elterlicher Erwartungen

Elterliche Involviertheit kann auch dadurch zum Ausdruck gebracht werden, dass es Eltern nicht gleichgültig ist, welches Ausmaß an Energie und Anstrengung ihre Kinder im Umgang mit den täglichen schulischen Anforderungen an den Tag legen. So wirken zwar Herausforderungen an die Anstrengung der Kinder kurzfristig eher negativ, langfristig jedoch förderlich auf die schulische Leistung wie eine Längsschnittstudie von Noack (1998) zeigt. Hohe Erwartungen an die schulische Leistung zeigten sich in einer weiteren Längsschnittuntersuchung von Entwisle und Alexander (1996) über die ersten beiden Schuljahre hinweg (n = 391) als starker Prädiktor für die Entwicklung der Lese- und Mathematikleistungen der Kinder.

Hier zeigt sich wieder die starke Rolle der Erwartungen. Wie mit den Erwartungen ihrer Lehrpersonen schwingen Schüler/innen auch mit den Erwartungen ihrer Eltern mit. Es ist wichtig, dass Eltern und Lehrpersonen nicht nur angemessen hohe Erwartungen ausbilden, sondern die Kinder so unterstützen, dass diese den Erwartungen auch gerecht werden können (Hattie, 2009; S. 68 ff.).

2.3.2   Familientyp und Schulleistung

Ein häufiges Thema in der Presse betrifft die Gruppe der Alleinerziehenden. Studien, aus denen angeblich hervorgeht, dass vaterlos aufgewachsene Jungen mit einer drastisch erhöhten Wahrscheinlichkeit kriminell werden (z.B. Bölsche et al., 2004, S. 100), führen zu Stereotypen über alleinerziehende Mütter. Es erscheint vielleicht logisch, dass eine alleinerziehende Mutter ihrem Kind nicht dieselbe emotionale und soziale Unterstützung bieten kann wie eine sogenannte intakte Familie. Stellen sich also schulische Probleme von Kindern allein erziehender Mütter heraus, dann wird sehr häufig das Problem des Kindes auf diese Familienkonstellation zurückgeführt.

Ein interessanter Befund der Untersuchung von Entwisle et al. zeigt, dass der gefundene Zusammenhang zwischen Erwartungen der Eltern und Schulleistung unabhängig vom Familientyp zu finden ist. Die Autoren unterschieden alleinerziehende Mütter, Mütter mit neuem Partner und die klassische Kernfamilie. Auch Shumow und Miller (2001) fanden keinerlei Hinweise darauf, dass die Familienkonstellation systematisch mit der Schulleistung des Kindes variiert (siehe auch Hattie, 2009; S. 61). Viel wichtiger sind andere Faktoren, die aber nicht immer statistisch kontrolliert werden.

2.3.3 Bildungsgrad der Herkunftsfamilie

Die ökonomischen Ressourcen, nicht die Familienkonstellation, erweisen sich neben hohen Erwartungen als bedeutsam für den Schulerfolg. Dieser Faktor hängt häufig mit dem Bildungsgrad der Eltern zusammen. Shumow et al. fanden diesbezüglich, dass mit zunehmendem Bildungsgrad der Eltern der Schulerfolg ansteigt. Bildungsgrad wiederum hängt positiv mit der elterlichen Involviertheit zusammen.

Es entsteht folgendes Bild: Für den schulischen Erfolg ist es positiv, wenn die Eltern Anteil an dem Schulalltag ihrer Kinder nehmen und zwar auf unterschiedlichen Ebenen. Vermutlich ist es Eltern mit einem höheren Bildungsgrad wichtiger als Eltern mit einem vergleichsweise niedrigeren, wie gut die schulischen Leistungen ihres Nachwuchses ausfallen. Vielleicht verfügen sie jedoch auch über ein elaborierteres Metawissen darüber, wie schulischer Erfolg wahrscheinlicher erzielt werden kann. Auf alle Fälle werden, wie bei den Lehrpersonen, ihre Erwartungen an die Leistungen ihrer Kinder sich in ihrem Verhalten äußern und die Leistungsbereitschaft ihrer Kinder beeinflussen.

2.4 Peers

Die soziale Gruppe im schulischen Alltag, der Schüler/innen angehören, wird häufig von deren Klassenkameraden und Klassenkameradinnen gebildet. Peers stellen die Bezugspersonen dar, welche der Person des Schülers und der Schülerin auf vielen Dimensionen wie beispielsweise Alter, Anforderungen, gleiches räumliches Schicksal in der Schule vergleichbar sind. Somit bilden Peers nach Festingers Theorie der sozialen Vergleichsprozesse (1954) diejenige Gruppe, auf die sich Schüler/innen am ehesten beziehen werden, wenn sie die Richtigkeit ihrer Meinungen überprüfen möchten (siehe Kapitel 6).

Peers können eine unterstützende und im positiven Sinn auch eine kontrollierende Funktion ausüben (Noack, 1998). Genauso können die Beziehungen zu Peers auch als sehr belastend erlebt werden, mindestens genauso belastend wie die Erkrankung eines Elternteils mit Krankenhausaufenthalt (Kupersmidt, Buchele, Voegler & Sedikides, 1996). Besonders gefährdet sind Kinder, die innerhalb einer Gruppe Gleichaltriger einen vergleichsweise niedrigen Status einnehmen oder dies zumindest so wahrnehmen. Der Selbstwert dieser Kinder ist vergleichsweise niedrig (Bradford Brown & Lohr, 1987), das Selbstkonzept negativer (Tracey, 1998), jedoch nur, wenn die Beziehungen zu den anderen Peers für sie sehr wichtig sind (Bradford Brown et al., 1987; Hattie, 2009; S. 104 ff.).

Die Gefahr für Kinder, die von ihren Peers zurückgewiesen werden, liegt darin, dass sie sich durch sozialen Rückzug noch stärker isolieren, als Folge soziale Ängste ausbilden, die sich dann auch auf die Schulleistungen negativ auswirken können (Kupersmidt et al.). Auch hier sind wieder

Theorien über sich selbst ausschlaggebend. Nur dann, wenn einem Schüler oder einer Schülerin bestimmte Aspekte wichtig sind, beispielsweise das eigene Aussehen, wird er oder sie empfänglich für Reaktionen der Peers auf dieser Dimension (Cobb, Cohen, Houston, & Rubin, 1998). Schwierigkeiten mit Peers können durch gute Beziehungen zu Eltern und Geschwistern ausgeglichen werden.

2.5 Geschwister

Beziehungen zu Geschwistern sind auch schon außerhalb des Kontextes Schule komplexe Beziehungsgefüge. Anders als bei Peers wird ein Schüler oder eine Schülerin Geschwister nicht unbedingt als die relevantesten Bezugspersonen zur Überprüfung der eigenen Meinungen heranziehen. Denn es besteht, außer bei Zwillingen, ein Altersunterschied, der jedes Geschwister in eine andere Bezugsgruppe verweist. Außerdem entwickelt sich durch den gemeinsamen Bezug zu den Eltern auch häufig ein Bedürfnis nach Abgrenzung voneinander. Dieses kann schon durch die Tendenz vieler Eltern hervorgerufen werden, Geschwister miteinander zu vergleichen (Feinberg, Neiderhiser, Simmens, Reiss & Hetherington, 2000). Was bei dem ersten Kind motivierend gewirkt haben mag, treibt das zweite Kind in den Widerstand. Eltern werden ihre Theorien über solche Unterschiede formen und ihre Kinder entsprechend unterschiedlich behandeln. Kinder registrieren dies genau und ziehen daraus wieder Schlüsse über sich selbst, bilden sich also ihre eigenen Theorien.

Für den schulischen Kontext bedeutet dies, dass Vergleichsprozesse unter Geschwistern sicherlich auch eine Rolle sowohl bei der elterlichen Einschätzung des Schülers oder der Schülerin spielen werden als auch hinsichtlich der eigenen Selbsteinschätzung.

Für den Schüler und die Schülerin selbst scheinen u.a. auch Kontrasteffekte eine Rolle zu spielen. Abrams, Sparkes und Hoff (1985) berichten hierzu einen interessanten Befund. Sie befragten 50 Jungen und 31 Mädchen im Alter zwischen 16 und 18 Jahren zu ihrer Selbstwahrnehmung, ihren Prüfungsleistungen und ihren beruflichen Zielen. Sie fanden, dass Schwestern in ihrer akademischen Leistung negativ von der Anzahl der Brüder beeinflusst sind. Der Vergleich mit diesen fällt scheinbar nicht so motivierend wie im umgekehrten Fall aus. Brüder in dieser Stichprobe schienen sich umso mehr anzustrengen, gute Schulleistungen zu erbringen und hohe berufliche Ziele zu verfolgen, je mehr Schwestern sie hatten[5].

---

[5] Auch hier spielen geschlechtsasymmetrische Sozialisationsbedingungen eine große Rolle. Ich verweise zur Reflexion auf Steins 2008a, 2012a.

2.6 Die institutionalisierte Ebene

Das komplexe Beziehungsgeflecht aus miteinander interagierenden Gruppen ist eingebettet in einen institutionalisierten Rahmen. Dieser ist unterschiedlich je nach Schulform, kulturellem Kontext und politischer Lage. Für diejenigen, für welche die Schulen eigentlich da sind, die Schüler/innen, ist die institutionalisierte Ebene eine abstrakte, häufig unbekannte Dimension, die subjektiv eine eher untergeordnete Rolle spielt. Das ist besonders für die Lehrpersonen anders, die von den Entscheidungen übergeordneter Instanzen in der Gestaltung ihres Schulalltags abhängig sind.

Die Einflüsse der strukturellen Merkmale eines Erziehungssystems mögen subtil sein, für Schüler/innen noch subtiler als für die Lehrpersonen. Sie sind aber da. Beispielsweise fanden Buchmann und Dalton (2002) in einer Vergleichsstudie zwischen zwölf Ländern (Hongkong, Korea, Thailand, USA, Australien, Norwegen, Spanien, Frankreich, Griechenland, Schweiz; befragt wurden 13jährige), dass in Ländern mit einem relativ undifferenzierten sekundären Schulsystem relevante Bezugspersonen wie Eltern und Peers sehr viel stärker die schulischen Ziele der Schüler/innen beeinflussten als in differenzierteren Systemen. Es steht in undifferenzierteren Systemen mehr Zeit für die erwachsenen Bezugspersonen zur Verfügung, die Entwicklung der Heranwachsenden zu beeinflussen. In stark differenzierten Schulsystemen wie z.B. dem deutschen Schulsystem, ist dieser Einfluss vergleichsweise geringer. Hier werden die Kinder in vielen Bundesländern bereits sehr früh in unterschiedliche Schulformen segregiert. Dass institutionelle Strukturen den Einfluss von Interaktionen beeinflussen, wird auch Thema von Kapitel 15 sein. Hier wird deutlich werden: Es kommt darauf an, wie die Menschen sich in den Strukturen verhalten, Strukturen haben nicht per se ein Eigenleben, aber sie können Menschen in ihrer konstruktiven Interaktionsgestaltung unterstützen oder behindern.

2.7 Zusammenfassung

Bei der Betrachtung der unterschiedlichen in den Schulalltag involvierten Personengruppen wird deutlich, dass jede Gruppe eigene Theorien über sich und den Schulalltag entwickelt, je nachdem, welcher Ausschnitt gerade beleuchtet wird. Diese Theorien sind verhaltenswirksam. Sie haben Auswirkungen auf die Erwartungen und damit auf die Motivation und die Leistung von Lehrern, Lehrerinnen, Schülern/innen und die Involviertheit der Eltern.

Wichtig ist festzuhalten, dass der schulische Alltag sich für eine Lehrperson anders darstellt als für einen Schüler und eine Schülerin. Während auf der individuellen, subjektiven Ebene für einen Schüler und eine Schülerin das soziale Gefüge, die persönlichen Präferenzen von Personen eine große Rolle spielen können, ist für die Lehrpersonen möglicherweise die institutionalisierte Ebene gewichtiger als persönliche Präferenzen. Dennoch sind alle Involvierten im schulischen Geschehen miteinander verflochten.

Bevor nun im zweiten Teil nützliche Theorien vorgestellt werden und mit ihrer Hilfe auf Fragen des Schulalltags Antworten gefunden werden sollen, wird der erste Teil mit einer Betrachtung des Sinns von Theorien und den Kriterien für eine gute Theorie abgeschlossen.

2.8 Fragen, Übungen, Lektüre

Fragen
- Welche Gruppen sind in den schulischen Alltag involviert?
- Welche Defizite bei Kindern und Jugendlichen sind statistisch abgesichert, welche nicht?
- Was bedeutet elterliche Involviertheit?
- Welche Rolle spielen Erwartungen von Lehrern und Lehrerinnen bzw. Eltern an Schüler/innen?

Übungen
- Befragen Sie einen Elternteil danach, welche Erwartungen es zu Schulbeginn an sein Kind stellte. Blieben die Erwartungen stabil? Was hat das Elternteil getan, um das Kind zu unterstützen, diesen Erwartungen gerecht zu werden? Wie hat das Kind auf die Erwartungen der Eltern reagiert? Fassen Sie die zentralen Punkte der Befragung zusammen.
- Welche Erwartungen haben Sie selbst als Lehrperson (gegenwärtige oder zukünftige) an Ihre Schüler/innen? Wie können Sie diesen behilflich sein, diese Erwartungen zu erfüllen?

Zur Nachbereitung empfohlene Lektüre
- Forsyth, D. (2010). *Group Dynamics. (Kapitel: „Studying Groups" und "Cohesion and Development").* Belmont, CA: Wadworth, Cengage Learning.
- Haep, A. & Steins, G. (2013). *Soziales Lernen Sek I. (Kapitel 2-3).* Wiesbaden: Auer.
- Schneewind, K. (2010). *Familienpsychologie.* Stuttgart: Kohlhammer.
- Steins, G. & Haep, A. (2013). *99 Tipps Soziales Lernen, (Tipps 64 – 82).* Berlin: Cornelsen Scriptor.

3. Wissenschaftliches Denken

Theorien werden von allen Menschen verwendet, aber häufig automatisch und unreflektiert. Es stellt sich die Frage, ob diese automatisierten Theorien sich immer als so nützlich erweisen. Sie sind es in keinem Fall, wenn sie der Komplexität des schulischen Alltags nicht gerecht werden und nicht durch weitere Theorien ergänzt werden. Sich mit wissenschaftlichen Theorien zu beschäftigen, heißt eigene Alltagstheorien zu reflektieren und gegebenenfalls zu revidieren.

3.1 Was ist eine Theorie?

Wissenschaftliche Theorien haben den Anspruch, einen Realitätsausschnitt angemessen zu ordnen, zu beschreiben, zu erklären und Prognosen für weitere Ereignisse innerhalb dieses Ausschnittes abzuleiten. Sie werden anders gebildet und überprüft als Alltagstheorien, die in der Regel intuitiv als wahr erscheinen. Lehrerinnen und Lehrer, deren subjektive Theorien über Schüler/innen gravierende Konsequenzen haben können, profitieren davon, wenn sie über ein wissenschaftlich fundiertes Instrumentarium verfügen, mit Hilfe dessen sie die eigenen Alltagstheorien identifizieren, reflektieren und der Realität anpassen können.

Alltagstheorien werden gebildet über sich selbst, über andere, über die Natur des Menschen, über die Ursachen darüber, warum manchmal etwas gelingt, oder nicht. Eine *wissenschaftliche* Theorie versucht, die Elemente und Beziehungen zwischen den Elementen präzise und systematisch zu beschreiben und Vorhersagen zu formulieren, um die Theorie in Hinblick auf einen bestimmten Ausschnitt an der Realität testen zu können. Wissenschaftliche Theorien bestehen also aus einzelnen strukturellen Elementen, die miteinander in Beziehung gesetzt werden und an der Realität getestet werden können.

3.1.1 Strukturelle Elemente

In Theorien werden die Wirkungen von einigen Faktoren auf andere Faktoren betrachtet. Dabei werden die Faktoren, die Einfluss nehmen auf andere Faktoren, *unabhängige Variablen* genannt, diejenigen Faktoren, die beeinflusst werden, stellen die *abhängigen Variablen* dar. Angenommen, die Annahme wird aufgestellt, dass schlechte Laune bei dem Sender einer Nachricht dazu führt, dass auf der Empfängerseite die Nachricht schlechter verstanden wird, dann wäre die Qualität der Laune des Senders die unabhängige Variable und das Ausmaß des Verstehens auf Seite des Empfängers die abhängige Variable.

3.1.2 Dynamisches Element

Damit wären auch bereits die unterschiedlichen Variablen miteinander in Beziehung gesetzt. Die strukturellen Variablen werden durch Annahmen ihrer Beziehung zueinander, *Hypothesen*, in einen dynamischen Zusammenhang gebracht.

In der oben formulierten Annahme ist eine *kausale* Dynamik formuliert worden. Die schlechte Laune des Senders wird als *Ursache* für das Verstehen der Nachricht auf Seite des Empfängers angenommen.

Es wäre aber auch möglich eine *korrelative* Beziehung zu formulieren. *Je* schlechter die Laune des Senders einer Nachricht ist, *desto* schlechter ist das Verständnis einer Nachricht auf Seite des Empfängers. Hier ist eine Annahme über das gleichzeitige Auftreten zweier Variablen und deren Beziehung zueinander formuliert. Je höher die eine Variable ausgeprägt ist, desto höher ist die andere Variable ausgeprägt. Solch ein Zusammenhang wird als eine positive Korrelation bezeichnet. Es wäre auch als positive Korrelation zu bezeichnen, wenn die Annahme formuliert würde: Je weniger schlecht die Laune des Senders ist, umso weniger schlecht ist das Verständnis des Empfängers. Positiv bedeutet hier, dass die Ausprägungen beider Variablen in die gleiche Richtung angenommen werden. Hingegen würde eine negative Korrelation zwischen beiden Variablen formuliert werden durch die Annahme, dass, je schlechter die Laune des Senders ist, umso besser das Verstehen des Empfängers wäre. Oder umgekehrt: Je besser die Laune des Senders, umso schlechter das Verstehen des Empfängers.

Komplexere Annahmen entstehen durch *Interaktionen* zwischen verschiedenen Variablen, sogenannte interaktive Hypothesen. Dafür müssen mindestens zwei unabhängige Variablen identifizierbar sein, die in Wechselwirkung miteinander eine abhängige Variable beeinflussen. Bleibt man weiterhin bei der Annahme zur Wirkung schlechter Laune auf das Verstehen einer Nachricht, könnte es möglich sein, dass in einer ersten Beobachtungsstudie herausgefunden wird, dass in der Tat schlechte Laune des Senders bei einem Empfänger schlechteres Verstehen der Nachricht bewirkt als gute Laune des Senders. Die ursprüngliche kausale Annahme wäre gestützt. Dennoch kann es sein, dass der Effekt nicht so stark ist, wie eigentlich angenommen. Es findet sich unerwartet, dass es auch zahlreiche Empfänger der Nachricht gibt, die sie sehr gut verstehen. Es könnte sein, dass dies vornehmlich diejenigen Empfänger sind, die selber sehr gute Laune hatten und deshalb wird der ursprünglichen Minitheorie eine weitere unabhängige Variable hinzugefügt, nämlich die vor dem Empfang der Nachricht festzustellende Qualität der Laune des Empfängers. Eine interaktive Annahme würde lauten: Das Verstehen einer Nachricht wird beeinflusst durch die Interaktion zwischen der Laune des Senders und der vorherigen Laune des Empfängers. Hierzu können konkrete Annahmen abgeleitet werden. Ein Beispiel wäre, wenn eine Nachricht von einem schlecht gelaunten Sender übermittelt wird, wird diese Nachricht nur dann schlechter verstanden im Vergleich zu einem gut gelaunten Sender, wenn auch die Laune des Empfängers schlecht ist. Sie wird von einem schlecht gelaunten Empfänger nur verstanden, wenn der Sender gut gelaunt ist. Ist hingegen die Laune des Empfängers positiv, dann ist es egal, ob der Sender positive oder negative Laune hat, die Nachricht wird immer gleich gut verstanden.

3.1.3 Funktionen von Theorien

Wissenschaftliche Theorien dienen der systematischen Beschreibung von Zusammenhängen. Gleichzeitig sollen sie diese Zusammenhänge aber auch erklären. Wenn durch eine Theorie ein bestimmtes Bedingungsgefüge verstehbar wird, dann können Vorhersagen formuliert werden und diese an der Realität getestet werden. Findet sich empirische Bestätigung für die Theorie, dann steht ein Modell mit dessen Hilfe ein Bedingungsgefüge analysiert und verändert werden kann.

Angenommen, es finden sich empirische Belege dafür, dass die Laune eines Senders gravierende Auswirkungen auf das Verständnis einer Nachricht hat. Dann kann man, wenn man selber eine wichtige Botschaft zu überbringen hat, zum Beispiel wichtigen neuen „Stoff" im Unterricht zu vermitteln hat, auf die Regulation der eigenen Laune achten.

3.2 Was ist eine gute Theorie?

Häufig finden Erwachsene kleine Kinder süß, weil diese offensichtlich falsche Annahmen über Zusammenhänge haben und dies noch ganz unvoreingenommen demonstrieren. So kann Peter durchaus noch eine Weile glauben, dass es tatsächlich der Osterhase war, der ihm die bunten Eier versteckt hat und Lisa ist sich noch eine Zeitlang ganz sicher, dass die Ampel immer dann auf Grün springt, wenn sie auf ihrem Kindersitz hinten im Auto ihre linke Hand auf einen bestimmten Fleck im Stoffbezug des Sitzes legt. Auch Erwachsene verfügen über ein Sammelsurium unterschiedlichster Minitheorien und Annahmen, die sie zur Analyse und Kategorisierung ihrer Umwelt brauchen, auch wenn mitunter die empirische Evidenz für deren Wahrheitsgehalt nur mangelhaft ist.

Die Frage danach, was also eine *gute* Theorie ist, ist berechtigt. Deshalb werden nun einige wissenschaftstheoretische Kriterien dargestellt, die zur Bewertung der Güte von Theorien herangezogen werden können (siehe Tabelle 2).

3.2.1 Falsifizierbarkeit

Eine gute Theorie muss falsifizierbar sein. Es muss möglich sein, empirische Beweise erbringen zu können, die gegen den Wahrheitsgehalt der Theorie sprechen. Die Annahme, dass das Temperament einer Lehrperson einen Einfluss auf die Unterrichtsqualität hat, dergestalt, dass nervösere Lehrpersonen nicht so erfolgreich unterrichten wie ruhigere Lehrpersonen, ist falsifizierbar. Prinzipiell ist es möglich, dass bei einer bestimmten Stichprobe kein Zusammenhang oder möglicherweise sogar ein umgekehrter Zusammenhang gefunden werden könnte. Dann müsste die Theorie erweitert oder verworfen werden.

Angenommen, dass in die Theorie eine Annahme eingebaut ist, die einen unbewussten Mechanismus postuliert und zwar dergestalt, dass behauptet wird, dass nervöse Lehrpersonen latent ruhig sein können und diese Eigenschaft spontan und unkontrollierbar auftreten kann. Dann könnte es sein, dass, obwohl gefunden wird, dass nervöse Lehrpersonen auch einen guten Unterricht machen können, dies nicht mehr als Widerspruch zur Theorie interpretiert werden kann, denn möglicherweise haben sie sich genau in den Tagen, in denen gemessen wurde, latent ruhig verhalten. Egal was in Hinblick auf die Unterrichtsqualität nervöser Lehrer erhoben wird, es wird immer mit der Annahme erklärt werden können.

Das wäre keine gute Theorie. Eine gute Theorie kommt zu präzisen widerspruchslosen Vorhersagen, die überprüfbar sind. Metaphysische Theorien sind deshalb keine wissenschaftlichen Theorien, denn sie enthalten in der Regel Annahmen, die nicht in erfaßbare Größen zu überführen sind. Metaphysische Theorien sind Glaubenssysteme. Wissenschaftliche Theorien sind auf Zeit gültige Erklärungsmodelle eines Realitätsausschnittes, so lange gültig bis der Wahrheitsgehalt der Theorie widerlegt ist und eine bessere Theorie mit genaueren Vorhersagen formuliert werden kann.

Gute Theorien sind nicht unbedingt von vielen Personen vertretene Theorien. Es sind auch keine Theorien, die besonders schön formuliert oder besonders idealistisch sind.

3.2.2 Wissenschaftliche Objektivität

Um eine Theorie überprüfbar zu machen, müssen ihre strukturellen Elemente operationalisierbar sein, d.h. die Variablen der Theorie müssen erfassbar sein. Nur so kann man überprüfen, ob sich Ergebnisse replizieren lassen, und nur so kann die empirische Testung einer Theorie kontrollierbar gemacht werden. Die eigene subjektive Erfahrung ist kein Beweis für oder gegen den Wahrheitsgehalt einer Theorie. Der Wahrheit kann man sich durch *intersubjektive Objektivität* annähern.

Tabelle 2: Was ist eine gute Theorie? Ausgewählte Fragen zur Bestimmung

Überprüfungsfragen	Relevant für eine gute Theorie?	
	Ja	Nein
Gibt es identifizierbare Variablen?	x	
Sind diese Variablen messbar?	x	
Sind die angenommenen Beziehungen zwischen den Variablen konsistent?	x	
Kann man mit dieser Theorie Vorhersagen treffen?	x	
Kann ein Sachverhalt mit dieser Theorie erklärt werden?	x	
Halten viele Personen die Theorie für wahr?		x
Ist die Theorie im Vergleich zu anderen Theorien, die dasselbe erklären, einfacher?	x	
Gibt es empirische Forschung zur Überprüfung der Theorie?	x	
Misst diese Forschung die in der Theorie aufgeführten Variablen auf unterschiedliche Art und Weise?	x	
Ist die Theorie leicht zu verstehen?		x

3.2.3 Wissenschaft im Feld Schule

Viele psychologische Fragestellungen lassen sich nicht nach den Kriterien des Rationalismus untersuchen. Standards an Wissenschaftlichkeit müssen zweifellos eingehalten werden, um zu aussagekräftigen Ergebnissen zu kommen. Es können aber nicht alle psychologisch relevanten Fragestellungen mit denselben kontrollierten Methoden wie für naturwissenschaftliche Fragestellungen untersucht werden, zumal bei psychologischen Fragestellungen die variantenreiche Subjektivität der Individuen einbezogen werden muss, um menschliche Handlungen zu verstehen. Elias und Scotson (1993) haben in ihrer soziologischen Analyse zur Entwicklung von Gruppendenken, der Beobachtung von zwei sehr unterschiedlichen Vierteln und der Beziehungen der Einwohner, die Schwierigkeiten sehr gut beschrieben, ein Feld methodisch so zu untersuchen, dass die relevanten Informationen nicht hinter quantifizierten Größen verloren gehen. Im Feld Schule ist es deswegen, wie in jedem anderen komplexen und realen Handlungsfeld, wichtig, nicht nur Laborstudien zu beachten, sondern eine Vielfalt von qualitativen wie quantitativen Methoden einzusetzen. Dieser methodischen Kritik an einem rein positivistischen Vorgehen in Gebieten, die sich mit menschlichem Erleben und Verhalten beschäftigen, von Elias immer wieder formuliert, wird heute in der Psychologie immer mehr Rechnung getragen (Walach, 2013).

3.3 Auswahl der Theorien

Ein wichtiges Auswahlkriterium für die in diesem Buch vorgestellten Theorien war die Langlebigkeit der Theorie. Es wurden sozialpsychologische Theorien ausgewählt, die sich in den vergangenen Jahrzehnten empirisch bewährt haben und auf Realitätsausschnitte angewendet wurden, die relevant für den schulischen Alltag sind. Die Ebene der Wahrnehmung von Personen z.B. thematisiert ganz andere Aspekte des schulischen Miteinanders als die Ebene der Entstehung eines Fähigkeitskonzeptes oder der Vergleich mit dem besten Freund. Gleichwohl haben alle diese Aspekte etwas mit dem Beziehungsgeflecht Schule zu tun.

Es war bei der Auswahl der Theorien ebenfalls wichtig, dass jede der möglichen zwischenmenschlichen Beziehungen, Schüler/innen untereinander, Schüler/innen und Lehrer/innen, Lehrer/innen untereinander usw., beleuchtet werden können. Nicht jede der aufgeführten Theorien ist für alle in Frage kommenden Beziehungskonstellationen aussagekräftig. Die Komplexität des Miteinanders wird erst durch die Zusammenstellung verschiedener Theorien deutlich.

Wenn nahezu jede Theorie, solange sie sich auf eine konkrete Erfahrungswelt bezieht, auf ihren Wahrheitsgehalt hin überprüft werden kann, dann kann man versuchen, das mit mindestens denjenigen Theorien zu machen, die für den Umgang mit anderen Personen bedeutsam sind.

Lehrer/innen können direkt bei sich selber anfangen. Auftakt für den nun folgenden Perspektivenwechsel sei die häufig gegebene Erklärung, dass es bei einer guten Lehrperson auf die Lehrerpersönlichkeit ankomme. Wenn man weiterfragt, was hiermit gemeint sei, bekommt man möglicherweise zu hören, dass es die Ausstrahlung einer Person ist, oder die Art und Weise, wie sie spricht oder mit Humor umgeht. Meistens sind es Informationen, die einen nicht weiterbringen, weil sie zu unkonkret sind. Was soll man damit anfangen, wenn man selber eine gute Lehrperson werden möchte, oder wenn Eltern möchten, dass das eigene Kind eine bessere Beziehung zur Lehrperson entwickelt?

Glaubt man an ein Konstrukt wie „Lehrerpersönlichkeit", dann hat ein Kind Pech gehabt, wenn es den falschen Lehrer und die falsche Lehrerin erwischt. Man hat als Lehrperson Glück, wenn man die richtige Persönlichkeit hat.

Aber möglicherweise kommt man weiter, wenn man sich Fragen stellt wie „Unter welchen Bedingungen kann eine konzentrierte Arbeitsatmosphäre entstehen?" „Unter welchen Bedingungen kann eine Lehrperson auch schwierige Schüler/innen erreichen?" „Welche Einflussfaktoren bestimmen Aggression?"

Weg von stabilen Personeigenschaften hin zu situativen und interpersonellen Variablen scheint ein Weg zu sein, der allen in das komplexe System Schule involvierten Personen einen größeren Handlungsspielraum verschafft. Da das Ganze mehr als die Summe seiner Teile ist, kann ein gelingender Unterricht nicht ausschließlich von einer guten Lehrkraft abhängen. Es bedarf der

Analyse mehrerer interdependenter Variablen, um zu verstehen, wie sich die Atmosphäre in einer Gruppe herausbildet, die von den meisten als motivierend empfunden wird.

Vor diesem Hintergrund sind die Theorien in dem nun folgenden Teil ausgewählt worden. Tabelle 3 gibt einen Überblick über die ausgewählten Theorien, deren inhaltlichen Hintergrund und den Realitätsausschnitt des schulischen Alltags, auf den sie angewendet werden.

Der aufmerksame Leser und die aufmerksame Leserin mögen selbst entscheiden, inwieweit es sich um „gute Theorien" handelt. Jede dieser Theorien wird im folgenden Teil zunächst dargestellt und dann jeweils auf Ausschnitte des schulischen Alltags angewendet.

Tabelle 3 Ausgewählte sozialpsychologische Theorien zur Beschreibung und Erklärung von Facetten des Schulalltags. Ein Überblick.

Bereich	Theorien	Variablen	Anwendungsausschnitt
Personenwahrnehmung	Implizite Persönlichkeitstheorien	Selektion, Inferenz, Zentralität von Merkmalen, Selbsterfüllende Prophezeiungen	Vorurteile Stereotype in der Lehrer-Schülerinteraktion
	Bedingungen der Perspektivenübernahme	Aufforderungscharakter, Konflikt, Egozentrismus, Perspektivenübernahme	Motivation in der Wahrnehmung der Lehrer
Gruppenpsychologie	Macht	Machtquellen, Gehorsam	Machtverhältnisse im Schulalltag
	Majorität und Minorität	Konversion, Komplizenschaft, Konformität	Gruppendruck unter Peers, im Kollegium
Sozialer Vergleich	Soziale Vergleichstheorie	Konformität, Vergleichspersonen, soziale Realität, Kommunikation in Gruppen	Notengebung Selbsteinschätzung von Fähigkeiten
	Selbstwerterhaltungsmodell	Psychologische Nähe, Leistung, Relevanz, Selbstwertminderung, Selbstwertsteigerung, Vergleichsprozess, Reflexionsprozess	Neid, Rivalität, Konkurrenz unter Schülern/innen
Attributionstheorie	Kelleys Attributionstheorie	Kovariationsprinzip, Informationsquellen, Informationstypen, Ursachenannahmen, Ursachensuche	Informationsüberprüfung bei Selbsteinschätzungen, Reattribution
	Existenzielle Attributionen	Suche nach dem Sinn, Coping, Lebensqualität	Sinngebung negativer Ereignisse
	Theorie der Verantwortlichkeit	Attributionale Dimensionen, Kognitionen, Emotionen, Verhalten	Ursachen von Schüler- und Lehrerverhalten
Lerntheorie	Sozial-kognitive Lerntheorie	Motivation, Aufmerksamkeit, Gedächtnis, motorische Fertigkeiten, Modelllernen, Selbstwirksamkeit	Merkmale effizienter Lehrer/innen Einsatz von Modelllernen im Unterricht

↓

Tabelle 3 Fortsetzung

Bereich	Theorien	Variablen	Anwendungsausschnitt
Selbstwert-theorien	Selbstaufmerksamkeitstheorie	Objekt der Aufmerksamkeit, Diskrepanzen zwischen Ideal- und Realselbst, Normen, Standards, Selbstwertschwankungen, Konsistenz	Unterrichtsstörungen Aufmerksamkeitslenkung
	Symbolische Selbstergänzung	Selbstdefinierende Ziele, Symbole, soziale Realität, Perspektivenübernahme, Zurschaustellung, Kompensation	Ursachen dysfunktionaler Verhaltensweisen von Schülern, Lehrern und Eltern
Kontrolltheorien	Reaktanztheorie	Psychologische Reaktanz, Anpassung, Widerstand, Entscheidungsfreiheit, Wahlfreiheit, Verhalten, Emotion, Kognition	Hilfreiche Formulierung von Verboten und Meinungen
Emotionstheorien	Zweikomponententheorie	Aktivierungsniveau, Soziale Umgebung, Emotionsqualität und -intensität	Emotion als Ansteckung
	Rational-emotive Verhaltenstherapie	Aktivierende Ereignisse, Glaubenssysteme, Verhalten, Erleben, Umstrukturierung	Hilfreiche und nicht hilfreiche Überzeugungen von Lehrern gegenüber Schülern, Eltern und Kollegen

3.4 Zusammenfassung

Wissenschaftliche Theorien versuchen einen Ausschnitt der Wirklichkeit angemessen zu beschreiben, zu erklären und zu prognostizieren, indem sie widerspruchsfreie Annahmen beinhalten, aus denen überprüfbare Hypothesen abgeleitet werden können.

Menschen nehmen es als Beweis für den Wahrheitsgehalt einer Theorie, wenn auch andere, besonders für sie relevante Personen zu ähnlichen Annahmen über Zusammenhänge gelangen. So kann es passieren, dass man über eine lange Zeit falsche Theorien als richtig und handlungsanweisend erachtet, weil die eigene Umwelt dies ebenfalls getan hat. Wird aber der Bezugsrahmen geändert, wird schnell deutlich, dass es noch einen anderen, mindestens genauso plausiblen Blickwinkel gegeben hätte, der nun viel wahrer erscheint. Deshalb ist es wichtig sich ausdrückliche Gedanken über eigene Theorien zu machen, zu versuchen, diese offen zu legen und sie auf ihren Wahrheitsgehalt hin zu hinterfragen.

3.5 Fragen, Übungen, Lektüre

Fragen
- Wie unterscheidet sie eine Alltagstheorie von einer wissenschaftlichen Theorie?
- Was ist eine wissenschaftliche Theorie?
- Was sind die strukturellen Elemente einer Theorie?
- In welcher Beziehung können die strukturellen Elemente einer Theorie zueinander stehen?
- Erklären Sie die Unterschiede zwischen den möglichen Beziehungen struktureller Elemente!
- Was ist eine gute Theorie? Welche Kriterien können für diese Bewertung herangezogen werden?
- Was bedeutet Falsifizierbarkeit einer Theorie?

Übungen
- Entwickeln Sie eine Fragestellung und versuchen Sie hierzu eine Hypothese aufzustellen. Stellen Sie klar, welche strukturellen Elemente Sie benötigen und in welcher Beziehung diese strukturellen Elemente zueinander stehen.
- Fragen Sie eine Person Ihrer Wahl danach, was einen guten Lehrer bzw. eine gute Lehrerin ausmacht. Formulieren Sie diese Antwort in Form einer Theorie. Bewerten Sie anschließend die Theorie dieser Person: Enthält sie Widersprüche? Ist sie falsifizierbar? Ist es eine gute Theorie?

Zur Nachbereitung empfohlene Lektüre
- Elias, N. & Scotson, J. (1993). *Etablierte und Außenseiter, (63-77)*. Frankfurt/M.: Suhrkamp.
- Walach, H. (2013). *Psychologie. Wissenschaftstheorie, philosophische Grundlagen und Geschichte. Ein Lehrbuch*. Stuttgart: Kohlhammer.

Teil II

Praktische Theorien für die Schule

4. Personenwahrnehmung

Wer ist die andere Person? Die andere Person kann das sein, was man für sie empfindet: Sie kann eine schlechte Person sein, weil sie etwas Böses getan hat; sie kann eine gute Person sein, weil sie etwas Gutes getan hat. Die andere Person ist für alle Fälle auch immer die Person, welche man aus ihr macht. Je nachdem, welche Bausteine man verwendet, kommt ein anderes Bild dieser Person zustande. Mit diesem Bild kann man nun wieder auf verschiedene Weise verfahren: Es kann konstant gehalten werden; keine andere Information, welche man über die andere Person erhalten hat, kann das einmal konstruierte Bild beeinflussen. Das Bild kann völlig zerstört werden und alle neuen und alten Informationen können zu einem neuen Bild zusammengefügt werden, oder aber es lediglich erweitern oder revidieren aufgrund neuer Kombinationen oder Hinzufügung von Informationen. Schließlich kann man die andere Person einfach vernachlässigen und nur ein schwaches Bild von ihr haben.

Aber wovon hängt es ab, welches Bild zustande kommt? Wovon hängt es ab, wie man damit umgeht?

Wer sind die anderen Personen? Diese Frage ist für zahlreiche Menschen mindestens ebenso bedeutsam wie die Frage nach dem Wesen der eigenen Person. Es gibt auf beide Fragen zahlreiche, nicht definitive Antworten. Ausgehend von der grundlegenden Annahme, dass sowohl das Bild der eigenen Person als auch das der anderen Personen *konstruiert* ist, gibt es das eigentliche Wesen, die Seele des anderen, die das Selbst oder den/die andere/n ausmacht, entweder nicht, oder es ist nicht zugänglich. Menschen können im idealen Fall die Perspektive anderer Personen übernehmen, d.h. verschiedene Facetten aus deren Lebensumständen, Verhalten, Gedanken und Äußerungen zusammentragen und daraus ein Bild konstruieren. Sobald jedoch neue Aspekte der anderen Person auftauchen, muss dieses Bild *re*konstruiert werden. Menschen ist letztendlich die wahre Person nicht zugänglich. Sollte es die eigentliche, andere Person geben, kann man sich ihr nur annähern. Sollte es die wahre, andere Person nicht geben, kann man ebenfalls nichts anderes tun.

4.1 Der Zugang zu anderen Personen

Menschen verfügen über mindestens zwei Zugänge zu anderen Personen. Ein Zugang setzt auf die bloße *Imagination*, die andere Person zu sein. Man kann "in die Haut des anderen schlüpfen" und sich vorstellen, "wie es ist, eine andere Person zu sein". Man tut so, als ob man ein anderer Mensch wäre und versucht auf diese Weise, die andere Person zu begreifen. Hier besteht die Gefahr, dass die Imagination der anderen Person durch die eigene Sicht der Dinge verzerrt wird. Ein extremer Anwender der Methode, in die Haut des anderen zu schlüpfen, ist Leonard Zelig, die Hauptfigur in Woody Allens Film "Zelig". Leonard Zelig schlüpft so perfekt in die Haut der ihn unmittelbar umgebenden Menschen, dass er dieser Mensch leibhaftig wird. Wenn Zelig mit einem fettleibigen Menschen spricht, dann wird auch er fettleibig. Kommuniziert er mit einer Person asiatischer Abstammung, dann trägt auch sein Gesicht asiatische Züge. Er übernimmt nicht nur das physische Aussehen des Gegenübers, sondern auch dessen Kommunikationsstil. Leonard Zelig *wird* der andere, indem er den anderen vollständig imitiert. Dennoch wird Zelig immer Zelig bleiben, denn er bleibt seiner persönlichen Sichtweise des Gegenübers verhaftet. Zelig *fühlt* sich zwar eins mit dem anderen, doch er weiß nichts über den anderen.

Eine anderer Zugang zu anderen Personen beinhaltet die *Beobachtung* der anderen Person. Viele Details aus dem Leben der wahrgenommenen Person werden registriert und aufgrund dieser Informationen und deren Kombination werden Schlussfolgerungen über den mentalen und emotionalen Zustand der Person gezogen. Neue Beobachtungen führen zu revidierten Schlussfolgerungen und über die Zeit erfolgt mit der Genauigkeit der Beobachtung eine Annäherung an die andere Person. Ein extremer Anwender dieser Methode ist die Figur von Sir Arthur Conan Doyles (1887) "Sherlock Holmes".

> "Herr Dr. Watson - Herr Holmes", stellte Standford vor. "Guten Tag!", sagte der Experimentator herzlich und drückte meine Hand so fest, dass ich die Engel im Himmel singen hörte. "Ich sehe, Sie kommen aus Afghanistan," war seine nächste Feststellung. "Woher, in aller Welt, wissen Sie das?" fragte ich verblüfft. (...) "Durch ständige Schulung ist mein Denkapparat so daran gewöhnt, blitzschnell zu reagieren, dass ich zu meinem Ergebnis gelange, ohne mir der einzelnen Gedankenstufen voll bewusst zu werden. Diese waren bei Ihrem Anblick freilich da und berichteten etwa folgendes: Dieser Mann sieht wie ein Arzt aus, hat aber etwas Soldatisches in der Haltung. Er wird also Militärarzt sein, sein dunkles Gesicht deutet daraufhin, dass er eben aus den Tropen zurückgekehrt ist. Den dunklen Teint hat er nicht von Natur, denn an den Handgelenken ist seine Haut fast weiß. Dass er viel mitgemacht hat und nicht gesund ist, verraten seine eingefallenen und abgehärmten Gesichtszüge. Er muss am linken Arm, den er steif und ungelenk hält, verletzt sein. In welchem Teil der Tropen kann sich ein englischer Militärarzt eine solche Verwundung zugezogen

haben? Doch nur in Afghanistan. Keine Sekunde dauerten all diese Überlegungen. Daher stellte ich im Handumdrehen fest, Sie kommen aus Afghanistan, was Sie sehr verwunderte."[6]

Sherlock Holmes versteht es meisterhaft, aus zahlreichen, auf den ersten Blick als unbedeutend erscheinenden Details weitreichende Schlussfolgerungen über eine Person und deren Situation zu ziehen. Sherlock Holmes' Methode ist wissenschaftlich. Er trägt mannigfaltige, objektiv beobachtbare Indizien zusammen und versucht diese, von bewussten Annahmen geleitet, miteinander zu kombinieren. Dabei gelingt es ihm, die andere Person zu begreifen, ohne jemals so fühlen oder so sein zu müssen wie diese andere Person.

Während die erste Methode in der psychologischen Literatur im allgemeinen als *Einfühlung,* von manchen Autoren auch als *Empathie* bezeichnet wird (Steins, 2005a), handelt es sich bei der zweiten Methode um *Perspektivenübernahme*. Einfühlen beinhaltet ein Mitfühlen mit der anderen Person. Deren Standpunkt und deren emotionaler Zustand werden adoptiert und vorübergehend zum eigenen Standpunkt. Perspektivenübernahme beinhaltet die Beobachtung des wahrnehmbaren Kontexts einer Person; aus zahlreichen Hinweisreizen werden Inferenzen gezogen, die jedoch immer wieder verworfen werden können, wenn neue, mit den zuvor gezogenen Schlussfolgerungen unvereinbare Hinweisreize auftauchen (Steins, 1998a; 2004b; 2014).

Beide Zugänge werden, je nachdem welcher übergeordnete theoretische Standpunkt eingenommen wird, hinsichtlich ihrer Validität angezweifelt. Eine ausführliche Diskussion der Methoden der Erkenntnis über andere Personen, über welche die wahrnehmende Person verfügt, findet sich in der Philosophie des Geistes (beispielsweise Davidson, 1994; Nagel, 1981; Ryle, 1994). Zwei theoretische Standpunkte bilden innerhalb dieser Diskussion ein Kontinuum, welches ein breites Spektrum verschiedenster Antworten auf die Frage nach dem Ausmaß der *Zugänglichkeit* zu anderen Personen umfasst. Zunächst kann ein skeptischer Standpunkt aufgeführt werden (Locke, 1968): *"It can be argued that we can never know what is going on 'in the mind' of another person, that there is no knowledge of other minds at all."* (S. 30). Der Skeptiker würde also bestreiten, dass Menschen überhaupt in der Lage sind, Wissen über andere Personen erlangen zu können, welches hilft, diese Personen besser zu begreifen. Diese Position wird unter einem anderen Aspekt ebenfalls innerhalb eines existenzphilosophischen Theoriegebäudes aufgegriffen (beispielsweise Laing, Phillipson & Lee, 1966). Jeder ist nach dieser Anschauung für sich allein und deshalb frei. Es besteht die Möglichkeit der Selbstverwirklichung, aber auch diejenige der Isolation. Zwischen den Personen herrscht eine tiefe Kluft und man ist verantwortlich dafür, von Person zu Person (unvollkommene) Brücken zu bauen.

---

[6] (Sir Arthur Conan Doyle: A Study in Scarlett, 1887)

Locke (1968) formuliert eine Position, welche eine fundamentale Kritik des Skeptizismus darstellt:

> *We have knowledge of other minds in so far as our 'belief in other minds' is correct. Perhaps this belief is mistaken. Perhaps we do not have knowledge of other minds after all. But we have to accept the belief as correct, we have to accept what people say and do as evidence for what goes on in their minds, if we are to speak about other minds in the first place. (S. 160).*

Ausgehend von dieser Position bleibt gar nichts anderes übrig, als die Facetten anderer Personen anzunehmen, welche man wahrnehmen kann und etwas damit zu machen.

Innerhalb dieses Spektrums verschiedener Ansichten tauchen viele kritische Fragen auf, die in der empirischen Psychologie wiederholt Probleme bei der Interpretation von Befunden bereitet haben. Davon ist zentral die Frage nach der Zugänglichkeit von subjektiven Erfahrungswelten unbeantwortet. Es scheint beispielsweise so zu sein, dass eine Person sehr leicht von einer anderen Person wissen kann, welche Qualität ein Erlebnis der anderen Person hat, wenn beide Personen einander so ähnlich sind, dass die eine Person die Perspektive der anderen Person annehmen kann. Der Erfolg dieses Versuchs ist direkt davon abhängig, wie verschieden beziehungsweise ähnlich die beiden Wesen einander sind. So ist es laut Nagel (1981) für eine Person schwierig, wenn nicht unmöglich, zu wissen, *wie es ist, eine Fledermaus zu sein*. Eine Person kann sich vorstellen, wie es für sie selbst wäre, eine Fledermaus zu sein. Sie kann imaginieren, wie es wäre, den ganzen Tag mit den Füßen nach unten an einem Dachbalken zu hängen. Aber es wird schwierig sein, zu wissen, wie es für die Fledermaus ist, eine Fledermaus zu sein. Der Versuch, zu verstehen, wie sich ein Leben als Fledermaus anfühlt, ist an die eigenen Erfahrungsressourcen gebunden. Diese jedoch sind für dieses Vorhaben ungeeignet, weil es völlig andere sind als die von Fledermäusen, und weil keine Vorstellungen darüber bestehen, wie überhaupt Erlebnisse aussehen könnten, die qualitativ völlig anders geartet sind als die eigenen. Es ist lediglich möglich, sich einen schematischen Begriff davon zu machen, "*wie es ist*". Das beinhaltet jedoch nur die Zuschreibung allgemeiner Arten von Erfahrungen wie Schmerz, Angst oder Hunger, nicht ihren jeweiligen subjektiven Charakter.

Wenn es aber mit zunehmender Ähnlichkeit Erfolg versprechender wird, zu wissen, wie es für den anderen ist, kann dann noch davon gesprochen werden, dass eine Person die Perspektive der anderen Person übernimmt, oder empathisch deren Gefühle teilt? Je ähnlicher zwei Personen einander sind, desto diffiziler gestaltet sich die Unterscheidung zwischen Perspektivenübernahme, Empathie und der Projektion eigener Befindlichkeiten auf die andere Person. Obwohl Personen also aufgrund ihrer wesentlichen Ähnlichkeit zu anderen Personen (Menschen gehören einer Spezies an) durchaus in der Lage sein sollten, zu wissen, wie es für die andere Person ist, diese zu sein, stellt dieses Wissen möglicherweise nur eine zufällige Überschneidung von ähnlichen Erfahrungen dar, welches glauben machen lässt, zu wissen, wie es ist, ein anderer Mensch zu sein. Empathie und Perspektivenübernahme haben ihre klare Grenzen.

4.2 Egozentrismus

Es mag verwunderlich erscheinen, anzunehmen, dass es erwachsenen Menschen nicht möglich sein soll, die Perspektive anderer Personen zu übernehmen und diese durchaus zu egozentrischer Wahrnehmung neigen können. Liest man beispielsweise die entwicklungspsychologische Forschung zur Perspektivenübernahme flüchtig, dann haben Menschen spätestens mit neun Jahren die Fähigkeit zur Perspektivenübernahme erworben. Eine genauere Lektüre macht die relative Bedeutung dieser Altersangaben deutlich. Piaget (1924) weist wiederholt darauf hin, dass Egozentrismus immer, altersunabhängig, wiederkehren wird, sobald ein Wahrnehmungsfeld unvertraut und konflikthaft erscheint (Flavell, 1963; Flavell, Botkin, Fry, Wright & Jarvis, 1968).

Die folgenden Beispiele illustrieren, wie alltäglich egozentrisches Verhalten *erwachsener* Personen ist. Egozentrismus ist hierbei nicht nur im Verhalten der wahrgenommenen Personen zu beobachten, sondern auch in der Wahrnehmung der wahrnehmenden Person.

Zunächst soll die Perspektive der wahrnehmenden Person betrachtet werden. Ein erstes Szenario: Sie stehen beim Bäcker an, um Brötchen zu kaufen. Eine ältere Dame drängt sich vor. Sie scheint unbedingt vor Ihnen ihre Brötchen erstehen zu wollen. Ein zweites Ereignis: Sie stehen vor einer Fußgängerampel. Die Ampel schaltet auf Grün. Gerade als Sie sich in Bewegung setzen, um die Straße zu überqueren, fährt schnell noch ein Auto über die Kreuzung und Ihnen fast über die Füße. Schließlich eine dritte Begebenheit: Sie treffen nach langer Zeit einen ehemals guten Bekannten wieder. Dieser erzählt sofort viel von sich selbst, ohne Sie auch nur einmal zu Wort kommen zu lassen oder zu fragen, wie es Ihnen geht.

Allen drei Szenarien ist gemeinsam, dass bestimmte Aspekte Ihrer eigenen Person nicht zur Kenntnis genommen werden. Eine andere Person vernachlässigt Ihre Perspektive, weil sie ihre eigene Sicht der Dinge und ihre eigenen Interessen in den Mittelpunkt stellt. Sie verhält sich egozentrisch. Sie bewerten die beschriebenen Verhaltensweisen eventuell als rücksichtslos.

Zugleich illustrieren diese Beispiele, dass die vereinfachende Beschreibung dieser anderen Personen als "rücksichtslos" mangelnde Perspektivenübernahme auf der Seite der wahrnehmenden Person sein könnte. Die alte Frau drängt sich vor, weil sie gelernt hat, sich als alter Mensch das nehmen zu müssen, was sie bekommen will, oft genug wird sie selber abgedrängt. Der Autofahrer steht unter einem ungeheuren Druck, pünktlich zur Arbeit zu kommen, da er bereits mehrere Verwarnungen wegen wiederholter Unpünktlichkeit erhalten hat. Der gute Bekannte fühlte sich Ihnen gegenüber immer vom Leben benachteiligt und benutzt die erste beste Gelegenheit, um Ihnen zu demonstrieren, was er alles geleistet hat. Alle diese Personen zeigen eindeutig egozentrisches Verhalten, sie sind aber nicht notwendigerweise einfach rücksichtslos. Es steht nicht immer die Information zur Verfügung, um diese Unterscheidung zu treffen. Es ist also auch für Erwachsene nicht immer möglich, Perspektiven anderer Personen zu übernehmen. Selbst wenn es möglich wäre, erfolgt nicht notwendigerweise Perspektivenübernahme, besonders dann nicht, wenn Menschen sich von dem Verhalten anderer Personen gekränkt fühlen. Dazu kommen noch andere Wahrnehmungsverzerrungen wie die Beobachter-Handelnden-Divergenz.

4.3 Beobachter-Handelnden-Divergenz

Wenn Menschen sich selbst beschreiben, dann stellen sie sich als ein differenziertes komplexes Wesen dar mit einer Reihe von Widersprüchen. Da sie sich selbst als handelnde Personen erleben, richten sie ihre Aufmerksamkeit mehr auf den Kontext, in dem sie sich verhalten als auf sich selbst. Eine andere Person, die uns nicht kennt und uns beobachtet, wie wir im Halteverbot parken, hält uns möglicherweise für rücksichtslos. Wir aber wissen, dass wir es eilig haben und diese Verbotsüberschreitung gerechtfertigt ist.

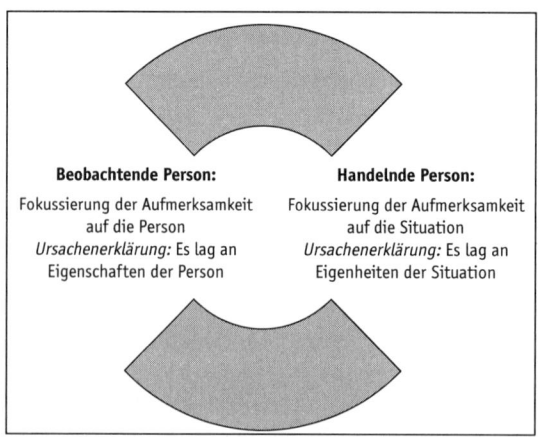

Abbildung 3: Die Handelnden-Beobachter-Divergenz

Die Handelnde-Beobachter-Divergenz ist gut bestätigt (Jones & Nisbett, 1972; siehe Abbildung 3), aber nicht unvermeidlich (Robins, Sprance & Mendelsohn, 1996). Sie kann aufgehoben werden, wenn eine beobachtende Person sich in die beobachtete Person einfühlt und deren Perspektive übernimmt (Regan & Totten, 1975: Altmann & Roth, 2013).

Wenn Menschen sich bewusst vorstellen, wie es für sie wäre, an Stelle der anderen Person zu sein, können sie sich aus ihrer Beobachterperspektive lösen und sich, in bestimmten Grenzen, in die handelnde Person hineinversetzen. Diese Fähigkeit wird von manchen Autoren/innen auch als Perspektivenübernahme bezeichnet (siehe Steins, 1998, 2005, 2006, 2009a, 2014). Allerdings werden Menschen dies während einer automatisierten Wahrnehmung kaum jemals tun: Sie müssen es sich vornehmen, eine andere Person unvoreingenommen zu beobachten.

4.4 Implizite Persönlichkeitstheorien

Folgendes Rätsel ist zu lösen:

> *Ein Vater fuhr einmal mit seinem Sohn zum Fußballspiel; mitten auf einem Bahnübergang blieb ihr Wagen stehen. In der Ferne hörte man schon den Zug pfeifen. Voller Verzweiflung versuchte der Vater, den Motor wieder anzulassen, aber vor Aufregung schaffte er es nicht, den Zündschlüssel richtig herum zu drehen, so dass das Auto von dem heranrasenden Zug erfasst wurde. Ein Krankenwagen jagte zum Ort des Geschehens und holte die beiden ab. Auf dem Weg ins Krankenhaus starb der Vater. Der Sohn lebte noch, aber sein Zustand war sehr ernst; er musste sofort operiert werden. Kaum im Krankenhaus angekommen, wurde er in den Notfall-Operationssaal gefahren, wo schon die diensthabenden Chirurgen warteten. Als sie sich jedoch über den Jungen beugten, sagte jemand vom Chirurgenteam mit erschrockener Stimme: „ich kann nicht mit operieren – das ist mein Sohn. (Hofstadter, 1988; S. 145).*

4.4.1 Kategorisierung

Wie Hofstadter eindrucksvoll beschreibt, gelingt es vielen Menschen nicht auf Anhieb, die eigentlich einfache Lösung zu finden, die darin besteht, dass einer der diensthabenden Chirurgen die Mutter des Sohnes ist[7].

Dieses Beispiel und die Ergebnisse zur Handelnden-Beobachter-Diskrepanz zeigen, dass Menschen in der Regel versuchen, andere Personen einzuordnen. Ziemlich schnell werden anderen Personen kategorisierende Eigenschaften zugeschrieben. Kategorisierung besteht zunächst darin, dass nur ein kleiner Teil aller gegebenen und zugänglichen Reize verarbeitet wird, also aus der beträchtlichen Menge eigentlich beobachtbarer Merkmale nur eine Auswahl selegiert wird. Dies sind wahrscheinlich die Reize, die in dem jeweiligen Kontext am meisten ins Auge fallen. Aus diesen selegierten Informationen werden unbewusst Schlüsse auf weitere noch nicht beobachtete oder nicht beobachtbare Eigenschaften des Wahrnehmungsobjektes geschlossen. Es kommt zu impliziten Persönlichkeitstheorien.

---

[7] Dieses Rätsel zeigt deutlich, wie wichtig der Sprachgebrauch ist. Da auch mittlerweile empirisch gut bestätigt ist, dass eine Sprache, die nur die männliche Form verwendet im Bewusstsein die weibliche Form vernachlässigt, werden in wissenschaftlichen Texten, wenn es angemessen ist, auch wenn dies grammatikalisch und stilistisch oft weniger eleganter ist, beide Geschlechter aufgeführt (Nothbaum & Steins, 2010; Stahlberg & Sczesny 2001; Stahlberg, Sczesny & Braun, 2001).

Die *Zentralität* beobachteter Merkmale ist entscheidend. Manche Persönlichkeitscharakteristika scheinen für die menschliche Wahrnehmung entscheidender zu sein als andere. Geschlecht, Zugehörigkeit zu einer Ethnie, Alter, Attraktivität einer Person sind zentrale Merkmale und determinieren die Zuschreibung weiterer, vermeintlich damit zusammenhängender Merkmale.

An einem Ausschnitt der Attraktivitätsforschung wird nun herausgearbeitet, wie es zu impliziten Persönlichkeitstheorien kommt und welche Konsequenzen aus ihnen, bleiben sie unüberprüft, erwachsen können.

Attraktivität als zentrales Merkmal einer Person

Schönheit liegt angeblich im Auge des Betrachters und weil dies so ist, denken einzelne Individuen, dass sie ein ganz spezifisches eigenes Schönheitsideal haben. Dennoch kann man versuchen Durchschnittswerte herauszuarbeiten, nach denen man beschreiben kann, was die meisten Menschen am wahrscheinlichsten als attraktiv hinsichtlich der äußeren Erscheinung einer Person finden werden.

Weibliche Attraktivität wird aufgrund von drei Merkmalen bestimmt, nämlich einer bestimmten Proportion zwischen Taille und Hüfte (Singh, 1993), bestimmten metrischen Merkmalen des Gesichtes (Cunningham, 1986) und Schlankheit (Sitton & Blanchard, 1999). Wenn Frauen hier eine vorteilhafte Kombination aufweisen, dann wird ein sogenanntes *Schönheitsstereotyp* aktiviert: Wer schön ist, ist auch gut (Dion, Berscheid & Walster, 1972). Als attraktiv wahrgenommenen Menschen werden weitere positive Eigenschaften zugesprochen. Attraktivität erhöht den Erfolg für Männer und Frauen im sozialen Bereich, und im Beruf (Steins, & Sprehe, 2003) und für Frauen auch im Reproduktionsbereich, da ihnen zahlreiche Partner zur Auswahl stehen, mit denen sie Kinder bekommen und aufziehen könnten.

Da das Gesicht und die Proportion von Taille (bei Männern Schultern) und Hüfte zueinander nur schwer beeinflussbar sind, liegt es nahe, dass Schlankheit als vermeintlich kontrollierbarer Aspekt, besonders für Frauen, ein zentrales Merkmal der Attraktivität darstellt. Frauen, die weniger essen, werden als femininer angesehen und nehmen deshalb unbewusst in der Anwesenheit attraktiver Männer weniger Kalorien auf als in deren Abwesenheit. Sie demonstrieren auf diese Weise für den attraktiven potenziellen oder tatsächlichen Partner ihre Weiblichkeit (Pliner & Chaiken, 1990; Steins, 2007).

Da die meisten Frauen nicht so schlank sind wie sie es sich wünschen, entsteht Körperunzufriedenheit, die schon jüngere Mädchen empfinden. Körperunzufriedenheit wiederum geht häufig mit Depressionen einher. Der Wunsch, schlank zu sein, ist weitverbreitet und bei Frauen jedes Alters zu finden, nach den Befunden von Brooks-Gunn, Ohring und Graker (2002) in den Altersstufen zwischen 11 und 92 Jahren. Dieser Wunsch hängt eng mit den ebenfalls weit verbreiteten

Symptomen gestörten Essverhaltens zusammen. In gleicher Weise führt das Ideal des muskulösen und körperlich starken Mannes bei Jungen und jungen Männern zur Körperunzufriedenheit, wenn es als Vergleichsmaßstab dient (Steins, 2007).

Das Schönheitsstereotyp wird in modernen Gesellschaften besonders durch das Medium Fernsehen und Internet als die am häufigsten genutzten Medien für Bilder transportiert. Im Fernsehen sind dünne Frauen eindeutig überrepräsentiert im Vergleich zu dicken Frauen und zu dünnen Männern. Schlanke Frauen spielen Rollen, die mit Status und Erfolg assoziiert sind. Treten dicke Frauen im Medium Fernsehen auf, dann sind sie wahrscheinlich in der Rolle der Komikerin anzutreffen, Dicksein ist nicht mit Status und Erfolg assoziiert (Fouts & Burggraf, 2000). Deswegen ist es nicht verwunderlich, dass Menschen die Norm, dass wer schön ist, gut ist und wer schlank ist, schön ist, verinnerlicht haben. Es gibt zahlreiche Indizien zu finden, die diese Norm als richtig erscheinen lassen. Es scheint zu stimmen: Wer schlank ist, der ist schön und wer schön ist, der ist gut, d.h. durchschnittlich erfolgreicher, reicher und gesünder[8].

Attraktivität ist also ein zentrales Merkmal, welches den Eindruck von einer Person, unabhängig von ihrem Geschlecht, maßgeblich bestimmt. Attraktivität wirkt im Sinne des Schönheitsstereotyps zunächst dahingehend, dass Menschen attraktivere Personen zunächst sympathischer finden als unattraktivere Personen.

Wenn Menschen eine Person *sympathisch* finden, dann schauen sie diese Person offener an, mögen räumliche Nähe zu ihr und unterhalten sich gerne mit ihr. Vergleicht man das Verhalten von Menschen in Hinblick auf diese drei Variablen gegenüber für sie sympathischen Personen mit für sie unsympathischen Personen, dann sind die Ergebnisse eindeutig: Als unsympathische bewertete Menschen werden weniger angeschaut, distanzierter behandelt und es wird kürzer mit ihnen gesprochen (Herkner, 1991).

Bei einer *unsympathischen* Person wird Erfolg auf günstige Umstände zurückgeführt, d.h. es werden eher situationale oder zufällige Ursachen für ihren Erfolg angenommen. Hat sie hingegen Misserfolg in einem Bereich, dann werden persönliche, internale Ursachen dafür angenommen, die mit dem Wesen der Person zusammenhängen, wie beispielsweise mangelnde Fähigkeit in ihrem Gebiet. Für sympathische Menschen verhalten sich diese Prozesse umgekehrt.

Dies führt dazu, dass Personen, die einmal als unsympathisch bewertet wurden, es sehr wahrscheinlich immer bleiben werden, denn egal was sie machen, es wird so ausgelegt, dass es mit dem eigenen Bild von ihnen übereinstimmt (siehe Abbildung 4), während dieselben Fehler sympathischen Menschen verziehen werden, da deren Fehler auf den Kontext zurückgeführt werden. Das ist das Wesen selbsterfüllender Prophezeiungen. Ohne es zu merken und zu wissen schaffen Menschen selbst die empirische Stützung ihrer eigenen Alltagstheorien.

---

[8] Ein zusammenfassender Überblick über die interessante Forschung zu diesem Bereich und ihre Bedeutung für die Schule findet sich in Steins (2007).

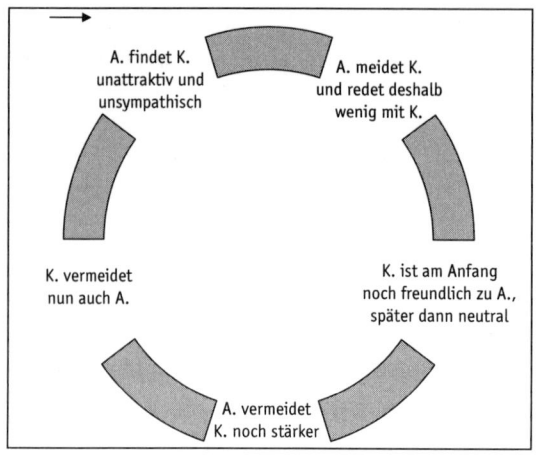

Abbildung 4: Langfristige Wirkungen negativer impliziter Persönlichkeitstheorien

Dieser Zusammenhang ist nicht trivial für das menschliche Miteinander. Spätestens wenn die Auswirkungen des Zusammenhangs von Sympathie und Zuwendung rechnerisch reflektiert werden, wird deutlich, wie dramatisch sich diese Prozesse über längere Zeiträume auswirken dürften. In Tabelle 4 ist Freundlichkeit als soziale Reaktion anderer auf eine Person hochgerechnet. Es geht in diesem Beispiel um zwei Babys, das eine Baby H hübsch und süß, das andere Baby W weitaus weniger hübsch und süß. Angenommen, dass H durchschnittlich zehnmal am Tag angelächelt wird oder andere freundliche Reaktionen erfährt und W fünfmal. W und H erfahren durchschnittlich drei weniger freundliche Reaktionen am Tag. Nach zehn Jahren hat das hübschere Kind deutlich mehr freundliche Reaktionen erfahren, nämlich um den Faktor 3.5 als das weniger hübsche Kind.

Attraktivere Personen, (die sympathischer wirken) entwickeln mit höherer Wahrscheinlichkeit als unattraktivere Personen ein positiveres Selbstkonzept (Umberson & Hughes, 1987), und sie haben bessere Chancen in vielen Lebensbereichen, von Kindheit an (Langlois et al., 2000). Aus sozialen Prozessen wird Realität.

Tabelle 4: Freundlichkeit von anderen Personen in Abhängigkeit von Attraktivität: Hochgerechnet auf zehn Jahre

Freundliche Reaktionen anderer	Baby H		Baby W	
	+	-	+	-
Pro Tag	10	3	5	3
Pro Monat	300	90	150	90
Pro Jahr	3650	1095	1825	1095
10 Jahre	36500	10950	18250	10950
Insgesamt Anzahl freundlicher Reaktionen nach zehn Jahren	**25550**		**7300**	

4.5 Soziale Wahrnehmung in der Schule

Attraktivität als eine zentrale Variable der Personenwahrnehmung bestimmt wie auch in anderen Alltagsbereichen das Miteinander der in den Schulalltag involvierten Gruppen. Lehrpersonen, die ein Schönheitsstereotyp verinnerlicht haben, bringen attraktiveren Kollegen/innen und Schülern/innen mehr Sympathie und damit Aufmerksamkeit entgegen als unattraktiveren Zeitgenossen. Sie werden hübschere Schüler/innen mehr anlächeln und ihnen mehr Mut machen, sich am Unterricht zu beteiligen als unattraktiveren Schülern/innen. Sie werden sie bei gleicher Leistung besser einschätzen und ihnen damit einen positiven Kredit geben, der die entsprechenden Schüler/innen motivieren wird, diesen zu rechtfertigen. Die Verinnerlichung eines Schönheitsstereotyps schafft eine unnötige Ungerechtigkeit im Klassenzimmer. Die für Kinder und Jugendliche so essentielle Ressource positiver Zuwendung wird ungleich verteilt.

Auch die Beurteilung des sozialen Verhaltens wird dadurch beeinflusst. Bei identischem negativen Verhalten bewerten Lehrpersonen den jeweiligen Schüler als weniger negativ, wenn sie ihn sympathisch finden als wenn sie ihn unsympathisch finden (Hymel, Wagner, & Butler, 1990). Gerechtigkeit bezüglich dieser Ressourcen kann nur erreicht werden, wenn Lehrkräfte lernen, die Merkmale stärker zu gewichten, die wirklich etwas mit der Motivation und Leistung von Schülern/innen zu tun haben. Ob eine Person schön ist oder nicht, hat nichts mit ihren Potenzialen zu tun.

4.5.1 Folgen von impliziten Perönlichkeitstheorien am Beispiel Geschlecht

Das biologische Geschlecht einer Person kann ein zentrales Merkmal der Wahrnehmung sein, je nachdem, welche Theorien über die Zusammenhänge zwischen biologischem Geschlecht und anderen Merkmalen verinnerlicht sind (Steins, 2008; Steins, 2010).

Lehrer/innen scheinen zu einem gewissen Prozentsatz traditionelle Theorien verinnerlicht zu haben. Ziegler untersuchte die impliziten Theorien von Mathematik- und Physiklehrkräften an Gymnasien zu geschlechtsspezifischer Begabung und Motivation (Ziegler, 1998). Es wurde unter anderem die Frage gestellt, wer begabter sei, Jungen oder Mädchen. 26,5 % der Mathematik- und 30,4% der Physiklehrkräfte hielten die Jungen für begabter. Alle anderen hielten Mädchen und Jungen für gleich begabt. Keine Lehrperson hielt allerdings Mädchen für begabter. Hinsichtlich der angenommenen Eignung von Mädchen und Jungen für spezifische Studienfächer (Grundschullehramt, Medizin, Mathematik, Jura, Philosophie, Sprachwissenschaften, Wirtschaftswissenschaften, Physik, Maschinenbau) wurden Mädchen als geeigneter angesehen für die Fächer Grundschullehramt und Sprachwissenschaften, Jungen für die Fächer Maschinenbau und Physik. Diese Ergebnisse zeigen, dass ein nicht zu vernachlässigender Anteil der Lehrpersonen geschlechtsstereotype Annahmen hat, so schlussfolgert Ziegler.

Man kann einwenden, dass die Statistiken bezüglich der Anteile von Frauen und Männern hinsichtlich dieser Fächer den Lehrkräften Recht geben. Schnell kommt man zu der Frage nach Ursache und Wirkung. Exstieren solche eindeutigen geschlechtsspezifischen Begabungen und Präferenzen und deshalb kommen diese Einstellungen bei einigen Lehrkräften zustande? Erfüllen Jungen und Mädchen im Sinne selbsterfüllender Prophezeiungen die Erwartungen ihrer Lehrer/innen?

Evidenz für die zuletzt formulierte Kausalbeziehung findet sich in einigen Untersuchungen, beispielsweise in den Befunden von Steins et al. (2004). Wir fanden bei einem Vergleich der Berufswünsche von Schülern/innen monoedukativer und koedukativer Schulen, dass das Schulprofil der jeweiligen Schule, dem sich ein Kollegium verpflichtet fühlt, stärker auf die Berufswünsche der Abiturienten/innen wirkt als die Edukationsform.

Zieglers Schlussfolgerung und die hier aufgeführten Befunde werden durch weitere Ergebnisse gestützt (Kreienbaum, 1995; Hyde, 2009). Interviews mit Lehrkräften ergaben auffällige geschlechtsstereotype Zuschreibungen von Eigenschaften. Mädchen wurden stärker als ruhiger, braver, fleißiger, ordentlicher, sauberer beschrieben, Jungen hingegen als ideenreicher, spritziger, interessanter, kreativer. Solche Attribute sind wie alle Theorien über andere verhaltenswirksam. Die Folgen können beobachtet werden (Kreienbaum, 1995). Mädchen werden immer wieder als Puffer benutzt. Ein ruhiges, braves, fleißiges Mädchen wird zwischen zwei spritzige und ideenreiche Jungen gesetzt, damit sie ruhiger werden. Die erwünschten sozialen Eigenschaften der Mädchen werden als Mittel zum Zweck verwendet, aber nicht als eine Kompetenz wahrgenommen, die positiv akzentuiert wird.

Die impliziten Annahmen von Lehrern und Lehrerinnen über Mädchen und Jungen machen sich auch in der im Unterricht zu beobachtenden Aufmerksamkeitsverteilung bemerkbar. Jungen erhalten von ihren Lehrern und Lehrerinnen durchschnittlich sehr viel mehr Aufmerksamkeit als Mädchen, nämlich doppelt bis dreimal soviel Aufmerksamkeit (Stürzer, Roisch, Hunze & Cornelißen, 2003).

Wenig erforscht ist in diesem Zusammenhang, wie diese ungerechte Aufmerksamkeitsverteilung bei den Schülern/innen ankommt. Es ist anzunehmen, dass die Schüler/innen diese Asymmetrien registrieren, als ungerecht empfinden und sich dies auch auf ihre Interaktionen auswirkt (Dalbert, 2011). Unklar ist auch, ob Jungen nicht zwar mehr, aber auch verstärkt durch negative Aspekte hervorgerufene Aufmerksamkeit erhalten. Momentan werden Jungen sogar als das benachteiligte Geschlecht in der Literatur aufgeführt, da aus den aktuellen Statistiken hervorgeht, dass ihr Anteil an den Hauptschulen überwiegt und an den Gymnasien geringer ist im Vergleich zu dem Anteil der Mädchen. Aus diesen Statistiken geht allerdings nicht eindeutig hervor, ob diese Anteilsverschiebung wirklich überzufällig und stabil ist. Es ist keine neue Tatsache, dass Mädchen bessere Schulabschlüsse vorzuweisen haben (Steins, 2003; Steins 2012).

So entsteht das Paradox, dass geschlechtsstereotype Wahrnehmung inhaltlich durchaus positiver für Schüler als für Schülerinnen ausfällt. Dennoch zeigen Schülerinnen durchschnittlich bessere Schulleistungen, ein Befund, der seit vielen Jahren immer wieder bestätigt wird. Deshalb wäre es grundsätzlich falsch, nun einseitig Schüler zu fördern. Interessanter und weiterführender ist es, zu schauen, welche Variablen zu den beobachtbaren Leistungsunterschieden führen. Fest steht, dass Mädchen bereits in den ersten Sozialisationsjahren wesentlich mehr Aufmerksamkeit gewidmet wird im Sinne von Kontrolle situationsangemessenen Verhaltens (Maccoby, 2000). Es ist zu vermuten, dass Kinder, die viel konkretes Feedback über ihr Verhalten bekommen, schneller und effizienter über die Grundlagen des Lernens verfügen als Kinder, die sich selbst überlassen bleiben. Deswegen wäre es zielförderner, möchte man leistungsschwache Kinder fördern, nach den wirklich relevanten Beeinflussungsfaktoren auf die Leistung zu suchen und an diesen zu arbeiten. Labeling, Stigmatisierung, Ettikettierung, all dies sind Prozesse, die einer Förderung von Heranwachsenden im Wege stehen (Hattie, 2009; S. 124 ff.).

4.6 Kann auf Kategorien verzichtet werden? Psychiatrische Diagnosen als zentrales Merkmal: Eine exemplarische Diskussion

Menschen neigen dazu, sich in ihrer Wahrnehmung von Personen von zentralen Merkmalen leiten zu lassen. Eine *psychiatrische Diagnose* ist ein solches zentrales Merkmal. Menschen, denen eine psychiatrische Diagnose zugeschrieben wird, werden sehr häufig stigmatisiert (Goffman, 1967). Das äußert sich in konkreten Nachteilen: Sie haben aufgrund ihrer Diagnose geringere Chancen, eine Wohnung zu mieten und eine Arbeit zu erhalten. Sie berichten über eine geringere Lebensqualität und einen geringeren Selbstwert. Personen mit psychiatrischen Diagnosen kennen diese Prozesse und versuchen ihnen häufig durch Geheimhaltung aus dem Weg zu gehen, wodurch es zu Behandlungsverzögerungen und Behandlungsabbrüchen kommen kann. Bei Kindern verschweigen die Eltern der Kinder häufig die Diagnose und neigen dazu, den Wohnort zu wechseln, um Stigmatisierungen zu entgehen (Steins, 2008; Steins, 2011).

Nicht nur der psychiatrische Laie neigt zur Stigmatisierung, sondern auch das Fachpersonal, wie Rosenhan (1973) in seiner klassischen Feldstudie zeigen konnte und durch neuere Arbeiten bestätigt wird. Schon Kinder beginnen aufgrund des Vorliegens einer psychiatrischen Diagnose mit Stigmatisierung. Drei Dimensionen einer Diagnose sind besonders entscheidend für die soziale Zurückweisung psychisch kranker Personen:
- die wahrgenommene persönliche Verantwortlichkeit für die Krankheit,
- die wahrgenommene Gefährlichkeit
- und die Seltenheit der Krankheit (Steins & Weiner, 1999; Steins, 2008).

Ein Ansatz zur Lösung des Problems der Stigmatisierung durch Diagnosen könnte im Sinne der antipsychiatrischen Bewegung darin bestehen, gänzlich auf Diagnosen zu verzichten (Kempker,

1995; Foucault, 2005). Dieser Ansatz weist jedoch mehrere Nachteile auf. Es wird auf die Vorteile einer fachlichen Verständigung verzichtet und der menschlichen Wahrnehmung steht kein Beschreibungsinstrument mehr zur Verfügung, um ihrer automatisierten Neigung nach Komplexitätsreduktion nachzukommen. Es könnte der Nachteil entstehen, dass private und ungenaue Klassifikationsmuster angewandt werden. So sehen sich die Klinische Psychologie und Psychiatrie in einem Dilemma. Einerseits weiß man, dass Stigmatisierungsprozesse existieren, die zu Sekundärstörungen führen können. Andererseits gibt es nur wenige verbindliche Ordnungsinstrumente der psychopathologischen Wirklichkeit. Bei der Anwendung dieser Ordnungsinstrumente taucht ein Paradox auf: Einerseits weiß man um die Gefahr der Stigmatisierung durch Ordnungsinstrumente und weiß auch, dass diese soziale Konstruktionen widerspiegeln, andererseits geht man mit dieser Unsicherheit auch unprofessionell umgeht. Dazu kommt, dass durch immer differenziertere Diagnosemöglichkeiten die psychopathologische Wirklichkeit immer als realer konstruiert erscheint und genau, wie es in den Thesen des Sozialen Konstruktivismus beschrieben wird, durch marktwirtschaftliche Interessen aufrechterhalten wird (Gergen, 1984). Deswegen reichen allein guter Wille oder das Wissen um Stigmatisierungsprozesse nicht aus, um das beschriebene Dilemma aufzulösen.

Wie Lewins Mitarbeiter in ihren bekannten Felduntersuchungen zeigen konnten, ist es notwendig, Wirklichkeit durch eigene Versuche zu verändern. Nur so verändern sich das eigene Verhalten und die eigene Einstellung. Aufklärung und Wissen ist immer nur der erste, aber für sich genommen wirkungslose Schritt zur Veränderung von Praxis und damit von Wirklichkeit (French & Marrow, 1945).

Die Diagnoseinstrumente (DSM und ICD) setzen voraus, dass menschliches Verhalten sich in normales und gestörtes Verhalten unterteilen lässt. Automatisch wird „normal" mit „gesund" und „gestört" mit „krank" gleichgesetzt (Münstermann & Steins, 2003). Die diskret anmutenden Einheiten dieser Klassifikationsinstrumente stehen einem anderen Zugang zur Realität gegenüber: Einem Kontinuum zwischen Krankheit und Gesundheit. Ein Kontinuum würde mehr der Praxis in der Realität entsprechen, in der nicht immer klare Diagnosen getroffen werden können. Im Rahmen eines solchen Kontinuum-Modells stehen die Prozesse im Vordergrund, die für die Entstehung des beobachteten Verhaltens vorrangig sind (Lewin, 1931). Fiedler (2001) beispielsweise weist darauf hin, dass psychische Störungen als Ausdruck von Interaktionsstörungen begriffen werden können. Ein solcher Ansatz würde den Akteur und die Akteurin dazu bringen, die eigene Wahrnehmung weniger auf zentrale Merkmale der anderen Person zu richten, sondern ebenfalls auf das eigene Verhalten, das Anlass geben kann für abweichendes Verhalten des Gegenübers.

Auf Kategorien kann also durchaus verzichtet werden, wenn die Prozesse, welche Interaktionen zugrunde liegen, in den Vordergrund rücken. Psychische Krankheiten sind in vielen Fällen nicht gleichzusetzen mit physischen Krankheiten.

4.7 Überprüfen eigener Theorien über Personen

Labeling, Ettikettierung, implizite Persönlichkeitstheorien gehören nicht in die Schule. Eine differenzierte und realitätsnahe soziale Wahrehmung zu lernen ist schwer, aber gehört zu den professionellen Standards des Lehrberufs. Wie kann man mit automatisierter Kategorisierung umgehen?

Es empfiehlt sich, einige Überprüfungsregeln zu beherzigen.
- Verinnerlichte Stereotype über zentrale Merkmale von Personen werden identifiziert. Was denkt man über das biologische Geschlecht und seine Zusammenhänge zu Fähigkeiten? Was ist mit anderen zentralen Merkmalen wie Nationalität, Alter, Intelligenz?
- Die identifizierten Annahmen werden an der Realität getestet. Auf welcher empirischen Basis beruhen eigene Annahmen? Gibt es bedeutsame Beweise dafür, dass eigene Annahmen zutreffen? Ein Beweis besteht nicht in der eigenen Erfahrung. Diese muss objektivierbar sein, z.B. durch den Abgleich mit guten Studien, die auf diesem Gebiet durchgeführt wurden.
- Die revidierten Annahmen führen dahin, dass ein Individuum losgelöst von demjenigen zentralen Merkmal wahrgenommen werden kann, dessen Zusammenhänge zu anderen Eigenschaften sich als Täuschung herausgestellt haben.

Weiterbildung alleine nützt hier nichts. Um die eigene Wahrnehmung objektiver zu gestalten, die eigenen Stereotype zu identifizieren und zu verändern, müssen Menschen in der Lage sein, sich selber, aber auch die Denkmodelle anderer Personen und Institutionen kritisch zu reflektieren. Nicht jede Weiterbildung ist gut, nicht jedes Modell. Es ist wichtig, hellhörig zu werden, wenn die Eigentümlichkeiten von bestimmten „Gruppen" beschrieben werden. Genau wie hinter der Worthülse „Lehrer- bzw. Lehrerinnenpersönlichkeit" werden oft Stereotype transportiert, die verzerrend sind und Handlungen in die falsche Richtung lenken können. Eine heranwachsende Person kann nur dann als Individuum betrachtet werden, wenn zentrale Merkmale in den Hintergrund treten und als untauglich für eine realitätsnahe Personerkennung begriffen werden. Menschen können umso mehr von anderen Personen verstehen, wenn sie ihre Perspektive weitestgehend verlassen können und die Perspektive einer anderen Person übernehmen.

4.8 Perspektivenübernahme in der Schule

Wünschenswert wäre es also, Perspektivenübernahmefähigkeit zu lernen und zu verbessern. In einem Modell von Steins und Wicklund wurden die Bedingungen von Perspektivenübernahme genauer untersucht (Steins & Wicklund, 1993, 1996, 1997; Wicklund & Steins, 1996; Steins, 1998a, 1998b, 2000, 2004b). Zwei Variablen wurden in diesem Modell besonders in ihrer Wechselwirkung mit Perspektivenübernahme erforscht. Der *Aufforderungscharakter der wahrgenommenen Person* und ein mit ihr vorhandener *Konflikt* stellen die Beeinflussungsfaktoren für Perspektivenübernahme dar.

4.8.1 Der Aufforderungscharakter anderer Personen und seine Auswirkungen auf Perspektivenübernahme

Was veranlasst Menschen überhaupt, anderen Personen Aufmerksamkeit zu schenken? Warum sind Menschen nicht ständig nur mit sich beschäftigt? Eine Standardantwort auf diese Frage lautet, dass der Mensch ein soziales Wesen sei. Menschen sind auf andere Personen bezogen und brauchen ein Minimum an sozialen Bindungen, um lebensfähig zu sein. Zahlreiche Modelle zur Personenwahrnehmung nehmen eine bestimmte *motivationale Kraft* an, die Menschen veranlasst, andere Personen überhaupt wahrzunehmen, Informationen über sie zu verarbeiten und zu Urteilen über diese Personen zu gelangen. Die Beschreibungen dieser motivationalen Kraft fallen je nach wissenschaftlichem Hintergrund des/r jeweiligen Forschers/in sehr unterschiedlich aus. So umschreibt Latané (1981) diese motivationale Komponente der Personenwahrnehmung als *social impact*:

> *As social animals, we are drawn by the attractiveness of others and aroused by their mere presence, stimulated by their activity and embarrassed by their attention. We are influenced by the actions of others, entertained by their performances, and sometimes persuaded by their arguments. We are inhibited by the surveillance of others and made less guilty by their complicity. We are threatened by the power of others and angered by their attack. Fortunately, we are also comforted by the support of others and sustained by their love. (S. 343).*

Merkmale anderer Personen bestimmen soziale Handlungen ihnen gegenüber. Asch (1952) zählt die Wahrnehmung von *Intentionalität* bei der handelnden Person zu einem solchen Merkmal. Während Konzepte wie *social impact* die äußere, stimulierende Seite spezifischer Charakteristika anderer Personen betonen, konzeptualisieren andere Ansätze in der Personenwahrnehmung die Motivation, andere Personen wahrzunehmen, als inneres Bedürfnis von Personen (Carlson, 1984). Lewin (1926) betont mit seinem Konzept des *Aufforderungscharakters* und Murray (1938) mit seinem Konzept des *Press* das Zusammenwirken innerer und äußerer Faktoren, die zusammen eine motivationale Komponente bilden, andere Personen näher zu betrachten. So können Dinge oder Ereignisse einen *Aufforderungscharakter* besitzen, der unmittelbar aus der Natur dieser Dinge oder Ereignisse abzuleiten ist „... *Die Dinge, die Aufforderungscharaktere besitzen, sind direkte Mittel zur Bedürfnisbefriedigung. ... Man kann hier von selbständigen Aufforderungscharakteren sprechen."* (Lewin, 1926; S. 351).

Dieser selbständige Aufforderungscharakter kann in Abhängigkeit von der Stärke des Bedürfnisses innerhalb des Individuums schwanken. Ein gut aussehender Kuchen hat einen eigenständigen Aufforderungscharakter. Der Aufforderungscharakter des Kuchens wird sich steigern, wenn die betreffende Person hungrig ist. Weiterhin unterscheidet Lewin Dinge oder Ereignisse, welche einen abgeleiteten Aufforderungscharakter besitzen:

Daneben finden sich Aufforderungscharaktere bei Dingen oder Ereignissen, die auf Grund einer bestimmten Situation in gewissen Beziehungen zu solchen direkten Mitteln zur Bedürfnisbefriedigung stehen, z.B. wenn man mit ihrer Hilfe der Befriedigungsmöglichkeit näherkommt. Sie haben nur eine momentane Bedeutung als Mittel zum Zweck. In anderen Fällen solcher abgeleiteten Aufforderungscharaktere handelt es sich um eine raumzeitliche Ausbreitung eines Gebildes mit ursprünglichem Aufforderungscharakter. Die Wohnung, die Straße, ja die Stadt, in der die Geliebte wohnt, kann selbst Aufforderungscharakter bekommen. Die Übergänge zwischen beiden Arten von Aufforderungscharakteren sind naturgemäß fließend, auch der Begriff der Selbständigkeit ist relativ. (S. 315)

Diese motivationale Variable, welche unter verschiedenen Begriffen aufgeführt wurde, wird in Anlehnung an Lewin als *Aufforderungscharakter* bezeichnet. Generell bezeichnet Aufforderungscharakter den *subjektiv empfundenen Druck einer wahrnehmenden Person, in einer Situation entsprechend der anderen Person zu handeln.*

Der Zusammenhang zwischen Aufforderungscharakter und Perspektivenübernahme stellt die erste Annahme des Modells zur Perspektivenübernahme dar. Der Aufforderungscharakter der wahrgenommenen Person sollte positiv mit der Perspektivenübernahme für diese Person zusammenhängen.

Diese Annahme basiert auf der folgenden Argumentation. Die Voraussetzung für Perspektivenübernahme ist ein minimaler Aufforderungscharakter der wahrgenommenen Person. Ein vergleichsweise niedriger Aufforderungscharakter ist beispielsweise gegeben, wenn eine unbekannte Person uns auf der Straße anspricht und nach dem Weg zu einem bestimmten Ort fragt. Wir sehen diese Person vermutlich nie wieder und reagieren nur auf die unmittelbare situative Anforderung. Eventuell strengen wir uns nicht sehr an, den Weg zu erklären, wenn wir in Eile sind. Der Aufforderungscharakter der Person ist einfach nicht hoch genug. Ein niedriger Aufforderungscharakter kann also Egozentrismus nach sich ziehen, der aus einem Mangel an Interesse an einer anderen Person resultiert. Richtet jedoch eine wichtige Person (z.B. der eigene Nachbar) ein vergleichbares Ansinnen an uns, so erhöht sich der Aufforderungscharakter und wir werden mit höherer Wahrscheinlichkeit auf die Anforderung eingehen. In dem ersten Fall ist die Person nicht wichtig für uns. Wir können uns fast sicher sein, dass wir sie nicht wiedersehen werden. In dem anderen Fall erwarten wir weiteren Kontakt mit ihr. Situationen, die dadurch gekennzeichnet sind, dass andere Personen einen niedrigeren Aufforderungscharakter für uns haben, sind anonyme Menschenansammlungen, wie sie beispielsweise charakteristisch für Großstädte sind (Milgram, 1970). Ebenso kann das Reisen in überfüllten Zügen oder großen Flugzeugen dazu führen, dass die Mitreisenden uns nicht besonders ansprechen. Vielleicht können wir wenig später schon nicht mehr erinnern, welche Kleidung sie trugen, oder was sie gegessen haben.

Die Höhe des Aufforderungscharakters hängt folglich ab von der subjektiven Wichtigkeit der wahrgenommenen Person für die eigene Person. Diese Wichigkeit kann durch Aspekte wie Status, Prestige, oder Erwartung weiteren Kontaktes mit der wahrgenommenen Person beeinflusst sein. Auch wahrgenommene Attraktivität kann den Aufforderungscharakter einer Person beeinflussen. Je höher der Aufforderungscharakter einer wahrgenommenen Person ist, desto eher ist man bereit, den spezifischen Kontext dieser Person zu beachten und in Beziehung zu den Handlungen dieser Person zu setzen, d.h. deren Perspektive zu übernehmen.

Der Aufforderungscharakter anderer Personen als motivationale Variable der Personenwahrnehmung, insbesondere der Perspektivenübernahme, spielt implizit innerhalb der Theorie des symbolischen Interaktionismus eine Rolle. Wenn eine Person eine signifikante Bezugsgruppe definieren kann, die für die Gestaltung ihrer Meinungen und Werte eine wichtige Rolle spielt, dann übernimmt sie die Perspektive dieser Gruppe (Charon, 1979). *„It should be emphasized that the individual may or may not use people in his or her presence as significant others or reference groups. If people in the present situation are not important, then their perspective is not important and their definition of self is also not important. They are not significant others or reference groups. Thus, the poor teacher is often the one whose reference group does not include the students."* (S. 74)

Die Befunde einer Reihe von Untersuchungen von Steins und Wicklund belegen die aufgestellte Hypothese, dass mit zunehmendem Aufforderungscharakter einer wahrgenommenen Person die Perspektivenübernahme-Leistung ansteigt. Entscheidend ist, dass ein niedriger Aufforderungscharakter zu Egozentrismus aus Mangel an Interesse führt. Die andere Person ist nicht so wichtig, ihre Perspektive wird nicht übernommen.

4.8.2 Konflikt in Interaktionen und sein Einfluss auf Perspektivenübernahme

Eine positive Beziehung zwischen Perspektivenübernahme und Aufforderungscharakter sollte nur dann bestehen, wenn die Beziehung zwischen zwei Personen nicht konflikthaft ist. Hier kommt die zweite für Perspektivenübernahme entscheidende Variable ins Spiel. Sobald ein *Konflikt* vorliegt, sollte mit zunehmendem Aufforderungscharakter die Perspektivenübernahme-Leistung hinsichtlich der wahrgenommenen Person sinken. Mit dem Vorhandensein eines Konfliktes wird eine Tendenz initiiert, die Aufmerksamkeit auf die Ansprüche, Anforderungen und Erwartungen der wahrgenommenen Person hinsichtlich der wahrnehmenden Person zu lenken. Der spezifische Kontext der wahrgenommenen Person wird auf den Konflikt reduziert, so dass keine Basis für Perspektivenübernahme mehr vorhanden ist. Dabei spielt es keine Rolle, ob ein Konflikt *interpersonell* (als Meinungsverschiedenheit, Streit oder Kampf zwischen zwei Personen) oder *intrasubjektiv* (als subjektiv empfundene Schwierigkeit, mit einer anderen Person zu interagieren) abläuft.

Die postulierte, verringerte Perspektivenübernahme bei hohem Aufforderungscharakter und hohem Konflikt bedeutet jedoch nicht, dass keine oder eine nur oberflächliche Beschäftigung mit der wahrgenommenen Person erfolgt, wie dies bei einem niedrigen Aufforderungscharakter und nicht vorhandenem Konflikt der Fall ist. Stattdessen ist im Falle hohen Aufforderungscharakters und hohen Konfliktes eine geringe Perspektivenübernahme-Leistung dadurch bedingt, dass die Wahrnehmung der Person sich ausschließlich auf die für den Konflikt relevanten Aspekte der wahrgenommenen Person reduziert.

Das aus der Kombination von hohem Aufforderungscharakter und hohem Konflikt resultierende egozentrische Verhalten bezieht sich nicht nur auf die wahrgenommene Person, mit der ein Konflikt besteht, sondern sollte auf alle Personen generalisieren, die in der Konfliktsituation präsent sind. Im Gegensatz zu der in Egozentrismus resultierenden Kombination "niedriger Aufforderungscharakter/niedriger Konflikt" hängt die Kombination "hoher Aufforderungscharakter/hoher Konflikt" mit einer intensiven gedanklichen Beschäftigung mit der wahrgenommenen Person zusammen. Auch diese Annahmen konnten empirisch gestützt werden (Steins & Wicklund, 1996; Steins, 1998a, 2000, 2006, 2014).

4.9 Anwendungsmöglichkeiten

Wenn Lehrer/innen es vermeiden möchten, ignorant gegenüber der Perspektive ihrer Schüler/innen zu sein, dann reicht es nicht nur aus, die oben spezifizierten Überprüfungsregeln anzuwenden, sondern sie müssten sich auch fragen, wie wichtig die Persönlichkeiten der Schüler/innen ihnen sind. Sind Schüler/innen beliebige Menschen, die kommen und gehen und als eine eigene Welt für sich irrelevant sind? Oder sie sehen sie als einzigartiges Individuum mit einer besonderen Geschichte an, die sie versuchen zu verstehen. Wenn sie eher diese Haltung haben, dann haben ihre Schüler/innen bereits einen hohen Aufforderungscharakter und die Bedingungen für Perspektivenübernahme sind günstig.

Aber das Modell weist auch auf eine weitere Komponente hin. Lehrende Personen kennen das Gefühl des Ärgers, der sich einstellen kann, wenn immer der/dieselbe Schüler/in zu einem erhöhten Lärmpegel der Klasse beiträgt. Gerade wenn der Lehrperson Schüler/innen nicht egal sind, kann ein Konflikt mit ihnen dazu führen, dass sie diesen Konflikt besonders ernst nimmt und dabei die Perspektive des Schülers außer Acht läßt. Mitunter generalisieren Lehrer/innen dann auf die ganze Klasse. Weil einige laut waren, muss die ganze Klasse eine Strafarbeit machen. Solche Verhaltensweisen führen dazu, dass Schüler/innen ihren Lehrer und ihre Lehrerin als ungerecht erleben, und diese mit weniger Respekt behandeln (siehe Interview mit einer Schülerin, 1.1).

Perspektivenübernahme kann erleichtert werden, indem man bewusst einen Schritt zurücktritt und versucht eine Situation, in die man verwickelt ist, von außen zu beobachten, oder den Rat anderer Personen einholt, vor allem solcher Personen, deren Meinung *vorher* unbekannt ist. Oder indem systematisch Perspektivenwechsel geübt wird. In dem Maße, indem ein Glaube an Lehrer/innen- und Schüler/innenpersönlichkeiten als statische stabile Gebilde vorherrschend ist, wird man bei diesem Versuch scheitern.

4.10 Zusammenfassung

Menschen neigen dazu Personen in Alltagssituationen geleitet durch zentrale Merkmale wahrzunehmen. Dies kann dazu führen, dass implizite Theorien über andere Personen das eigene Verhalten steuern und man sich im Sinne selbsterfüllender Prophezeiungen die eigenen Beweise für die eigenen Theorien liefert. Gerade in Konfliktsituationen ist die Fähigkeit zur Perspektivenübernahme eingeschränkt, besonders deutlich dann, wenn die andere Person, mit der ein Konflikt besteht, wichtig ist. Perspektivenübernahme ist aber eine unabdingbare Voraussetzung dafür, eine andere Person realistisch einschätzen zu können und sich ihr gegenüber angemessen zu verhalten.

So bewirkt die eigene, oft automatisierte Wahrnehmung und Egozentrismus, dass es zu Fehleinschätzungen kommt. Gerade in Lehrberufen kann dies häufig nicht geklärt werden, da hier selbsterfüllende Prophezeiungen sowohl von Seite der Lehrperson als auch von der Seite des Schülers und der Schülerin schnell wirksam werden können und ein falsches Bild des jeweils anderen bleibend entstehen kann. Das kann dramatische Folgen haben. Eine Mathematiklehrkraft kann zu dem Schluss kommen, dass die Schülerin mit dem zentralen Merkmal „weiblich" und den anderen Merkmalen „gut in Sprachen" und „musisch begabt" niemals eine Begabung für Mathematik entwickeln kann. Schon die Primarstufenlehrerin kann zu diesem Urteil gekommen sein, so dass dieses Mädchen diese Einschätzung längst als integralen Bestandteil ihres Selbstkonzeptes akzeptiert hat.

Perspektiven zu übernehmen, zu versuchen, das Rätsel der anderen Person zu entschlüsseln, verbietet es, in Persönlichkeitskategorien zu denken. Es ist konstruktiv, die Bedingungen zu analysieren, unter denen eine bestimmte Person etwas verstehen kann oder nicht, wenn guter Unterricht gestaltet werden soll. Es ist anstrengender für 32 Schüler/innen Persönlichkeitsschubladen zu verwalten, als sich die Mühe zu machen, die Bedingungen zu verstehen, unter denen Unterricht gelingt oder nicht.

Perspektivenübernahme ist allerdings kein Garant dafür, dass eine Person nun rücksichtsvoll oder prosozial handelt. Perspektivenübernahme ist geradezu die notwendige Voraussetzung für wirklich boshafte Handlungen gegenüber anderen Personen (Steins, 2014). Nur wenn die wahrnehmende Person den spezifischen Hintergrund der wahrgenommenen Person erschöpfend exploriert hat und weiß, in welcher Situation sie sich befindet, kann sie das Potenzial entwickeln, ihr einen maximal großen Schaden angedeihen zu lassen.

Deshalb werden die hier aufgeführten Instruktionen, die eigene Personwahrnehmung zu überprüfen, die eigene Motivation zur Perspektivenübernahme zu kontrollieren keine konstruktiven Wirkungen auf Unterricht haben, wenn sie nicht mit einem entsprechenden Wertesystem zusammengehen. Dies wird besonders behandelt in dem Kapitel 14 „Emotionstheorien".

4.11 Fragen, Übungen, Lektüre

Fragen
- Welche Methoden stehen Menschen zur Verfügung, um andere Personen wahrzunehmen?
- Was bedeutet: Handelnden-Beobachter-Diskrepanz? Was könnte dieses Wahrnehmungsprinzip für den schulischen Alltag bedeuten?
- Was bedeutet Perspektivenübernahme? Was ist Empathie?
- Was heißt: Selbsterfüllende Prophezeiung?
- Was sind zentrale Merkmale der Personenwahrnehmung?
- Was besagt das Schönheitsstereotyp und wie wirkt es sich aus?
- Wie wirken sich Sympathie und Antipathie auf der Verhaltensebene aus?
- Welche Rolle spielt das zentrale Merkmal Geschlecht im Schulalltag?

Übungen
- Versuchen Sie sich in der Kunst der Selbstreflexion: Spielt die Attraktivität anderer Personen eine Rolle für Ihr eigenes Verhalten und Ihre eigenen Bewertungen? Wie könnten Sie es schaffen, objektiver zu sein?
- Reflektieren Sie ein anderes zentrales Merkmal von Personen: Ihre Geschlechtszugehörigkeit. Gibt es bedeutsame Unterschiede zwischen den Geschlechtern? Beschreiben und begründen Sie diese Unterschiede. Haben Sie harte Evidenz für Ihre Annahmen? Wie wollen Sie als zukünftige Lehrperson hiermit umgehen?
- Ein weiteres zentrales Merkmal von Personen: Ihre Zugehörigkeit zu einer bestimmten Nationalität. Welche Alltagstheorien haben Sie diesbezüglich? Beruhen diese auf empirischen Daten? Beschreiben und kommentieren Sie Ihre Alltagstheorien und Erfahrungen und versuchen Sie daraus abzuleiten, wie Sie als zukünftige Lehrperson dementsprechend hiermit umgehen wollen.
- Entwickeln Sie alltagstaugliche Strategien, wie Sie es vermeiden können, egozentrisch im Unterricht aufzutreten und stattdessen vielmehr die Perspektiven der einzelnen Schüler/innen zu übernehmen.

- Welche psychiatrische Diagnose des Kindes- und Jugendalters kennen Sie? Welche stigmatisierenden Prozesse könnte diese Diagnose auslösen? Machen Sie hierzu ein Interview und skizzieren Sie die Ergebnisse.

Zur Nachbereitung empfohlene Lektüre
- Fischer, L. & Wiswede, G. (2002). *Grundlagen der Sozialpsychologie (Kapitel Soziale Wahrnehmung)*. München: Oldenbourg.
- Steins, G. & Haep, A. (2013). *99 Tipps: Soziales Lernen. (Tipps 31-34, 39,40, 46)*. Berlin: Cornelsen Scriptor.
- Steins, G. (2008). *Schule trotz Krankheit (Kapitel 3)*. Lengerich: Pabst Science Publishers.

5. Konformität und Macht

Im Schulalltag springt der Einfluss der Gruppe besonders deutlich ins Auge. Schüler/innen müssen, ob sie wollen oder nicht, einen guten Teil des Tages in einer relativ großen Gruppe verbringen. Sie versuchen sich durch die Zugehörigkeit zu kleineren Gruppen eine vertraute Atmosphäre zu schaffen. Lehrer/innen geht es nicht anders. Auch sie sind nur ein Teil einer umfangreichen Gruppe und fallen auf, wenn sie zu sehr aus der Reihe tanzen.

Der schulische Alltag enthält eine Reihe von mehr oder weniger erwünschten Gruppeneinflüssen. Dass aber Schule ein Ort ist, an dem Konformität in einem hohen Maße eingefordert wird, wird schon an der Tatsache deutlich, dass in manchen Ländern Schuluniformen Pflicht sind. Deutlicher kann man es nicht machen, dass individuelle Eigenheiten, die gerade durch den symbolischen Gehalt von Kleidung zum Ausdruck gebracht werden können, hinter der Gestalt der Gruppe, wie sie von der Institution Schule gefordert wird, zurückzustehen haben. Auch wenn in Deutschland solche Uniformen nicht zum Schulalltag gehören, tragen Kinder und Jugendliche eine gewisse Einheitstracht. Ab einem bestimmten Alter haben Schüler/innen eine genaue Vorstellung davon, was sie in der Schule anziehen können und was nicht. Die meisten wollen nicht auffallen, sondern tragen das, was die Anderen tragen.

Kleidung ist nur ein Thema aus einer Vielzahl von Themen, die einen Ausdruck von Gruppenprozessen darstellen. Gruppen kommen häufig zu Entscheidungen, die von außen nicht nachvollziehbar sind. Wie kommen mehrere Kinder dazu, ein einzelnes anderes Kind zu quälen und fertig zu machen? Wie kommt es dazu, dass eine Kollegin gemobbt wird, bis sie sich entmutigt versetzen lässt? Wie kommt es dazu, dass bei einer Schulkonferenz die meisten sich für eine fragwürdige Entscheidung aussprechen? Um solche Prozesse zu verstehen, beschäftigt sich dieses Kapitel mit den basalen Einflussquellen, die eine Person oder Gruppen auf ein Individuum oder eine Gruppe ausüben können.

Es geht um die Grundlagen der Macht und damit den Druck einer Gruppe auf ein Individuum. Vorab sollte klargestellt werden, dass in der Schule Macht nicht einseitig verteilt ist. Schüler/innen können große Macht haben, die mit zunehmendem Alter wächst. Lehrer/innen können ebenfalls große Macht haben, umso größere, je jünger ihre Schüler/innen sind. Macht kann falsch verstanden werden: *„-Na, warum willst du das werden, Lehrerin?- Um die Plagen zur Sau zu machen, antwortete Zazie. Die, die in zehn Jahren, in zwanzig Jahren, in fünfzig Jahren, in* hundert Jahren, in tausend Jahren mein Alter haben werden, immer wird es Gören geben, die man zur Sau machen kann. -Na ja, sagte Gabriel." (Aus: Zazie in der Metro von Raymond Queneau, 1986, S. 21f.). Macht kann jedoch auch positiv eingesetzt werden.

5.1 Grundlagen der Macht

Macht ist analog zu Max Webers Definition die Fähigkeit, Einfluss auch gegen den Widerstand anderer auszuüben. Die meisten Kinder haben zum Beispiel keinerlei Motivation Vokabeln einer Fremdsprache zu lernen. Wie nun bringt man sie dazu, es trotzdem zu tun? Das ist eine Frage des Einsatzes der Macht.

Eine Klassifikation von French und Raven (1959) ist hier aufschlussreich, die sechs Grundlagen der Macht unterscheiden. Diese Machtgrundlagen haben alle Vor- und Nachteile und ihr Einsatz bedarf des Wissens um die Perspektive der Schüler/innen.

5.1.1 Belohnungsmacht

Als Belohnungsmacht wird die Fähigkeit verstanden, Belohnungen für andere zu verteilen. Eine Person muss die Möglichkeit haben, eine andere Person für ihre Leistungen zu belohnen. Es können sowohl Lehrer/innen als auch Schüler/innen über Belohnungsmacht verfügen. Der Einsatz der Belohnung auf der einen Seite ist eng verknüpft mit einer Reaktion auf der anderen Seite, die wiederum als belohnend empfunden werden kann. Ein Lehrer, der für seine Schüler/innen einen interessanten Unterricht macht, wird durch deren Interesse und Engagement belohnt und motiviert, auch die nächste Unterrichtsstunde anregend zu gestalten.

Belohnungsmacht ist umso größer, je mehr die Belohnung geschätzt wird, je mehr die Gruppenmitglieder von der Person abhängig sind, welche über die Belohnungen verfügt und je eher die Versprechungen des Belohnungsverteilers glaubwürdig erscheinen. Belohnungen, wenn sie angekündigt werden, müssen also auch eingehalten werden, sonst wird diese Grundlage der Macht unglaubwürdig (siehe Interview 1.1. Usher). Belohnungsmacht zieht also Kosten nach sich, Versprechungen müssen eingehalten werden. Belohnungen müssen auch gerecht verteilt werden. Werden in den Augen der Schüler/innen Belohnungen willkürlich und unvorhersehbar verteilt, dann kann die Wahrnehmung von Ungerechtigkeit zu Ärger führen. Ärger ist mit sozialen Kosten verbunden.

Belohnungsmacht hat Grenzen in ihrer Wirkung. Selbst wenn Belohnungen transparent, gerecht und angemessen verteilt werden, gewöhnen sich Menschen an Belohnungen und deren Wert sinkt mit der Zeit. Wenn im Lern-Lehrprozess stark mit Belohnungen gearbeitet wird, müssen diese ständig adaptiert und erneuert werden, um ihren belohnenden Charakter zu erhalten. Diese

Gewöhnung, *Habituation* genannt, kann also verlangsamt werden, ist aber ein Prozess, der Belohnungskraft auf Dauer schwächt. Dennoch gilt Belohnungsmacht als eine Machtgrundlage, die Lehrer/innen positiv einsetzen können (Erchul, Raven & Ray, 2001). Durch die Aussicht auf eine Belohnung sind schon viele Kinder und Jugendliche motiviert worden, etwas zu tun. Extrinsische Motivation (Eine Person macht A, weil sie B dafür bekommt) kann durchaus zu intrinsischer Motivation (Eine Person macht A um A willen) führen. Ein Schüler, der zum Beispiel anfängt Englischvokabeln zu lernen, weil er für jeden befriedigenden Vokabeltest eine Erhöhung des Taschengeldes bekommt, mit dem er auf einen Roboterbaukasten spart, wird sich wahrscheinlich in Englisch verbessern. So steigt die Wahrscheinlichkeit, dass er positive Rückmeldung erhält, sich besser beteiligen kann und mehr Freude an der englischen Sprache entwickelt.

5.1.2 Bestrafungsmacht oder die Macht zu zwingen

Die Macht zu zwingen hat eine Person, wenn sie durch Strafandrohung den Handlungsspielraum der anderen Person einengt. In der Schule gibt es eine Reihe von verschiedenen Strafen. Wie auch bei der Belohnungsmacht, verfügen beide Seiten über die Macht zu strafen. Die Macht zu strafen wird in der Schule recht häufig eingesetzt, obwohl die meisten Lehrer/innen wissen, dass Strafen nicht besonders effektiv sind (Steins & Welling, 2010). Strafen führen zu Widerstand (siehe Kapitel 11: Reaktanz), und in der Regel nicht zum Erlernen des gewünschten Verhaltens. Sie haben eine eskalierende Wirkung. Bei zwei gleich starken Parteien tritt nach einiger Zeit eine Vermeidung des Gebrauchs dieser Macht auf (Lawler & Yoon, 1996), aber bis dahin herrscht oft ein kalter Krieg. Da in der Schule die Parteien selten gleich stark sind, werden Strafen oft auf Kosten der Schüler/innen eingesetzt. Strafen sollten vermieden werden (Erchul et al., 2001).

In der internationalen Forschung ist immer stärker von sogenannten Positive Behavior Support Systemen die Rede (Steins & Welling, 2010), die den Fokus auf die Verstärkung erwünschten Verhaltens legen und der Tatsache Rechnung tragen, dass die meisten Störungen und Probleme meistens nur von einem sehr kleinen Anteil der Schüler/innen verursacht werden. Diese Schüler/innen können sich nicht durch Strafen verändern, sondern durch sachangemessene Interventionsprogramme, die mit zu einem Sanktionssystem gehören. Durch Strafen werden genau diejenigen Schüler/innen, die am meisten eine gute Intervention nötig hätten, aus dem Schulsystem gedrängt. Statt Strafen sollte der Fokus mehr auf die Sozialerziehung in der Schule gelegt werden, die untrennbar mit Bildung verknüpft ist (Limbourg & Steins, 2011, Kapitel 19).

5.1.3 Legitime Macht

Legitime Macht betrifft die Macht einer Autorität, die sich aus dem Recht des oder der Machthabenden ableitet, Gehorsam zu verlangen. Wenn eine Person in den Augen einer anderen Person die Befugnis hat, bestimmte Verhaltensnormen zu überwachen und durchzusetzen, verfügt sie über legitime Macht. Legitime Macht entsteht durch Wahlen und Qualifikation. Die damit verbundenen Normen werden von der Gruppe als legitim akzeptiert. Lehrer/innen müssen eine bestimmte Qualifikation nachweisen und einen Arbeitsvertrag haben, dann verfügen sie über legitime Macht. Schüler/innen haben eine Schulpflicht und damit auch legitime Macht. Macht wird als umso legitimer wahrgenommen, je besser es den Gruppenmitgliedern geht, und je respektvoller sie behandelt werden. Legitime Macht hat folglich nicht nur eine formale, sondern auch eine subjektive Komponente. Wenn eine Person ihre legitime Rolle überstrapaziert, dann kann ihr die Legitimation, diese Rolle auszuüben, abgesprochen werden, offiziell, aber auch inoffiziell.

Legitime Macht aufrechtzuerhalten zieht Kosten nach sich. Ein Lehrer zum Beispiel, der noch denselben Unterricht macht wie vor 20 Jahren, läuft Gefahr inoffiziell die legitime Macht aberkannt zu bekommen. Für die Schüler/innen ist er bereits kein Lehrer mehr, den sie als solchen ernst nehmen können. Um legitime Macht in der Schule aufrechterhalten zu können, müssen also weitere Machtgrundlagen vorhanden sein, wie zum Beispiel die Experten/innenmacht, auf die gleich noch eingegangen wird.

5.1.4 Referenzmacht oder Vorbildmacht

Referenzmacht oder Vorbildmacht bezieht sich auf den Einfluss, welcher auf der Identifikation mit der Zielperson, ihrer Attraktion oder dem Respekt ihr gegenüber beruht. Wenn eine Person so sein möchte wie die andere Person, hat diese andere Person Vorbildmacht bzw. Identifikationsmacht. Personen mit Referenzmacht stehen im interpersonellen Zentrum einer Gruppe. Alle wollen ihr gefallen. Sie strahlen ein so genanntes Charisma aus. Vorbildmacht hat nicht jeder, denn ihr sind jederzeit durch überzeugendere Modelle natürliche Grenzen gesetzt. Für eine gute Lernatmosphäre ist sie aber auch nicht notwendig (Erchul et al., 2001). Es ist für Lehrer/innen nicht unbedingt notwendig über diese Machtgrundlage zu verfügen, aber für ein Verständnis ihrer Lerngruppe aufschlussreich, welche Schüler/innen Referenzmacht besitzen. Denn diese werden wahrscheinlich einen starken Einfluss auf große Teile der Lerngruppe ausüben und normangebend sein.

5.1.5 Experten/innenmacht

Experten/innenmacht beruht auf der Wahrnehmung, dass eine Person überlegene Geschicklichkeiten und Fähigkeiten besitzt. Experten/innenmacht ist eine essenzielle Machtgrundlage für Lehrer/innen. Das Ausmaß, in dem eine Person einer anderen Person besondere Kenntnisse, Einsichten oder Fertigkeiten in einem Bereich zuschreibt, bezeichnet die Stärke der zugeschriebenen Experten/innenmacht. Der Erwerb von Experten/innenmacht ist sehr kostspielig, was Geld und Zeit angeht. Fachwissen ist nicht einmal einfach erworben, sondern muss ständig angereichert werden. Dazu gehört ein Interesse für die eigenen Fächer, das sich durch die Lektüre einschlägiger internationaler Fachliteratur, den Besuch von Fachtagungen, fachliche Kommunikation mit Kollegen/innen und Weiterbildung auszeichnet. Schüler/innen schätzen es in der Regel, wenn sie den Eindruck haben, das sie wirklich etwas lernen können. Experten/innenmacht kann schwache Ausprägungen in anderen Machtgrundlagen erfolgreich kompensieren.

Unglücklicherweise sind in Deutschland die Fächer in Hinblick auf ihre Relevanz unterschiedlich anerkannt. Durch die Aufwertung von mathematisch-technischen Fächern erfolgte eine Abwertung anderer Fächer, die als Laberfächer degradiert werden (z.B. Pädagogik, Politik, Religionslehre) oder als völlig überflüssig angesehen werden (z.B. Kunst, Musik). Die unterschiedliche Anerkennung der Schulfächer begrenzt die Wirkung von Experten/innenmacht. Experten/innenmacht kann trotzdem sehr positiv in jedem Unterricht eingesetzt werden. Hiermit ist nicht nur die Experten/innenmacht der Lehrer/innen gemeint, sondern auch die der Schüler/innen. Schüler/innen verfügen oft über besondere Inseln des Wissens. Statt diese als Streber/innen zu stigmatisieren und sich bedroht von ihnen zu fühlen, sollte deren Wissen anerkannt und eingesetzt werden. Expertise der Schüler/innen anzuerkennen und zu nutzen setzt bildungsorientierte Standards in der Lerngruppe, die allen zu Gute kommen. Das Interesse für ein Thema und die Bereitschaft Anstrengung bei der Auseinandersetzung mit diesem Thema zu investieren, erfährt Anerkennung und wird nicht als etwas Negatives dargestellt. Leider müssen Schüler/innen, die über besondere Expertise verfügen, auch heute noch fürchten, nicht nur von den Mitschülern/innen, sondern auch von Lehrern/innen sozial ausgegrenzt zu werden (Breidenstein & Meier, 2004; Dauber & Persson Benbow, 1990; Pelkner, Günther & Boehnke, 2002). Expertise kann aber nicht durch Abwertung der Expertise anderer Personen entwickelt werden. Die Aberkennung von Können, gerade bei Heranwachsenden durch Heranwachsende und Erwachsene, ist ein Symptom individualistischer Gesellschaften, wo jedes Individuum sehr schnell gekränkt werden kann, weil es in seiner individuellen „Einzigartigkeit" beschnitten werden könnte. Winner (2004) merkt hierzu an: *„Es stört uns nicht, wenn jemand in Bereichen wie bildender Kunst, Musik, Sport oder Schach als Star gefeiert wird, weil es nicht als Schande gilt, keine besonderen Talente in diesen Domänen zu haben. Aber wenn einige Kinder wegen ihres herausragenden Intellekts gerühmt werden, stört uns das sehr wohl, weil diese Einordnung impliziert, dass es Kinder mit geringerer intellektuller Begabung gibt."* (S. 215).

5.1.6 Informationsmacht

Informationsmacht wird einer Person zugesprochen, die einer anderen Person etwas so mitteilen kann, dass diese die Folgen ihres Verhaltens in einem neuen Licht sieht. Informationsmacht wird durch Kommunikationsgeschick erworben. Sokratische Dialoge, rhetorisches Geschick, Perspektivenübernahme und Empathie sind Kompetenzen, die Informationsmacht erhöhen. Durch eine gute Gesprächsführung und Kommunikationsbereitschaft, das Eingehen auf andere, Zuhören können und gute mehrseitige Argumentationen, kann Expertise glaubwürdig vermittelt werden. Informationsmacht kostet etwas. Eine Beschäftigung mit dem Gegenüber ist unumgänglich, wenn Argumente und Inhalte ankommen sollen. Perspektivenübernahme erfordert den Einsatz emotionaler und mentaler Ressourcen und ist nicht immer von Erfolg gekrönt, denn das Ausmaß, in dem sich eine Person erreichen und/oder überzeugen lässt, ist nicht unbegrenzt und individuell sehr unterschiedlich ausgeprägt. Informationsmacht zählt zusammen mit Experten/innenmacht und Belohnungsmacht zu den Machtgrundlagen, die für den Lehrberuf extrem wichtig sind, um gute Arbeit zu leisten (Erchul et al., 2001).

Interessanterweise spricht eine der zentralen Schlussfolgerungen von Hattie (2009) Informationsmacht an, nämlich Lernen durch die Augen der Schüler/innen zu betrachten. Hier ist Perspektivenübernahme gefragt. Informationsmacht kann sehr positiv eingesetzt werden, indem nicht nur Bildungsinhalte verständlich und motivierend vermittelt werden, sondern auch Schüler/innen von Inhalten und Verhaltensweisen überzeugt werden, die zu ihrer positiven Entwicklung beitragen können. In Tabelle 5 sind die von French und Raven beschriebenen und empirisch gut bestätigten Machtgrundlagen noch einmal zusammengefasst und auf den schulischen Alltag bezogen. Aus der Tabelle wird deutlich, dass Lehrer, Lehrerinnen, Schüler/innen über die verschiedensten Machtgrundlagen verfügen.

Es gibt eine Einschränkung: Die kursiv gesetzten Zellen unter der Spalte Schülerinnen und Schüler – es handelt sich also um die letzten drei Machtquellen – werden umso geringer bei den Schülern/innen vorhanden sein und eingesetzt werden können, je jünger diese sind. Je älter diese allerdings werden, umso eher können sie über nahezu dieselben Machtgrundlagen verfügen. Lehrpersonen sind genauso empfänglich für das Empfangen bzw. Unterbleiben sozialer Anerkennung ihrer Schüler/innen wie umgekehrt. Soziale Anerkennung äußert sich natürlich auf beiden Seiten verschieden. Während Lehrpersonen ein offenes Lob aussprechen können, wird sich die Anerkennung der Schüler/innen eher im aufmerksamen Verfolgen des Unterrichts, im Durchführen der Hausaufgaben und dem Einhalten anderer Regeln äußern.

Tabelle 5: Machtgrundlagen von Lehrern/innen und Schülern/innen

Machtgrundlagen	Lehrer/innen	Schülerinnen und Schüler
Belohnungsmacht	Lob, positive Aufmerksamkeit	Soziale Anerkennung, aufmerksames Verfolgen des Unterrichts, positives Feedback
Macht zu zwingen	Tadel, Verweise, Konferenzen, Eltern informieren, Drohungen	Gerüchte, Boykottieren des Unterrichts, Sabotage des Unterrichts, offene Beleidigungen
Legitime Macht	Ausübende eines öffentlichen Amtes mit entsprechendem Qualifikationsweg	Rechtsanspruch auf Schule
Referenzmacht	Charisma[9], überzeugendes Auftreten	*Beliebtheit bei anderen Schülern/innen; soziometrisch: der Star einer Gruppe*
Expertenmacht	Geschicklichkeit und hervorragende Fähigkeiten in dem Fach	*Geschicklichkeit und hervorragende Fähigkeiten in dem Fach*
Informationsmacht	Rationaler Dialog, sachliche Diskussionen	*Rationaler Dialog, sachliche Diskussionen*

5.1.7 Ökologische Macht

Weitere Forschung ergänzt die Machtgrundlagen von French und Raven. Ökologische Macht spielt im Schulalltag ebenfalls eine Rolle (Flade, 2011). Ökologische Macht ist dann gegeben, wenn durch die Gestaltung der Umwelt zwingend ein bestimmtes Verhalten herbeigeführt wird. Die Erreichbarkeit der Lehrer/innen in den Pausen kann zum Beispiel dadurch eingeschränkt werden, dass das Lehrerzimmer nur mit einem Schlüssel zu öffnen ist. Maßnahmen, die Schüler/innen aus dem Klassenzimmer entfernen, gehören zu den Ausübungsmöglichkeiten ökologischer Macht. Sitzordnungen machen durch soziofugale bzw. soziopetale Ausrichtungen bestimmte Verhaltensweisen unwahrscheinlicher. Wie alle Machtgrundlagen hat auch ökologische Macht ihren Preis. Sie zieht häufig Investitions- und Aufrechterhaltungskosten nach sich.

Ökologische Macht kann negativ eingesetzt werden. Das ist dann der Fall, wenn emotionale Probleme praktisch gelöst werden sollen. Dann kann ökologische Macht zu Widerstand führen. Ökologische Macht kann sehr positiv eingesetzt werden. Das Herrichten des Klassenzimmers als ein Ort, in dem die Schüler/innen gerne ihre Zeit verbringen und sich konzentrieren können, ist ein positives Resultat des Einsatzes ökologischer Macht. Auch der sensible Umgang mit dem persönlichen Raum der Schüler/innen, ihrem Körperraum, hat etwas mit ökologischer Macht zu tun

---

[9] Was auch immer Charisma ist. Hierzu empfiehlt sich die Lektüre von Sennett (1990).

(Forsyth, 2010). Geht eine Lehrerin im Gespräch mit der Schülerin leibhaftig, nicht nur inhaltlich, auf Augenhöhe, oder beugt sie sich so über sie, dass sie sich körperlich bedrängt fühlt?

5.1.8 Macht durch Emotion

Machtausübung durch Erzeugung und Ausbeutung bestimmter Emotionen verweist auf die Macht durch Emotion. Machtrelevante Emotionen sind Schuld und Scham. Beides sind Emotionen, die besonders bei den Kindern und Jugendlichen hervorgerufen werden können, die sich für Fehler in besonderem Ausmaß verantwortlich fühlen. Scham und Schuld sind qualvolle Emotionen und schwächen nachweislich das menschliche Immunsystem (Steins & Welling, 2010). Sie führen dazu, dass das Verhalten der Schüler/innen sich in die erwünschte Richtung ändert, jedoch nicht aus Einsicht, sondern aus Angst vor der Rückkehr der Emotionen. Auf diese Machtquelle sollte verzichtet werden.

5.2 Anwendungsmöglichkeiten

Aus dem Interview mit der Sechstklässlerin (Teil I) wird deutlich, dass Lehrer/innen nicht zwangsläufig über alle diese Machtquellen verfügen. Das Verhalten von Klassen zeigt, dass Lehrer/innen sich Macht verdienen müssen.

Es finden sich in diesem Interview einige wichtige Merkmale von Lehrern und Lehrerinnen, die einen positiven Einfluss auf Schüler/innen ausüben, deren Lernmotivation erhöhen und ihnen Freude an einem Fach vermitteln können, auch wenn dieses ihnen nicht in den Schoß fällt:

Schüler/innen wollen respektiert werden, sie wollen liebevoll, aber konsequent behandelt werden. Sie schätzen es, wenn eine Lehrperson ihr Fach mag und es interessant vermitteln kann. Sie wollen zudem nicht willkürlich behandelt werden, sondern Kontrolle haben. Frau B, die Mathematiklehrerin des Mädchens, verfügt über viele Quellen der Macht, weil sie sie nicht missbraucht, sondern die Kinder sich von ihr respektiert fühlen, sie die Kinder liebevoll behandelt, und konsequent ist. Auch wenn sie objektiv für die Schülerin nicht unbedingt die optimale Lehrkraft ist, denn ihre Experten/innenmacht übt sie nicht so aus wie sie es können sollte und erklärt Sachverhalte nicht anschaulich genug, kann dies durch den richtigen Einsatz anderer Machtgrundlagen wettgemacht werden.

Aus den Inhalten des Interviews wird ebenfalls deutlich, dass auch Schüler/innen durchaus über Macht verfügen. Das Verhalten der Schüler/innen wird von dem Musiklehrer der Klasse so negativ bewertet, dass er weint. Das Mädchen kommt sogar zu dem Schluss, dass sie an seiner Stelle den Beruf aufgeben würde. Durch sein willkürliches, uninteressiertes Verhalten und seinen langweiligen Unterricht in einem eigentlich spannenden Fach hat dieser Lehrer sogar seine Belohnungsmacht weitgehend verspielt. Es ist den Schülern/innen egal geworden, ob sie von diesem Lehrer eine schlechte Note bekommen.

Dieser Ausschnitt aus einem Schulalltag zeigt also deutlich einen wichtigen Punkt des in diesem Kapitel behandelten Themas: Es geht immer um zwei Seiten bei Machtausübung. Es gibt keinen Einfluss ohne eine Seite, die sich beeinflussen lässt. Auch Heranwachsende lassen sich nur unter bestimmten Voraussetzungen beeinflussen.

Hinzu kommt noch eine andere Determinante des Einflusses, nämlich wie viele andere mitmachen oder nicht, der Einfluss von Mehrheit und Minderheit.

5.3 Majorität und Minorität

Je nachdem, welche Meinung man vertritt, oder je nach anderen Aspekten von Zugehörigkeit, gehört man zu der Mehrheit einer Gruppe und damit zu einer Majorität. Oder aber man kann bei den meisten Individuen hinsichtlich eines spezifischen Sachverhalts auf Dissens stoßen, und befindet sich in einer Minderheitenposition, gehört also einer Minorität an. *„Die Existenz einer Mehrheit impliziert logischerweise die einer entsprechenden Minderheit."* (Dick, 1993, S. 141).

Minoritäten können aufgrund verschiedener Kriterien zustande kommen. Prinzipiell kann allein aufgrund der Zahlenverhältnisse eine Minderheit entstehen. Wenn die meisten Personen in einer homogenen Schulklasse der Meinung sind, dass dem Englischlehrer heute ein garstiger Streich gespielt werden soll und nur drei Klassenmitglieder hierzu eine gegenteilige Ansicht vertreten, dann bilden diese drei Schüler eine *numerische Minderheit*. Dennoch bilden sie mit den anderen Schülern eine gemeinsame soziale Kategorie. Dieser Fall sähe bereits ganz anders aus, wenn diese drei Schüler die einzigen drei Mädchen der Klasse wären, hier würden sie eine *doppelte Minorität* bilden. Sie wären nicht nur numerisch unterlegen, sondern würden auch aufgrund eines sozialen Merkmals eine Minorität bilden. Maass, Clark und Haberkorn (1982) konnten zeigen, dass eine *soziale Minorität* weniger Einfluss auf die Majorität ausüben kann als eine numerische Minorität. Wären also die drei Schüler männlich, hätten sie mehr Möglichkeiten, die anderen Schüler in Richtung ihrer Meinung zu beeinflussen.

5.3.1 Der schlechte Ruf von Konformität

Konform mit der Meinung anderer zu gehen klingt, als wäre es nichts besonders Erstrebenswertes. Wenn man sich einer offensichtlich falschen Meinung anderer anschließt, nur weil diese mehrheitlich vertreten wird, dann dient dies nicht der Wahrheitsfindung und führt, je nach Relevanz der Meinung, um die es geht, zu falschen Entscheidungen mit negativen Konsequenzen. Allerdings hat ein Konformist auch eine positive Seite, denn er ist ein guter Teamspieler im Gegensatz zu einer individualistischen Person, die sich mit geringerer Wahrscheinlichkeit der Mehrheitsmeinung anschließt. Individualistisch, nonkonformistisch zu sein, ist positiv besetzt, aber die Kehrseite dieser Medaille heißt, deviant zu sein, ein Querulant und Abweichler zu sein, der häufig unangenehm aneckt.

5.3.2 Komplizenschaft durch die Wahrnehmung einer Mehrheit

Asch (1952, 1955) beschäftigte sich in seinen Untersuchungen zentral mit Konformität. Er ließ seine Probanden einschätzen, welche senkrechte Linie von ihrer Länge her identisch sei mit drei nebeneinander stehenden Vergleichslinien, wählte also Reize aus der physikalischen Realität, die so konstruiert waren, dass das Ergebnis offensichtlich war. Nun manipulierte Asch jedoch, und dadurch wurde diese scheinbar einfache Aufgabe zu einer recht schwierigen, die Anzahl der Probanden, die anderer Meinung war als die tatsächliche Versuchsperson. Man kann sich selber vorstellen, wie man reagiert, wenn man zwar spontan der Meinung ist, dass die zweite Linie identisch mit der Vergleichslinie ist, entnimmt aber den Antworten der drei Personen, die vor einem selber ihre Meinung äußern können, dass diese denken, dass die dritte Linie in ihrer Länge identisch mit der Vergleichslinie sei. Asch fand, dass bei 123 Probanden und mehreren Durchgängen immerhin 74% der Probanden mindestens eine konforme Antwort abgaben, also eine von ihrer tatsächlichen Meinung abweichende, aber an die Gruppe angepasste Meinung äußerten.

Asch unterschied hierbei zwei Arten von konformen Antworten. Es gab Probanden, die sich zu Komplizen der anderen machten. Auch wenn sie selber dachten, dass die Meinung der anderen unwahr ist, stimmten sie ihnen öffentlich zu (*Komplizenschaft*). Es gab aber auch Probanden, die auch privat die Meinung der Gruppe übernahmen, also zur Gruppe konvertierten (*Konversion*).

> „Among the extremely yielding persons we found a group who quickly reached the conclusion: ‚I am wrong, they are right.' Others yielded in order, not to spoil your results'. Many of the individuals who went along suspected that the majority were „sheep" following the first responder, or that the majority were victims of an optical illusion; nevertheless, these suspicions failed to free them at the moment of decision." (Asch, 1955, S.33)

Asch konnte zeigen, dass Konformität sprunghaft ansteigt, wenn mehr als eine andere Person eine abweichende Meinung vertritt, dass sich aber ab drei Personen Mehrheit ein Plateau in der Konformitätsrate einstellt. Es reichen häufig schon relativ wenige Personen, die von der Meinung einer Person abweichen für eine konforme Antwort aus. Bei Geheimabstimmung verschwindet dieser Effekt. Die Probanden machen sich nicht mehr zu Komplizen der Mehrheit, der Konformitätsdruck ist verschwunden.

5.3.3 Einflüsse auf Mehrheiten

Die Zugehörigkeit zu einer Kultur bestimmt mit, welche sozialen Regeln verbindlich sind. Konformität ist in kollektivistischen Gesellschaften höher ausgeprägt als in individualistischen Gesellschaften und zwar besonders dann, wenn die beeinflussende Mehrheit Mitglieder der eigenen Gruppe sind (Bond & Smith, 1996).

Auch die Zugehörigkeit zu einer Generation spielt eine Rolle. In älteren Generationen waren kollektivistische Werte notwendig, um das Überleben einer Gruppe zu gewährleisten, in jüngeren Generationen stehen sie möglicherweise sogar einem guten Leben im Wege. Dennoch zeigt hier die Forschung, dass über die Generationen die Konformität der einzelnen Mitglieder zwar abnimmt, jedoch nicht signifikant (Forsyth, 2010).

Ebenfalls bestimmt die Zugehörigkeit zu einer Geschlechtskategorie auf den ersten Blick das Ausmaß des empfundenen Konformitätsdrucks. Frauen verhalten sich konformer als Männer in face-to-face Situationen und öffentlichen Situationen. Allerdings zeigt sich hier, dass Frauen, die unkonventionelle Normen akzeptieren, sich nicht konformer verhalten (Forsyth, 2010). Nicht das biologische Geschlecht, sondern die internalisierten Normen von angemessenem bzw. unangemessenem Verhalten sind hier die beeinflussenden Variablen.

Dieser Befund weist auf die Bedeutung interindividueller Unterschiede hin. Nonkonformisten tendieren dazu, jede Quelle des Einflusses zu boykottieren. Sie haben ein im Vergleich zu Konformisten höheres Selbstwertgefühl und boykottieren umso stärker den Einfluss der Mehrheit, wenn sie bereits auf dem relevanten Gebiet Erfolg erlebt haben.

Der Einfluss von Mehrheiten kann allerdings durch einige Variablen noch erhöht werden. Man lässt sich eher von der Meinung einer Gruppe überzeugen, wenn dort Experten/innen anwesend sind. Dies ist ein Grund dafür, warum Meinungen in TV-Shows durch die Anwesenheit eines Experten oder einer Expertin als bewiesenermaßen „richtig" gelten. Auch wenn wichtige Bezugspersonen die Mehrheitsmeinung vertreten, legt das nahe, sich ebenfalls dieser Meinung anzupassen, besonders, wenn man sich als ähnlich zu den Gruppenmitgliedern empfindet.

5.3.4 Konversion durch den Einfluss von Minderheiten

Minderheiten sind Mehrheiten jedoch nicht ausgeliefert. Unter bestimmten Bedingungen können sie sogar größeren, andauernden Einfluss ausüben als Mehrheiten. Moscovici (1985, 1994) untersuchte als einer der ersten den Einfluss von Minderheiten. Er drehte das Asch-Paradigma einfach um. Eine Minorität von Konföderierten behauptete, dass blau grün sei. Moscovici beobachtete im Unterschied zu Asch einen Konformitätszuwachs. Eine Minderheit hatte eine Mehrheit beeinflusst.

Dieser Effekt kommt nur unter bestimmten Bedingungen zustande. Die Minderheit, die eine von der Mehrheit abweichende Meinung vertritt, muss diese *konsistent* vertreten. Gleichzeitig darf sie nicht zu rigide in ihrem Verhandlungsstil sein. *Flexible* Minoritäten, die kleinere Konzessionen an die Majorität machen, sind einflussreicher als rigide Minoritäten (Pérez & Mungy, 1996). Weiterhin ist es wichtig, dass sie *gute Argumente* zur Begründung ihrer Meinung haben. Minoritäten, die die Position der Majorität angreifen können, sind einflussreicher als solche, die das nicht können (Clark, 1990). Minoritäten haben vor allem dann auch eine Chance eine Majorität zu beeinflussen, wenn die Majorität sich *ihrer Meinung nicht sicher ist* (Witte, 1994). Hier hilft es, wenn sich Vertreter einer Minorität *selbstbewusst* zeigen, sich zum Beispiel an den Kopf eines Tisches setzen (Nemeth & Wachtler, 1974). Im Unterschied zu Majoritäten schließen sich Individuen einer Minderheit nicht aus Konformitätsgründen oder Komplizenschaft an, sondern Minoritäten führen eine Konversion herbei, d.h. die Anstöße, die sie geben, werden gründlicher verarbeitet und führen zu einer Neubewertung von Einstellungen. Minoritäten bilden somit eine dynamische Kraft in Gruppen.

5.4 Anwendungsmöglichkeiten

Die Überlegungen und Befunde zu den Einflüssen von Majorität und Minorität sind für den schulischen Alltag auf mehreren Ebenen relevant.

5.4.1 Das Problem der Wahrheit

Die Untersuchungen zeigen deutlich, dass es bei Konformität, Komplizenschaft und Konversion, nicht unbedingt um Wahrheitsfindung geht. Eine Meinung muss weder richtig sein, weil eine Mehrheit sie vertritt, noch kann die Meinung einer Minderheit ein Recht auf Wahrheit in Anspruch nehmen. Die Tatsache, dass eine Position von vielen oder wenigen Personen vertreten wird, ist kein Kriterium für den Wahrheitsgehalt einer Position. Ein Kriterium kann nur die rationale Nachvollziehbarkeit der Argumentation und deren empirische Stützung sein. Die hier aufgeführte Forschung zeigt aber deutlich, unter welchen Bedingungen Individuen bestrebt sind, sich einer Meinung anzuschließen.

Das gilt für alle im Schulalltag involvierten Gruppen. Der sicherste Weg, sich über die Realitätsorientierung seiner Meinungen Gewissheit zu verschaffen, wäre es, rational nachvollziehbare Argumente für ihre Plausibilität zu finden, sie zu diskutieren, ohne vorher von ihrer Richtigkeit überzeugt zu sein und sehr wachsam zu sein, ob es nicht doch treffende Gegenargumente geben könnte. Wünschenswert für Schüler/innen, die einem starken Konformitätsdruck der Gruppe unterliegen, wäre es, möglichst frühzeitig über solche Gruppenprozesse aufgeklärt zu werden und Methoden zur Meinungsüberprüfung zu erlernen. Für Lehrer/innen sollte dieses Wissen eine

Selbstverständlichkeit sein. Das Kapitel 14 „Emotionen" wird auf diesen Punkt konstruktiv eingehen.

Weiterhin zeigt die Forschung zur Wirkung von Gruppendruck, dass eine Lehrperson, die an den Meinungen ihrer Schüler/innen interessiert ist, gut daran tut, diese Meinungen schriftlich zu erfragen. Sonst ist die Wahrscheinlichkeit hoch, dass viele Schüler/innen ihre Meinung konform zu den Stärksten innerhalb einer Klassenhierarchie äußern (mit der größten Referenzmacht) und so die Vielfalt der Meinungen verloren geht.

5.4.2   Das Treffen von Entscheidungen

Entscheidungen, die unter Zeitdruck getroffen werden, sind sehr fehleranfällig. Unter Zeitdruck, objektiv gegebenem oder subjektiv empfundenem, werden wichtige Informationen übersehen und die Mehrheitsmeinung wird wahrscheinlicher ungeprüft als die richtige Meinung akzeptiert. So viele andere werden sich schon nicht irren, und außerdem ist es anstrengend und würde zu viel Zeit kosten, wenn noch Gegenargumente formuliert werden müssten.

In vielen schulischen Situationen kann dieser Prozess zu falschen und Stress erhöhenden Entscheidungen führen. Beim Schlichten von Konflikten, bei Entscheidungen auf Klassen- und Schulkonferenzen sind oft große Gruppen involviert, die unter Zeitdruck stehen.

Ausübende von hierarchisch höheren Ämtern können hier viel zum Entstehen dysfunktionaler Entscheidungen beitragen, weil sie eine „künstliche" Mehrheit, eine Komplizenschaft schaffen können, ohne dass ihnen dies bewusst ist. Komplizenschaft entsteht, wenn ein in einer Hierarchie mächtigeres Mitglied eine klare Position äußert ohne zuvor die anderen zu Wort kommen zu lassen. Ein/e Lehrer/in, der/die eine klare Meinung über eine zu treffende Entscheidung äußert, ohne sich vorher die Meinungen der Schülerinnen und Schüler angehört zu haben; ein/e Direktor/in, der/die entschieden eine bestimmte Position formuliert ohne den Kolleginnen und Kollegen zuvor das Wort erteilt zu haben, schaffen gute Bedingungen für Komplizenschaft. In Anlehnung an das Experiment von Asch wird deutlich, dass es vielen Personen schwer fallen wird, danach noch ihre wirkliche Meinung zu vertreten, insbesondere wenn angenommen wird, dass der mächtigeren Person jetzt sowieso „viele Leute nach dem Mund reden werden".

Zu bedenken ist ebenfalls, dass viele Entscheidungen durch öffentliche Abstimmungen getroffen werden. Hier kann sich eine Lehrperson nicht sicher sein, ob die Mehrheit des Stimmenverhältnisses die tatsächliche Mehrheit widerspiegelt und Minderheiten sich möglicherweise nicht trauen, ihre wahre Meinung zu äußern. Bei wichtigen Entscheidungen, die eine ganze Klasse angehen, wäre es im Sinne der Wahrheitsfindung also vorteilhaft, Geheimabstimmungen vorzunehmen, nachdem eine Lehrperson von sich aus einen abzustimmenden Sachverhalt von allen möglichen Perspektiven heraus diskutieren lässt.

Ein weiterer wichtiger Punkt ist es, im Auge zu behalten, dass bei verschiedenen Meinungen häufig die Mitte als Wahrheit genommen wird. Kompromisse stellen aber nicht immer die besten Lösungen für ein Problem dar, sondern sind Lösungen, bei denen alle Beteiligten sich das Ausmaß der Nachteile teilen. Wenn es aber um die Entscheidung hinsichtlich der Biographieverläufe junger Menschen geht, sollten nur deren Belange im Vordergrund stehen und als Maß für das Treffen von Entscheidungen genommen werden.

5.4.3 Schule als Konformitätsexperiment

Die hier dargestellte Forschung wirft die Frage danach auf wie eine Lehrperson gedenkt mit den nach vielen Kriterien bestehenden Majoritäten und Minoritäten einer Klasse umzugehen.

„Nervöse" Schulen, in deren Kollegien die Konsequenzen von Unterschiedlichkeit nicht ernsthaft bedacht werden, versuchen durch einige Regeln zumindest auf der Oberfläche eine bestimmte Gleichheit unter ihren Schülern/innen herzustellen. Diese Regeln reichen von „Niemand darf eine Süßigkeit für die Pause mitnehmen" bis zu „Niemand darf bestimmte Arbeitsmaterialien mit nach Hause nehmen". Viele dieser Regeln zielen darauf ab eine möglichst homogene Gruppe von Schülern/innen herzustellen. Dass dies je nach der Anpassungsbereitschaft der Schüler/innen zu unerwünschten Effekten führen kann, wird Thema des 13. Kapitels sein. Die Schlussfolgerung aus dem vorliegenden Kapitel ist, dass Konformität nur in einem bestimmten Ausmaß eine erwünschte Eigenschaft sein kann, insofern sie für den erforderlichen Zusammenhalt einer Gruppe unabdingbar ist. Viele Regeln von Schulen allerdings zeigen, dass Machtquellen von Schulen mitunter für ineffektive Ziele zu stark eingesetzt werden (z.B. Bestrafungen von Schülern/innen), für effektive Ziele leider zu schwach (z.B. Inerventionen für Schüler/innen).

5.4.4 Unterrichtsgestaltung

Für viele Schüler/innen ist es eine alltägliche Herausforderung, sich aktiv zu einem Unterrichtsbeitrag durchzuringen (Steins, Weber & Welling, 2013). Wahrscheinlich haben sie Erfahrungen mit negativen Reaktionen anderer Schüler, Schülerinnen und Lehrkräften gemacht, oder sie haben solche bei anderen beobachtet und befürchten nun, selber die Zielscheibe von Spott im Falle eines Fehlers zu werden. Unsichere Schüler/innen sagen entweder gar nichts oder warten ab, was andere zu sagen haben, um sich deren Meinung anschließen zu können. Sie verhalten sich konform. Wenn es wenig Diskussionen, Streit, Konflikte gibt, dann ist dies ein mögliches Anzeichen für Konformität im Klassenzimmer. Der Vorteil ist, dass eine Lehrperson ungehindert mit ihren Inhalten voranschreiten kann, der weitaus größere Nachteil ist, dass dieser Fortschritt nur an der Oberfläche stattfindet. Durch Widerstand und Reibung werden Inhalte tiefer verarbeitet als durch bloße Kenntnisnahme. Durch den Einsatz kontrovers angelegter Rollenspiele und Vorträge können Diskussionen angeregt werden. Auch kleine kurze Theaterstücke können die Vielfältigkeit von Standpunkten herausarbeiten. Konformität bei Regeln für ein respektvolles Miteinander sind wichtig (Kapitel 19) und sollten durchgesetzt werden (Kapitel 9), aber bei der Vermittlung und Verarbeitung von Inhalten ist Gruppendruck und Komplizenschaft nicht weiterführend.

5.4.5 Glaubwürdigkeit der Lehrperson

Ebenfalls zeigen die Ausführungen zu Macht und Konformität, dass die Glaubwürdigkeit der Lehrkraft hoch sein muss, damit dieser ein bestimmter Machtstatus zuerkannt wird. Unter dem Gesichtspunkt der Machtverhältnisse stellt eine Lehrkraft innerhalb der Klasse eine Doppelminorität dar. Sie stellt eine soziale Minorität dar, weil sie zu der Gruppe der erwachsenen Menschen gehört, die aus der Perspektive jüngerer Personen als etwas Unbekanntes, Fremdes erscheint. Numerisch ist sie eine Minorität, weil sie nur eine einzige Person ist gegenüber einer größeren Gruppe.

Vor dem Hintergrund dieser Erkenntnisse zum Einfluss von Minoritäten, wird deutlich, dass eine Lehrkraft nur dann eine Mehrheit überzeugend beeinflussen kann (zum Beispiel von dem Wert eines zu erlernenden Unterrichtsstoffes), wenn sie konsistent mit guten Argumenten ihre Meinungen belegen kann und auch ihre fachlichen Überlegungen plausibel darstellen kann. Das bedeutet, dass ihre Glaubwürdigkeit, und damit ihr Machtstatus leidet, wenn sie zu inkonsistent mit ihren Meinungen umgeht, also eine gewisse Willkürlichkeit und Launenhaftigkeit bei ihr zu Tage tritt.

Weiterhin hilft es, wenn sie auch flexibel im Verhandlungsstil ist und Konzessionen einräumt. Eine Klasse, die zum Beispiel das Ausmaß der Hausaufgaben übertrieben findet, muss in diesem Anliegen ernst genommen werden. Nur mit guten Argumenten die eigene Meinung hundertprozentig durchzusetzen, wird der Gruppe den Eindruck vermitteln, nicht ausreichend respektiert zu werden. Auch das wird den Machtstatus und damit die Einflussmöglichkeiten der Lehrperson schwächen.

5.5 Macht und Konformität

In den bekannten Studien von Milgram (1974) geht es um die Wirkung einiger Machtgrundlagen auf die Gehorsamsbereitschaft von Menschen. Milgram interessierte sich für die Faktoren, die ein Individuum mit der Aufforderung eines anderen Individuums konform gehen lassen. Dabei verwendete er ein drastisches Untersuchungsdesign. In seiner ersten Untersuchung suchte er über eine Zeitungsannonce Männer im Alter zwischen 20 und 50 Jahren, die aber weder Schüler noch Studierende sein durften für eine Untersuchung zum Lernvermögen und Gedächtnisleistung. Die

Männer erhielten 4 Dollars für ihre Teilnahme. In einem ersten Versuchsaufbau spielt sich die Untersuchung in einem seriösen Ambiente ab; auch der 30jährige männliche weiße Versuchsleiter im grauen Technikerkittel wirkt seriös. Ein Konföderierter des Versuchsleiters, ein vierzigjähriger weißer, nervös wirkender Mann stellt für die Versuchsteilnehmer eine andere Versuchsperson dar. Sie wissen nicht, dass die Situation hergestellt ist. Der Versuchsleiter erklärt, dass einer von beiden einen Schüler spielen muss, der andere einen Lehrer, da es sich ja um ein Lernexperiment handelt. Er entscheidet per Los, wer welche Rolle zu spielen hat. Diese Zufallsentscheidung ist jedoch so konstruiert, dass immer die wirkliche Versuchsperson die Lehrerrolle zugewiesen bekommt und die angebliche Versuchsperson die Schülerrolle.

Die Aufgabe des Schülers besteht nun darin, bestimmte Wortpaare zu lernen, z.B.: Blau-Schachtel. Wenn ihm dann ein Wort gesagt wird, dann soll er das dazu passende Wort aus einer bestimmten Anzahl von Alternativen herausfinden, z.B. Blau: Himmel, Tinte Schachtel Lampe. Die Versuchspersonen, die Lehrer, haben nun die Aufgabe, den Schüler in diesem Lernprozess zu unterstützen. Sie sollen den Schüler bei falschen Antworten mittels *ansteigender* Elektroschocks bestrafen. Der Schüler wird an einen so genannten Schockgenerator angeschlossen, einen Kasten, der angeblich Strom erzeugen kann. Auf diesem Kasten sind eine Reihe von Schaltern angebracht, die gut sichtbar für Schüler und Lehrer beschriftet sind. Die Beschriftungen reichen von leichter Schock, mittlerer Schock, starker Schock, sehr starker Schock, intensiver Schock, extrem intensiver Schock, Gefahr: ernsthafter Schock und XXX. Der Lehrer bekommt einen Probeschock von 45 Volt; so weiß die Versuchsperson, dass dieser Schockgenerator wirklich funktioniert.

Der Versuchsleiter hat nun die inoffizielle Aufgabe, die Versuchsperson davon abzuhalten aus dem Versuch auszusteigen. Weigert sich die Versuchsperson die nächste Schockstufe auszuprobieren, dann verwendet er sukzessive die folgenden Instruktionen: „Bitte fahren Sie fort!", „Bitte machen Sie weiter!", „Das Experiment verlangt, dass Sie weitermachen!", „Es ist absolut essenziell, dass Sie weitermachen!", „Sie haben keine andere Wahl, Sie müssen weitermachen."

Milgram variierte in seinem Versuchsaufbau die Nähe zwischen Schüler und Lehrer. Die Nähe stellt somit die unabhängige Variable dar. In der distanziertesten Bedingung sitzen Schüler und Lehrer in verschiedenen Räumen und der Lehrer sieht und hört nichts von dem Schüler (Fernraum). In der Bedingung mit der größten Nähe sitzen Schüler und Lehrer so nahe nebeneinander, dass der Lehrer selbst dem Schüler immer den Elektroschock applizieren muss (Berührungsnähe). Dazwischen gibt es als zweitdistanzierteste Bedingung die „akustische Rückkoppelung", in der die Versuchsteilnehmer den Schüler nicht sehen, aber hören und die weitere Bedingung Raumnähe, in der Lehrer und Schüler in einem Raum sitzen, sich aber nicht berühren. Die abhängigen Variablen stellen Menge und Intensität des Schocks dar.

Milgram selber nahm ursprünglich an, dass die meisten Versuchspersonen den Versuch abbrechen würden, und war erstaunt, die Ergebnisse sehen zu müssen: Von 40 Versuchspersonen gaben 26 (65%) den vollen Schock von 450 Volt. Niemand brach den Versuch vor dem 300 Volt Level ab. Milgram konnte dieses Ergebnis mit annähernd 1000 Versuchsteilnehmern replizieren. Mit der Nähe zwischen Lehrer und Schüler nehmen Menge und Intensität der verabreichten Schocks kontinuierlich und bedeutsam ab.

Milgram beobachtete, dass viele Versuchsteilnehmer sich mit ihrem „pädagogischen" Verhalten sehr schwer taten. Aus vielen Anzeichen ging hervor, dass sie sich äußerst gestresst fühlten: Sie schwitzten, bissen sich die Lippen auf, gruben ihre Nägel in die Hände, zitterten, stotterten, stöhnten, und hatten den Eindruck, sie müssten ihre Aufgabe jetzt beenden.

Der Versuch wurde mit einer Reihe von Variationen fortgeführt. Der Schüler hatte angeblich einen Herzfehler. Selbst solche „mildernden" Umstände brachten in den grundsätzlichen Ergebnissen keine Änderungen.

Milgrams Studie wurde unter veränderten Bedingungen, die ethisch vertretbar sind, repliziert und es ist deutlich, dass auch heute die Menschen unter bestimmten Bedingungen gehorsam sind (Burger, 2009).

5.6 Anwendungsmöglichkeiten

Wendet man die Grundlagen der Macht von French und Raven auf die Untersuchungen von Milgram an, dann kann der Einfluss unterschiedlicher Quellen der Macht identifiziert werden (Forsyth, 2010).

Der Versuchsleiter verfügt über Belohnungsmacht: Er händigt die Bezahlung aus und kann Anerkennung geben oder verweigern. Er hat ebenfalls die Macht zu zwingen. „Sie müssen weitermachen!" enthält eine sehr starke Forderung an den Versuchsteilnehmer. Durch seinen Status als Vertreter der Wissenschaft erhält der Versuchsleiter legitime Macht. Und als Mitglied der Yale-University bekommt er Expertenmacht.

Die Untersuchung zeigt auf eindrucksvolle Weise, dass nur wenige Machtquellen ausreichend sind, um viele Individuen zu einem Verhalten zu bringen, das sie sich vorher nicht zugeschrieben hätten. In Milgrams Untersuchung werden diese Machtquellen verwendet, um eine Person zu einem Verhalten zu bringen, das für eine andere Person schädlich ist. Aber prinzipiell zeigt die Untersuchung, dass es ebenso möglich sein müsste, mit nur wenigen Machtquellen auch eine positive Einflussnahme zu bewerkstelligen.

Lehrer/innen müssen also nicht über alle Quellen der Macht verfügen, um Einfluß zu haben. Es reichen einige Quellen aus, die aber zur Voraussetzung haben, dass die machtausübende Person von den Schülern/innen respektiert wird. Und eine der entscheidenden Voraussetzungen ist der Grad, in dem sich Schüler/innen respektiert fühlen. Erst dann kann es zu positiver Einflussnahme kommen. Macht kann auch negativ eingesetzt werden wie Milgram und Burger zeigen.

Wenn das Ziel des Unterrichts darin gesehen wird, das Interesse an einer Fragestellung zu wecken, die einen Schüler oder eine Schülerin veranlasst, auch über den Unterricht hinaus sich mit dieser Fragestellung zu beschäftigen, werden konforme Verhaltensweisen von Schülern/innen in Hinblick auf den Unterricht unwahrscheinlich sein. Ein anregender Unterricht weckt nicht das Bedürfnis nach Konformität, sondern führt zu einer tieferen Verarbeitung des Unterrichtsthemas. Ob dies der Fall ist, kann ein Lehrer und eine Lehrerin daran feststellen, ob die Schüler/innen freiwillig etwas recherchiert haben, ob sie auch an einer Sache arbeiten, wenn sie nicht die ganze Zeit überwacht werden und ob sich auch Schüler/innen beteiligen, die sich sonst vielleicht nicht zu Wort melden. Auch wenn Schüler/innen in der Lage sind, kritische Bemerkungen zu formulieren und unliebsame Fragen zu stellen, ist dies ein Zeichen eines geringen Konformitätsdrucks. Eine Schülerin, die im Religionsunterricht beim Thema „Aberglaube" in der Lage ist, danach zu fragen, warum nicht auch Religion als Aberglaube bezeichnet wird, ist ein Kompliment für den Unterricht des Religionlehrers oder der Religionslehrerin. Denn solche Beiträge sind sichere Anzeichen dafür, dass Macht nicht missbraucht wird und eine Klasse nicht nur Komplizenschaft zeigt.

Diese Haltung von Schülern/innen kann dadurch etabliert werden, dass Lehrpersonen bestimmte Gruppenregeln vertreten, plausibilisieren und als Norm in ihrer Klasse etablieren (wie dies geschehen kann wird in Kapitel 9 erörtert). Schüler/innen müssen das verbale Instrumentarium erlernen, mit dessen Hilfe sie Gruppeneinflüsse erkennen können. Sie müssen lernen, respektvoll mit anderen Meinungen umzugehen und den Unterschied zu erlernen zwischen zuhören, tolerieren und akzeptieren. Es sollte in jeder Klasse als negativ bewertet werden, wenn andere Menschen wegen einer anderen Meinung verspottet werden. In jedem Fach wird es inhaltliche Aufhänger geben, anhand derer eine Lehrkraft genau aufzeigen kann, mit welchen kurz- und langfristigen Konsequenzen das Unterdrücken von Meinungsvielfalt verbunden ist. Ein Zitat am Ende dieser Ausführungen soll verdeutlichen wie wichtig es ist, Gruppen nicht gegeneinander auszuspielen, sondern Individuen zusammenzuführen und Meinungsvielfalt hochzuhalten: *„Gegenwärtig besteht die Tendenz, das Problem sozialer Stigmatisierung so zu erörtern, als ob es einfach bedeutete, dass Individuen eine markante Abneigung gegen andere Individuen entwickeln. (...) Aber damit nimmt man als ein individuelles Geschehen wahr, was nur verständlich wird, wenn man es zugleich als ein Gruppengeschehen wahrnimmt. (...) Eine Gruppe vermag eine andere nur so lange wirksam zu stigmatisieren, wie sie sicher in Machtpositionen sitzt, zu denen die stigmatisierte Gruppe keinen Zugang hat. Solange das der Fall ist, bleibt das kollektive Schandmal, das den Außenseitern aufgedrückt wird, haften. (...) Andere Gruppen als minderwertig abzustempeln, ist eine der Waffen, die überlegene Gruppen in einem Machtbalance-Kampf verwenden, zur Behauptung ihrer sozialen Überlegenheit. In dieser Situation geht* *das Schandmal normalerweise in das Selbstbild der machtschwächeren Gruppe ein, wodurch sie jedoch weiter geschwächt und entwaffnet wird. ... Wenn sich das Machtgefälle verringert, die Machtbalance ausgeglichener wird, beginnen die früheren Außenseiter oft, sich zu rächen. Sie greifen zur Gegenstigmatisierung..."* (Elias & Scotson, 1993, S. 7, 13, 15).

5.7 Zusammenfassung

In sozialen Interaktionen findet eine gegenseitige Beeinflussung statt. Die Kraft dieser Beeinflussung schwankt je nach den vorhandenen Grundlagen der Macht- und Mehrheitsverhältnisse sowie dem Auftreten von Minderheiten.

Macht fällt niemandem nur aufgrund eines zugewiesenen Status zu. Auch Lehrer/innen haben nur die Macht und damit die Möglichkeit der Einflussnahme, die ihnen von den Schülern/innen zugestanden wird. Eine der wichtigsten Voraussetzungen für die Bereitwilligkeit von Schülern/innen, sich beeinflussen zu lassen, ist die Wahrnehmung, dass sie respektvoll von der Lehrperson behandelt werden und diese ihr Fach interessant vermitteln kann.

Über Macht zu verfügen ist eine positive Möglichkeit des Lehrerberufs. Sie kann missbraucht werden, oder sie kann positiv eingesetzt werden. Positive Einflussnahme bewirkt Denkanstöße, die Schüler/innen weiterbringen und Freude am Erkenntnisgewinn bringen.

Mehrheiten verfügen nicht notwendigerweise über mehr Macht als Minderheiten. Das numerische Vorkommen einer Meinung sagt nichts über deren Wahrheitsgehalt aus, beeinflusst aber deren Verarbeitungstiefe. Mehrheiten fordern eher zur Konformität, Minderheiten zur Konversion auf.

Die praktischen Implikationen für den Schulalltag sind besonders für die Inhalte und Formen von Entscheidungsprozessen relevant. Sich von einer Mehrheit unter Druck setzen zu lassen und sich von einer Minderheit einseitig mitreißen zu lassen, kann sich auf das Treffen von Entscheidungen und ihren Wirkungen negativ auswirken.

5.8 Fragen, Übungen, Lektüre

Fragen
- Was ist Konformität, was Komplizenschaft?
- Welche Machtgrundlagen können nach French und Raven unterschieden werden?
- Wie äußern sich die Machtgrundlagen bei Schülern, Schülerinnen und Lehrern, Lehrerinnen?

- Wie kann Macht missbraucht werden, um unbedingten Gehorsam zu erzielen?
- Wie kann Macht genutzt werden, um gegenseitigen Respekt zu etablieren?
- Was wurde im Milgram-Experiment untersucht und wie wurde dies untersucht? Verwenden Sie dabei die Begriffe unabhängige Variablen, abhängige Variablen.
- Wie können Milgrams Befunde mit den von French und Raven beschriebenen Machtgrundlagen erklärt werden?
- Was ist eine Majorität, was ist eine Minorität?
- Was bewirken Majoritäten?
- Was bewirken Minoritäten und wie können diese das schaffen?
- Wer hat recht: Majoritäten oder Minoritäten?

Übungen

- Welche Bedeutung haben die hier behandelten Theorien für den schulischen Alltag? Erörtern Sie die Implikationen, die für Sie besonders relevant sind und versuchen Sie konkret auszuführen, wie Sie die hier gewonnenen Erkenntnisse als zukünftiger Lehrer oder zukünftige Lehrerin umsetzen wollen.
- Starten Sie in einer Gruppe von ungefähr drei bis vier Personen ein Konformitätsexperiment: Stellen Sie sich auf einen belebten Platz und schauen Sie alle nach oben. Wie viele andere Personen machen dies auch?
- Versuchen Sie für Ihr spezifisches Fach, das Sie unterrichten (werden), ein Thema zu finden, anhand dessen Sie Schülern/innen erklären können, warum es eine wichtige Leistung moderner Zivilisation ist, Meinungsvielfalt zuzulassen.
- Stellen Sie einer Ihnen bekannten Person das Milgram Experiment vor und fragen Sie wie die gegenwärtige Gehorsamsbereitschaft eingeschätzt wird. Stellen Sie ihrem/r Bekannten anschließend die Ergebnisse von Burger (2009) vor, und beobachten Sie die Reaktion Ihres Gegenübers. Skizzieren Sie zusammenfassend den Gesprächsverlauf.

Zur Nachbereitung empfohlene Lektüre

- Dick, P.K. (1993). Der Minderheiten Bericht. In: *Autofab*, S. 120-172. Zürich: Haffmanns.
- Fischer, L. & Wiswede, G. (2002). *Grundlagen der Sozialpsychologie. Kapitel Macht und Führung in sozialen Systemen)*. München: Oldenbourg.
- Forsyth, D. (2010). *Group Dynamics. (Kapitel "Decision Making" und "Power")*. Belmont, CA: Wadworth, Cengage Learning.
- Milgram, S. (1974). *Das Milgram-Experiment. Zur Gehorsamsbereitschaft gegenüber Autorität*. Hamburg: Rowohlt.
- Steins, G. & Haep, A. (2013). *99 Tipps Soziales Lernen (Tipp 44)*. Berlin: Cornelsen Scriptor.
- Steins, G. & Welling, V. (2010). *Sanktionen in der Schule*. Wiesbaden: VS Verlag für Sozialwissenschaften | Springer Fachmedien.

II

6. Soziale Vergleichsprozesse

Der Mensch ist als ein soziales Wesen auf andere Menschen angewiesen. Menschen, die in ihrer frühen Kindheit unter einer länger andauernden sozialen Deprivation zu leiden hatten, von sozialen Interaktionen mit anderen Menschen ausgeschlossen waren, erlernen grundlegende Fähigkeiten wie sprechen, lachen, Sexualität, entweder gar nicht mehr oder nur mit äußerster Mühe und relativ unvollkommen (McCrone, 1994). Aber auch spätere soziale Deprivation hat negative Folgen. Auf der Erlebensebene macht sie sich als ein negatives Gefühl der Einsamkeit bemerkbar, auf der Verhaltensebene kann sie sich in einem verwahrlosten Äußeren und auch einem geistig verwirrten Zustand äußern, klinisch dann benannt als Diogenes-Syndrom.

Andere Menschen, besonders, wenn man länger mit ihnen zu tun hat, besitzen einen bestimmten Aufforderungscharakter (vgl. Kapitel 4). Stellen Sie sich vor, Sie besuchen eine Vorlesung. In der ersten Veranstaltung sehen Sie, dass mitten in einer Reihe ein Sack in Menschengröße sitzt. Sie wählen, genau wie die anderen Studierenden, einen Platz in sicherem Abstand. Der Sack kommt zu jeder Veranstaltung, benimmt sich friedlich und sondert ab und zu auch Kommentare ab. Der Sack wird schließlich sehr beliebt und Studierende setzen sich neben ihn wie auch neben andere Studierende. Zajonc (1968) führte solch ein Experiment durch und nannte diesen Effekt „*mere exposure*". Alleine die Tatsache, dass Menschen wiederholt einem Reiz ausgesetzt werden, schafft eine Vertrautheit, die die Beliebtheit, in diesem Fall die Sympathie für den Sack, erhöht. Soziale Begegnungen sind für das emotionale Erleben wichtig, sie regen Menschen an.

Der menschliche Alltag wird durch soziale Begegnungen mit anderen strukturiert. Soziale Symbole wie Sprache und Dinge symbolisieren die Zugehörigkeit zu einer bestimmten Gruppe und organisieren die Zugehörigkeit zu einer bestimmten Gruppe. Die soziale Organisation des Alltags funktioniert hierbei zu einem großen Teil über soziale Vergleiche und deren Ergebnisse. Die folgenden beiden Theorien, Festingers Theorie der sozialen Vergleiche und Tessers Selbstwerterhaltungsmodell, beschäftigen sich mit der Frage, wie dieser Vergleich funktioniert und welche Folgen er nach sich zieht.

6.1 Die Theorie der sozialen Vergleichsprozesse von Festinger

Festinger formulierte als einer der Ersten hierzu eine systematische Theorie, die Theorie der sozialen Vergleichsprozesse (Festinger, 1954). Er unterscheidet zwei Arten von Realität: *Die physikalische und die soziale Realität.* Soziale Vergleiche werden vorgenommen, wenn Menschen sich der Richtigkeit ihrer Meinung unsicher sind. Unsicherheit besteht besonders bei Themen aus der *sozialen Realität*. Dass eine Salatgurke grün ist, steht fest, aber welche politische Partei möglicherweise sinnvoller zu wählen wäre, kann Gegenstand ausgiebiger Diskussionen sein, weil es hierzu keine exakte, nachprüfbare Wahrheit gibt. Im besten Fall kann man in dieser Frage zu einer Meinung kommen, die man selbst als richtig erachtet.

Wenn schon Ergebnisse wie die von Asch in Hinblick auf die physikalische Realität zu finden sind, umso mehr muss damit gerechnet werden, dass Menschen sich dem Einfluss der Gruppe beugen, wenn es um Meinungen geht, die der sozialen Realität angehören. Die Richtigkeit einer persönlichen Meinung ist nicht nachprüfbar, auch nicht die der anderen. Woher weiß man, ob die Neue wirklich nett ist? Woher weiß man, welche Partei am sinnvollsten gewählt werden sollte und woher weiß man, ob es o.k. ist, dass Nadine Peter eine Ohrfeige gegeben hat? Woher weiß Kai, wie sozial kompetent er ist?

Solche Fragen bilden den Auftakt zur Herstellung einer sozialen Realität. Steht ein relevantes Thema zur Debatte, über das Menschen sich eine Meinung bilden wollen, dann suchen sie nach Bezugspersonen, die ihnen ähnlich sind. Ist eine Person zu verschieden von einer Vergleichsperson in Hinblick auf relevante Dimensionen, dann würden eventuelle Meinungsverschiedenheiten auf diesen Unterschied zurückführen sein und die Vergleichsperson wäre kein Prüfkriterium für die Richtigkeit der eigenen Meinung. Die in Kapitel 4 genannten zentralen Merkmale stellen häufig ein Kriterium für Ähnlichkeit dar.

Festinger beobachtete, dass bei Meinungsverschiedenheiten in einer Gruppe die Mitglieder dieser Gruppe heftig zu diskutieren anfangen. Entweder man einigt sich und gelangt zu einem Konsens darüber, welche Meinung die wahre sei. Dies stärkt die Identität der Gruppe als Ganzes und versorgt die einzelnen Gruppenmitglieder mit Meinungssicherheit. Oder aber, kommt es nicht zu einer Einigung, bricht die Gruppe auseinander. Bemühungen, auftretende Diskrepanzen zu reduzieren, wachsen mit der Relevanz der Meinungen und der Attraktivität der Gruppe.

Soziale Vergleichsprozesse können für die Beziehung zwischen einem Individuum und einer Gruppe soziale Konsequenzen nach sich ziehen, jedenfalls, wenn es sich um wichtige Meinungen für die Gruppe handelt. Individuen, die mit einer relevanten Gruppenmeinung nicht konform gehen, laufen Gefahr aus der Gruppe ausgeschlossen zu werden. Ist einer Person die Zugehörigkeit zu dieser Gruppe wichtig, dann kann dieser Ausschluss als sehr belastend erlebt werden.

Die gesamte Realität und besonders die soziale Realität wird durch Gruppenprozesse mit konstruiert. Da es hier häufig keinen objektiv nachprüfbaren Wahrheitsgehalt gibt, neigen Menschen dazu, sich an der Meinung ihrer Bezugsgruppe zu orientieren.

6.2 Anwendungsmöglichkeiten
6.2.1 Vergleich von schulischen Leistungen

„Wenn jedoch Macht, Ansehen und Besitz durch die eigenen Anstrengungen des Einzelnen erzwungen werden müssen, so wird er dazu gezwungen, mit anderen in Wettbewerb zu treten. (...) Unsere moderne Zivilisation beruht ökonomisch auf dem Prinzip des individuellen Wettbewerbs. Das isolierte Individuum muss sich mit anderen Individuen der gleichen Gruppe in einen Kampf einlassen, muss sie überragen und häufig beiseiteschieben. Der Vorteil des einen ist oft der Nachteil des anderen. Das seelische Resultat dieser Situation besteht in einer allgemeinen feindlichen Spannung zwischen den Einzelnen. Jeder ist der wirkliche oder potentielle Konkurrent jedes anderen. (...) Jedoch muss betont werden, dass der Wettbewerb und die potentielle Feindseligkeit, die er im Gefolge hat, sämtliche menschlichen Beziehungen durchdringt. Der Wettbewerb ist einer der allerwesentlichsten Faktoren in sozialen Beziehungen (...). Er durchdringt das Leben in der Schule." (Horney, 19951/2004 S. 184; S. 275).

Um eine solche Konkurrenz in der Schule zu minimieren, und eine von einem Wetbewerbsdruck freie individuelle Entfaltung der Heranwachsenden zu ermöglichen, gibt es immer wieder Vorstellungen von einer Schule ohne Noten. Individueller Unterricht, Waldorfschulen, „Summerhill", diese Konzepte versuchen, den notenbasierten Vergleich zwischen Schülern/innen im schulischen Kontext minimal zu halten. Aus der Perspektive der sozialen Vergleichstheorie werden Schüler/innen sich aber auch ohne Noten miteinander vergleichen. Nach Festinger sind Menschen bestrebt, die eigenen Meinungen und Fähigkeiten zu bewerten und deshalb vergleichen sie sich mit anderen Personen, vorzugsweise mit ähnlichen anderen Bezugspersonen, also mit den Schülern/innen der eigenen Klasse.

Vergleiche schaffen Kontraste, die bewirken, dass eine Person sich relativ zu einer Bezugsgruppe einschätzt. Ein Schüler kann nicht wissen, wie gut er wirklich in Mathematik ist, solange er sich nicht mit allen möglichen anderen Gruppen verglichen hat. Selbst wenn er in seiner Klasse immer der Beste wäre, würde das nicht bedeuten, dass er sehr gut in Mathematik ist. Häufig ist das Phänomen zu beobachten, dass ein Schüler oder eine Schülerin in der einen Schule immer Klassenbester oder Klassenbeste war, aber nach einem Schulwechsel um diese Position sehr kämpfen muss, nicht unbedingt, weil die anderen im Stoff weiter sind und er oder sie fehlende Grundlagen hat, sondern weil sich die Vergleichsgruppe geändert hat. Ein Einäugiger unter Blinden kann im Vergleich besser sehen als unter Zweiäugigen. Vergleiche, werden sie richtig interpretiert und sachlich vorgenommen, dienen zur realistischen Einschätzung der eigenen Fähigkeiten.

6.2.2 Die Situation in der deutschen Primarstufe

In deutschen Grundschulen werden soziale Vergleiche gescheut. Sie werden vor allem deswegen vermieden, um dem Kind in den ersten Jahren kränkende Erfahrungen zu ersparen. Es kann aber nur dann kränkend für das Kind sein, zu sehen, dass es beispielsweise im Erlernen von Lesefertigkeiten langsamer ist als seine Klassenkameraden und Klassenkameradinnen, wenn es seine relativ schwächeren Lesefertigkeiten mit nicht hilfreichen Bewertungen assoziiert. Wenn es zum Beispiel zu hören bekommt, dass „langsamer" gleichbedeutend mit „weniger intelligent" ist oder „langsam" nicht in „schneller" geändert werden kann, dann kann ein relativ zu anderen Kindern schlechteres Abschneiden als durchaus problematisch empfunden werden.

Es kommt also auf den Umgang mit sozialen Vergleichen an. In allen Gruppen, auch in Schulklassen, werden diese vorgenommen, implizit oder ausdrücklich. Lehrer/innen vergleichen Schüler/innen untereinander, möglicherweise auch Schüler/innen aus aktuellen Klassen mit denen vergangener Klassen. Eltern vergleichen Geschwister untereinander und Schüler/innen vergleichen sich, auch wenn dies offiziell eigentlich nicht stattfinden sollte, mit ihren Mitschülern/innen und Geschwistern.

Diese Vergleiche manifestieren sich in der Festsetzung von Klassenpositionen. Auch wenn Lehrer/innen keine Informationen über soziale Vergleiche geben, so legen doch die Schüler/innen durch ihre Beobachtungen des Lehrer/innenverhaltens fest, wer zu den „Besten" gehört, wer zu den „Schlechten". Es ist hilfreich für den Umgang mit sozialen Vergleichen, wenn Schüler/innen frühzeitig lernen, mit diesen sozialen Informationen umzugehen.

Es ist nützlich, die Relativität von Leistungsbewertungen frühzeitig zu erlernen. Leistungen sind relativ zur jeweiligen Bezugsgruppe. Sie sind auch relativ zur eigenen Entwicklung und veränderbar.

Es ist auch hilfreich, wenn Schüler/innen an sozialen Vergleichen frühzeitig lernen, was dazu führt, dass beispielsweise andere Schüler/innen schneller schreiben lernen als sie selbst. Der Blick für Lernstrategien, die Bedeutung von Übung und investierter Anstrengung kann frühzeitig erlernt werden.

Auch ist es nützlich zu lernen, dass Leistungen nichts mit Persönlichkeitsmerkmalen zu tun haben. Die Beste in Mathematik ist keine Streberin, ein Schüler, der schwach in Sport ist, kein Versager und ein in Fußball auffallend sportliches Mädchen ist kein halber Junge.

Da in jedem Fall über die soziale Realität diskutiert wird, ist es sinnvoll, frühzeitig ein Grundwissen über Vergleichsprozesse zu erwerben. So kann konstruktiv mit den unumgänglichen sozialen Vergleichen umgegangen werden.

Wenn Schüler/innen wissen, wo ihre Schwächen und Stärken sind und was überhaupt der Raum der Möglichkeiten ist, in dem sie sich bewegen, können sie gezielt an ihren Fähigkeiten arbeiten. Realistische Selbsteinschätzungen schließen Pauschalurteile über sich selbst und andere aus.

6.2.3 Einführung von Noten

Werden schulische Noten in diesem Sinne eingeführt, dann verlieren sie ihren stigmatisierenden Charakter. So eingeführt, bedeutet eine fünf in Mathematik nicht, dass ein Kind keine mathematische Begabung hat oder ein mathematischer Versager ist, sondern dass es zu diesem Zeitpunkt für diesen Teilbereich eines Faches, für diesen Test und in Relation zu seiner Gruppe die falschen Strategien eingesetzt hat.

Wie kann konkret Schülern/innen, die bisher nur ausformulierte Beurteilungen kennen, erklärt werden, was Noten sind? Das könnte so aussehen[10]:

- *Noten dienen der Bewertung deiner Leistung.*
- *Sie beziehen sich stets auf einen bestimmten Bereich oder ein bestimmtes Fach.*
- *Du hast vorher schon Lob und Tadel bekommen, wenn du eine Sache gut bzw. schlecht gemacht hast. Wenn es ein Lob war, hat es Dich gefreut und angespornt so weiter zu machen, war es ein Tadel, hat es Dich gestört und dazu aufgefordert, es das nächste Mal besser zu machen.*
- *Noten sind da ähnlich, für sehr gute Leistungen in einem Bereich bekommst Du eine eins, für sehr schlechte eine sechs. Weil es aber nicht nur sehr gute und sehr schlechte Leistungen gibt, gibt es auch Abstufungen dazwischen von zwei bis vier.*
- *Die Noten zeigen Dir so auch, ob Du dich langsam verbesserst oder verschlechterst, ob deine Lernstrategie gut war, oder verändert werden muss.*
- *Noten zeigen Dir aber auch, was deine Mitschüler besser oder schlechter können als Du, Du kannst Dich mit Ihnen vergleichen.*
- *Abschrecken darf dich das nicht, Noten sagen nicht, ob Du ein netter Mensch bist oder nicht, sie beziehen sich nur auf deine Leistung und für die bist Du selbst verantwortlich.*

6.2.4 Systematische Wahrnehmung von Informationen

Kinder können frühzeitig lernen, Informationen über ihre individuelle Entwicklung systematisch wahrzunehmen (siehe Tabelle 6). Sie können lernen, zu beobachten, wie viel und auf welche Art und Weise sie geübt haben. Sobald sie die Uhr lesen können und einen Zeitbegriff entwickelt haben, können sie messen, wie lange sie tatsächlich geübt haben. Sie können einschätzen, welche Strategien sie angewendet haben: Haben sie nur etwas auswendig gelernt oder haben sie sich

---

[10] Eine Formulierung von Gian Denaro (2004). Grundlagen der Sozialpsychologie und ihre Anwendung auf den schulischen Alltag. Vorlesung, Universität Duisburg-Essen, Sommersemester 2004.

die Mühe gemacht, jemand anderem einen neuen Sachverhalt wirklich zu erklären? Sie können sich auch selbst beobachten, ob und wie oft sie bei Unklarheiten nachfragen und um Erklärungen oder Hilfe bitten. Dann können sie beurteilen, ob sie sich in Relation zu ihrer vorherigen Leistung verbessert haben.

Tabelle 6: Soziale Vergleichsinformationen in der Schule

Vergleichsaspekte	Maße
Übung	Wie viel habe ich und andere geübt? Wie lange habe ich und andere geübt?
Hilfe	Wie oft habe ich nachgefragt bei Unklarheiten, wie oft andere? Wie oft habe ich nachgeschlagen, wie oft andere?
Konzentration	Wie sehr habe ich mich auf ein Thema konzentriert? Wie sehr andere? ...
Lernstrategien	Wie habe ich gelernt? Auswendig gelernt? Prinzipien gelernt? Jemandem etwas erklärt? Übungen gemacht?

Mitunter ist dies auch noch in den weiterführenden Schulen notwendig. Viele Schüler/innen haben bis dahin noch keinen konstruktiven Umgang mit dem Bewertungs- und Vergleichssystem Schulnote gelernt.

Wenn solche unaufwändigen individuellen Informationen in einen sozialen Kontext gesetzt werden, fällt ein Vergleich noch realistischer aus. Weiß eine Schülerin, wie viel ein anderer Schüler geübt hat und wo sie selbst in der Gesamtverteilung liegt, dann wird sie ihre Fähigkeiten in einem Fach nicht nur besser einschätzen, sondern auch sehen, was sie noch machen kann, um sich gegebenenfalls zu verbessern.

Ohne Anleitung schaffen sich Schüler/innen eine eigene soziale Realität. Eine Schülerin, die aufgrund ihrer Anstrengung gute Leistungen bringt, wird schnell zur Streberin, ein anderer, der schlechte Leistungen erzielt, zum Looser. Es werden feste Eigenschaften zugeschrieben, die nicht selten als behindernd von den Personen, die sie zugeschrieben bekommen, erlebt werden.

Mit einer konstruktiven Anleitung kann eine kooperative Lernatmosphäre geschaffen werden. Eine Drittklässlerin zum Beispiel, die dazu neigt, weil sie keine Lust zur Aufgabenbearbeitung hat, zunächst alle Mathematikaufgaben ungelöst untereinander zu schreiben, bemerkt bei einem gezielten sozialen Vergleich (wie sehr hast Du dich konzentriert, wie sehr andere?), dass die Klassenbeste immer erst die Lösung errechnet, bevor sie die nächste Aufgabe aufschreibt. Sie kommt zu der Einsicht, dass dieses Vorgehen motivierender ist und sie so zwischen den Aufgaben das Abschreiben der nächsten Aufgabe als Ruhepause nehmen kann.

6.2.5 Sozialen Vergleich facettenreich gestalten

Aus den bis hier ausgeführten Implikationen der sozialen Vergleichstheorie auf den schulischen Alltag geht hervor, dass die menschliche Motivation, sich zu vergleichen, konstruktiv genutzt werden kann, damit Informationen eingeholt werden, die zu einer realistischen Selbsteinschätzung führen können.

Kommt ein Kind aufgrund eines realistischen Vergleiches zu dem Resultat, dass es genauso viel übt wie die Schüler/innen mit eher guten Noten und ebenfalls die gleichen Lernstrategien anwendet, dennoch immer eine eher schlechtere Leistungsbewertung erhält, dann ist es wahrscheinlich, dass es zu dem Schluss kommt, dass es ein Fach eben nicht besonders gut kann. Durch gezielte Vergleichsinformationen bekommt dieses Kind also eine Rückmeldung über eine geringere Begabung bezüglich eines Faches.

Dieser realistische Fall macht deutlich, dass jedes Lernziel, welches Gegenstand einer Leistungsbeurteilung ist, von einer Lehrperson ganz klar und eindeutig formuliert werden muss und die Bewertungskriterien für die Erreichung dieses Lernziels transparent und kontrollierbar für die Schüler/innen sein müssen. Nur so können sie erkennen, in welchem Zusammenhang ihre Leistung zu der Bewertung dieser Leistung steht. Eine Schülerin, die trotz gleich hoher Anstrengung wie leistungsstärkere Schüler/innen immer schlechter als diese abschneidet, erhält ein konkretes Feedback über das Kriterium, welches nicht erreicht wurde. Die Wahrscheinlichkeit, dass sie zu dem konstruktiven Schluss kommt, dass ihre Anstrengung für dieses einzelne Kriterium noch nicht ausgereicht hat, aber durchaus für einige andere, vermindert die Wahrscheinlichkeit, dass sie sich generell unbegabt für ein Fach hält.

Eine Lehrkraft kann durch die Offenlegung dieser Kriterien, die sie plausibel begründen können sollte (so steigt die Motivation der Schüler/innen, diese Kriterien zu erfüllen), implizit erreichen, dass Schülern/innen die Relativität der Leistungsbewertung deutlich wird. Ein Aufsatz beispielsweise könnte unter dem Gesichtspunkt der Orthographie zu ganz anderen Bewertungsresultaten führen als unter dem Gesichtspunkt der Phantasie, des Schreibflusses, des Satzbaus, der Sprachwahl usw. Schüler/innen, die selber solche Einschätzungen einüben können, werden lernen, dass eine Leistungsrückmeldung nur eine eingeschränkte Rückmeldung über das potenzielle Können beinhaltet.

Die nächste Theorie zu sozialen Vergleichen unterstützt ebenfalls das Argument eines frühzeitigen konstruktiven Erlernens des schulischen Benotungssystems und seiner Anwendung, denn sie verdeutlicht wie umfassend und tief soziale Vergleichsprozesse in die Regulation des Selbstwertes eingreifen können, wenn diese Prozesse unreflektiert vorgenommen werden.

6.3 Das Selbstwerterhaltungsmodell

Soziale Vergleichsprozesse führen nicht nur zu einer psychologischen Sicherheit bezüglich der Richtigkeit und Angemessenheit eigener Meinungen, sondern Menschen bewerten soziale Vergleichsinformationen als Informationen über die eigene Person. Soziale Vergleichsprozesse sind auf diese Weise ein wichtiger Prozess bei der Formung der eigenen Identität, so wichtig, dass sie den emotionalen Haushalt stark beeinflussen können.

Tesser (1988) untersuchte detailliert die Auswirkungen sozialer Vergleichsprozesse auf die Emotionen von Personen. Tesser geht davon aus, dass Menschen sich auf eine Art und Weise verhalten, welche den eigenen Selbstwert mindestens erhält, wenn nicht sogar steigert und dass die Beziehungen zu anderen auf den Selbstwert eine substanzielle Auswirkung haben sollten. Innerhalb des *systemischen* Modells, das er ausgehend von diesen Basisannahmen aufstellte, spielen *drei* Variablen eine Rolle, die alle miteinander in Beziehung stehen (siehe Abbildung 5).

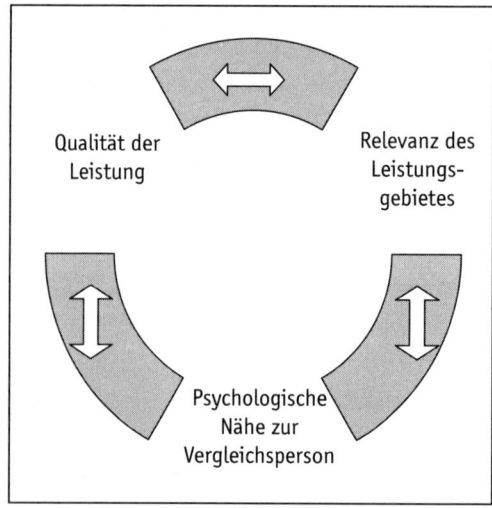

Abbildung 5:
Determinanten des selbstwerterniedrigenden Vergleichsprozesses und des selbstwerterhöhenden Reflexionsprozesses

Die *psychologische Nähe* zu einer Vergleichsperson wird dadurch bestimmt, wie eng sich eine Person der Vergleichsperson verbunden fühlt. Geschwister haben meistens während ihrer Kindheit und Jugend eine relativ große psychologische Nähe zueinander. Freunde und Freundinnen sind psychologisch näher als Bekannte. Kollegen und Kolleginnen des eigenen Arbeitsplatzes sind psychologisch näher als solche an anderen Arbeitsstätten. Weiterhin beinhaltet das Modell die *Leistungsqualität* in Hinblick auf eine bestimmte Leistung. Eine Freundin ist sehr gut in Mathematik, der eigene Bruder hingegen ist besonders schlecht in Sport. Die dritte Variable innerhalb des systemischen Selbstwerterhaltungsmodells bezeichnet Tesser schließlich als *Relevanz der Leistung* für die eigene Selbstdefinition. Mathematik ist das eigene Lieblingsfach und ein wichtiger Aspekt des eigenen Selbstkonzeptes, während Sport auf die eigene Selbstbewertung keinen Einfluss hat.

Je nachdem, wie nun diese drei Variablen ausgeprägt sind, kommt es zu *selbstwertbedrohlichen Vergleichsprozessen* oder aber zu *selbstwertsteigernden Reflexionsprozessen*. Die Selbstsicherheit einer Person scheint hierbei die postulierten Prozesse nicht zu beeinflussen (Stapel & Tesser, 2001).

Tesser geht detailliert auf eine Vielzahl von Kombinationen der drei Variablen miteinander ein. Er reanalysierte Befunde aus der Forschung zu Geschwisterbeziehungen. Einbezogen wurden Befunde aus Familien, in denen jeweils nur zwei Brüder mit ihren Eltern lebten. Psychologische Nähe wurde durch den Altersabstand der Geschwister zueinander definiert. Je geringer dieser Abstand war, desto größer sollte die psychologische Nähe zueinander sein. Glaubten die Brüder, dass ihre Geschwister bessere Leistungen zeigten, dann war das entsprechende Leistungsgebiet proportional zur psychologischen Nähe mit dem Geschwister unwichtiger für sie. Glaubten sie hingegen, bessere Leistungen in einem Gebiet zu haben, dann wuchs mit der psychologischen Nähe auch die Identifizierung mit dem Leistungsgebiet.

Bemerken Menschen also, dass eine Vergleichsperson, der sie sich psychologisch nahe fühlen, auf einem Gebiet, das ihnen wichtig ist, eine bessere Leistung bringt als sie selber, dann ist ihr Selbstwert in Gefahr. Sie werden neidisch, der soziale Vergleichsprozess mit der nahen (und deswegen als ähnlich empfundenen) Person fällt ungünstig für sie aus. Sie können nun die Nähe zu dieser Person reduzieren. Sie können beispielsweise die Anzahl gemeinsamer Aktivitäten einschränken oder andauernd Streitigkeiten beginnen. Sie können dieser Person sogar Steine in den Weg legen. Sie können sich aber auch mehr anstrengen, um besser zu werden, wie die Befunde von Abrams, Sparkes und Hoff (1985) zeigen. Interessanterweise zeigen die Befunde von Abrams et al. im Gegensatz zu den von Tesser reanalysierten Ergebnissen, dass Brüder, wenn sie sich mit Schwestern vergleichen, eher diesen Weg der Anstrengung zu wählen scheinen. Es scheint besonders selbstwertbedrohlich zu sein, als Bruder gegenüber einer Schwester im schulischen Bereich schlechtere Leistungen zu erbringen oder gar Berufsziele zu wählen, die unter den Möglichkeiten der von den Schwestern angestrebten Berufsaussichten liegen. Wenn Brüder also unter sich sind, werten sie eher das Leistungsgebiet, in dem sie relativ schlechter als ihre Vergleichsperson abschneiden, ab: „Mathematik ist doch nicht so wichtig, ich habe ein anderes Lieblingsfach."

Im letzteren Fall kann aus dem selbstwertbedrohlichen sozialen Vergleichsprozess dann ein selbstwerterhöhender Reflexionsprozess werden. Der Bruder ist stolz auf seine Schwester oder seinen Bruder, denn sie oder er ist ein As in Mathematik und da eine große psychologische Nähe zu dieser Person existiert, fällt von deren Glanz ein bisschen auf ihn ab.

Eine wichtige Rolle innerhalb des Selbstwerterhaltungsmodells spielen die mit den Prozessen verbundenen *Gefühle* (Tesser, Pilkington, & McIntosh, 1989). Fühlt eine Person sich negativ erregt, weist dies auf den selbstwertbedrohlichen Vergleichsprozess hin verbunden mit den negativen emotionalen Gefühlen Neid, Eifersucht, Versagen. Fühlt sie sich positiv erregt, ist vermutlich ein selbstwertsteigernder Reflexionsprozess in Gang gesetzt worden, verbunden mit den positiven Emotionen Stolz und Bewunderung.

6.4 Anwendungsmöglichkeiten

6.4.1 Akzentuierung durch den Vergleich mit Peers

Dass soziale Vergleichsprozesse im schulischen Alltag eine große Rolle spielen, kann als sicher gelten. Mit zunehmendem Alter nehmen Kinder zunehmend soziale Vergleiche vor (Frey & Ruble, 1985). In der ersten Klasse ist dies bereits sehr häufig zu beobachten. Je älter Kinder werden, desto subtiler gehen sie dabei vor (Frey et al., 1985). Laute Bemerkungen, die soziale Vergleiche offen legen, gelten mit zunehmendem Alter als unangemessen, der subtile Vergleich gilt jedoch als wichtige Information (Toyama, 2001).

Beispielsweise bezogen Drei Viertel der 13-14jährigen 160 Schüler und 320 Schülerinnen einer Untersuchung von Keil, McClintock, Kramer und Platow (1990) soziale Vergleichsinformationen bei der eigenen Leistungsbewertung mit ein. Auch wenn nicht alle Kinder soziale Vergleiche vornehmen, oder aber vorgeben, dies nicht zu tun, haben diese, wenn sie vorgenommen werden, auch im schulischen Alltag genau die von Tesser vorhergesagten Auswirkungen. Keil et al. fanden, dass Schüler/innen, wenn sie für sich ungünstige soziale Vergleichsinformationen heranzogen, ihre eigene Leistung schlechter bewerteten als sie es tatsächlich war.

Dabei findet der Vergleich in der Hauptsache mit Freunden und Freundinnen statt. Guay, Boivin und Hodges (1999) fanden dies in einer Untersuchung mit 1002 kanadischen Kindern aus den Klassen 1 bis 4 (507 Mädchen, 495 Jungen). Die Relation zwischen der wirklichen Schulleistung der Kinder und ihrer wahrgenommenen Schulleistung war dann am besten, wenn die Leistung der Freunde und Freundinnen niedriger war und dann am schlechtesten, wenn diese höher ausfiel. Der soziale Vergleich mit den besten Freunden und Freundinnen stellt eine potenzielle Quelle der Bedrohung für den eigenen Selbstwert dar. Der Vergleich mit besseren Anderen, zu denen eine relativ hohe psychologische Nähe vorliegt, macht es Schülern/innen schwer, ihre eigene Leistung richtig einzuschätzen. Sie nehmen eher den Kontrast zwischen sich und diesen Vergleichspersonen wahr. Ist jedoch der Freund oder die Freundin schlechter als der Schüler oder die Schülerin selbst, dann fällt die Selbstwertbedrohung weg und die Einschätzung der wirklichen Leistung wird realistischer.

6.4.2 Hilfeverhalten und Selbstwertschutz

Der soziale Vergleich als Gefahrenquelle für den eigenen Selbstwert macht sich auch im schulischen Hilfeverhalten bemerkbar. Schüler/innen halfen anderen Schülern/innen umso weniger bei der Bearbeitung von Aufgaben, je größer die psychologische Nähe zu ihnen war (De Paulo, Tang, Webb & Hoover, 1989). Viertklässler (einbezogen wurden die Klassen 2 bis 6) waren besonders empfänglich für selbstrelevante Informationen.

Die Beschäftigung mit sozialen Vergleichsprozessen macht deutlich, wie zentral dieser Aspekt im schulischen Alltag ist. Aus der Perspektive des einzelnen Schülers und der einzelnen Schülerin betrachtet, stellen sowohl die Geschwister zu Hause als auch die Freunde und Freundinnen in der Schule eine Quelle der Bedrohung für den eigenen Selbstwert dar.

Auch wenn soziale Vergleichsinformationen in der Schule offiziell vorenthalten würden, sind sie dennoch vorhanden. Schüler/innen müssen also lernen, damit umzugehen. Die mit sozialen Vergleichsprozessen einher gehenden Emotionen wie beispielsweise Neid sind oft Emotionen, die sozial als äußerst unerwünscht gelten, so dass es wahrscheinlich ist, dass Schüler/innen diese nicht besonders gerne zum Thema machen. Umso wichtiger wäre es jedoch, den Umgang mit sozialen Vergleichsinformationen frühzeitig zu diskutieren und zu erlernen.

Die berichtete Forschung und deren Anwendung auf den schulischen Alltag zeigt nicht nur, wie emotional belastend soziale Vergleichsinformationen sein können und wie schwierig es ist, die damit verbundenen Gefühle miteinander zu besprechen und damit klar zu kommen. Sie zeigt auch, wie schwierig die Gestaltung sozialer Beziehungen im schulischen Kontext mitunter sein kann. Die besten Freunde und Freundinnen sind eben nicht immer unbedingt diejenigen Personen, die einem immer gut tun oder immer förderlich für das eigene Wohlergehen wären. Ebenso wenig trifft dies auf die eigenen Geschwister zu. Das Selbstkonzept einer Person ist vor allem eine soziale Größe, die sich in Beziehung zu anderen entwickelt und die Bedeutung anderer Personen für die eigene Person ist komplexer als Kinder und Jugendliche dies erfassen können. Durch unumgängliche soziale Vergleiche können selbst dann wenig hilfreiche Theorien über sich selbst entstehen, wenn ein Schüler oder eine Schülerin besonders gut im Vergleich mit anderen abschneidet.

6.4.3 Metawissen über soziale Vergleichsprozesse lehren

Eine Implikation dieses theoretischen Blickwinkels und der sich daraus ergebenden Erkenntnisse für das Erleben von Schülern/innen ist, dass diese davon profitieren könnten, wenn sie ein Metawissen über diese alltäglich ablaufenden Prozesse erhalten würden. In diesem Zusammenhang könnte sowohl die Bedeutung als auch die Relativität des sozialen Vergleichs diskutiert werden. Denn immerhin können soziale Vergleiche dazu führen, dass Schüler/innen sich als schlechter einschätzen als sie tatsächlich sind. Wünschenswert wäre jedoch eine realistische Einschätzung, die Schülern/innen Kontrolle über ihre schulischen Leistungen vermitteln könnte.

Aber nicht nur Schüler/innen spüren die Auswirkungen sozialer Vergleiche, sondern auch Lehrpersonen selbst. Folgendes Beispiel illustriert dies sehr gut[11]:

„Seit vielen Jahren ist sie (eine Bekannte) als „normale" Jahrgangsklassenlehrerin an einer Schule tätig, an der parallel zu einem Montessori-Zweig Klassen nach dem herkömmlichen Prinzip aufgebaut sind. Sie als Klassenlehrerin solch einer normalen Jahrgangsklasse fühlt sich häufig von dem stets gepriesenen Montessori-Konzept, welches als Aushängeschild der Schule gilt, zurückgesetzt und unterschätzt. Da die Arbeit nach Maria Montessori nicht landläufig bekannt ist und als etwas besonderes gilt, werden häufig spezielle Eltern- und Informationsabende o.ä. angeboten, an denen die Vorzüge dieses Stils verdeutlicht werden sollten. So kommt es, dass auch Lehrmittelausgaben oft „ungerecht" verteilt werden und große Teile den „Reformpädagogen" zufließen. Die Arbeit der „normalen" Lehrer/innen, die zusätzlich auch noch die Minorität bilden, wird in diesem Zusammenhang häufig unbemerkt herabgestuft und als weniger effizient dargestellt, Fehlstunden dort eher akzeptiert als in den Montessori-Klassen etc. Da die psychologische Nähe (Kolleginnen), die scheinbare Leistungsqualität (Montessoriklassen werden als „besser" eingestuft im Vergleich zu den Jahrgangsklassen) und auch die Relevanz der Leistung (der eigene Unterrichtsstil bedeutet der Lehrerin viel und ist in ihren Augen ebenfalls sehr effizient) hoch ist, handelt es sich in diesem Fall um einen selbstwertbedrohlichen Prozess. Die emotionalen Folgen für die befragte Pädagogin äußerten sich in Versagengefühlen, Wut, Eifersucht und dem Gefühl, ungerecht behandelt zu werden. Um sich zu schützen, begann sie unterbewusst, den Kontakt zu den anderen Jahrgangslehrerinnen auch im privaten Bereich zu pflegen, während sich der Kontakt zu den Montessorianern auf die schulische Ebene beschränkte. Des Weiteren begann sie, Vorteile des eigenen Unterrichtsstils sowie Nachteile der Arbeit nach M. Montessori zu finden, um ihr Konzept vor sich selbst wie vor anderen zu rechtfertigen."

Der soziale Vergleich ist auch im Zuhause der Schüler/innen ein Thema. Wenn Eltern wissen, welche Bedeutung es für ihre Kinder haben kann, dass ein Geschwister „besser" oder „schlechter" ist als das andere, dann wäre es auch hier hilfreich für alle, darüber zu sprechen, wie solche Vergleiche ablaufen und was die Ergebnisse dieser Vergleiche bedeuten könnten und was eben nicht.

Eine Lösung für einen konstruktiven Umgang für unumgängliche soziale Vergleiche kann nicht darin liegen, Kindern nur individuelle Standards zur Selbsteinschätzung zu geben. Sie nehmen soziale Vergleiche vor, einfach deswegen, weil sie in einem sozialen Miteinander mit anderen Kindern und Jugendlichen stehen. Sie nehmen *nicht* soziale Vergleiche vor, weil sie besonders konkurrenzmotiviert wären (Keil et al.), sondern weil Menschen ein Bedürfnis haben, Informationen über die eigenen Einschätzungen der sozialen Realität zu erhalten und einzubeziehen.

---

[11] Von Christina Buschbell (2005): 3. Fachsemester Lehramt GHR, Schwerpunkt Grundschule, Universität Duisburg-Essen.

6.4.4 Die Relativität von Leistungen verdeutlichen

Die Anwendung dieser Theorie legt ebenfalls nahe, mit Kindern und Jugendlichen die Relativität von Leistungen zu besprechen. Leistungen sind nur gut und schlecht im Vergleich zu Idealen, anderen Menschen oder Folgen, die aus ihrer Qualität erwachsen könnten. Besonders die Bewertung von Leistungen in Hinblick auf die eigene Person müsste explizit und ausgiebig in Elternhaus und Schule diskutiert werden.

Der folgende Kommentar eines Lehramtsstudenten[12] fasst den schwierigen Balanceakt, den Schule zwischen individueller Förderung und Vergleichsinformation zu vollbringen hat, zusammen:

„... grundsätzlich gehört zu den Zielen schulischer Erziehung nicht nur die Ausbildung eines gesunden Selbstkonzeptes, sondern auch die absolute Anpassung an eine leistungsorientierte Gesellschaft. Eine punktuelle Beurteilung der einzelnen Fächer, welche die Komponente der Leistungsorientiertheit in das System Schule einbringen soll, wird gewährleistet durch die Benotung von Leistung und Aufmerksamkeit. Dabei darf nicht außer Acht gelassen werden, dass Noten nichts über grundsätzliche Fähigkeiten und Interessen eines Schülers aussagen, sie sind bloß punktuelle Beurteilungen eines Teilbereiches eines Faches. Darüber hinaus beinhaltet jedwede Beurteilung eines Schülers durch einen Lehrer ein nicht zu unterschätzendes Maß an Willkür. Indem Schüler beginnen ihr Selbstkonzept ausschließlich auf die Aussagekraft von Noten zu stützen, kann von einer realistischen Leistungs- und Selbsteinschätzung nicht mehr ausgegangen werden. Es drängt sich also die Vermutung auf, das heutige Schulsystem sei, bedingt durch eine unrealistische Leistungsbeurteilung durch Noten, in sich selbst widersprüchlich. Wie soll ein Schüler in einem solchen System ein positives und vor allen Dingen realistisches Selbstkonzept aufbauen? Natürlich bestätigt uns die Praxis, dass Schule in ihrer heutigen Gestalt durchaus fähig ist ihre Schüler bei der Ausbildung eines gesunden Selbstkonzeptes zu begleiten und zu unterstützen. Jedoch, wir dürfen nicht vergessen, dass, zum einen, ein beträchtlicher Teil der heutigen Schülerschaft Opfer dieses Systems wird, Leistungsdruck und andere bereits erwähnte Faktoren machen es unmöglich für diese Kinder und Jugendlichen konform mit dem System zu gehen, zum anderen, Schule grundsätzlich nicht nur ein Ort der Vorbereitung auf eine immer leistungsorientierte Gesellschaft ist, sondern auch ein Ruhe- und Schutzraum der gesunden Entwicklung eines Menschen, in dem Geborgenheit und Wohlbefinden gleichwertig zählen mit der Ausbildung des Geistes."

---

[12] Andreas Wiedeholz (2004): 25.5.2004 / Sozialpsychologische Grundlagen und ihre Anwendung auf den schulischen Alltag. Vorlesung, Universität Duisburg-Essen, Sommersemester 2004.

Individueller Vergleich

Zu der Einführung der Relativität sozialer Vergleichsnormen ist es wichtig, für die Motivierung von Schülern/innen individuelle Bezugsnormen zu etablieren (Heckhausen, 1980, S. 576f.). Die Bewertung durch eine individuelle Bezugsnorm verhindert, dass sich ein guter Schüler immer nur als gut erlebt im Vergleich zu anderen (und damit möglicherweise ein unrealistisches Konzept der eigenen Fähigkeiten und Begabungen entwickelt) und ebenfalls, dass sich ein leistungsschwächerer Schüler im Vergleich zu anderen immer als schwächer erlebt. Auch wenn er nur eine halbe Note besser bewertet wird und dies im Vergleich zu anderen keinen Fortschritt darstellt, kann es für ihn durchaus zeigen, dass sich seine Anstrengung schon gelohnt und er sich durchaus verbessert hat. Lehrer/innen, welche diese individuelle Bezugsnorm als Motivationsanregung verwenden, wirken fördernd auf die Leistungsmotivation der Schüler/innen, auf deren Lernerfolg und *„auf die Entwicklung eines angstfreien, erfolgszuversichtlichen Leistungsmotivs"* (Heckhausen, 1980, S. 580).

Dies ist ein extrem wichtiger Aspekt, der sich im schulischen Alltag bezahlt macht. Aber es ist nur ein Aspekt in einem größeren sozialen Kontext.

6.5 Zusammenfassung

Sowohl die Theorie der sozialen Vergleichsprozesse als auch das Selbstwerterhaltungsmodell betonen, dass Menschen sich als soziale Wesen vergleichen. Die Forschung hierzu zeigt deutlich, dass diese Vergleiche mit daran beteiligt sind, dass Menschen ihre Meinungen über die soziale Realität häufig in Übereinstimmung mit ihrer Bezugsgruppe bilden. Negative Vergleiche können für die eigene Person zu negativen Emotionen führen, die den Selbstwert bedrohen. Vergleiche können sowohl zur Selbstunterschätzung als auch zur Selbstüberschätzung führen.

Die Implikationen der Theorien für den Schulalltag sind vor allem darin zu sehen, dass Lehrkräfte sensibilisiert werden für die starke Bedeutung dieser Vergleichsprozesse in Hinblick auf den psychologischen Druck, unter dem Schüler/innen häufig stehen. Die konstruktive Nutzung der Motivation sich selbst einzuordnen kann darin liegen, Schülern/innen hilfreiche Techniken zur Nutzung sozialer Vergleiche zu lehren und sie bei einer emotional negativen Vergleichsinformation stützend zu begleiten. Die grundlegende Implikation lautet, dass eine Lehrkraft sich genau überlegen sollte, wie sie das gängige Instrument des Vergleichs, nämlich die Vergabe von Bewertungen in Form von Noten, konstruktiv einführen kann.

6.6 Fragen, Übungen, Lektüre

Fragen
- Was heißt soziale Realität?
- Inwieweit unterscheidet sich soziale von physikalischer Realität?
- Welche Bezugspersonen bevorzugen Menschen für einen ersten sozialen Vergleich und warum?
- Welche Auswirkungen hat die Meinungsabweichung eines Individuums von seiner Bezugsgruppe?
- Welche Bedeutung hat der soziale Vergleich hinsichtlich der Vergabe von Noten?
- Welche Variablen spielen im SEM von Tesser eine Rolle?
- Was ist ein selbstwertmindernder Vergleichsprozess?
- Was ist ein selbstwertsteigernder Reflexionsprozess?
- Was ist eine individuelle Bezugsnorm?

Übungen
- Stellen Sie sich vor, Sie müssen Ihren Schülern/innen erklären, was Noten bedeuten. Formulieren Sie eine solche Einführung in das Konzept der Benotung!
- Erstellen Sie Kriterien für eine Leistungsbeurteilung hinsichtlich eines Teilgebietes ihres Faches. Wie können Sie diese Kriterien ihren Schülern/innen verständlich und transparent mitteilen?
- Gibt es über eines Ihrer Fächer die Möglichkeit, auf das Thema Neid und Missgunst zu sprechen zu kommen mit dem Ziel herauszuarbeiten, dass dies menschliche Emotionen mit bestimmten Ursachen sind? Wie könnte ein konstruktiver Umgang mit diesen sozial nicht erwünschten Emotionen aussehen und erarbeitet werden?

Zur Nachbereitung empfohlene Lektüre
- Dauenheimer, D. et al. (2002). *Die Theorie des Selbstwertschutzes und der Selbstwerterhöhung.* In Frey, D. & Irle, M., Theorien der Sozialpsychologie, Band III. Bern: Huber.
- Steins, G. & Haep, A. (2013). *99 Tipps: Soziales Lernen (Tipps 69, 73).* Berlin: Cornelsen Scriptor.

7. Attributionstheorien, existenzielle Attributionen und attributionale Theorien

Attributionstheorien wurden Anfang der fünfziger Jahre formuliert. Für ihre Ausführung wurden einige Begriffe eingeführt, die sich befremdend anhören. Auch wenn zunächst der Umgang mit ihren komplizierten, da unvertraut, anmutenden Begriffen schwierig zu sein scheint, lohnt es sich, diese Theorien näher zu betrachten.

Eine *Attribution* bezeichnet eine Ursachenzuschreibung. Eine Attributionstheorie ist eine Theorie darüber, wie Ursachenzuschreibungen vor sich gehen. Menschen nehmen Ursachenzuschreibungen in allen möglichen Situationen vor und je nachdem, zu welchen Schlüssen sie gelangen, haben sie hilfreiche oder weniger hilfreiche Theorien über Ursachen und ihre Wirkungen aufgestellt. Diese Ursache-Wirkungszusammenhänge führen zu unterschiedlichen Konsequenzen hinsichtlich des eigenen Verhaltens und der damit zusammenhängenden Gefühle.

Ein Schüler, der beispielsweise zu dem Schluss kommt, dass eine schlechte Benotung einer Englischarbeit daran liegt, dass seine Lehrerin unfairerweise zu schwere Aufgaben gestellt hat, wird zwar nicht zufrieden mit seiner Note, aber weniger deprimiert sein als ein Schüler, der zu dem Schluss kommt, dass seine schlechte Note auf seine mangelnde Sprachbegabung zurückzuführen ist. Beide werden sich nicht so sehr bei der nächsten Englischarbeit anstrengen wie ein Schüler, der seine eigene mangelnde Anstrengung und die damit zusammenhängende schlechte Vorbereitung als Ursache für eine schlechte Englischnote ausgemacht hat.

Wie allen Theorien liegt auch den Attributionstheorien ein bestimmtes Menschenbild zugrunde. Der Mensch wird als naiver Wissenschaftler betrachtet, der nach den Ursachen von Ereignissen fragt. Besonders nach Ereignissen mit gravierenden Konsequenzen fragen sich Menschen, warum dieses Ereignis eingetreten ist und suchen Informationen über mögliche Ursachen. Diese Informationssuche ist sehr funktional. Bei Ereignissen mit negativen Konsequenzen kann deren erneutes Auftreten möglicherweise verhindert werden, wenn die kausal wirksamen Variablen des Ereignisses beeinflussbar sind. Ereignisse mit positiven Konsequenzen können erneut herbeigeführt werden, wenn deren Auftreten kontrollierbar ist. Eine Informationssuche erzeugt ein gewisses Ausmaß an Kontrolle über die Umwelt. Menschen fragen sich deshalb nach dem *Warum* von Ereignissen.

Exemplarisch für Attributionstheorien wird die Attributionstheorie nach Kelley (1967) ausgeführt. Hierzu betont Meyer (2000), dass sich Attributionstheorien sehr ähneln und er deshalb vereinheitlichend auch von Attributionstheorie spricht.

7.1 Kelleys Attributionstheorie

Kelley (1967) nahm an, dass sich Menschen bei der Suche nach Ursachen für wichtige Ereignisse des sogenannten Kovariationsprinzips bedienen. Das Kovariationsprinzip besagt, dass ein Effekt derjenigen seiner möglichen Ursachen zugeschrieben wird, mit der er über die Zeit hinweg, kovariiert, also zusammen auftritt. Wenn eine Schülerin bemerkt, dass sie immer dann, wenn sie sich gut (systematisch und längerfristig) auf eine Mathematikarbeit vorbereitet hat, auch eine gute Note erhält, dann tritt die Art der Vorbereitung zusammen mit der guten Note auf und die Schlussfolgerung einer Ursache-Wirkungskette erscheint plausibel. Um aber sicher zu gehen, dass das parallele Auftreten beider Ereignisse auch wirklich ursächlich miteinander zusammenhängt und nicht rein zufällig, muss sie sich weiterer Informationen bedienen (siehe Tabelle 7).

Kelley spezifiziert hierzu Informationen aus mindestens drei verschiedenen Bereichen. *Entität* bezeichnet den Gegenstandsbereich. Die Schülerin könnte den Bereich Mathematik, für den sie die Beobachtung des parallelen Auftretens von guter Vorbereitung und guter Note gemacht hat mit dem Bereich Sport vergleichen. Ist es hier genauso, dass sie eine bessere Note nach besserer Vorbereitung erhält? Weiterhin entnehmen Menschen auch Informationen aus dem sozialen Bereich, der Vergleich mit ähnlichen Anderen ist möglich. Andere *Personen* stellen eine weitere Informationsquelle dar, auf die man zurückgreifen kann. Im Falle der Schülerin bedeutet dies, dass sie ihre Annahme über eine gute Vorbereitung als Ursache für gute Noten an anderen Personen überprüfen kann. Erhalten auch ihre Mitschülerinnen, sofern sie sich gut vorbereiten, bessere Noten im Vergleich zu einer schlechten Vorbereitung? Und schließlich bietet die *Zeit* eine wertvolle Informationsquelle. Treten beide Ereignisse parallel über die Zeit auf? Oder ist der Zusammenhang unzuverlässig?

Tabelle 7: Informationsquellen nach Kelley. Angewandt auf eine Schülerin, die nach den Ursachen für ihre Mathematikleistung sucht.

Quelle	Worauf beruht meine Mathematikleistung?
Entität	Schulfächer: Mathematik, Sport
Personen	Andere vergleichbare Schüler/innen
Zeit	Noten in den beiden Schulfächern über die Zeit

7.1.1 Informationstypen

Diese drei unterschiedlichen Informationen liefern je nach Kombination unterschiedliche Informationstypen (siehe Tabelle 8). Ein Effekt über verschiedene Personen hinweg beobachtet, gibt *Konsensus*information. Konsensus ist beispielsweise *hoch*, wenn die Schülerin bemerkt, dass alle ihre Mitschülerinnen eine gute Leistung in dieser Mathematikarbeit gezeigt haben. Würde sie nur diese Informationsquelle heranziehen, könnte sie nicht mit Sicherheit wissen, ob es wirklich ihre eigene gute Vorbereitung war, die zu der guten Note führte, da die Wahrscheinlichkeit groß ist, dass sich manche ihrer Mitschülerinnen genauso wie sie gut vorbereitet haben, andere allerdings nicht. Ist Konsensus *niedrig*, bedeutet das in diesem Fall, dass nur die Schülerin eine gute Note in der Mathematikarbeit erzielt hat. Dann kann sie sicherer bezüglich des Wahrheitsgehalts ihrer Annahme des fraglichen Ursache-Wirkungszusammenhangs sein.

Mehr Sicherheit kann die Schülerin erlangen, wenn sie einen weiteren Informationstypus heranzieht, *Konsistenz*. Hier stellt sich die Frage, inwieweit ein Effekt über verschiedene Zeitpunkte hinweg bei einer Person und Entität zu beobachten ist. Liefert ihre Beobachtung über Zeit einen Hinweis auf *hohe* Konsistenz, so bedeutet dies, dass sie nahezu immer dann, wenn sie sich gut vorbereitet hat, auch eine gute Mathematiknote erzielte. Diese Beobachtung würde ihre Annahme eines Ursache-Wirkungszusammenhangs zwischen guter Vorbereitung und guter Note stärken. Die Beobachtung *niedriger* Konsistenz jedoch würde sie veranlassen, über andere mögliche Ursachen für ihre Mathematiknote nachzudenken. In diesem Falle hätte sie sich zwar bei allen vier Arbeiten immer gut vorbereitet, aber nur bei beispielsweise zwei Arbeiten eine gute Note erzielt. Diese Information bietet ihr keine Sicherheit über die Annahme des entsprechenden Ursache-Wirkungszusammenhangs.

Tabelle 8: *Informationstypen nach Kelley. Angewandt auf den schulischen Kontext: Zusammenhang zwischen Vorbereitung und Mathematiknote.*

Informationstyp	Ausprägung niedrig	Ausprägung hoch
Konsensus	Nur die Schülerin hat eine gute Note erzielt.	Fast alle Schüler/innen haben eine gute Note erzielt.
Konsistenz	Erzielt nur manchmal eine gute Note, wenn sie sich vorbereitet hat.	Erzielt immer eine gute Note, wenn sie sich vorbereitet hat.
Distinktheit	Erzielt in weiteren Fächern eine gute Note, wenn sie sich vorbereitet hat.	Erzielt nur in Mathematik eine gute Note, wenn sie sich vorbereitet hat.

Durch die Hinzunahme einer dritten Informationsart kann die Schülerin ihre Sicherheit bei der Attributionssuche steigern, nämlich durch die Beantwortung der Frage, inwiefern ein Effekt über verschiedene Entitäten bei einer Person zu beobachten ist, der *Distinktheits*information. Ist Distinktheit hoch, dann zeigt sich der beobachtete Zusammenhang nur im Bereich der Mathematik, die gute Vorbereitung nützt ihr nichts im sportlichen Bereich. Unabhängig von der Anzahl der Dehnübungen kann sie ihre Note in Gymnastik nicht entscheidend verbessern. Dies würde im Fall hoher Distinktheit nicht für den Bereich Mathematik gelten. Je mehr Aufgaben sie vor der Arbeit geübt hat und versucht hat, zu verstehen, desto besser ist ihre Leistung in diesem Fach. Bei niedriger Distinktheit hätte sie eine weitere Bestätigung für ihre Annahme. Denn sie würde in allen Fächern, in denen sie sich gut vorbereitet hat, eine gute Note erzielen, also bereichsunspezifisch würde die gute Vorbereitung mit der guten Note kovariieren.

7.2 Anwendungsmöglichkeiten

Wie könnte diese Theorie nun auf den schulischen Alltag angewendet werden? Im Alltag verwenden Menschen meistens eine Kombination dieser verschiedenen Informationstypen, die allerdings nicht immer vollständig und systematisch ist. Drei schulische Beispiele sollen zunächst die Informationssuche im schulischen Alltag illustrieren.

7.2.1 Schulischer Misserfolg und schulischer Erfolg

Das erste Beispiel bezieht sich auf eine Ursachensuche für schulischen Misserfolg. Angenommen, seit diesem Schuljahr sind die Leistungen von Sabine im Fach Deutsch sehr viel schlechter geworden als im Jahr zuvor. Sabine beobachtet *niedrige Konsistenz*: Über die Zeit hinweg schwanken ihre Leistungen im Fach Deutsch beträchtlich. In allen anderen Fächern jedoch kann sie solche Schwankungen nicht beobachten, es liegt also eine Bereichsspezifität, *hohe Distinktheit*, vor. Zusätzlich bemerkt sie, dass ihre Mitschüler und Mitschülerinnen diese Schwankungen im Fach Deutsch nicht erleben müssen, *niedriger Konsensus*. Die Kombination dieser Informationen führt Sabine zu dem Schluss, dass es an bestimmten Umständen liegen muss, die zu dieser Leistungsbewertung im Fach Deutsch geführt haben müssen. Angenommen, eine neue Deutschlehrerin unterrichtet seit diesem Schuljahr die Klasse, dann hätte sie eine plausible Erklärung für dieses Beobachtungsmuster. Sabine könnte meinen, dass diese Lehrerin ihren persönlichen Stil nicht mag. Sie könnte versuchen die Kriterien dieser Lehrerin besser zu verstehen und diesen entgegenzukommen. Sabine könnte aber auch, alleine oder mit Hilfe, mit der Lehrerin zunächst über ihre Wahrnehmung reden.

Wie kann eine Ursachensuche für schulischen Erfolg aussehen? Angenommen, Annas sprachliche Leistungen sind stets ganz ausgezeichnet gewesen (*hohe Konsistenz*). In allen anderen Fächern zeigt sie ebenfalls brillante Leistungen (*niedrige Distinktheit*). Und ihre Leistungen überragen die der anderen Schüler/innen ihrer *Klasse (niedriger Konsens)*. Diese Informationskombination legt Anna nahe, dass die guten Leistungen etwas mit ihrer Person zu tun haben. Sie könnte zu dem Schluss kommen, dass sie besonders intelligent ist und/oder vielseitig hochbegabt oder aber, dass sie sich immer angemessen vorbereitet, also besonders ausgezeichnet organisiert ist und sich angemessen anstrengt. In jedem Fall erscheint hier eine Attribution auf die Person nahe liegender als im ersten Beispiel, welches eine Informationskonstellation beinhaltet, die auf Umstände als Ursache schließen lässt.

Ein letztes Beispiel befasst sich mit einer weiteren Ursachenanalyse schulischen Misserfolgs. Angenommen, die Mathematiknoten von Daniel sind in den letzten Jahren gleich bleibend unbefriedigend ausgefallen (*hohe Konsistenz*). In allen anderen Fächern zeigt Daniel befriedigende Leistungen *(hohe Distinktheit)*. Auf eine Schwäche in Mathematik, also eine Attribution auf die Person, kann jedoch nicht geschlussfolgert werden, denn es zeigt sich, dass auch die Mathematikleistungen der anderen Schüler/innen unbefriedigend sind (*hoher Konsens*). Eine Attribution auf Entität, also den Bereich der Mathematik, scheint hier nahe zu liegen. Möglicherweise ist das Fach, so wie es inhaltlich an die Schüler/innen heran getragen wird, zu schwierig für die Klasse. Die Vermittlungsinstanz, also die Didaktik des Faches durch den Lehrer, erfolgt unbefriedigend.

Die Beispiele zeigen, wie jede Leistungsrückmeldung, die einigermaßen wichtig für den entsprechenden Schüler und die jeweilige Schülerin ist, mit einer Informationssuche verbunden sein wird. Diese muss nicht unbedingt gezielt oder bewusst ablaufen und sie wird im Alltag nicht immer so eindeutig wie in diesen Beispielen sein. Hinzu kommt, dass Informationen häufig unvollständig sind. Auch neigen Menschen dazu, Informationen nicht objektiv, sondern selbstwertdienlich zu verarbeiten.

Die Attributionstheorie liefert trotz aller Kritik, besonders an ihrem empirischen Vorgehen, einen sinnvollen Bezugs- und Begriffsrahmen, innerhalb dessen plausible Annahmen über die Prozesse der Ursachenfindung aufgestellt werden können. Die Theorie zeigt vor allem, dass Lehrer/innen sowie Eltern den Schülern/innen dabei helfen können, realistische Ursachen für Erfolg und Misserfolg aufzuspüren. Warum dies auch aus emotionaler Sicht wünschenswert ist, wurde bereits im vorangegangenen Kapitel gezeigt, wird nun aber besonders deutlich nach den nächsten beiden Abschnitten werden, existenzielle Attributionen und attributionale Theorien.

7.3 Existenzielle Attributionen

Im Mittelpunkt der Attributionsforschung standen lange Kausalattributionen. Eine Ursachenanalyse zielt darauf ab in Erfahrung zu bringen, was genau für das Eintreten von Veränderungen verantwortlich gewesen ist (Buss, 1978), dient also der Spezifizierung einer Ursache als Ergebnis einer Diagnose (Toulmin, 1970). Weiterhin besteht das Ziel einer Kausalanalyse darin, durch eine sinnvolle Erklärung Kontrolle über zukünftige Ereignisse zu gewinnen; der Mensch wird als naiver Wissenschaftler angesehen.

Bereits Aristoteles unterscheidet mehrere Ursachenarten, die neben den klassischen Ursachen (causes) auch sogenannte Gründe (reasons) beinhalten: (1) bewirkende Ursachen (im Sinne von vorauslaufenden Bedingungen); (2) materielle Ursachen (das Wesen eines Objektes oder einer Person wird verursacht durch den Stoff oder die Mittel, aus dem oder vermittels derer es oder sie gemacht ist); (3) die Ursache nach der Form (Merkmale eines Objektes oder einer Person sind durch seine oder ihre Gestalt determiniert), und (4) das Ziel, um dessentwillen ein Ereignis eintritt oder gewünscht wird. Buss (1978) führte als einer der ersten Forscher das Konzept der Gründe in die Attributionsforschung ein, definiert als die Ursache dafür, *wozu* ein Wechsel herbeigeführt wurde. Gründe liefern nach Toulmin die Antwort auf eine Herausforderung. Gründe unterstellen demnach einer Person immer eine Intention.

7.3.1 Die Suche nach einem Sinn

Menschen sind nicht unbedingt immer zufrieden, wenn sie für ein wichtiges Ereignis eine analytische Erklärung gefunden und die damit zusammenhängenden Gründe spezifiziert haben (Wong, 1991). Sie sind darüber hinaus in einem hohen Maße bestrebt, einen *Sinn* in den sie betreffenden Ereignissen zu erkennen. Neben der Suche nach Ursachen als Erklärung für das *Warum* und Gründen als Antwort auf Herausforderungen, ist ebenfalls die Suche nach Bedeutung wichtig. Menschen sind nicht nur naive Wissenschaftler, sondern in gleicher Weise naive Philosophen und Moralisten. Die Antworten, welche Menschen finden, um Ereignissen einen Sinn zu verleihen, nennt Wong existenzielle Attributionen. In der griechischen Mythologie wurde jedem fatalen Lebensereignis in Abhängigkeit von seiner Art ein bestimmter Gott oder eine Göttin zugeordnet. Darauf basiert eine Klassifikation von Erklärungen als schicksalhaft erlebter Ereignisse nach Konrad (1947).

Existenzielle Attributionen sind in der psychologischen Literatur vor allem für solche Personen untersucht worden, die Opfer extrem negativer Ereignisse wurden. Eine der ersten Studien hierzu, allerdings ohne die Verwendung des Begriffs der existenziellen Attribution, stammt von Rosenman (1956). Rosenman beschreibt, wie katastrophale Ereignisse wie die von Tornados angerichteten Verwüstungen im Sinne einer Regression personifiziert werden. Die mit dieser Regression einher gehende Verminderung mentaler Prozesse würde zu einer paranoid-schizoiden Interpretation von Ereignissen führen wie „Es ist eine gerechte Strafe", „Dies ist ausgleichende Gerechtigkeit". Gleichzeitig konnte aber durchaus eine vollkommen rationale Kausalanalyse vorgenommen werden.

7.3.2 Positive Effekte existenzieller Attributionen

Eine der ersten Untersuchungen, die sich mit einer positiven Funktion solcher zunächst dysfunktional anmutenden existenziellen Attributionen beschäftigte, stammt von Janoff Bulman und Wortman (1977). Die durch einen Verkehrsunfall bedingt querschnittsgelähmten Personen erzählten zu der Frage *Warum ich?,* also der Frage, die nach Wong (1991) eine existenzielle Suche auslöst. Darüber hinaus wurde das Personal der Rehabilitationsklinik danach befragt, wie gut die Patienten mit der Situation umgehen würden. Überraschenderweise finden Janoff Bulmann und Wortmann, dass diejenigen Patienten, die sich selbst die Schuld an diesem Ereignis zuschreiben, bessere Bewältigungsstrategien ausbilden. Auf die Frage *Warum ich?* geben die Patienten Antworten, die teilweise an die Berichte von Rosenman erinnern. Janoff Bulmann und Wortmann teilen diese u.a. ein in Vorherbestimmung, Bewertung des Ereignisses als positiv („Dies war das Beste, was mir passieren konnte, weil ich endlich mein Schicksal entscheiden musste..."), Wahrscheinlichkeit, „Ich habe es verdient". Sie berichten, dass diejenigen Patienten, die Wahrscheinlichkeitserklärungen abgeben, also eher ein statistisches Weltbild haben, am ehesten andere Personen für das Ereignis verantwortlich machen, also dementsprechend dysfunktionalere Bewältigungsstrategien herausbilden. Patienten hingegen, denen es gelingt, das Ereignis positiv zu bewerten, kommen in den Augen des Klinikpersonals besser mit den Folgen des Unfalls zurecht.

Inwieweit existenzielle Attributionen einen Effekt auf die Ausbildung nützlicher Bewältigungsstrategien angesichts eines gravierenden Ereignisses sowohl aus Bobachter-, als auch aus Betroffenenperspektive haben, sind offene Fragen, die Wong mit Hilfe seines Modells für existenzielle Attributionen zu klären versucht.

Nach dem Auftreten eines erwartungswidrigen Ereignisses oder dem Zweifel an Werten wird nach Wong (1991) eine existenzielle Suche eingeleitet, die durch Fragen charakterisiert ist wie *„Warum ich", „Was ist der Sinn?"*. Diese Suche führt dazu, dass das Leben rückwirkend als Ganzes betrachtet wird. Positive existenzielle Attributionen führen zu dem Gefühl von Kohärenz, Ich-Integrität und einer neuen Begeisterung für das Leben. Negative existenzielle Attributionen hingegen geben der betroffenen Person den Eindruck von Sinnlosigkeit und führen zu Konfusion, Verzweiflung und Depression.

Schulmisserfolg kann eine sehr frustrierende Erfahrung sein, besonders wenn sowohl Misserfolg als auch Erfolg generalisiert bewertet werden und mit dem Selbswert einer Person assoziiert sind. Schon Karen Horney schrieb hierzu: *„Eine andere wichtige Quelle der Furcht in einem normalen Individuum ist die Aussicht auf Misserfolg. Die Furcht vor Misserfolg ist sehr realistisch, weil im allgemeinen die Möglichkeiten eines Misslingens viel größer sind, als die eines Gelingens und weil ein Misserfolg in einer konkurrierenden Gesellschaft eine realistische Vereitelung von Bedürfnissen mit sich bringt. (...) Nichtsdestoweniger fühlt sich auch der normalste Mensch* *unter dem Druck der bestehenden Ideologie zu dem Gefühl veranlasst, er sei jemand, wenn er Erfolg hat, und er sei nichts, wenn er unterliegt."* (Horney, 1951/2004, S. 276, 277).

Beim Eintreten von wichtigen Ereignissen ist davon auszugehen, dass alle Varianten von Attributionen auftreten können. Wenn beispielsweise eine Person durch eine wichtige Prüfung fällt und vorauslaufend sich nur schlecht auf dieses Ereignis vorbereitet hat, dann kann als Ursache für das Eintreten mangelnde Anstrengung ausfindig gemacht werden und als Grund für das Ereignis, dass endlich die ungeliebte Ausbildung beendet werden kann. Der Sinn dieses Ereignisses wird aber erst durch die Hinzuziehung von nicht unbedingt rational nachvollziehbaren Dimensionen gefunden, beispielsweise indem diese Person sich sagt, dass es ihr persönliches Schicksal sei, nur über Umwege an ein ihr noch unbekanntes Ziel zu gelangen. Alle drei Ebenen der Ereignisanalyse sind wichtig, auch wenn es sein mag, dass sich ihre einzelnen Inhalte widersprechen.

Diese Widersprüche treten aber oft nur zutage, wenn eine Beobachterperspektive eingenommen wird. Ein außenstehender Beobachter eines Unfalles wird eher Kovariationsinformationen und kausale Schlussfolgerungen darüber anstreben, wie verantwortlich die betroffene Person für den Unfall ist (Rudolph & Steins, 1997; vgl. auch Försterling & Rudolph, 1988). Das Unfallopfer selber jedoch wird sich neben der *Warum*-Frage in gleichem Maße die *Wozu*-Frage stellen, um dem jeweiligen Ereignis einen subjektiven Sinn zu geben.

Buss (1978) geht dementsprechend davon aus, dass Beobachter vornehmlich auf der klassischen Ursachenebene bleiben, wenn einer *anderen* Person etwas widerfährt. Nur dann, wenn sie der anderen Person eine Intention im Zusammenhang mit dem Ereignis zuschreiben können, würden sie auch nach Gründen suchen.

Diese Argumentation findet Bestätigung durch einen Befund von Rudolph und Steins (1997). Außenstehende Beobachter konnten die existenziellen Attributionen einer mit HIV infizierten Person, (bspw. „Ich habe mich infiziert, weil dies mein persönliches Schicksal ist"), nur schlecht nachvollziehen und bewerteten diese als dysfunktional. Allerdings zeigten solche Beobachter, die für sich die Wahrscheinlichkeit, sich mit HIV zu infizieren, nicht ausschlossen, ein stärker ausgeprägtes Verständnis. Es ist also wichtig für die Analyse existenzieller Attributionen sowohl die Beobachterperspektive von der Perspektive der handelnden Person getrennt zu untersuchen als auch die Involviertheit des Beobachters mit einzubeziehen.

7.4   Anwendungsmöglichkeiten

Schüler/innen, die mit einem ständigen schulischen Misserfolg konfrontiert sind, werden neben den klassischen Kausalattributionen ebenfalls eine Suche nach dem Sinn ihrer schulischen Misere starten. Je nach dem, zu welcher Antwort sie kommen, werden sie möglicherweise sogar besser die schulischen Situationen bewältigen können. Funktionale existenzielle Attributionen können in der Annahme eines längerfristigen Sinns liegen (Rudolph & Steins, 1997) und verbessern die emotionale Verarbeitung negativer Ereignisse.

Lehrpersonen und Eltern können auch hier, genau wie bei der Kausalanalyse, Hilfestellung dabei geben, das schulische Erleben des Schülers und der Schülerin mit einem bestimmten Sinn zu belegen.

Entwickeln Schüler/innen beispielsweise negative existenzielle Attributionen, *„Schule macht für mich überhaupt keinen Sinn, sie ist ein Fluch für mich!"*, kann das zu einer endlosen Abwärtsspirale hinsichtlich ihrer Motivation und schulischen Leistungen führen, die sich vor allem mit den damit verbundenen Emotionen der Depression und Verzweiflung, mit Rückzugsverhalten oder Wut und hiermit verbundenen aggressiven Verhaltensweisen äußern kann und bei Schulabsentismus eine zentrale Rolle spielt (Steins, Weber & Welling, 2013).

Positive existenzielle Attributionen angesichts einer schulischen miserablen Position können nur durch die Hoffnung etabliert werden, dass die Situation nicht von Dauer ist und einen übergeordneten Sinn hat. Gerade für zutiefst demotivierte Schüler/innen muss ein übergeordneter Sinn gefunden werden, der den als negativ erlebten schulischen Alltag erträglich macht. Statt sich beispielsweise zu sagen *Mathematik ist ein Fluch für mich!*, wäre hierzu eine parallele positive existenzielle Attribution hilfreicher: *Das Schicksal will, dass ich Mathematik besonders gründlich lerne!* Dabei sind intensive Gespräche mit Lehrpersonen und Eltern eine Notwendigkeit.

7.5 Attributionale Theorien

Die Relevanz von Attributionstheorien wird erst richtig deutlich, wenn auch die attributionale Komponente berücksichtigt wird. Das Menschenbild attributionaler Theorien bezieht einen weiteren Aspekt von Menschsein ein: Der Mensch ist nicht nur Wissenschaftler und Philosoph, sondern auch Richter über sich selbst und über andere. Das Klassenzimmer ist ein Gerichtssaal (Weiner, 2000).

Attributionale Theorien beziehen sich im Gegensatz zu Attributionstheorien nicht auf die *Ursachen* von Ereignissen, sondern auf deren *Folgen* und zwar auf die Folgen für *Gefühle, Gedanken* und *Verhalten*. Dabei machen diese Theorien Aussagen über die Bedeutung der Folgen für das einzelne Individuum selbst, also für die *intraindividuelle Ebene* und für die Beziehungen zwischen den Individuen, die *interindividuelle Ebene*.

7.5.1 Informationen und Kausaldimensionen

Der Ausgangspunkt attributionaler Theorien sind die Informationen Konsensus, Distinktheit und Konsistenz. Diese Informationen werden entlang bestimmter Kausaldimensionen bewertet (siehe Abbildung 6). Nimmt ein Schüler wahr, dass alle Mitschüler und Mitschülerinnen in einer Deutscharbeit eine gute oder befriedigende Note erhalten haben, dann wird es ihm schwer fallen, externale Ursachen für seine schlechte Leistung ausfindig zu machen wie beispielsweise, dass die Aufgabenstellung unfair gewesen wäre. Er wird bei niedrigem Konsensus dazu neigen, eher internale Ursachen zur Erklärung heranzuziehen wie beispielsweise eine geringe Fähigkeit oder eine geringe Anstrengung.

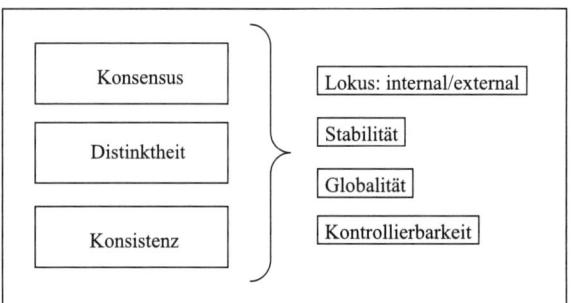

Abbildung 6: Informationen und Kausaldimensionen

Tabelle 9: Warum habe ich eine schlechte Note in der Deutschklausur erhalten?

	internal		external	
	stabil	unstabil	stabil	unstabil
global	Ich bin eben nicht intelligent.	Ich habe Eisenmangel und kann mich nicht richtig konzentrieren.	Prüfungen sind immer viel zu schwer.	Arbeiten in der ersten Stunde kann ich nicht gut.
spezifisch	Ich konnte noch nie schreiben.	Deutsch hasse ich.	Diese Deutscharbeit war besonders schwierig.	Just heute morgen bin ich mit dem linken Fuß aufgestanden.

Je nachdem, wie konsistent über Zeit dieses Ereignis auftritt, wird er die ausgemachten Ursachen als mehr oder weniger stabil einschätzen und Erwartungen für seine zukünftigen Deutschleistungen herausbilden. In Abhängigkeit davon, wie häufig er auch in anderen Fächern zu ganz wenigen Schülern/innen mit schlechten oder guten Noten gehören wird, wird er globale oder spezifische Erwartungen an seine Leistungen etablieren. Alle drei Kausaldimensionen zusammen vermitteln ihm zusammen das Ausmaß der Kontrolle, über das er hinsichtlich eines bestimmten Teilbereichs oder aber der Schule insgesamt verfügt (siehe Tabelle 9). Mit diesen Kausaldimensionen können Theorien über sich selbst beschrieben werden. Diese Theorien haben Konsequenzen. Diese werden nun ausgeführt.

7.6 Anwendungsmöglichkeiten: Intraindividuelle Ebene

Zunächst wird die intraindividuelle Ebene dargestellt, nämlich die Auswirkungen der Kausaldimensionen auf der individuellen kognitiven, emotionalen und Verhaltensebene. Danach folgt die Anwendung attributionaler Theorien auf die interindividuelle Ebene.

7.6.1 Auswirkungen der Kausaldimensionen auf der kognitiven Ebene

Wie in den obigen Ausführungen bereits angeklungen ist, determinieren die mit den Informationen verbundenen Kausaldimensionen die Erwartung von zukünftigem Erfolg und Misserfolg (siehe Abbildung 7). Dies gilt aber nicht nur für die Perspektive des Schülers und der Schülerin. Auch Eltern und Lehrpersonen wenden diese Kausaldimensionen an und schätzen ein, wie ein Schüler und eine Schülerin sich in einem bestimmten Fach entwickeln wird.

Kommen sie zu dem Schluss, dass beispielsweise Jens jegliche mathematische Fähigkeit abgeht, (eine stabile, internale, spezifische Ursache wird angenommen, die schwer kontrollierbar ist), dann werden sie keine hohen Erwartungen mehr in Jens' mathematische Leistungen stecken, sondern eher versuchen, den zu erwartenden Schaden zu begrenzen. Möglicherweise schulen sie Jens um oder versuchen seine Leistung in einem Fach, in dem er große Fähigkeiten hat, zu stärken. Kommen sie zu dem Schluss, dass Jens eigentlich hohe mathematische Fähigkeiten besitzt, aber faul ist, sich folglich nicht befriedigend auf Mathematikarbeiten vorbereitet, dann werden sie aufgrund dieser zwar internalen, aber variablen und spezifischen und kontrollierbaren Ursache für Jens' schlechte Mathematiknoten gezielt versuchen, Jens zu mehr Anstrengung zu bewegen und ihn gezielt loben beziehungsweise tadeln.

Hinsichtlich der Dimension Internalität/Externalität gibt es einige interessante Befunde, die dafür sprechen, dass Menschen nicht unbedingt nur wie naive Wissenschaftler und Wissenschaftlerinnen an Ursachenanalysen herangehen, sondern dazu neigen, selbstwertdienliche Ursachen ausfindig zu machen. Jungen und Männer neigen durchschnittlich stärker im Vergleich mit Mädchen und Frauen dazu, für Erfolg internale Ursachen, für Misserfolg jedoch externale Ursachen zur Erklärung heranzuziehen (siehe hierzu Deaux & Farris, 1977; Hamid & Lok, 1995; Smaxwil, 2008). Eine gute Mathematiknote würde bei einem Schüler wahrscheinlich dazu führen, dass er sich für mathematisch begabt hält, eine Schülerin hingegen würde dieses Ereignis wahrscheinlich für Zufall halten.

Auch Lehrpersonen verhalten sich selbstwertdienlich. Den Erfolg von Schülern/innen führen sie durchschnittlich stärker auf ihren Unterricht zurück, Misserfolg jedoch auf die mangelnde Anstrengung oder Fähigkeit der Schüler/innen. Bei auftauchenden Problemen konzentrieren sich Lehrpersonen auf Faktoren, die etwas mit den Schülern/innen zu tun haben (Medway, 1979; Heckhausen, 1980, S. 480). Das gleiche gilt aber auch für Kinder, wie Guttmann (1982) bei einer Untersuchung mit 220 Schülern/innen aus den Klassen 4, 5 und 6 feststellen konnte. Kinder und Lehrer spielten Ursachen, die etwas mit ihnen zu tun gehabt hätten, herunter und attribuierten eher auf andere Faktoren. Nur die Eltern versuchten die möglichen Ursachen auf verschiedene Bereiche zu verteilen: Auf ihr eigenes Kind, die Lehrpersonen, andere Kinder, die Umgebung des Kindes und sich selbst. Eltern sind vor Ort nicht involviert und können deshalb das schulische Geschehen differenzierter wahrnehmen.

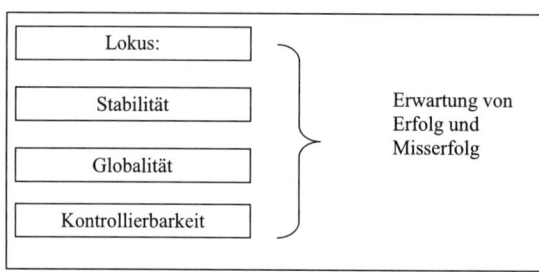

Abbildung 7: Auswirkungen der Kausaldimensionen auf der kognitiven Ebene

Aufgrund dieser Perspektivendivergenz kommt es vermutlich auch zu den häufig zu beobachtenden Konflikten zwischen Elternschaft und Lehrpersonen. Da letztere diejenigen Faktoren, die mit ihnen zu tun haben, bei auftauchenden Problemen abgeschwächt wahrnehmen, wie beispielsweise die Gestaltung des Unterrichts, werden Lehrpersonen sich persönlich angesprochen fühlen, wenn ausgerechnet solche Faktoren von Eltern als kausal wirksam für auftauchende Schwierigkeiten ihres Kindes gehalten werden. Eltern ziehen aber genau solche Ursachen auch in ihre Kausalanalyse mit ein (Beckman, 1976).

Selbstwertdienliche Kausalanalysen haben folglich etwas mit der Perspektivendivergenz involvierter beziehungsweise nicht-involvierter Personen zu tun. Wenn eine Person in ein Ereignis involviert ist, macht sie eher situationale Faktoren, also externale Faktoren für das Eintreten von Ereignissen verantwortlich (siehe Kapitel 4). Von außen sieht die Angelegenheit schon wieder ganz anders aus. Eltern sind jedoch nicht reine Beobachter und Beobachterinnen, sondern stellen einen Grenzfall dar. Warum viele Beteiligte des schulischen Alltags keine unabhängigen Beobachter und Beobachterinnen darstellen, sondern Ursachenanalysen betreiben, die eher auf externale Ursachen bei Misserfolg und internale Ursachen bei Erfolg hinaus laufen, wird deutlich bei der Darstellung der emotionalen Auswirkungen der Kausaldimensionen.

7.6.2 Auswirkungen der Kausaldimensionen auf der emotionalen Ebene

Die emotionalen Auswirkungen verschiedener Ausprägungen von Kausaldimensionen, können relativ gravierend sein. Internale Ursachen wie Fähigkeit oder angemessene Anstrengung führen bei guter Leistung zu Stolz und einer Steigerung des Selbstwerts. Externale Ursachen wie zu schwere Aufgaben vermitteln das Gefühl von Unkontrollierbarkeit und verstärken bei schwacher Ausprägung die Hoffnung beziehungsweise bei starker Ausprägung Hilflosigkeit angesichts der Anforderungen eines Fachs. Die Annahme stabiler Ursachen zieht vergleichbare Konsequenzen nach sich. Im Falle von Erfolg führt die Ursachenannahme von Fähigkeit zu Stolz und diejenige von Unfähigkeit zu Hilflosigkeit. Um negativen Emotionen zu entgehen, werden Ursachen häufig selbstwertdienlich verarbeitet.

7.6.3 Auswirkungen der Kausaldimensionen auf der Verhaltensebene

Eine geringe Erwartung von Erfolg ist gleichbedeutend mit einer Entmutigung. Schüler/innen mit einer geringen Erfolgserwartung bearbeiten keine anspruchsvollen Aufgaben mehr, brechen früh bei auftretenden Schwierigkeiten ab und bemühen sich nicht, hilfreiche Strategien für die Aufgabenbewältigung zu entwickeln (siehe Abbildung 8). Lehrpersonen werden denjenigen Schülern/innen, von denen sie Erfolg erwarten, anspruchsvollere Aufgaben stellen als denjenigen, von denen sie Misserfolg erwarten. Je anspruchsvoller die Aufgabenbearbeitung ist und je mehr Ausdauer investiert wird, desto mehr Strategien entdecken Schüler/innen und desto positivere Gefühle werden sie in dem Fach entwickeln.

Mit attributionalen Theorien kann systematisch gezeigt werden, wie sich im schulischen Bereich individuelle Leistungssysteme entwickeln und stabil halten können.

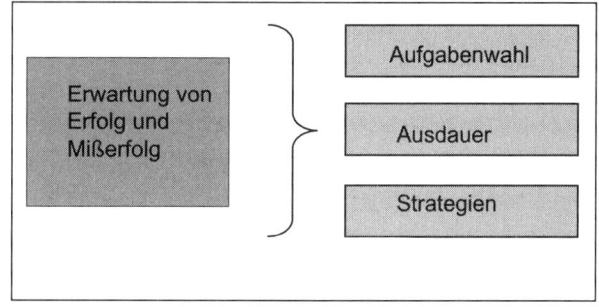

Abbildung 8: Auswirkungen der Kausaldimensionen auf der Verhaltensebene

Die Auswirkungen von Theorien über sich selbst auf das Verhalten hat Dweck (1999) eingehend beschrieben. Sie unterscheidet sogenannte *bewältigungsorientierte* Kinder von *hilflosen* Kindern.

Während ein Misserfolg bei bewältigungsorientierten Kindern die Anstrengung und die Konzentration steigert, sie ihre Strategien zur Erarbeitung der Aufgabe verändern, eine hohe Ausdauer bei dem Auffinden einer Lösung für eine Aufgabe zeigen und sich selber hilfreiche Instruktionen geben, verharren hilflose Kinder bei der Anwendung ineffektiver Lösungsstrategien, wiederholen diese beharrlich, obwohl sie auch zuvor nicht zu einer Lösung geführt haben, äußern Selbstzweifel und lenken sich mit irrelevanten Gedanken ab. Hilflose Kinder denken während einer auftauchenden Schwierigkeit beispielsweise nicht über Lösungsstrategien nach, sondern denken an einen Film, den sie abends im fernsehen schauen wollen. Wenn es möglich ist, geben sie auf.

Während bewältigungsorientierte Kinder ihren bisherigen Misserfolg auf instabile internale spezifische Ursachen zurückführen und sich mehr anstrengen, nehmen hilflose Kinder Ursachen für ihren Misserfolg an, die internal, global und stabil sind.

7.6.4 Auswirkungen eines globalen, internalen und stabilen Attributionsstils

Dweck (1999) führte einige Untersuchungen über begabte Mädchen durch. Ihre Frage war, warum begabte Mädchen häufig trotz schulischen Erfolges ein negatives schulisches Selbstkonzept ausbilden (vgl. Smaxwil, 2008). Ein Teil dieser Gruppe entwickelt nach Dwecks Beobachtungen ein gelerntes Hilflosigkeitsmuster, wenn Schwierigkeiten auftauchen.

Dies macht sich in einem klaren Verhaltensmuster bemerkbar. Hochbegabte Mädchen wählen, wenn sie die Wahl haben, häufiger leichte Aufgaben im Vergleich zu anderen Kindern, und zwar mit Vorliebe Aufgaben, die so leicht sind, dass ein Fehler unwahrscheinlich wird. Hingegen wählen Jungen seltener leichte Aufgaben, sondern häufiger Aufgaben, für die sie sich anstrengen müssen. Bei Jungen ist der Zusammenhang zwischen Intelligenz und Wahl eines Themas eher proportional: Je höher der Intelligenzquotient von Jungen ausfällt, desto eher können sie schwierige Themen meistern. Dweck beschreibt ein kontraintuitives Datenmuster für die Mädchen: Je höher der Intelligenzquotient von Mädchen, desto schneller sind diese bei Schwierigkeiten verwirrt und erbringen schlechtere Leistung.

Besonders in Bereichen, in denen der Lernstoff systematisch aufeinander aufbaut, Mathematik und Naturwissenschaften, machen sich diese Verhaltensmuster bemerkbar. Mädchen, wenn sie die Gelegenheit haben, wählen häufiger als Jungen Mathematik und Naturwissenschaften in der Schule ab bzw. wählen eher nicht die Berufe, die diese Kompetenzen benötigen. Mathematik ist jedoch eine der Schlüsselfähigkeiten für Berufe mit einem guten Einkommen und guten Aufstiegs- und Entwicklungsmöglichkeiten (Betz & Fitzgerald, 1987). Mathematik gilt als kritischer Filter für Frauen, da ihre Beherrschung die Voraussetzung für die besten Karrieremöglichkeiten in modernen Gesellschaften darstellt und somit den Bereich von Alternativen erweitert, unter denen später gewählt werden kann.

Mathematik wird oft noch als eine männliche Domäne betrachtet. Das führt dazu, dass Mädchen durchschnittlich ihre mathematische Begabung unterschätzen, sich also bei gleicher objektiver Leistung für schlechter als Jungen halten und intensivere Angst vor Mathematik empfinden. Auch sehen Frauen Mathematik als nützlicher für Männer an, Männer übrigens auch. Das Stereotyp „Frauen sind nicht gut in Mathe" zieht bestimmte Attributionen, also Theorien über sich selbst, nach sich. Ein biologisches Geschlecht zu haben beziehungsweise nicht zu haben ist jedoch chronisch unkontrollierbar. Stereotype dienen so als Vehikel für Attributionen, auf denen hilfreiche und nicht hilfreiche Theorien über sich selbst basieren können (Reyna, 2000; vgl. Kapitel 4).

Dweck bezieht als Erklärung für ihre Befunde über intelligente Mädchen die Theorie der gelernten Hilflosigkeit ein (Abramson, Seligman & Teasdale, 1978). Sie geht davon aus, dass begabte Mädchen wahrscheinlicher als andere Kinder ein globales Konzept von Intelligenz und Begabung entwickeln. Ein globales Konzept besagt, dass eine Person entweder übergreifend intelligent ist oder nicht. Intelligenz ist nach dieser Auffassung keine flexible, sich entwickelnde Größe, sondern eine Persönlichkeitsdisposition. So kann es kommen, dass begabte Mädchen trotz guter Leistungen, die sich in Schulnoten zeigen, ein Hilflosigkeitsmuster entwickeln. Trotz ihres Erfolges erleben sie keine Kontingenz. Sie sehen keinen Zusammenhang zwischen ihren Tätigkeiten, ihren Anstrengungen und ihrer Leistung.

Es bildet sich ein ungünstiges Attributionsmuster heraus. Haben solche Mädchen Erfolg, so sind sie geneigt, diesen auf äußere Umstände, die unkontrollierbar sind, zurückzuführen. Sie nehmen an, es sei Glück gewesen, dass sie wiederholt eine gute Note in Mathematik erzielt haben. Bei Misserfolg sind sie geneigt, die schlechte Leistung auf mangelnde Fähigkeit und mangelnde Intelligenz zurückzuführen, auf Faktoren, die ebenfalls schwer zu kontrollieren sind, weil begabte Mädchen häufig ein globales Konzept von Intelligenz verinnerlicht haben. Darüber hinaus sind diese Faktoren personenspezifisch, was die Verantwortlichkeit der Person für ein unerwünschtes Ereignis erhöht, dennoch aber keine gute Prognose für die Zukunft liefert, da diese Faktoren als permanent angesehen werden. Mädchen gelangen trotz objektiven Erfolgs häufiger bei dem ersten Misserfolg zu dem Schluss: *„Ich bin nicht schlau"*. Auch erinnern sie Misserfolg eher als Erfolg und ziehen negative Schlüsse über die eigene Person im Falle des Versagens.

Bei Jungen bildet sich bei Schwierigkeiten eher der Fokus auf Anstrengung heraus. Ein Problem wird als Problem angesehen und nicht als Merkmal der eigenen Person. Fehler werden als Möglichkeit zum Lernen, als Herausforderung aufgefasst, nicht als Ausdruck persönlichen Versagens. Diese Wahrnehmung führt langfristig dazu, dass sie ihre Leistungen steigern können. Da gerade intelligente Mädchen eine globale Theorie von Intelligenz verinnerlicht haben, bedeutet für sie eine Herausforderung eine Bedrohung und Fehler sind eine persönliche Verdammnis.

Auch hier ist es in Übereinstimmung mit den in Kapitel 4 formulierten Überlegungen zur zentralen Variable Geschlecht sicherlich weitaus hilfreicher für Lehrpersonen, Gruppen in ihren Klassen nicht nach der Variable Geschlecht aufzuteilen. Man kann davon ausgehen, dass sich Hilflosigkeit und Bewältigungsorientierung sowohl bei Jungen als auch bei Mädchen entwickeln kann. Hierzu kommt, dass ein und derselbe Schüler oder dieselbe Schülerin in einem Fach bewältigungsorientiert ist, in einem anderen jedoch eine Hilflosigkeit entwickelt. Es ist also wichtig, für die individuelle schulische Situation der Schüler/innen ein Gespür zu entwickeln. Das geschieht am besten durch Beobachtung des Leistungsverhaltens der Schüler/innen in bewertungsfreien schulischen Situationen im Vergleich mit Bewertungssituationen.

7.7 Anwendungsmöglichkeiten: Interindividuelle Ebene

7.7.1 Wahrnehmung von Verantwortlichkeit und Persönlichkeit

Je nachdem, welche Kausaldimensionen aus den gegebenen Informationen herangezogen werden, entsteht der Eindruck, dass eine Person mehr oder weniger selbst verantwortlich für ein Ereignis ist. Hat eine Lehrperson beispielsweise über Schüler Max die Theorie entwickelt, dass dieser zu bequem ist und sich trotz guter Förderung einfach nicht genug anstrengt, so wird sie ihn verantwortlicher für eine schlechte Note halten als Schülerin Lisa, die sich extrem lange und gut vorbereitet, aber dennoch regelmäßig bei Klausuren den Überblick verliert. Auch wenn beide eine vergleichbare Note erzielen, wird die Lehrperson dennoch aufgrund unterschiedlich wahrgenommener Verantwortlichkeit für diese Note unterschiedlich auf beide reagieren.

Weiner (2000) fasst in einem einfachen, vielfach bestätigten Modell die Auswirkungen wahrgenommener Verantwortlichkeit zusammen (siehe Abbildung 9). Demnach führt die Wahrnehmung hoher Verantwortlichkeit für ein negatives Ereignis wie im Fall des Schülers Max dazu, dass der

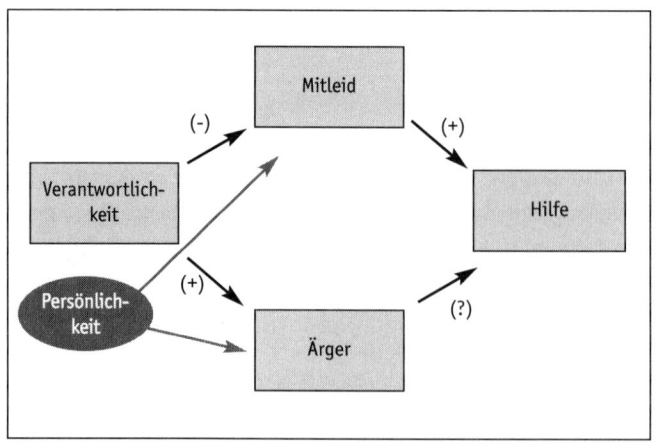

Abbildung 9: Die Verantwortlichkeitstheorie nach Weiner unter Hinzunahme der Persönlichkeit nach Steins und Weiner (1999)

entsprechende Lehrer wenig Mitleid mit diesem empfinden wird, jedoch ein vergleichsweise hohes Ausmaß an Ärger. Er wird ihm nicht soviel Unterstützung und Hilfe zuteil werden lassen wie Lisa, die er als wenig verantwortlich für ihre schlechten Noten wahrnimmt. Dieses Verhalten ist unlogisch, denn beide brauchen offensichtlich Unterstützung. Aber der Eindruck der Verantwortlichkeit einer Person für ihre Misserfolge beeinflusst die Gefühle, die mit Hilfeverhalten zusammenhängen.

Genauso wird es Schülern/innen mit ihren Mitschülern/innen gehen. Sie werden bei einer Klassenarbeit weniger denjenigen Schülern/innen helfen, die sie verantwortlich für ihre mangelnden Kenntnisse halten (die beispielsweise den ganzen Tag zuvor im Freibad verbracht haben und sich möglicherweise damit brüsten, dass sie auch ohne Vorbereitung durchkommen), als solchen Schülern/innen, die offensichtlich trotz guter Vorbereitung Schwierigkeiten mit dem entsprechenden Fach aufweisen, für die sie also nicht verantwortlich zu sein scheinen.

Nicht nur die wahrgenommene Verantwortlichkeit, auch die wahrgenommene Persönlichkeit der jeweiligen Person determiniert Ärger und Mitleid und damit Hilfeverhalten (Steins & Weiner, 1999; Abbildung 9). Implizite Persönlichkeitstheorien spielen hierbei eine zentrale Rolle: Auch wenn Menschen jemanden als sehr verantwortlich für seine eigene Misere einschätzen, empfinden sie dennoch größeres Mitleid, wenn sie diese Person sympathisch finden als wenn sie sie unsympathisch finden. Mitleid erhöht die Bereitschaft, die Person zu unterstüzen.

7.7.2 Selbstdarstellung

Attributionale Prozesse beeinflussen also das Hilfeverhalten sowohl auf Seite der Schüler/innen als auch auf derjenigen der Lehrpersonen. Da Schüler/innen über die Wirkmechanismen der Verantwortlichkeit wissen, implizit und expliziter mit zunehmendem Alter, stellen sie sich auf eine bestimmte Art und Weise auch unterschiedlich vor Mitschülern/innen und Lehrern und Lehrerinnen dar (Juvonen, 2000). Bei einem Misserfolg werden Schüler/innen gegenüber Lehrern und Lehrerinnen gut daran tun, mangelnde Fähigkeit zu demonstrieren. Nur so können sie auf Mitleid und Unterstützung hoffen. Vor ihren Mitschülern und Mitschülerinnen jedoch werden sie in diesem Fall eher differenzielle Antworten geben. Gegenüber als negativ eingeschätzten Peers werden sie betonen, dass sie sich nicht angestrengt haben. Da sie von diesen weder Mitleid, noch Unterstützung erhoffen, ist dies die selbstwertdienlichste Ursachenerklärung, denn sie lässt keine Schlussfolgerung über ihre Fähigkeit in dem jeweiligen Fach zu und legt statt dessen nahe, dass sie eigentlich Kontrolle haben. Gegenüber als positiv eingeschätzten Peers jedoch wird eher auf mangelnde Fähigkeit abgehoben, denn die Wahrnehmung dieser Ursache bei Freunden und Freundinnen sichert Mitleid und Unterstützung.

Lehrer/innen können Selbstdarstellungsaspekte minimieren. Sie können beispielsweise von Schülern/innen verlangen, dass diese in einem kurzen Text ihren Lösungsansatz beschreiben und ihre

Probleme skizzieren, wenn sie eine Aufgabe nicht können. So ist es manchmal weniger zeitintensiv, die Aufgabe zu erledigen und die Schüler/innen, die es wirklich nicht können, würden einen Text schreiben und ihr Problem reflektieren[13].

7.7.3 Reattributionstraining

Innerhalb des attributionstheoretischen Kontextes sind einige Methoden entwickelt worden, die darauf abzielen, bei sich selbst und anderen nicht hilfreiche Theorien zu erkennen und durch hilfreichere Theorien zu ersetzen. Reattributionstrainings stellen gut entwickelte und überprüfte Methoden dafür da, wie hilfreiche Theorien speziell auch im Leistungskontext entwickelt werden können. Oft ist die Information für Kinder, dass die Hilflosigkeit nicht dauerhaft sein muss und dass sie selbst etwas dagegen machen können, der Anfang für die Entwicklung einer Bewältigungsorientiertheit (vgl. auch Heckhausen, 1980, S. 503).

Bei einem Reattributionstraining werden zunächst alle Informationen rekonstruiert, die mit der Ursache eines Problems zusammenhängen können. Sind die Informationen auch vollständig wahrgenommen worden? Sind sie unverzerrt wahrgenommen worden? Sind die Schlussfolgerungen über die Ursachen korrekt abgeleitet worden? Wie kann im Falle eines begabten Mädchens die Schülerin logisch rechtfertigen, dass sie trotz guter schulischer Leistungen bei niedrigem Konsensus, hoher Konsistenz und niedriger Distinktheit sich für unbegabt hält und ein negatives schulisches Selbstkonzept hat?

Als Nachteil eines Reattributionstrainings wird immer wieder herausgestellt, dass dieses intensive Gespräche mit den Schülern/innen voraussetzt, für die im schulischen Kontext nicht viel Zeit aufgewendet wird. Nach den Befunden einer Metaanalyse von Robertson (2000) sinkt die Effektivität solcher Trainings mit der Gruppengröße der betroffenen Schüler/innen. Allerdings ist es vielleicht gerade sogar ein Vorteil, dass diese Methode intensive Gespräche mit Schülern/innen erzwingt. Ohne intensive Gespräche über die Ursachen von mangelnden Leistungen können diese kaum verbessert werden. Es ist nicht erfolgversprechend, einen Schüler oder eine Schülerin lediglich vor ein Computerlernprogramm zu setzen.

Reattributionstrainings müssen sorgfältig eingesetzt werden, damit sie wirken. Die in der Attributionstheorie wünschenswerte Ursachenzuschreibung „Anstrengung" im Vergleich zur „Fähigkeit" ist nur sinnvoll, wenn Schüler/innen den Erwerb und Einsatz von angemessenen Strategien gelernt haben. Obwohl der Aufwand groß ist und möglicherweise ein Engagement verlangt, das weder Eltern, noch Lehrer/innen sehr häufig aufbringen, ist letztendlich der individuelle Diskurs mit den Schülern/innen entscheidend (Oren, 2001).

---

[13] Eine Implikation von Christina Weyrand. Lehramtsstudierende an der Universität Duisburg-Essen.

Ein Vorteil ist, dass eine Kenntnis über die Prozesse, die zu Theorien über sich selbst und anderen Personen führen, es Schülern/innen erleichtert, sich realistisch einzuschätzen und sich damit auf bestimmte Leistungskontexte effektiver und gezielter vorzubereiten. Deswegen wäre es besonders für Eltern interessant, Gespräche mit reattributionstheoretischem Charakter in den Alltag mit Kindern zu integrieren. Ebenfalls können Theorien wie die Attributionstheorie oder die von Dweck abgeleiteten und im folgenden dargestellten Implikationen für Lehrern/innen Schüler/innen positiv beeinflussen (Tollefson, 2000).

7.7.4 Theorien über sich selbst und ihre Auswirkungen

Attributionstheorien und attributionale Theorien beschäftigen sich ausdrücklicher als die meisten anderen Theorien mit den Prozessen der Theoriebildung über sich selber. Das ist gerade für den schulischen Kontext interessant. Wie aus Dwecks Untersuchungen deutlich wird, führen globale, internale und stabile Attributionsmuster zu einem Erleben von Hilflosigkeit. Interessanterweise kann dies aber auch der Fall sein, wenn der Inhalt der Attribution sich auf eine positive Zuschreibung bezieht (z.B. „Lara ist intelligent."). Wie Dwecks Befunde zum Erleben besonders begabter Mädchen zeigen konnten, war es kein Problem des Selbstwertes, das zum Erleben von Hilflosigkeit angesichts schwieriger schulischer Herausforderungen geführt hatte. Die weit verbreitete Einstellung, man habe entweder *Selbstwert* oder nicht, und wenn ja, führe dies zu guten Ergebnissen, wenn nein, dann zu schlechten, ist falsch. Die undifferenzierte Verwendung des Konstrukts Selbstwert führt dazu, dass Eltern, Lehrer/innen und andere Bezugspersonen der Meinung sind, sie müssten ihren Kindern unabhängig von deren Leistungen den Eindruck vermitteln, dass sie viele gute Dinge in sich tragen, wie beispielsweise hohe Intelligenz und Begabung.

Der Glaube, man habe eine hohe Intelligenz oder eine Begabung, der Glaube an ein stabiles, persönliches Merkmal[14] führt dazu, dass ein Versagen, welches diagnostisch für dieses Merkmal ist, in das Erleben von Hilflosigkeit umschlagen kann und nicht zu vermehrter Anstrengung führt. Denn vermehrte Anstrengung wäre auch wiederum ein Beweis dafür, dass man nicht intelligent wäre. Manche Eltern und Lehrpersonen meinen jedoch, genau solche globalen Theorien würden den Selbstwert ihrer Kinder und Schüler/innen erhöhen.

Diese Praxis führt dazu, dass Kinder mitunter angelogen werden. Ihre guten Leistungen werden übertrieben („Du bist brillant in Mathematik!", „Dieses Bild ist wunderschön!"), während die schlechten Leistungen kaschiert („Das ist eigentlich ganz gut" oder „Doch, es gefällt mir wirklich") oder ganz versteckt werden („Du hast wohl einen schlechten Lehrer", „Diese Lehrerin habe ich noch nie leiden können"). Bezugspersonen und Lehrpersonen fürchten, dass negative Kritik

---

[14] Dweck bezeichnet eine solche Theorie über sich selbst als Entity-Theorie. Auf den Kausaldimensionen wäre dies ein globales, stabiles und internales, jedoch unkontrolliertes Merkmal einer Person.

den Selbstwert des Kindes oder Jugendlichen senken könnte und daraufhin die Resultate sich verschlechtern. Eine bedingungslos positive Verstärkungspraxis führt jedoch dazu, dass das Ego der Kinder aufgebläht wird und sie kein realistisches, für die Erreichung von Zielen jedoch notwendiges Konzept von Anstrengung entwickeln. Freude an Anstrengung und ein realistisches Selbstkonzept werden nur entwickelt, wenn Defizite bewältigt statt versteckt werden und Kinder lernen, mit Hindernissen umzugehen. Für Kinder ständig Hindernisse aus dem Weg zu räumen, macht diese hilflos und hält diese Hilflosigkeit aufrecht.

Die unerwünschte Wirkung konstanter leistungsunabhängiger positiver Rückmeldung kann also ein zwar großes, aber schwaches Ego sein. Die Folge ist ein Anspruchsdenken, welches eine Person unfähig macht, mit Hindernissen und Rückschlägen kompetent umzugehen. Statt Anstrengung für die Erreichung von Zielen zu erwarten und zu genießen und Rückschläge als Information und Herausforderung zu begreifen, führt ein auf falscher Rückmeldung basierender hoher Selbstwert zu einer Angst vor Versagen und einem Rückzug aus dem Leistungsbereich (beispielsweise das Abwählen eines ungeliebten, da zu herausfordernden Faches).

Natürlich ist Selbstwert dennoch eine wichtige Größe. Es ist aber wichtig, diesen Begriff zu schärfen. Selbstwert sollte demnach nicht auf globalen Theorien aufbauen, also auf der Annahme, dass die eigene Identität aus einer bestimmter Anzahl positiver Persönlichkeitszuschreibungen besteht, sondern Selbstwert ist demnach eine bestimmte Art und Weise, sich selbst zu erfahren, wenn die eigenen Ressourcen gut genutzt werden, um Herausforderungen zu meistern, zu lernen und anderen zu helfen, vergleichbar mit Banduras Konzept der Selbstwirksamkeit (hierzu Kapitel 8).

7.7.5 Konstruktives Feedback

Realistisches Feedback ist also wichtig und gehört in Hatties Analysen zu einer der zentralen Einflussfaktoren für die schulische Entwicklung (Hattie, 2009; S. 173 ff.). Dweck leitete aus ihrer Position ganz praktische Implikationen ab für die Art des Feedbacks, das gegeben werden kann, um Kinder zu befähigen sich auch angesichts von Schwierigkeiten bewältigungsorientiert zu verhalten, sich also als Personen zu erleben, die erwarten, Lösungen für Herausforderungen finden zu können. Demnach spielen die erwachsenen Bezugspersonen als *Modelle* eine wichtige Rolle. Kinder beobachten wie Eltern und Lehrer/innen selber mit Herausforderungen umgehen, wie sie Anstrengung einsetzen und Probleme lösen. Die erwachsenen Bezugspersonen können modellhaft vorleben, dass Anstrengung nichts ist, was vermieden werden soll, sondern etwas ist, was auch Spaß machen kann, also etwas Positives ist. Mancher notwendiger Unterrichtsstoff ist unvermeidbar trocken. Grammatik beispielsweise finden nur wenige Kinder und Jugendliche an und für sich spannend. Aber dennoch kann auch ein solcher schwieriger Stoff angemessen eingeführt und angepackt werden. *Modeling ist eine wichtige Technik eines Reattributionstrainings.*

Erwachsene Bezugspersonen können in alltäglichen Situationen zeigen, dass die Suche nach Problemlösestrategien auch etwas Interessantes sein kann. Sie können mit ihrem Verhalten demonstrieren, wie Versagen und Niederlagen auch Informationen darüber enthalten, warum manche der eingesetzten Strategien nichts genutzt haben. Eltern und Lehrer müssen sich fragen, warum ein Kind einen bestimmten Sachverhalt nicht versteht. Oft steht dahinter eine irrige Annahme auf Seite des/der Heranwachsenden. Sie können ihren Kindern angemessene Aufgaben zumuten, die bei den Kindern das Erleben von Unabhängigkeit fördern. Das erfordert die Bereitschaft, Kindern verlässliche, *realistische Rückmeldung* zu geben und es zu ertragen, dass Kinder sich mitunter frustriert fühlen.

Brophy (1981) plädiert ebenfalls für eine realistische Rückmeldung. *Lob* wird nach seinen Beobachtungen im schulischen Alltag eher durch die Bedürfnisse des Schülers und der Schülerin ausgelöst als durch dessen oder deren tatsächlich erfolgter Leistung. Ein Lob für eine nicht vollbrachte Leistung mag beispielsweise die sichtbare Niedergeschlagenheit eines Schülers momentan auflockern, aber es enthält keine angemessene Rückmeldung und die Niedergeschlagenheit könnte anders aufgefangen werden. Lob sollte nach Brophy selten, aber effektiv, an wirkliche Leistung gekoppelt sein. Eine realistische und spezifische Kommentierung von Leistungen ist ein wichiges Instrument bei der Reattribution.

Die Betonung von Lernstrategien und Anstrengung bedarf jedoch einer Richtung, denn eine Überbetonung von Anstrengung als Königsweg für alles, wäre nicht sinnvoll. *Anstrengung* ist sinnvoll, wenn sie im Dienste von Lernen und Wachstum erfolgt und nicht im Dienste der Erreichung guter Noten. Sie ist dann konstruktiv und weiterführend, wenn sich Selbstwert durch die Nutzung eigener Ressourcen entwickelt und nicht auf der Basis einer positiven Beurteilung durch die Bewertung von Eltern und Lehrpersonen.

Lehrer/innen und Eltern sollten also bewusst und gezielt mit den emotionalen, sozialen und sachlichen Informationen umgehen, die Mädchen und Jungen gegeben werden, wenn sie zu einem realistischen Selbstkonzept der Heranwachsenden beitragen wollen.

Die hier dargestellten Implikationen aus dem attributionstheoretischen Kontext weisen deutlich daraufhin, dass Schüler/innen in grundlegenden Fähigkeiten von den sie umgebenden Modellen profitieren können. Genau dieser Punkt steht im Zentrum des nächsten Kapitels: Modelllernen ist eine zentrale Variable innerhalb der sozial-kognitiven Lerntheorie.

7.8 Zusammenfassung

Menschen suchen nach den Ursachen von Ereignissen, die für sie wichtig sind. Dabei bilden sie durch die häufig einseitige Nutzung verfügbarer Informationen mitunter falsche Theorien über die Ursachen von Ereignissen aus. Schüler/innen, die auf Ursachen für Schulerfolg schließen, welche hiermit nicht in Zusammenhang stehen, entwickeln Theorien über sich selbst, die ihnen nur wenig Kontrolle für die Zukunft vermitteln. Sie bilden ungünstige Attributionsmuster und entwickeln ungünstige Emotionen und Verhaltensweisen in Bezug auf schulische Anforderungen, die diskrepant zu ihren Kompetenzen sein können. Wünschenswert ist eine realistische Attribution, da nur diese eine gezielte Änderung der Bedingungen zulässt, die mit Misserfolg verbunden sind. Reattributionstrainings sind hier sehr hilfreich. Lehrpersonen können durch realistisches Feedback, vermittelt über Lob und Tadel, und durch gezielte Fragen über die Ursachen von Misserfolg und Erfolg, dazu beitragen, dass Schüler/innen lernen, realistische Ursachen ihrer Schulleistung zu finden, und angesichts schulischen Misserfolgs motivierende existenzielle und kausale Attributionen ausfindig zu machen.

7.9 Fragen, Übungen, Lektüre

Fragen

- Was sind Attributionen?
- Welches Menschenbild leitet die Aussagen der Attributionstheorie?
- Welche Informationen nutzen wir, um auf Ursachen von Ereignissen zu schließen?
- Welche Informationstypen unterscheidet Kelley?
- Was sind existenzielle Attributionen?
- Welche Arten existenzieller Attributionen können unterschieden werden?
- Wie wirken sich existenzielle Attributionen aus?
- Worauf beziehen sich attributionale Theorien?
- In welcher Beziehung stehen Kausaldimensionen im Leistungskontext zu den Gefühlen bezüglich eines Erfolges und Misserfolges?
- In welcher Beziehung stehen Kausaldimensionen im Leistungskontext zu den Erwartungen bezüglich weiteren Erfolges oder Misserfolges?
- In welcher Beziehung stehen Kausaldimensionen im Leistungskontext zum Verhalten?
- Was ist ein Reattributionstraining?
- Was unterscheidet bewältigungsorientierte von hilflosen Kindern?
- Was ist eine ganzheitliche Theorie?

- Wie kommt es, dass auch positive ganzheitliche Theorien über sich selbst misserfolgsängstlich stimmen können?
- Worin sehen Sie die Hauptbedeutung dieses theoretischen Feldes für den schulischen Bereich?

Übungen
- Stellen Sie sich eine intelligente Schülerin oder einen intelligenten Schüler vor, die oder der trotz schulischen Erfolges ein negatives Selbstkonzept der eigenen Begabung entwickelt hat. Wie können Sie die Attributionstheorie nutzen, um sie oder ihn zu einer Änderung des Selbstkonzeptes zu bewegen? Notieren Sie Ihre Überlegungen.
- Befragen Sie einen Schüler oder eine Schülerin eingehend nach seinen Theorien über sich selbst: Aufgrund welcher Information kommt er oder sie zu Einschätzungen eigener Leistung? Worauf führt er oder sie die hohe oder mangelnde Leistung zurück? Wie fühlt er oder sie sich damit? Welche Erwartungen an die Zukunft sind damit verbunden? Fragen Sie jeweils nach einem Fach, in dem Ihr Gegenüber sehr gut ist und nach einem Fach, in dem Ihr Gegenüber nicht besonders gut ist. Skizzieren Sie die relevanten Gesprächsinhalte.

Zur Nachbereitung empfohlene Lektüre
- Meyer, W.-U. (2000). *Gelernte Hilflosigkeit.* Bern: Huber.
- Meyer, W.-U. (2001). Die Attributionstheorie. In Fry, D. & Irle, M. (2001). *Theorien der Sozialpsychologie, Band I: Kognitive Theorien.* Bern: Huber.
- Schober, B. & Ziegler, A. (2001). Das Münchner Motivationstraining (MMT): Theoretischer Hintergrund, Förderziele und exemplarische Umsetzung. *Zeitschrift für Pädagogische Psychologie, 15,* 168-180.
- Ziegler, A. & Schober, B. (1997). *Reattributionstrainings.* Regensburg: Roderer

8. Die sozial-kognitive Lerntheorie

Lerntheorien gehen generell davon aus, dass durch positive Verstärkung (beispielsweise Belohnung, Lob) die Häufigkeit erwünschter Verhaltensweisen steigt. Der positive Reiz wird mit der erwünschten Verhaltensweise assoziiert und diese wird dadurch als etwas Positives gespeichert. Durch Bestrafung oder ausbleibende positive Verstärkung reduziert sich die Frequenz unerwünschter Verhaltensweisen (Cowan & Walters, 1963; Walters & Brown, 1963; Geen & Stonner, 1971).

Der Alltag zeichnet sich jedoch nicht dadurch aus, dass Menschen ständig verstärkt werden. Andere Komponenten müssen als so verstärkend erlebt werden, dass auch dann Verhaltensweisen erlernt und ausgeführt werden, wenn sie nicht mit positiven Verstärkern gekoppelt sind. Die sozial-kognitive Lerntheorie von Albert Bandura (1979, 1997) bietet hier ein gutes Erklärungsmodell an. Sie geht über behavioristische Theorien hinaus, indem sie vermittelnden Prozessen eine große Bedeutung beimisst. Die Bedeutung vermittelnder Prozesse war auch behavioristisch forschenden Wissenschaftlern/innen klar, aus wissenschaftstheoretischen Gründen hatte man jedoch auf eine Untersuchung nicht beobachtbarer Vorgänge lange Zeit verzichtet.

8.1 Die sozial-kognitive Lerntheorie von Bandura

Verhalten wird nach Bandura besonders durch Imitation gelernt. Unterschieden wird zwischen Lernen und Ausführung. Lernen nach Banduras Definition umfasst zunächst jede Speicherung wahrgenommener Reize und Reizfolgen im Langzeitgedächtnis (Bandura, 1965; 1979; 1982; 1986; 1997).

Nur weil ein Schüler beispielsweise gelernt hat wie eine bestimmte Mathematikaufgabe zu lösen ist, heißt dies noch lange nicht, dass er dies auch vor der Klasse an der Tafel demonstrieren kann oder wird. Andere Variablen entscheiden, ob er sein Können wirklich zeigen wird, z.B. seine Motivation und Selbstwirksamkeit. Lernen ist also eine notwendige, aber keine hinreichende Bedingung für Verhalten.

Evidenz für diese Hypothese kann in vielen Situationen beobachtet werden. Ein Kind hat gelernt, eine eigene Meinung zu formulieren, äußert diese jedoch nicht im Unterricht. Ein Kind weiß genau, wie man einer anderen Person physisch wehtun könnte, setzt dies aber nicht in Verhalten um. Diese Unterscheidung zwischen Lernen und Ausführung ist für Lehrer/innen von großer Relevanz. Da Lehrer/innen nicht Potenzial, sondern gezeigte Leistung bewerten, ist es wichtig, die Schüler/innen dahin zu bringen, dass sie zeigen, was sie gelernt haben. In dieser Theorie spielen deswegen Motivationsprozesse eine große Rolle.

8.1.1 Vier Teilprozesse des Lernens

Bandura beschreibt vier Teilprozesse des Lernens, Aufmerksamkeit, Gedächtnis, Verhalten und Motivation.

Aufmerksamkeit

Nach Bandura wird die Aufmerksamkeit vor allem durch bestimmte Charakteristika der sogenannten *Modellperson* gelenkt. Eine auffällige Modellperson wird eher die Aufmerksamkeit anderer erhalten als eine unscheinbare, unauffällige Modellperson. Auch ist die Komplexität des Verhaltens einer Modellperson entscheidend. Ist ihr Verhalten zu monoton oder zu komplex, wird die Aufmerksamkeit abschweifen, im Falle monotonen Verhaltens aus Langeweile, im Falle zu komplexen Verhaltens aus Überforderung. Wenn das Verhalten der Modellperson einen hohen funktionalen Wert für die Zuhörer und Zuhörerinnen hat, wird ihr auch mehr Aufmerksamkeit geschenkt werden.

Auch wird eine Modellperson, an die sich Kinder und Jugendliche emotional gebunden fühlen, weitaus mehr Aufmerksamkeit erhalten als eine Person, der sie gleichgültig oder sogar negativ gegenüberstehen.

Die Aufmerksamkeit der Schüler/innen, die sie ihrer Lehrperson als Modellperson schenken, wird wahrscheinlich hoch sein, wenn sie etwas von ihr lernen können und der Unterricht als belohnend erlebt wird.

Gedächtnis

Wie kann sichergestellt werden, dass der vermittelte Unterrichtsstoff dann auch wirklich gelernt wird, also ins Langzeitgedächtnis überführt wird? Eine Speicherung ins Langzeitgedächtnis ist umso wahrscheinlicher, wenn das Lernmaterial sinnvoll strukturiert dargeboten wird und wiederholt wird. Das muss nicht immer auf dieselbe Art und Weise geschehen, sondern kann durch eine Kombination unterschiedlicher Unterrichtsmethoden erzielt werden.

Verhalten

Wie gut etwas gelernt wird, hängt auch von einigen Kompetenzen hinsichtlich des Verhaltens der Schüler/innen ab. Die Schüler/innen müssen über die allgemeinen motorischen Fähigkeiten, die für die Ausführung des Gelernten entscheidend sind, verfügen. Etwas wird leichter zu lernen sein, wenn Schüler/innen bereits über bestimmte Teilkomponenten des Modellverhaltens verfügen.

So muss man beispielsweise für das Halten eines Referates die Kombination bestimmter Verhaltensprogramme beherrschen: Gestik, Mimik, Stimmbeherrschung, etwas an die Tafel schreiben etc. Wenn jemand bereits relativ frei reden kann, dann wird er die anderen Teilprozesse besser lernen können, weil er sich nicht auf alles zugleich konzentrieren muss.

Motivation

Viele Schüler/innen beteiligen sich am Unterricht nicht unbedingt deshalb, weil sie dann eine gute Note oder ein Lob (externe Verstärker) oder aber bei mangelnder Beteiligung eine schlechte Note und Tadel bekämen (Strafreize), sondern sie melden sich auch weiter, wenn sie ihre Note nicht kennen oder kein Lob bekommen. Externe Verstärker und Strafreize können natürlich ebenfalls die Motivation zu lernen beeinflussen, aber Menschen verfügen auch über die Kunst, sich in einem inneren Selbstgespräch selbst zu verstärken bzw. selbst zu bestrafen. Selbstverstärkung und Selbstbestrafung als innere kognitive Prozesse spielen bei Motivationsprozessen eine große Rolle.

Darüber hinaus beeinflusst ein weiterer kognitiver Prozess die Motivation: Stellvertretende Verstärkung und Bestrafung. Als Mitglied einer Gruppe beobachten Schüler/innen, welche Konsequenzen aus welchem Verhalten anderer Schüler/innen erfolgen. Aus diesen Beobachtungen bilden sich Erwartungen heraus: „Wenn Peter bestraft wird, weil er Lisa gehauen hat, dann werde wohl auch ich bestraft werden, wenn ich Lisa haue." Wenn weiterhin wiederholt beobachtet werden kann, dass Peter immer bestraft wird, wenn er jemanden haut, dann entsteht die generalisierte Erwartung, dass dieses Verhalten als solches negative Konsequenzen nach sich zieht. Das gilt auch für die Beobachtung positiver Konsequenzen. Ohne dass also der entsprechende Schüler selbst haut und bestraft wird, lernt er, dieses durch stellvertretende Verstärkung und Bestrafung zu unterlassen.

Schüler/innen lernen in allen zwischenmenschlichen Interaktionen stellvertretend, ohne dass sich dies zunächst in deren Verhaltensweisen äußern muss. So hört Lisa zum Beispiel, dass ihre Lehrerin sich bei ihren Kolleginnen beklagt, dass sie soviel arbeiten müsse und eigentlich nur noch auf die Sommerferien hin leben würde. Lisa hört, wie ihre Lehrerin von ihren Kolleginnen bedauert wird. Was lernt Lisa? Sie lernt, dass man Zuwendung bekommt, wenn man sich darüber beklagt, dass man angestrengt ist. Peter kann beobachten, wie seine Lehrerin sehr hart mit einem Kind umgeht, dass sich aggressiv verhalten hat und dafür von ihren Kolleginnen gelobt wird. Was lernt Peter? Er lernt, dass es gut ankommt, wenn man auf Aggressionen anderer hart reagiert. Kathi beobachtet, dass Karl häufiger zu Wort kommt, wenn er sich nicht meldet, sondern seinen Beitrag unaufgefordert kundtut. Es wird nicht mehr lange dauern, dann wird auch Kathi versuchen, es ihm gleich zu tun. Ob es dazu dann wirklich kommt, hängt natürlich von ihren Selbstwirksamkeitserwartungen ab, einer weiteren wichtigen Einflussgröße der Motivation.

8.1.2 Selbstwirksamkeit

Selbstwirksamkeit beinhaltet den Grad der Gewissheit, dass man imstande ist, ein Verhalten korrekt auszuführen, das notwendig ist, um die erwartete Konsequenz herbeizuführen, auch wenn es Hindernisse gibt. In der Regel ist Selbstwirksamkeit zunächst niedriger, wenn das zu lernende Verhalten mit sehr viel Können verbunden ist oder eine Verhaltensweise darstellt, die zunächst Angst macht.

Selbstwirksamkeit ist hingegen umso höher, je mehr eigene Erfahrungen auf diesem Gebiet gemacht wurden. Durch die Beobachtung erfolgreicher, vergleichbarer Personen steigt die eigene Selbstwirksamkeit. Auch Gespräche über das zu lernende Verhalten und die damit verbundenen Teilfertigkeiten können Selbstwirksamkeit positiv beeinflussen. Schließlich kann die Interpretation eigener Aufgeregtheit, die als physiologische Aktivierung sichtbar wird (Händezittern, erhöhter Herzschlag usw.) dazu führen, dass die Erwartung der Selbstwirksamkeit sinkt, wenn aus Aufgeregtheit der nicht hilfreiche Schluss resultiert „Ich bin aufgeregt, also bin ich unsicher" statt „Ich bin aufgeregt, also bin ich motiviert!".

Personen mit höherer Selbstwirksamkeit wirken eher aktiv auf ihre soziale Umwelt ein als Personen mit niedrigerer Selbstwirksamkeit (Bandura, 1982). Sie suchen sich zum Beispiel eher neue soziale Lebensräume, wenn die alten unbefriedigend sind. Sie nehmen mehr berufliche Optionen für sich wahr und gestalten ihre Umgebung aktiv nach ihren Vorstellungen. Auch zeigen sie im Vergleich zu Personen mit vergleichsweise niedriger Selbstwirksamkeit bessere Leistungen (Phillips & Gully, 1997).

8.1.3 Modelllernen

Lernen erfolgt nicht nur über simple Reizsteuerung, sondern über vermittelnde Prozesse. Der in dieser Theorie zentrale vermittelnde Prozess ist das Lernen am Modell. Durch Beobachtung und Imitation des Verhaltens der Modelle aus der Umwelt wird gelernt.

Modelle können wirkliche Personen sein (leibhaftig), sie können aber auch durch Fernsehen, Bücher und andere Medien repräsentiert werden, also symbolischer Natur sein.

Durch zahlreiche Untersuchungen ist belegt, dass Modelle in Abhängigkeit von den beobachteten Kontingenzen zwischen Verhalten des Modells und den daraus für das Modell resultierenden Konsequenzen imitiert werden.

In einer bekannten Untersuchung sahen Kinder in einem Film, wie ein anderes Kind eine Puppe schlägt und anschließend von einem Erwachsenen belohnt wird bzw. bestraft wird. In der Kontrollgruppe verhält sich der hinzutretende Erwachsene unauffällig (Bandura, 1965). Die Kinder, welche das Kind beobachtet haben, das belohnt wird, imitierten dieses Verhalten überproportional häufiger als die Kinder der anderen Gruppe. Sie hatten genauso wie die anderen Kinder gelernt, dass eine Puppe prinzipiell geschlagen werden kann, aber waren aufgrund der beobachteten stellvertretenden Belohnung motivierter das Gelernte auch zu zeigen.

Auch wenn Modelllernen eine wichtige Einflussquelle für Lernen ist, bleibt die wichtigste und stärkste Quelle des Lernens das eigene Verhalten (Bandura, Blanchard & Ritter, 1969). Schlangenphobiker beispielsweise gewannen am stärksten Kontrolle über ihre Angst, wenn sie dazu gebracht wurden, selber eine Schlange anzufassen. Das Beobachten eines Modells, welches eine Schlange anfasste führte im Vergleich zu einer Kontrollgruppe auch zu einer geringeren Angst, war aber der eigenen Erfahrung unterlegen.

8.2 Anwendungsmöglichkeiten

8.2.1 Lehrer/innen als Modelle

Sind Lehrer/innen Modelle für ihre Schüler/innen? Prominente Figuren aus verschiedenen Medien scheinen für Heranwachsende eine größere Rolle für die Standardübernahme und Verhaltensorganisation zu spielen. In der Schule sind jedoch die Lehrer/innen leibhaftige Modelle. Ob sie wollen oder nicht, verhalten müssen sie sich irgendwie. Sie haben das Potenzial positive Modelle zu sein (Steins, 2011; Haep & Steins, 2012; Haep, Steins & Wilde, 2012; Steins & Haep, 2013).

Detaillierte Aspekte positiven Modellverhaltens von Lehrern/innen hat Woolfolk (1995) zusammengetragen. Ein umfassendes tiefgehendes Fachwissen ist wichtig. Ein positives Modell kennt sich in den eigenen Unterrichtsfächern sehr gut aus. Das schließt eine sehr gute Kenntnis von Unterrichtsmaterialien und Unterrichtsprogrammen ein. Ein tiefes Wissen um Unterschiede zwischen Schülern/innen ist ebenfalls bedeutsam, denn Unterrichtsinhalte müssen oft sehr differenziert dargestellt werden, um verschiedene Schüler/innen anzusprechen. Zum umfassenden tiefgehenden Fachwissen gehört deshalb das Praktizieren unterschiedlicher angemessener Unterrichtsformen.

Der Unterrichtsstoff sollte gut strukturiert und verknüpft werden: Alltagsbezüge herauszuarbeiten, und die Nützlichkeit eines Stoffes für andere Fächer darzustellen, elaboriert das Wissen. Damit dies angemessen geschehen kann, kennen sich gute Modelle mit der Entwicklung von Lernen und Wissensorganisation aus. Siebenjährige Kinder beispielsweise machen charakteristische Fehler, die ihrer Entwicklungsstufe angemessen sind, aber eine andere Darstellung des Stoffes notwendig macht als für zehnjährige Kinder.

Weiterhin ist eine Lehrperson nach Woolfolk dann wahrscheinlicher ein gutes Modell, wenn sich ihr Unterricht durch Organisation und Klarheit auszeichnet (siehe auch Hattie, 2009; S. 125 ff.). Dazu gehört, dass sie das Lernziel einer Unterrichtseinheit konkretisiert, klare Gliederungen des Vorgehens vorlegen und übersichtliche Tafelbilder anfertigen kann. Auch sollte sie sich sprachlich klar ausdrücken können. Direkte Instruktionen sind wesentlich effektiver für den Lernerfolg der Schüler/innen als indirekte Instruktionen (Hattie, 2009; S. 204). Es gehört ebenfalls mit zu einer guten Organisation, wenn die wichtigen Punkte einer Unterrichtseinheit herausgearbeitet werden und der Unterrichtsfortschritt veranschaulicht wird.

Schließlich sollte sie sich durch emotionale Wärme und Engagement auszeichnen im Umgang mit den Schülern/innen und durch die Begeisterung über ihre eigene Tätigkeit auch ihre Schüler/innen begeistern (vgl. Interview 1.1; siehe auch Hattie, 2009; S. 118 ff.).

Aus der Perspektive der sozial-kognitiven Lerntheorie ergibt sich folgende Beschreibung eines Lehrers und einer Lehrerin als positives Modell für ihre Schüler/innen. Ein gutes Modell kann die Aufmerksamkeit der Schüler/innen lenken, es führt generell angemessene und spezifisch in Hinblick auf die Eigenarten der Schüler/innen angemessene Lernstrategien ein und lässt die Schüler/innen diese selber ausprobieren. Ein gutes Modell schafft es, Schüler/innen intrinsisch zu motivieren, indem es den Nutzen des Wissens herausarbeitet. Es kennt die Selbstwirksamkeitserwartungen der Kinder und versucht diese positiv zu beeinflussen und demonstriert selber, dass das eigene Fach Spaß macht.

Lehrer/innen in der Primarstufe sind für ihre Schüler/innen besonders wichtige Modelle, denn jüngere Kinder neigen aufgrund eines noch relativ undifferenzierten Selbstkonzepts zur starken emotionalen Identifizierung mit ihrer Lehrperson. Die Aufmerksamkeit ihr gegenüber ist ziemlich groß und ebenfalls der Kredit hinsichtlich ihrer Sympathie. Diesen kann man verspielen oder würdigen und nutzbringend für die Lernmotivation der Kinder einsetzen.

Lehrpersonen haben im Vergleich zu den Peers ihrer Schüler/innen den entscheidenden Nachteil, dass sie nicht als vergleichbare Modelle fungieren. Der Generationenunterschied kann relativiert werden, indem sie den Kindern von ihren eigenen Schwierigkeiten mit bestimmten Aufgaben berichten. Eine Lehrerin, die erzählt, dass sie als achtjähriges Kind große Schwierigkeiten mit der Subtraktion von Zahlen hatte und berichten kann, welche Strategien sie dann angewendet hat, um zur Lösung zu finden, wird die Selbstwirksamkeitserwartung ihrer Schüler/innen positiv beeinflussen können.

8.2.2 Selbstwirksamkeit im Schulalltag bei Lehrpersonen

Schmitz und Schwarzer (2004) haben eine Skala zur Erfassung von Selbstwirksamkeit der Lehrer/innen konstruiert. Einige Beispielaussagen aus einem Fragebogen seien genannt: *„Ich bin mir sicher, dass ich auch mit den problematischen Schülern in guten Kontakt kommen kann, wenn ich mich darum bemühe."* Oder: *„Ich weiß, dass ich es schaffe, selbst den problematischsten Schülern den prüfungsrelevanten Stoff zu vermitteln."* Oder: *„Selbst wenn mein Unterricht gestört wird, bin ich mir sicher, die notwendige Gelassenheit bewahren zu können."* Die zehn Aussagen der Kurzskala werden auf einer Skala von (1) stimmt nicht, (2) stimmt kaum, (3) stimmt eher, bis (4) stimmt genau, beantwortet. Je höher der Wert ist, desto höher ist die empfundene Selbstwirksamkeit einer Lehrperson auch in schwierigen schulischen Situationen etwas ausrichten zu können.

Es ist anzunehmen, dass eine Lehrperson, die (durch eine selbstwirksame Theorie über sich selbst in schulischen Situationen) sich auch in schwierigen Situationen um konstruktive Lösungen und Einfälle bemühen wird und ein gutes Modell für ihre Schülerinnen und Schüler abgeben wird.

Die Skalen zur Selbstwirksamkeit klingen mitunter wie eine Messung von Größenwahn. Bandura (1997) räumt ein, dass es durchaus angemessen sein kann, die Einschätzung der eigenen Selbstwirksamkeit im Laufe seines Lebens nach unten zu korrigieren. Bevor man jedoch eine Sache nicht wirklich ausprobiert, kann man nicht wissen, was man schaffen kann. Es ist deshalb motivierender und zielführender, zu glauben, dass etwas bewirkt werden kann und es ernsthaft zu versuchen als von vorneherein aufzugeben.

8.2.3 Peers als Modelle

Der Einfluss der Peers ist relevant. Peers sind sich gegenseitig potenzielle Modelle (Hattie, 2009; S. 186). Schunk und Hanson (1985) untersuchten die Subtraktionsleistung von 72 Kindern im Alter von 8 - 10 Jahren. Sie beobachteten, wie ausdauernd die Kinder waren und sie fragten nach der erlebten Selbstwirksamkeit der Kinder. Schunk et al. wiesen die Kinder drei verschiedenen Bedingungen zu:

(1) In der ersten Bedingung beobachteten sie einen Peer, der Strategien bei der Subtraktion schnell beziehungsweise stufenweise erlernt. Hierbei achteten die Forscher darauf, dass das Peer-Modell das gleiche Geschlecht aufwies wie die beobachtenden Kinder.

(2) In der zweiten Bedingung wurde das Gleiche mit der Person eines Lehrers beziehungsweise einer Lehrerin durchgeführt.

(3) Die dritte Bedingung stellte eine Kontrollbedingung dar.

Die Ergebnisse zeigen, dass unabhängig von der Art des Lernens (schnell versus stufenweise) die Schüler/innen am besten dann Subtraktionsstrategien lernten, wenn sie einen gleichgeschlechtlichen erfolgreichen Peer beobachtet haben.

Menschen können sich leichter und intensiver mit Personen identifizieren, die ihnen ähnlich sind und bilden, wenn sie ähnliche Andere erfolgreich agieren sehen, höhere Selbstwirksamkeitserwartungen heraus. *„Wenn dieses Mädchen dies kann, das so alt ist wie ich und in dieselbe Klasse geht, warum sollte ich es dann nicht können?"* Wenn ein Lehrer beispielsweise eine komplizierte Aufgabe an der Tafel richtig rechnet, verwundert dies nicht. Er ist Lehrer und sollte es können und ist den Schülern/innen auf vielen schulrelevanten Dimensionen wie Alter und Status sehr unähnlich (und damit eine Doppelminorität und keine relevante Vergleichsperson).

Die Implikation eines solchen Forschungsbefundes liegt auf der Hand. Vermutlich werden Selbstwirksamkeitserwartungen und damit auch die Ausdauer bei der Aufgabenbearbeitung gesteigert, wenn Schüler/innen in Gruppen zusammenarbeiten, die hinsichtlich ihres Leistungsvermögens so ausbalanciert sind, dass keine besonders großen Vergleiche nach oben und unten stattfinden können. Auch die Einbeziehung von Schülern/innen in einer Funktion als Lehrer/innen scheint wünschenswert zu sein, oder als gegenseitige Lehrer/innen (Hattie, 2009; S. 203). In koedukativen Klassen scheint es besonders wichtig zu sein, dass Lehrpersonen darauf achten, dass sowohl Jungen als auch Mädchen diese Funktionen übernehmen und keine Geschlechterstereotype aktiviert werden (vgl. Kapitel 18).

Damit positive Modelle wirken können, ist es erforderlich, dass die Lernumwelt stimmig ist. Moriarty, Douglas, Punch und Hattie (1995) fanden, dass kooperative Lernumwelten zu einer höheren Selbstwirksamkeit und besseren Leistung führten als auch zu einem sozial angemesseneren Verhalten. Die Leistung von bestimmten Aufgaben verbesserte sich zwar unter Wettbewerb, aber nur, wenn zuvor kooperativ gearbeitet wurde.

Es ist also zu vermuten, dass der positive Einfluss gleichaltriger und auch gleichgeschlechtlicher Peers am stärksten in kooperativen Lernumwelten ist. Hier können sich die höchsten Selbstwirksamkeitserwartungen herausbilden. Es ist denkbar, dass in kompetitiven Situationen ein Peer nicht als positives Modell geschätzt werden kann, da seine positiven Strategien mehr als Bedrohung, denn als Anregung wahrgenommen werden (im Sinne von Tessers Vorhersagen; siehe Kapitel 6).

8.2.4 Selbstwirksamkeit durch Techniken des Lernens

Selbstwirksamkeit bei Schülern/innen bedarf eines guten Handwerkszeugs. Metakognitive Strategien, Strategien, wie mit sich selber reden und sich selber Fragen stellen kann, sind wichtige Werkzeuge, um einen Zugang zu Unterrichtsinhalten zu bekommen (Hattie, 2009; S. 188ff.). Sie allein aber werden ohne Motivation nicht viel nützen. Es reicht nicht, Schülern/innen Lernen beizubringen, es kommt auch hier auf das *Wie* und den *Kontext* an.

8.2.5 Unterrichtsformen

Die Annahmen der sozial-kognitiven Lerntheorie sprechen für eine Balance aus verschiedenen Unterrichtsformen. In Kombination mit den Erkenntnissen gruppendynamisch orientierter Lerntheorien ist es für den Lernprozess und der damit zusammenhängenden Leistung optimal, wenn Lehrer/innen die sowohl motivierenden als auch ablenkenden Einflüsse der Gruppe beachten und mit den erforderlichen Lernprozessen abstimmen (siehe auch Kapitel 9).

Triplett hielt 1898 fest, dass allein die Anwesenheit anderer Menschen stimulierend ist und Menschen bei leichten Tätigkeiten zu höherer Leistung ansporrnt. Dieses Phänomen wird als *soziale Erleichterung* bezeichnet. Dabei ist es unerheblich, ob die anderen zuschauen oder selber mitmachen. Warum andere stimulierend auf Menschen wirken, wird sehr unterschiedlich beantwortet.

Man kann aus dem Phänomen nicht einfach schließen, dass Gruppenarbeit die effizienteste Unterrichtsform wäre. Nach Bandura ist Selbermachen und Ausprobieren selbstwirksamkeitssteigernd und fördert das Lernen. Da liegt es nahe, Schüler/innen selber ausprobieren zu lassen, am effizientesten in Gruppen (soziale Erleichterung).

Wie Allport (1920) und später Zajonc (1965) ausarbeiteten ist das Phänomen der sozialen Erleichterung jedoch nur bei relativ gut eingeübten Tätigkeiten zu beobachten. Die Anwesenheit anderer schmälert bei komplexen Aufgaben sowohl die Quantität als auch die Qualität. Der letzte Effekt ist dabei stärker als der erste Effekt. Der Verlust bei der individuellen Bearbeitung einfacher Aufgaben ist nicht so hoch wie der Verlust bei der Bearbeitung komplexer Aufgaben in der Gruppe.

Die durch die Anwesenheit anderer Personen aufkommende Erregung führt zur Aktivierung dominanter (also überlernter) Reaktionen (Zajonc & Sales, 1966). Wenn eine Aufgabe solche Reaktionen benötigt, kann diese in Anwesenheit anderer Personen besonders gut ausgeführt werden. Werden aber neue Reaktionen erforderlich, dann wirkt sich die Anwesenheit anderer störend aus. Im Gegensatz zum Phänomen der sozialen Erleichterung ist dann das Phänomen der *sozialen Interferenz* zu beobachten.

Daraus ergibt sich für die Auswahl von passenden Unterrichtsformen, neue Sachverhalte alleine lernen zu lassen. Diese Inhalte werden durch einen konzentrierten, störungsfreien, gut strukturierten Frontalunterricht eingeführt. In der Gruppe kann dann der neue Sachverhalt umgesetzt werden. Die Anregung durch die Gruppe kann jedoch nur genutzt werden, wenn der Stoff zuvor individuell wirklich gut gelernt wurde.

Gruppenarbeit, selbst bei gut gelernten Grundlagen, ist nur dann erfolgreich, wenn sie gut konzipiert ist. Auch wenn Schüler/innen selbst explorieren können müssen, ist die Lehrperson dafür verantwortlich, dass hierzu die Grundlagen gegeben sind.

So beeinflusst die Art der Aufgabenstellung die Produktivität der Gruppe (Forsyth, 2010) und die Relation zwischen Gruppenergebnis und individuellem Beitrag. Additive Aufgaben sind beispielsweise einerseits störanfällig. Je mehr Personen involviert sind, desto schlechter ist die Leistung, weil die Tätigkeiten oft nicht gut koordiniert sind (Ringelmanneffekt). Andererseits übertrifft die Gruppenleistung in der Regel die individuelle Leistung. Die Gruppe steht zusammen oft besser als die oder der Beste da. Zu zweit einen Elektromotor zu bauen kann durchaus produktiv sein. Auch kompensatorische Aufgaben sind für Gruppenarbeit durchaus geeignet. Hier schneidet die Gruppe immer noch besser als die meisten Gruppenmitglieder ab. Bei kompensatorischen Aufgaben (z.B. die Beurteilung der Sicherheitslage in Deutschland) müssen individuelle Urteile oder Lösungen zusammengefügt werden. Häufig sind die Mittelwerte der Einzelurteile akkurater als die Einzelurteile selber. Ungeeignet für Gruppenarbeit sind hingegen disjunktive Aufgaben. Hier muss eine einzige Lösung generiert werden (bspw. wie viele Erdumdrehungen finden in 12,5 Jahren statt?). Die Gruppe ist hier so gut wie der oder die Beste, weil diese Person entscheidend zur Generierung der Lösung beiträgt. Auch konjunktive Aufgaben, die erst beendet sind, wenn jedes Gruppenmitglied seinen Beitrag geleistet hat (z.B. zusammen einen Text schreiben oder ein Referat halten), gehen häufig auf Kosten der leistungsstärkeren Schüler/innen. Sind die Aufgaben nicht teilbar, ist die Gruppenleistung so gut wie die Leistung des schwächsten Mitgliedes. Sind die Aufgaben teilbar, schneidet die Gruppe immerhin besser ab als das schwächste Mitglied.

Diese Überlegungen und Befunde aus der Gruppendynamik differenzieren Banduras Befund, dass Schüler/innen von vergleichbaren Modellen profitieren. Gute Modelle können Selbstwirksamkeit steigern. Die Lösung ist jedoch nicht, dass nur noch Gruppenarbeit, Wochenplan oder jahrgangsübergreifender Unterricht stattfinden sollte, und Lehrpersonen nur moderieren und leistungsstarke Schüler/innen als Modell fungieren müssen.

8.3 Zusammenfassung

Lehrpersonen sind wichtige Modelle für ihre Schüler/innen, ebenfalls Eltern und Peers. Menschen lernen durch beobachtete stellvertretende Verstärkung besonders von den Personen, die für sie relevante Modelle darstellen. Schüler/innen zeigen nicht unbedingt das, was sie gelernt haben. Aber das, was sie beobachtet haben, können sie selber ausführen, wenn sie denken, dass sie es können.

Dieser Umstand zeigt, dass gerade Eltern und Lehrpersonen einen großen Einfluss auf Kinder und Jugendliche ausüben. Oft haben sie vielleicht den Eindruck, dass bestimmte Sachen nicht ankommen, aber sie können sicher sein, dass sie im Beobachtungsrepertoire durchaus angekommen sind.

Selbstwirksamkeit ist eine wichtige Variable der sozial-kognitiven Lerntheorie. Wenn es um Lernen geht, dann ist die Selbstwirksamkeit der lernenden Person entscheidend, wenn sie das Gelernte umsetzen soll. Deshalb ist es ein wichtiges Fazit aus dieser Theorie, dass Lehrpersonen und Eltern sich Gedanken machen sollten, wie sie die Selbstwirksamkeit ihrer Schüler/innen stärken sollten.

Tabelle 10 fasst zusammen, welche Variablen im schulischen Kontext die Selbstwirksamkeit von Schülern/innen erhöhen kann.

Tabelle 10: Variablen im schulischen Alltag, die die Selbstwirksamkeit von Schülern/innen steigern können

Quelle	Effekt
Beobachtung gleichaltriger Kinder	Wenn die das können, kann ich das auch!
Berichte von Eltern und Lehrpersonen, über die Überwindung ihrer Schwierigkeiten	Die konnten das auch nicht immer und haben es dann auch gelernt, als sie so alt waren wie ich.
Beobachtung von Lehrpersonen/Eltern in schwierigen Kontexten	Sie suchen ganz gezielt und ruhig nach einer Lösung und finden so auch eine. Sie geben nicht auf. Sie fragen nach Hilfe, wenn sie nicht mehr weiterkommen. Sie lernen dadurch und machen es das nächste mal selbst.
Beobachtung von Lehrpersonen/Eltern im Umgang miteinander, untereinander	Sie hören sich zu und behandeln sich respektvoll.

8.4 Fragen, Übungen, Lektüre

Fragen
- Welche Teilprozesse des Lernens werden von Bandura unterschieden?
- Welche Rolle spielt ein Modell hierbei?
- Was ist ein symbolisches Modell?
- Was bedeutet Selbstwirksamkeit?
- Durch welche Variablen wird Selbstwirksamkeit gesteuert?
- Wie kann man Selbstwirksamkeit durch den Einsatz von Modellen im schulischen Alltag positiv beeinflussen?
- Was kennzeichnet eine selbstwirksame Lehrperson?
- Welche Charakteristika eines effizienten Lehrers führt Woolfolk auf?

Übungen
- Beobachten Sie den Zusammenhang zwischen Modellvariablen einer Lehrperson und den unterrichtsbezogenen Verhaltensweisen von Schülern/innen einer Klasse. Können Sie systematische Zusammenhänge im Sinne von Banduras sozial-kognitiver Lerntheorie erkennen? Bitte notieren Sie Ihre Beobachtungen!
- Beobachten Sie das Verhalten von Eltern und Kindern auf Spielplätzen: Können Sie hier systematische Zusammenhänge im Sinne von Banduras Lerntheorie erkennen? Schreiben Sie Ihre Beobachtungen auf.

Zur Nachbereitung empfohlene Lektüre
- Haep, A., Steins. G. & Wilde, J. (2012). *Soziales Lernen Sek I. Kapitel 1*. Wiesbaden: Auer.
- Steins, G. & Haep, A. (2013). *99 Tipps: Soziales Lernen. (Tipp 35 – 38, 83 – 88)*. Berlin: Cornelsen Scriptor.

9. Die Selbstaufmerksamkeitstheorie

Worauf Menschen ihre Aufmerksamkeit lenken, bestimmt die Inhalte ihres aktuellen Erlebens. Deswegen verhalten sich Menschen häufig im Sinne eines kurzfristigen Hedonismus. Damit ihr Erleben möglichst angenehm ausfällt, wenden sie ihre Aufmerksamkeit lieber angenehmeren als unangenehmeren Inhalten zu. Da Menschen häufig nicht so zufrieden mit sich selbst sind, wie sie es gerne wären, wählen sie oft auch nicht sich selbst als Ziel der Aufmerksamkeit. Wenn sie es doch tun, dann erleben sie häufig genau das, womit sich die folgende Theorie beschäftigt, die Selbstaufmerksamkeitstheorie (Duval & Wicklund, 1972; Duval & Silja, 2009).

9.1 Die Theorie

Aufmerksamkeit kann entweder nach außen auf die Reize der Umwelt oder nach innen auf sich selbst, eigene Gedanken, Gefühle usw. gerichtet sein. In der Regel oszilliert die menschliche Aufmerksamkeit hin und her, richtet sich in schneller Folge nach innen und außen. Diese Fähigkeit beginnt sich parallel zusammen mit dem Selbsterkennen zu entwickeln.

Selbsterkennen, das Erkennen der eigenen Person, entwickelt sich ungefähr um das zweite Lebensjahr (Bischoff-Köhler, 1987). Selbsterkennen ist die Voraussetzung, sich selbst von anderen Personen unterscheiden zu können. Hierzu parallel entwickelt sich die Fähigkeit, sich selbst als Objekt betrachten zu können, d.h. die eigene Aufmerksamkeit auf die eigene Person zu lenken.

9.1.1 Reize, die Selbstaufmerksamkeit auslösen

Alle Reize, die Aspekte der eigenen Person aus einer äußeren Perspektive bewusst machen, lenken die eigene Aufmerksamkeit auf sich selbst. Wenn beispielsweise ein Schüler von einem Lehrer beobachtet wird, dann wird auch Selbstaufmerksamkeit ausgelöst. Der Schüler sieht sich dann selber durch die Augen des Lehrers. Der Lehrer muss den Schüler nicht tatsächlich beobachten; es reicht wenn der Schüler glaubt, beobachtet zu werden, um selbstaufmerksam zu sein. Ebenfalls kann der eigene Anblick im Spiegel und das Hören der eigenen Stimme Selbstaufmerksamkeit auslösen, auch eine auf die eigene Person gerichtete Kamera induziert Selbstaufmerksamkeit.

9.1.2 Aktivierung einer Norm

Selbstaufmerksamkeit ist mit verschiedenen Effekten verknüpft. Durch Selbstaufmerksamkeit wird die in der Situation aktivierte Norm zugänglich. Damit durch Selbstaufmerksamkeit eine Norm aktiviert werden kann, muss diese Norm zuvor internalisiert worden sein. Ein Beispiel: Sabine schreibt eine Mathematik-Klausur. Neben ihr sitzen links und rechts für sie wichtige Mitschülerinnen, die es erstrebenswert finden, dass die Arbeit gut ausfällt. Auch Sabine kommt aus einem Elternhaus, in dem sie gelernt hat, dass sie möglichst gute Noten erzielen soll. Sabine fühlt sich während der Klausur von ihren Mitschülerinnen beobachtet. Sie meint beobachtet zu haben, dass beide auf ihre Arbeit schielen, um zu sehen, wie weit sie schon mit der Bearbeitung gekommen ist. Die Norm: *„Ich sollte eine gute Leistung in dieser Arbeit bringen."* wird aktiviert.

Es könnte aber genauso gut sein, dass Sabine in einer Peer Gruppe ist, die andere Normen etabliert hat, z.B. *„Gute Noten sind ein Zeichen von Strebertum und Anpassung. Wir strengen uns nicht an."* Würde Sabine während der Klausur in ihrer Peer Gruppe sitzen und sich von den Mitgliedern dieser Gruppe beobachtet fühlen, könnte diese Norm mächtiger werden und aktiviert werden.

Es ist wichtig zu verstehen, dass Personen Normen und Standards internalisiert haben, die in vielfältigen Widersprüchen zueinander stehen können. Hinweise aus der aktuellen sozialen Situation können dann einzelne Normen aktivieren. Die Wichtigkeit von Konformitätsprozessen liegt hier auf der Hand.

9.1.3 Diskrepanzen zwischen Realität und Norm

Wenn eine Norm aktiviert wurde, wird das eigene Verhalten mit dieser Norm abgeglichen. Die Relationen zwischen dem, wie eine Person ist und wie sie nach dieser Norm eigentlich sein sollte, werden deutlich. Da Normen in der Regel idealistisch formuliert sind, erleben Menschen oft negative Diskrepanzen zwischen dem wie sie sind und dem wie sie sein sollten.

Bei Sabine könnte das so aussehen: Sabine merkt, dass sie nicht so gut ist, wie die Gruppennorm *„Gute Leistung ist wichtig"* es verlangt. Die anderen sind schon viel weiter in der Bearbeitung der Klausur, schon bei der fünften Aufgabe, während sie noch nicht die dritte Aufgabe gelöst hat.

9.1.4 Emotionale Folgen

Weil die Diskrepanzen zwischen Realität und Norm häufig negativ in der Realität ausfallen, sinkt der Selbstwert der selbstaufmerksamen Person. Sinkender Selbstwert geht häufig mit Selbstaufmerksamkeit einher und damit Emotionen wie Frustration oder Angst. Sabine fühlt sich schlecht und entwickelt Ängste, ob sie die Arbeit überhaupt einigermaßen gut schaffen kann.

9.1.5 Folgen für das Verhalten

Auf negative Diskrepanzen kann unterschiedlich reagiert werden. Das Ziel ist es, den Selbstwert zu steigern und die unangenehmen Emotionen zu reduzieren. Die eigene Leistung kann gesteigert werden, um der Norm näher zu kommen. Sabine könnte sich zusammenreißen, versuchen einen kühlen Kopf zu bewahren und das Beste aus der Arbeit zu machen.

Die Norm kann aber auch verdrängt werden, indem der Zustand der Selbstaufmerksamkeit zerstreut wird. Motorische Bewegung, äußere Ablenkungen wie Rauchen und Essen sind weit verbreitete Mittel, um Selbstaufmerksamkeit zu zerstreuen. Sabine könnte einen Schokoriegel essen oder auf die Toilette gehen.

Am geringsten ist die Gefahr, dass Selbstaufmerksamkeit aufkommt, wenn das Feld ganz vermieden wird. Sabine könnte vor der nächsten Mathematikklausur „einfach krank werden". Da sie aber nicht immer vor einer Klausur krank werden kann, ist die Wahrscheinlichkeit groß, dass sie ihre Bezugsgruppe ändern wird und eine solche wählt, wo die ungeschriebene Norm gilt, dass es auch gut ist, wenn man gerade so durchkommt. Wählt sie (nicht im Sinne einer freien Wahl) dennoch immer die Krankheit, kann Schulangst entstehen (Steins, Weber & Welling, 2013).

9.1.6 Positive Diskrepanzen

Manchmal kommt es auch zu positiven Diskrepanzen. Wenn Menschen Erfolg haben, dann verharren sie gerne im Feld, denn dann ist ihr Selbstwert erhöht. Die Aufmerksamkeit auf sich selbst führt dann zu positiven Emotionen wie Stolz und sie neigen dazu, sich selbst zu bewundern. Die Gefahr ist, dass sie „sich auf ihren Lorbeeren ausruhen", wie es als Redewendung formuliert ist.

9.2 Empirische Evidenz

Ein besonders schönes Experiment zur Auswirkung von Selbstaufmerksamkeit wurde von Diener (1980) auf Halloween durchgeführt. Auf Halloween ziehen Kinder verkleidet von Haus zu Haus und bekommen Süßigkeiten geschenkt. Den Kindern wurde gesagt, sie könnten sich selber ein Bonbon aus einer Schale nehmen, nachdem sie gesungen hätten. Waren die Kinder in einer Gruppe mit anderen Kindern zusammen, kam es häufiger vor, dass sie sich statt eines Bonbons mehr Bonbons aus der Schale nahmen. Ein einzelnes Kind neigt eher dazu, selbstaufmerksam zu sein und der Norm *„Du hälst dich an das, was eine erwachsene Person dir gesagt hat"* genüge zu tun als Kinder in einer Gruppe. Kinder in einer Gruppe verhalten sich eher *deindividuiert*, so dass weitaus stärkere Maßnahmen ergriffen werden müssen, um Selbstaufmerksamkeit zu bewirken.

Auch mit Erwachsenen sind die vorhergesagten Effekte der Theorie gut bestätigt. Baldwin und Holmes (1987) baten männliche Studierende in ihr Labor. Angeblich ging es um Prozesse der

Personenwahrnehmung. Die Hälfte der Teilnehmer wurde gebeten, sich ihre studentischen Freunde vorzustellen, die andere Hälfte sollte sich ältere Familienmitglieder vorstellen. Weiterhin wurde durch den Einsatz eines Spiegels die Selbstaufmerksamkeit der Versuchspersonen manipuliert, so dass insgesamt vier Gruppen miteinander verglichen werden konnten: Selbstaufmerksame bzw. nicht selbstaufmerksame Versuchspersonen, die sich ältere Familienmitglieder vorstellten, und selbstaufmerksame bzw. nicht selbstaufmerksame Versuchspersonen, die sich gleichaltrige Freunde vorstellten. Alle Versuchspersonen bekamen pornographische Fotos vorgelegt, die sie danach einschätzen sollten, als wie lustvoll sie den Anblick finden würden bzw. wie attraktiv sie die Frauen auf den Fotos fanden. Im Durchschnitt wurden die Inhalte der Fotos als attraktiv bewertet und ihr Anblick als lustvoll. Es gab eine Ausnahme und zwar die Studierenden, die selbstaufmerksam waren und die sich ältere Familienmitglieder vorgestellt hatten. Diese Studierenden gaben deutlich niedrigere Einschätzungen an. Das Imaginieren z.B. der eigenen Großmutter im selbstaufmerksamen Zustand hatte vermutlich die eher lustfeindlichere Norm der älteren Generation aktiviert, so dass die Studierenden sich bemühten, mit ihrer Einschätzung diese Norm zu erfüllen.

Je nachdem also, welche Norm durch die Umwelt bewusst wird und welche zuvor verinnerlicht wurde, verhalten Menschen sich entsprechend der ihnen bewussten Norm, wenn sie selbstreflexiv sind.

Selbstaufmerksamkeit stellt also nicht nur die Voraussetzung zur Abgrenzung der eigenen Person von der Außenwelt dar, sondern auch die Möglichkeit, das eigene Verhalten bestimmten Erfordernissen der sozialen Umwelt anzupassen. Dies setzt aber voraus, dass zuvor die passenden Normen erlernt und verinnerlicht wurden.

9.2.1 Selbstaufmerksamkeit als gesellschaftliche Kontrolle

Wicklund führte in einer Arbeit 1982 die These aus, dass eine Gesellschaft eine Person kontrollieren kann, indem sie diese zur Selbstaufmerksamkeit zwingt. In diesem Sinne würde Selbstaufmerksamkeit als „civilizing agent" wirken, denn:

> „The self is not a bundle of behavioral guides, strainers, or defining characteristics that must be reflected upon in order that they are manifested in behavior. Without the self-reflection, the behavior is dictated by a multiplicity of other causes, unmediated by these elements that constitute the self." (S. 210).

Selbstaufmerksamkeit als Kontrolle ist ein zwischenmenschlicher Prozess. Oft reicht schon ein Augenkontakt aus: Die eine Person signalisiert der anderen, was zu tun ist, eine andere Norm wird aktiviert. Im schulischen Kontext zwingen Maßnahmen wie *vor der Tür zu stehen, in der Ecke zu stehen* zur Abgrenzung zwischen sich und den anderen, also zur Selbstaufmerksamkeit. *Beschä-*

mende Bemerkungen, die abwertende Elemente enthalten, setzen eine Selbstreflexion in Gang. Auch *introspektive Zustände*, wie sie durch manche Formen der Psychotherapie oder Meditation verwendet werden, lösen Selbstaufmerksamkeit aus.

Bevor jedoch Selbstaufmerksamkeit als der Prozess, der verinnerlichte Normen bewusst macht, als Kontrolle eingesetzt werden kann, muss die Richtung der Norm bekannt sein, denn ist diese Norm aktiviert, wird das Individuum versuchen, sich in Richtung auf diese Norm zu bewegen.

Selbstaufmerksamkeit absorbiert die Aufmerksamkeit von der Außenwelt, so dass Menschen, wären sie permanent hochgradig selbstaufmerksam, der Durchführung komplexer Aufgaben nicht mehr gewachsen wären. Für die Erledigung komplexer Aufgaben muss eine Person also zugleich motiviert und *nicht* abgelenkt sein. Das Beste also ist, dass sie hin- und her wechseln kann zwischen Selbstaufmerksamkeit (um ihre Standards vor Augen zu haben und ihr Verhalten diesen anzunähern) und den Erfordernissen der Aufgabenbewältigung (also auch auf die Außenwelt).

Die Frage ist nun, ob die Erfordernisse der sozialen Umwelt immer so günstig für Menschen sind und ob es immer so günstig für Menschen ist, sich diesen anzupassen. So meint Wicklund, dass der Grad der Deindividuierung, also der Grad der Abgrenzung zwischen dem einzelnen Individuum und der Gruppe, der es angehört, als Index für die Sicherheit einer Gesellschaft gelten könnte,

> „... *one with no concerns about individual members' obedience and allegiance, that can afford the happy escape from self-awareness.*" (S. 226).

9.2.2 Beispiele aus dem Alltag

Im Alltagsleben gibt es zahlreiche Beispiele dafür, dass es viele unterschiedliche Interessen dahingehend gibt, die Aufmerksamkeit vieler Menschen zu erhalten. Eine Funktion der Selbstaufmerksamkeit ist es ja paradoxerweise, dass Menschen sich im selbstaufmerksamen Zustand besonders gut nach den aktivierten Normen richten, also möglicherweise ihre Aufmerksamkeit auch ganz gezielt in bestimmte Richtungen gelenkt werden kann.

Architektur von Städten

Die Verspiegelung von Innenstädten kann als ein solcher Versuch gedeutet werden. Geht man durch eine moderne Innenstadt, sieht man ständig die eigene äußere Erscheinung. Gleichzeitig werden überall Waren transportiert, die modern sind. Die Norm *„Man geht mit der Zeit."* wird aktiviert. Zugleich wird eine Lösung angeboten, die einfach zu sein scheint, nämlich die notwendige Ware zu kaufen, um sich der Norm anzunähern. Damit die Diskrepanz negativ ausfällt, müssen stets neue Moden und Waren erfunden werden, sonst würde die Kaufbereitschaft drastisch zurückgehen.

Überwachungskameras stellen ein zweites Merkmal dar, welches moderne Städte auszeichnet. Ob es die Kameras in Kaufhäusern, in U-Bahnstationen, Banken, Flughäfen sind, die Kameras lösen nicht nur Selbstaufmerksamkeit aus, sondern aktivieren in der Regel auch die Norm, dass man gegen bestimmte Verhaltensregeln nicht ungestraft, da nicht unbemerkt, verstoßen kann.

Gestaltung von Arbeitsleben

Wer hält sich mehr an die Regeln des Arbeitslebens, jemand, der alleine in seinem Büro sitzt, oder eine Person in einem Großraumbüro? Wenn Menschen mit anderen zusammen arbeiten, dann beobachtet jeder die Arbeit des anderen. Dadurch werden die Normen eines Unternehmens oder eines Institutes aktiviert und gleichzeitig kontrolliert, weil die Beobachtung der eigenen Person durch andere einen gewissen Grad der Selbstaufmerksamkeit herbeiführt. Allerdings hängt die Produktivität der Gruppe von der aktivierten Norm der Gruppe ab und der Höhe des Zusammenhaltes (Forsyth, 2010).

Evaluationen sind ein modernes Mittel, eine solche innere Kontrolle durch eine äußere Kontrolle herbeizuführen. Wenn man weiß, dass man evaluiert wird, dann wird man seine Arbeit in Hinblick auf die Standards, die die Evaluation als gut bewertet, beurteilen. Evaluation bedeutet auch, dass die eigene Arbeit als Teil der eigenen Person von anderen beobachtet werden wird in Hinblick auf diese Standards. Auch hier wird ein gewisser Grad an Selbstaufmerksamkeit herbeigeführt werden.

Dasselbe gilt für die Anwendung von allen möglichen Kontrollinstanzen, sei es in Form von Begutachtern oder Dokumentationen. Das moderne Arbeitsleben zeichnet sich immer stärker durch den Einsatz von Kontrollinstanzen aus, die dazu führen, dass die Arbeitsausführenden zu einem gewissen Grad selbstaufmerksam werden. Wie aber bereits gezeigt wurde, können durch die Wahrnehmung von Diskrepanzen Widerstände auftreten, sich einer aktivierten Norm anzunähern (siehe Kapitel 11).

Religiöse Gemeinschaften

Kirchen sind oft Meisterinnen in der Inszenierung von Selbstaufmerksamkeit. Die Beichte als ein Sakrament der römisch-katholischen Kirche impliziert, dass das fehlerhafte, gegen eine Norm verstoßene Individuum von einer höheren Instanz beobachtet und bestraft wird. Zum Zeitpunkt der Reue und Buße kann es dann von seinen Sünden frei gesprochen werden. Der selbstaufmerksamen Beichte folgt in der Regel der sichere *„happy escape from self-awareness"*. Überhaupt sind in dieser religiösen Tradition Kontrollinstanzen eingebaut, die darauf achten, dass das gläubige Individuum die Normen in Form der zehn Gebote einhält. Alle diese Kontrollinstanzen werden dadurch mächtig, dass sie Selbstaufmerksamkeit auslösen und zugleich die Aufmerksamkeit auf die Normen richten, sei es das Thema jüngstes Gericht, sei es das Thema Leben nach dem Tod. Dabei werden Messen sehr häufig im Sinne optimaler erforderlicher Selbstaufmerksamkeit gehalten. Eine Abwechslung durch motorische Tätigkeiten und Gesang macht die in jeder Messe enthaltenen Besinnungsphasen nicht zu unangenehm.

Erziehungsrituale

Gerade bei jüngeren Kindern, die aufgrund ihrer noch jungen kognitiven Entwicklung ihre eigenen Möglichkeiten und auch die der anderen noch nicht besonders gut einschätzen können, machen Erwachsene häufig Gebrauch von solchen Sätzen wie: *„Ich sehe, was Du machst, auch wenn Du mich nicht siehst!"* Oder: *„Ich kann durch Wände sehen!"*, oder: *„Ich kann deine Gedanken lesen!"*. Sie versuchen damit zu erreichen, dass ein Kind sich auch während ihrer Abwesenheit so verhält, wie sie es ihm als richtig beigebracht haben. Durch solche Sätze kann Selbstaufmerksamkeit ausgelöst werden, denn auch vermeintliche Beobachtung induziert Selbstaufmerksamkeit.

Schulalltag

Beschämungen, durch harte negative Sanktionen gegen Schüler/innen, die öffentlich durchgeführt werden, kombinieren das Zeigen auf eine erwünschte Norm mit der Darstellung des Schülers als einer Person, die diese Norm nicht befolgt hat. Durch Strafen, wie einen öffentlichen die Person abwertenden Vergleich, wird erreicht, dass Schüler/innen in dem negativen Zustand der Selbstaufmerksamkeit verharren müssen. Ob diese Methoden angemessen und erfolgreich sind, wird noch erörtert werden (siehe Kapitel 13).

Auch eine Leistung vor anderen erbringen zu müssen, erhöht zunächst Selbstaufmerksamkeit. Es ist psychologisch eine komplett andere Situation für eine Schülerin, eine Aufgabe an der Tafel, im Rücken die ganze Klasse inklusive Lehrperson, zu lösen, oder aber zu Hause, alleine. Ist der Zustand der Selbstaufmerksamkeit zu stark ausgeprägt, dann wird er sich störend auf die Leistung auswirken, besonders wenn die Selbstwirksamkeit der Person niedrig ist.

9.2.3 Optimale Selbstaufmerksamkeit

Die Steuerung des Wechsels zwischen dem Richten der Aufmerksamkeit nach außen und dem Richten auf die eigene Person ermöglicht Menschen eine Anpassung an die Anforderungen ihrer Umwelt. Ein Zuviel an Selbstaufmerksamkeit kann aber zu emotional sehr negativen Zuständen führen, die ein Individuum entmutigen können, sich anzustrengen, und ein Verlassen des Feldes begünstigen.

Optimal wäre es, wenn Menschen genauso selbstaufmerksam sein könnten, wie es eine gute Erledigung einer Aufgabe erfordert. Hierfür müsste die für die Aufgabe relevante Norm aktiviert werden und es müsste Selbstaufmerksamkeit vorliegen. So entsteht *Flow*, eine Verschmelzung zwischen Individuum und Aufgabe. Flow, ein Zustand produktiven Selbstvergessens wird als überaus befriedigend erlebt (Csikszentmikalyi, 1997).

Wenn Menschen zu selbstaufmerksam sind, dann können sie ihrer Umwelt nicht mehr genug Aufmerksamkeit schenken. Sie könnten zum Beispiel nicht mehr Auto fahren. Die Gefahr, dass sie einen Unfall auslösen, wäre enorm hoch. Wenn sie in einem hoch selbstaufmerksamen Zustand ein Referat halten, dann würden sie die Bedürfnisse der Zuhörerschaft nicht mit bekommen.

Auf der anderen Seite, wenn sie zu selten selbstaufmerksam sind, dann sind sie zwar vermutlich glücklich und zufrieden (beispielsweise: Feiern, Spaß in Gruppen), aber möglicherweise so deindividuiert, dass sie die für ihr Überleben als Individuum und Gruppe erforderlichen Leistungen nicht mehr bringen können und wollen.

9.3 Anwendungsmöglichkeiten

Haben Schüler/innen die für das Erlernen neuer Kenntnisse und Fertigkeiten angemessenen Normen akzeptiert und verinnerlicht, dann sollte Selbstaufmerksamkeit dazu führen, dass diese Normen aktiviert werden und Schüler/innen sich anstrengen, sich konsistent zu diesen Normen zu verhalten. Der Zustand der Selbstaufmerksamkeit könnte, sind die entsprechenden Normen aktiviert, Schüler/innen motivieren, erlerntes Verhalten besonders gut umzusetzen.

9.3.1 Unterrichtsgestaltung

Wie kann man eine ruhige konzentrierte Klasse während des Unterrichtens bekommen?

Hierzu müsste zunächst eine Norm erstellt werden. Dazu werden in einem ersten Schritt die Wünsche der Schüler/innen für eine erstrebenswerte Unterrichtsatmosphäre eingehend gesammelt. Diese Wünsche werden dann in einem zweiten Schritt diskutiert. Es muss deutlich werden, welcher Sinn mit diesen Wünschen verbunden ist. Die als sinnvoll ermittelten Wünsche werden dann in konkrete Regeln überführt. Diese Regeln werden sichtbar gemacht. Die Klasse kann zusammen diese Regeln aufmalen, aufschreiben, ein Plakat gestalten oder andere Symbole, die leicht entschlüsselt werden können, verwenden. Die Verbindlichkeit der Regeln kann gewährleistet werden, indem jedes Kind seinen Namen gut sichtbar unter diese Regeln setzt.

Wenn die Norm verinnerlicht ist, dann werden Zeichen vereinbart, diese zu aktivieren. Bewährt haben sich Zeichen, die nicht nur eine Lehrperson geben kann, sondern die auch die Schüler/innen selbst einsetzen können wie beispielsweise der sogenannte Schweigefuchs[15]. Sobald dieses Zeichen sichtbar wird, heißt dies, dass die Regeln erinnert werden und das Verhalten daraufhin ausgerichtet wird. Durch gegenseitige Beobachtung, ob die anderen sich auch an die Vereinbarungen halten, wird Selbstaufmerksamkeit induziert und damit auch die Wahrscheinlichkeit, dass sich die Schüler/innen entsprechend der Norm verhalten.

Tabelle 11: Einführung von Klassenregeln

Zielsetzung	Umsetzung
1. Normen aufstellen	1. Wünsche aller Beteiligten in Hinblick auf eine angenehme Arbeitsatmosphäre sammeln. 2. Diskussion der Wünsche in Hinblick auf das Ziel Arbeitsatmosphäre. 3. Überführung der Wünsche in konkrete Regeln.
2. Soziale Realität schaffen	1. Die Regeln müssen für alle transparent gemacht werden. 2. Die Regeln müssen verbindlich sein und von allen unterschrieben werden.
3. Aktivierung der Regeln	1. Vereinbarung von Zeichen, um auf die Einhaltung der Regeln zu verweisen.
4. Vereinbarung von Sanktionen und Belohnungen	1. Vereinbarung von Sanktionen für Regelverstöße. 2. Vereinbarung für Belohnungen bei einem bestimmten Niveau einer guten Atmosphäre über eine gewisse Zeit.

Aus lerntheoretischer Perspektive ist es sinnvoll, wenn in einem vierten Schritt mit den Schülern/innen Sanktionen für Regelverstöße und Belohnungen für das Etablieren einer angenehmen Arbeitsatmosphäre über eine bestimmte Zeit aufgestellt werden. Es sollte diskutiert werden, was passiert, wenn der wahrscheinliche Fall auftritt, dass die Gruppennorm nicht immer respektiert wird.

Die Normen müssen dem Alter und der Fähigkeit der Kinder angemessen sein, denn sonst können sie nicht eingehalten werden und die Schüler/innen erleben immerzu negative Diskrepanzen und werden versuchen, die Norm zu verdrängen. Hier zeigt sich, dass unangemessene Vorstellungen von Lehrpersonen über einen optimalen Unterricht die effektivsten Methoden und besten Absichten unwirksam erscheinen lassen. Wie man eigene Vorstellungen überprüfen kann,

---

[15] Wird es einem Kind zu laut, kann es seine Hand heben; die Finger sind zu einem Fuchskopf geformt, der schweigt. Das macht andere Kinder auf die Lautstärke aufmerksam. Jedes Kind, welches sich nun der Meinung des Schweigefuchses anschließt, hebt ebenfalls auf diese Weise seine Hand und schweigt. So sinkt der Geräuschpegel mehr und mehr bis auch die letzten lauten Kinder merken, dass sich der Geräuschpegel verändert hat und sie verstummen. Was können ältere Schüler/innen tun? Sie können z.B. vereinbaren, dass es reichen sollte, wenn eine/r sagt: „Es ist mir zu laut. Könnten wir leiser sein?" Achtung: Es reicht nicht, eine Norm vorzuschreiben, sie muss durch Diskussionen und weitere Partizipationen als Gruppennorm etabliert sein.

wird in Kapitel 12 bearbeitet. Tabelle 11 fasst die Schritte zur Erstellung von Klassenregeln nochmals zusammen.

Abschließend hierzu die Erfahrung eines Praktikanten[16]:

„In meiner Praktikumsklasse gibt es zwei Maßnahmen, die in jeder Stunde angewendet werden. Die Klasse hält zu Beginn jedes Halbjahres Klassenregeln fest, die in Großausführung an der Wand fixiert werden. Dazu zählen Regeln wie „Wir sprechen nicht mit unseren Nachbarn" oder „Wir lassen andere ausreden". Dadurch, dass die Regeln in der ersten Person Plural verfasst sind, werden sie für die Schüler legitim. Das „Wir", also der Klassenverband, setzt Normen, an die es sich zu halten gilt. Bei einem Verstoß erfolgt keine große Bestrafung. Derjenige, der eine Regel gebrochen hat, wird im Plenum darauf hingewiesen, indem jemand auf das Regeltableau zeigt. Diese unangenehme Situation ist oft Strafe genug – man hat gegen die Konsensmeinung verstoßen und alle wissen es. Die Selbstaufmerksamkeit ist hoch und ständig gefordert.

In manchen Situationen wirkt dieses System nicht mehr. Ist dies der Fall, kommt ein Strichsystem zum Einsatz. Bei einem Regelverstoß wird der Namen des Schülers an die Tafel geschrieben. Verstößt er nun erneut gegen eine Regel, bekommt er eine Extraaufgabe als Strafe. Diese ist nicht willkürlich, sondern es handelt sich um einen Aufsatz mit der Überschrift „Warum ich diese fünfzehn Zeilen verfassen muss". Auf diese Weise muss der Schüler sein Fehlverhalten reflektieren.

Den Verlauf meines Praktikums betrachtend, kann ich sagen, dass die Maßnahmen erfolgreich sind, da in der Klasse, mit wenigen Ausnahmen, stets gute Arbeitsatmosphäre zum einen und ein angenehmes soziales Klima zum anderen herrscht – ein besseres, als ich es je in meiner Schulzeit erlebt habe."

9.3.2 Selbstreflexion anregen

Eine erste Anwendung von Selbstaufmerksamkeit fördernden Techniken auf die Unterrichtsgestaltung wird von George (1977) berichtet. Im Rahmen eines Zehn-Wochen-Mini-Psychologiekurses versuchte George die Teilnehmenden durch sechs unterschiedliche Arten der Selbstaufmerksamkeitsinduktion zu einer besonders aktiven Teilnahme zu bewegen. Die Techniken, die er nennt, umfassen Tätigkeiten wie ein Selbstportrait aus Kollagen herzustellen hinsichtlich eigener Gefühle gegenüber der Welt, eine Studie über die eigenen Eltern (das Leben als Ganzes) betreiben, in Anlehnung an Skinners Überlegungen darüber nachdenken, wie sie im ei-

---

[16] Björn von der Bey (2004). Grundlagen der Sozialpsychologie und ihre Anwendung auf den schulischen Alltag. Vorlesung, Universität Duisburg-Essen, Sommersemester 2004.

genen Leben selbst konditioniert wurden usw. Aufgrund des Untersuchungsdesigns werden jedoch keine Aussagen über die Auswirkungen dieser Techniken abgeleitet.

9.3.3 Konzentration steigern, Unterrichtsstörungen verringern

Lohaus (1985) untersuchte den Effekt von Selbstaufmerksamkeit auf die Reduzierung unterrichtsstörenden Verhaltens in einer 6. Klasse mit 29 Schülern/innen einer Gesamtschule. Vor der Induktion von Selbstaufmerksamkeit müssen die Schüler/innen zunächst eine Soll-Vorstellung über unterrichtsbezogenes Verhalten besitzen, so dass sie ihr eigenes störendes Verhalten als von dieser Soll-Vorstellung abweichend erleben können. Die Induktion von Selbstaufmerksamkeit sollte dann den Annahmen der Theorie gemäß dazu führen, dass diese Abweichung korrigiert wird.

Den Schülern/innen dieser Klasse wurde über einen Zeitraum von mehreren Wochen hinweg nach jeder Unterrichtsstunde ein kurzer Fragebogen vorgelegt, in dem sie zu ihrem eigenen Verhalten im Unterricht und zum Lärmpegel in der gesamten Klasse befragt wurden. Dadurch wurde ihre Aufmerksamkeit auf ihr eigenes Störverhalten gelenkt. Außerdem sollten sie auf diese Weise ein Bewusstsein davon entwickeln, dass sie beobachtet wurden. Dies induziert wiederum Selbstaufmerksamkeit.

Der Fragebogen umfasste fünf Fragen: Die Lautstärke in der Klasse wurde beurteilt sowie das eigene Störverhalten, die Wirkung der Störung anderer auf das eigene Erleben wurde eingeschätzt und die Gründe sowie die Art des Störverhaltens wurden aufgeschrieben. Die Ergebnisse zur ersten Frage wurden laufend zurückgemeldet. Die Untersuchung erstreckte sich über 10 Unterrichtsstunden.

Lohaus berichtet, dass ein Rückgang des Lärmpegels zu verzeichnen war. Die Intervention führte zu einem signifikanten Abfall störender Aktivitäten während der Stunden, eingeschätzt von Schülern/innen *und* Lehrer/innen. Eine Nacherhebung nach mehreren Monaten zeigte, dass dieser Effekt auch noch nach der Intervention stabil war. Für diesen erfolgreichen Effekt von Selbstaufmerksamkeit müssen mindestens zwei Voraussetzungen gegeben sein, nämlich die Etablierung eines Soll-Verhaltens und die Bereitschaft, durch die Beantwortung von Fragen die Aufmerksamkeit auf das störende Verhalten zu richten.

9.3.4 Techniken zur Aufmerksamkeitsregulierung

Der positive Effekt der Selbstaufmerksamkeitsinduktion auf die Reduzierung des unterrichtsstörenden Verhaltens zeigt, dass das Richten der Aufmerksamkeit auf bestimmte Standards essenziell für einen erfolgreichen Unterricht ist. Warum sollten Schüler/innen nicht lernen können, diesen Prozess selbst bewusst zu steuern? Grundprozesse der Aufmerksamkeitssteuerung, zu denen auch die Aktivierung bestimmter Standards und Normen gehört, sollten in jedem Programm „Lernen lernen" dabei sein. Viele Techniken der Stoa, mit denen zu der entsprechenden Zeit Kinder und Jugendliche sozialisiert wurden, beinhalten die Entwicklung der Fähigkeit zur Selbstregulation und Selbstkontrolle wie beispielsweise *Tagebuch schreiben, sich den schlimmsten Fall eines Ereignisses vorstellen* usw. So würden relativ einfache Selbstregulationstechniken wie Selbstaufmerksamkeit unter die Kontrolle der Schüler/innen selbst gestellt werden können. „Lernen lernen", an vielen deutschen weiterführenden Schulen heutzutage integraler Bestandteil des Unterrichts in der Erprobungsstufe, besteht nicht nur aus Arbeitstechniken, sondern aus ganz basalen Prozessen, die Aufmerksamkeit und Konzentration lenken. Diese basalen Prozesse stellen, zusammen mit Motivationsprozessen, die Voraussetzung dar, Lerntechniken überhaupt anzuwenden.

Es ist die Aufgabe von erwachsenen Bezugspersonen, Kindern beizubringen, wie sie die eigene Aufmerksamkeit steuern können, also erfolgreich zwischen innen und außen vermitteln können.

Einige Unterrichtstechniken erleichtern den Erwerb dieser erfolgreichen Vermittlung. Kinder können lernen, sich einerseits als Individuum zu fühlen und andererseits als Gruppe, indem Jurys gebildet werden von wechselnden Schülern/innen, die eine punktuelle Leistung eines einzelnen Kindes bewerten müssen, beispielsweise das Halten eines Referates, oder einen Aufsatz oder die Erklärung eines Lösungswegs für eine Mathematikaufgabe. Dem voraus muss eine gezielte Vereinbarung und Verinnerlichung von Bewertungsnormen für die Jury und von Kriterien für die geforderte Leistung vorausgehen.

Auch können Kinder zur Selbstreflexion ermuntert werden, Techniken des Alleine-Lernens sind ebenso wichtig wie Techniken des Lernens in einer Gruppe (Zajonc, 1965). Wenn Kinder nicht auf die notwendigen frustrierenden Erfahrungen vorbereitet werden, die mit dem Erlernen von vielen Dingen notwendigerweise einhergehen, besonders, wenn sie alleine lernen müssen, dann werden sie schnell geneigt sein, Selbstaufmerksamkeit zu zerstreuen, um die Norm, beispielsweise eine Hausaufgabe zu erledigen, zu verdrängen: *A happy escape from self-awareness.*

9.3.5 Selbstaufmerksamkeit und die Beziehungen zu Peers

Je nachdem, welcher Standard unter Peers für die soziale Anerkennung wichtig ist, und je nachdem, wie wichtig diese soziale Anerkennung für den einzelnen Schüler und die einzelne Schülerin ist, kann eine hier empfundene Diskrepanz dazu führen, dass im schulischen Kontext emotionale Probleme mit Peers auftauchen, die für den/die betroffene/n Schüler/in sehr belastend werden können.

So wird mit zunehmendem Alter das Aussehen, unter Jungen eher die Körpergröße und Muskelmasse, unter Mädchen eher die Schlankheit, eine der Hauptbewertungskriterien für die Beliebtheit unter Peers (Steins, 2003, 2007; siehe auch Kapitel 4). Es können sich verschiedene Diskrepanzen ergeben, je nachdem auf welche Standards ein Kind oder Jugendlicher die eigene Aufmerksamkeit lenkt. Aus diesen unterschiedlichen Diskrepanzen ergeben sich auch unterschiedliche Emotionen und Verhaltensweisen (Higgins, 1987; 1989).

Eine Diskrepanz kann sich daraus ergeben, dass eine Person zwischen dem wie sie zur Zeit aussieht und dem, wie sie idealerweise aussehen könnte, vergleicht. Die Diskrepanz zwischen Realselbst und Idealselbst ist also wichtig. Nach Higgins gibt es aber auch andere Dimensionen des Vergleichs von Standards, so beispielsweise den Vergleich zwischen dem Realselbst, dem *aktuellen Selbst* und dem *von anderen geforderten Selbst*. Das geforderte Selbst würde in diesem Fall der von den meisten Peers geforderte Standard an Aussehen sein.

Cobb, Cohen, Houston und Rubin (1998) untersuchten diese beiden Arten von Diskrepanzen hinsichtlich des Aussehens in den Klassen 4 bis 6. Sie fanden, dass Schüler/innen sich bei bestehenden Diskrepanzen zwischen aktuellem und idealem Selbst, als passiv zurückhaltend und weniger sozial beschrieben. In dem Ausmaß, in dem Schüler/innen von einem idealen Aussehen abweichen, entwickeln sie ein Sozialverhalten, das von ihnen eher als zurückhaltend und passiv wahrgenommen wird. Dieses Muster gilt auch für die Diskrepanz zwischen aktuellem und geforderten Selbst. Hier nahmen sich die entsprechenden Schüler/innen jedoch auch als weniger aggressiv wahr. Wichtig ist hier der aktivierte Standard: Diese Ergebnisse wurden von Cobb et al. nur für Schüler/innen gefunden, die glauben, dass Aussehen wichtig ist. Wenn es Lisa beispielsweise wichtig ist, so schlank wie möglich zu sein und sie diesbezüglich mit ihrem aktuellen Aussehen unzufrieden ist, dann wird sie sich in der sozialen Interaktion weniger aufgeschlossen und aktiv wahrnehmen. Sie konzentriert sich zu sehr auf Schlankheit als zentrales Merkmal ihrer Person und fühlt sich schlecht. Theorien über sich selbst haben große alltägliche Auswirkungen.

Rückblickend hierzu eine Erinnerung einer Studentin[17]:

> *„Es war mir klar, dass wirksame Standards während der Pubertät bei den Mädchen gutes Aussehen und bei den Jungen cooles Auftreten sind. Daran kann ich mich noch gut erinnern. So waren hübsche Mädchen immer sehr beliebt und hässliche wurden ausgegrenzt. So ist gut nachvollziehbar, dass die Konsequenzen beim Abweichen dieser Norm zurückhaltendes und passives Sozialverhalten sind. Diese Leute wurden dann Außenseiter und zusätzlich noch von den anderen „gemobbt". So ist es wichtig, dem entgegen zu wirken. Als Lehrerin hätte ich da die Möglich-*

---

[17] Kristina Kessel (2004). Grundlagen der Sozialpsychologie und ihre Anwendung auf den schulischen Alltag. Vorlesung, Universität Duisburg-Essen, Sommersemester 2004.

keit, die Aufmerksamkeit auf Normen zu lenken, bei denen auch die „Außenseiter" gut abschneiden, also Werte vermitteln, bei denen deutlich wird, was wirklich zählt. Je älter man wird, desto deutlicher wird, wie unwichtig solche Attribute wie z.B. gutes Aussehen sind. Sie zählen zwar immer noch, rücken aber nach und nach in den Hintergrund. Wenn ich mich beispielsweise in der Uni umschaue, sind nicht mehr unbedingt die Schönen die Stars, sondern Leute, die intelligent und hilfsbereit sind. Wenn ich an meine Schulzeit denke, wird mir deutlich, dass ich mich häufig fehl verhalten habe. Ich wollte nur Freundinnen haben, die gut aussahen und beliebt waren. Alle anderen haben wir gehänselt und teilweise richtig gehend fertig gemacht. Dies hat sich aber bereits in der Oberstufe geändert. Das war hauptsächlich in der Pubertät. Heute tut mir dieses Verhalten natürlich leid, und ich frage mich, ob diese Leute einen Schaden davon getragen haben. Ob sie vielleicht Bauchschmerzen bekommen, wenn sie an ihre Schulzeit denken!?..."

Je älter Kinder in einer modernen Gesellschaft werden, umso höher ist die Wahrscheinlichkeit, dass durch ihr Bezugsfeld Normen in den Vordergrund rücken, die eher dysfunktional für ihre Weiterentwicklung sind. Dazu gehören nicht nur die offensichtlichen Normen, wie beispielsweise, dass es „cool" ist, Alkohol zu konsumieren und dass dies einfach zu einer erfreulichen Jugend dazu gehört, sondern auch solche Normen wie, dass es notwendig ist, gut auszusehen und dass dies nur unter dem Einsatz bestimmter zur Schau getragener Markenartikel möglich ist. Schon früh müssten Kinder mehr Informationen über Konzepte wie Selbstwert, Wert eines Menschen erlernen, die sie befähigen, ihre eigenen Normen und die in einer Gruppe vorherrschenden Normen kritisch zu hinterfragen.

9.4 Zusammenfassung

Menschen befinden sich dann im Zustand der Selbstaufmerksamkeit, wenn sie sich selbst als Objekt betrachten. In der Regel vergleichen sie sich mit Normen, die sie häufig nicht ideal erfüllt haben und reagieren je nach Anforderung und Selbstkonzept (siehe Kapitel 7) mit Flucht bis Leistungssteigerung. Selbstaufmerksamkeit ist ein wichtiger Moment im Schulalltag. Sie ist notwendig, um sich selbst zu steuern und das eigene Verhalten geforderten Standards anzupassen. Ein Zuviel ist jedoch hinderlich für die Umsetzung des Gelernten. Ein Wechsel aus selbstaufmerksamen und Selbstaufmerksamkeit zerstreuenden Episoden ist für einen Unterricht sinnvoll. Auch ist es wünschenswert, dass Kinder möglichst frühzeitig angeleitet werden, ihre Aufmerksamkeit selbst zu regulieren. Nur so können beispielsweise Klassenregeln auch wirklich von den Schülern/innen ausgeführt werden.

9.5 Fragen, Übungen, Lektüre

Fragen
- Was bedeutet Selbstaufmerksamkeit?
- Wodurch wird Selbstaufmerksamkeit ausgelöst?
- Welche Konsequenzen kann Selbstaufmerksamkeit nach sich ziehen?
- Wie sieht der Zusammenhang zwischen Selbstaufmerksamkeit und Leistung aus?
- Wie kann man Selbstaufmerksamkeitsprozesse für den Unterricht nutzbringend einsetzen?

Übungen
- Versuchen Sie in Ihrem Unterricht mit den Schülern/innen Regeln auszuarbeiten, die zu einer guten Unterrichtsatmosphäre beitragen sollen. Gehen Sie dabei vor wie in Tabelle 11 beschrieben. Notieren Sie Ihre Erfahrungen in den darauf folgenden vier Wochen.
- Entwerfen Sie selbst einen kleinen Fragebogen, mit Hilfe dessen Schüler/innen, vergleichbar mit der Untersuchung von Lohaus, sowohl die Lautstärke der Klasse als auch ihre eigene Lautstärke einschätzen können. Wie könnten Sie ein solches Verfahren für die ganze Klasse transparent machen? Notieren Sie Ihre Überlegungen.

Zur Nachbereitung empfohlene Lektüre
- Duval, T.S. & Silvia, P.J. (2009). Self-awareness, probability of improvement, and the self-serving bias. *Journal of Personality and Social Psychology, 82*, 49-61.
- Duval, S. & Wicklund, R.A. (1972). *A theory of objective self-awareness*. New York, NY: Academic Press.
- Kessel, K. (2008). Sind Mädchen konformer als Jungen? Unterrichtsbeobachtungen innerhalb eines selbstaufmerksamkeitstheoretischen Rahmens. In: Steins, G. (Hrsg.), *Geschlechterstereotype in der Schule - Realität oder Mythos? Anregungen aus und für die schulische Praxis*, (108-133). Berlin: Pabst Science Publishers.

10. Die Theorie der symbolischen Selbstergänzung

Jeder Mensch orientiert sich in unterschiedlichen Lebensabschnitten an bestimmten Zielen. Das Verfolgen dieser Ziele organisiert das Erleben und Verhalten. Ein kleines Kind versucht seit längerem schon das Ziel zu erreichen, endlich ohne Stützräder Fahrrad fahren zu können. Jeden Morgen nach dem Frühstück ist das erste, woran es denkt, dass es wieder versuchen möchte Fahrrad zu fahren. Das Ziel wird so lange verfolgt, bis es klappt oder, wenn diese Durststrecke zu frustrierend ist, es zu wenig Unterstützung bekommt oder immer etwas dazwischen kommt, wird die Erreichung des Ziels vorübergehend auf Seite geschoben und ein neues Ziel tritt in den Vordergrund. Ein älteres Kind verfolgt das Ziel, alle Bände einer Geheimnisserie zu lesen und zu besitzen. Viel Zeit verbringt es damit, die Bücher zu organisieren (sich den Band 5 von der Großmutter zu wünschen, den Band 6 von der Tante, den Band 7 ersteht es vom eigenen Taschengeld) und diese zu lesen. Möglicherweise katalogisiert es diese Serie, um sie systematisch an Freunde als Besitzer der kompletten Serie ausleihen zu können. Ein noch älteres Kind versucht das Ziel zu erreichen, möglichst gute Noten auf seinem Zeugnis zu haben, es möchte gut in der Schule sein und bemüht sich sehr, im Unterricht zu kooperieren, die Hausaufgaben besonders gut zu machen, Referate zu übernehmen, sich sorgfältig auf Klassenarbeiten vorzubereiten, mit den Lehrern und Lehrerinnen auszukommen. Ein Jugendlicher verfolgt das Ziel, dass seine Theater-AG möglichst bekannt ist, dass sie ein Stück an variierenden Orten mit variierendem Publikum aufführt und eine positive Rezeption erhält. Eine erwachsene Person in der Ausbildung möchte eine berufliche Identität erwerben und eine berufstätige Person verfolgt das Ziel, mit ihrer beruflichen Tätigkeit bestimmte Aufgaben zu erfüllen.

Ein Ziel organisiert die eigene Alltagsstruktur. Sobald ein Ziel erreicht ist, ist das damit verbundene Quasi-Bedürfnis gestillt und ein neues Ziel wird sich in den Vordergrund schieben. Das erreichte Ziel, das eine gewisse Zeit so wichtig war und das eigene Denken, Fühlen und Verhalten organisiert hat, ist passé.

10.1 Die Theorie

Die Theorie der symbolischen Selbstergänzung basiert auf Annahmen Lewins, nach denen ein zielgerichteter Spannungszustand erst aufhört, wenn ein selbst gesetztes Ziel erreicht wurde oder aber man sich entschlossen hat, dieses nicht mehr zu erreichen. Diesen Spannungszustand nennt Lewin *Quasibedürfnis*.

Wird man an der Erreichung eines Zieles gehindert oder dessen Erreichen unterbrochen, dann merkt man sich die unerledigte Handlung besonders gut (Zeigarnic, 1927).

Die symbolische Selbstergänzungstheorie von Wicklund und Gollwitzer (1981) beschäftigt sich mit *selbstbezogenen Zielen*. Ein selbstbezogenes Ziel könnte es sein, Lehrer und Lehrerin zu werden. Selbstbezogene Ziele beziehen sich auf die Zueignung bestimmter *Merkmale*. Als zukünftiger Lehrer und Lehrerin möchte man beispielsweise pädagogisches Geschick entwickeln. Merkmale beinhalten auch bestimmte Fähigkeiten. Als zukünftiger Lehrer und Lehrerin möchte man mit einer Vielzahl von Medien problemlos umgehen können. Und sie beinhalten die Zugehörigkeit zu einer bestimmten *Personenkategorie*. Man möchte der Berufsgruppe der Lehrer/innen angehören. Die Zugehörigkeit wird durch eine Qualifikation bestätigt.

Wenn das Ziel ein wichtiger Baustein der Selbstdefinition ist, findet eine sogenannte Bindung oder Verpflichtung (*Commitment*) an das Erreichen des Zieles statt. Ob sich eine Person an ein selbstbezogenes Ziel gebunden fühlt, erkennt man daran, ob sie ernsthaft Verhaltensweisen in Richtung auf eine Erreichung des Zieles zeigt. Eine Person, die beispielsweise Lehrer/in werden möchte, zeigt eine Verpflichtung in Hinblick auf die Zielerreichung, wenn sie ein entsprechendes Studium aufgenommen hat und noch eine höhere Verpflichtung, wenn sie ein Referendariat absolviert hat.

Jede Selbstdefinition kann symbolisch auf unterschiedliche Art und Weise repräsentiert werden. Die Selbstdefinition kann durch Objekte zur Schau zu gestellt werden. Welche Eigenschaften verschiedenen Objekten zugeschrieben werden, beruht auf gesellschaftlichen Konventionen. Ein erfolgreicher Geschäftsmann wird eher in einem repräsentativen Auto erwartet als in einem unscheinbaren Kleinwagen. Das Äußere einer intellektuell herausragenden Person wird eher als zurückhaltend und unauffällig erwartet, denn als strahlend schön und muskulös. Die Brille und der Bart gehören zum Klischee des intellektuellen Mannes, und die unauffällige praktische Tweedkleidung sowie die Brille gehören zum Klischee der intellektuellen Frau.

Selbstbeschreibungen sind wie Objekte ebenfalls symbolischer Natur und können eine Selbstdefinition transportieren. Die Zuschreibung von persönlichen Eigenschaften ist ein sprachliches Symbol, mit Hilfe dessen Personen sich selbst problemlos eine Identität zuschreiben können, die auf ihr selbst definierendes Ziel passt. „Ich bin schon immer kinderlieb gewesen." „Ich habe ein Händchen für Kinder!" „Ich bin ein sozialer Mensch!" sind Selbstzuschreibungen, die den Wunsch, z.B. in die Primarstufenausbildung zu gehen, plausibilisieren.

Eine andere Art, symbolisch seinem Ziel näher zu kommen, ist der Versuch andere sozial zu beeinflussen. Eine Person, die Musiklehrerin werden möchte, kann versuchen, ihrer Umwelt klar zu machen, dass dieses Fach ein extrem wichtiges Fach für die Förderung aller möglichen anderen Fähigkeiten ist. Sie tritt somit nach außen als eine Person auf, die sich diesem Ziel, Musiklehrerin zu werden, verpflichtet fühlt. In Tabelle 12 werden die Möglichkeiten einer symbolischen Darstellung einer noch nicht erreichten Selbstdefinition zusammenfassend dargestellt.

Tabelle 12: Möglichkeiten der symbolischen Darstellung einer noch nicht erreichten Selbstdefinition

Symbolische Darstellungsarten	Beispiel: Mein Ziel, Lehrer/in zu werden, ist bedroht
Zurschaustellung von Objekten	Herumtragen der neuesten Curriculumpläne oder anderer Schulmaterialien, die typisch für den Lehrberuf sind.
Selbstbeschreibungen	Schildern persönlicher Eigenschaften, die erwünscht für den Lehrberuf sind: Pädagogisches Geschick, soziale Kompetenzen...
Soziale Einflussnahme	Überzeugungsversuche, dass nur bestimmte Methoden des Unterrichtens oder der Menschenführung (oder anderer schulbezogener Tätigkeiten) gut sind.

Wicklund und Gollwitzer widmen sich nun der Frage, was passiert, wenn Menschen sich einem Ziel verpflichtet fühlen, dieses Ziel aber noch nicht erreicht haben. Es entsteht in Anlehnung an Lewin ein Spannungszustand, den sie nur beenden können, wenn sie entweder das Ziel erreichen oder sich Ersatzziele suchen. Angenommen, eine Person zweifelt daran, ob sie ihr Ziel erreichen kann, dann greift sie, um den bestehenden Spannungszustand zu reduzieren nach Ersatzzielen. Hierfür kann sie Symbole benutzen, die die Erreichung ihres selbstbezogenen Zieles symbolisch repräsentieren. Allerdings müssen diese Symbole wirklich von anderen zur Kenntnis genommen werden. Nur wenn die Symbole Teil der sozialen Realität werden, haben sie auch das Potenzial eine Person symbolisch zu ergänzen. Je stärker es einer Person gelingt, ihre Selbstdefinition in Hinblick auf ihr Ziel symbolisch vor anderen zu repräsentieren, umso eher kann der Spannungszustand in Hinblick auf das unerreichte Ziel reduziert werden. Damit erreichen Menschen zwar nicht das relevante Ziel, aber der Spannungszustand kann gemildert werden.

Aus den postulierten Prozessen leiten Wicklund und Gollwitzer drei Postulate ab:

(1) Selbstsymbolisierende Handlungen kommen dadurch zustande, dass Personen mit einem selbstbezogenen Ziel versuchen, den Mangel an relevanten Symbolen durch das zur Schau Stellen alternativer Symbole auszugleichen.

Ein Studierender eines Lehramtsstudiengangs, der sein Ziel, Lehrer zu sein noch nicht erreicht hat, kann, statt eine anstehende mündliche Examensprüfung zu machen, sich zunächst für ein weiteres freiwilliges Praktikum entscheiden.

(2) Wichtig ist aber, dass alle anderen relevanten Bezugspersonen davon wissen: Der Effekt selbst symbolisierender Handlungen im Sinne der Ausgestaltung einer Selbstdefinition ist an die soziale Kenntnisnahme erworbener Symbole gebunden.

Der Student erzählt seinen Bekannten, dass er für seinen späteren Beruf durch ein Praktikum sehr viel mehr lernt als durch eine Prüfung.

(3) Während der Handlung der symbolischen Selbstergänzung ist das Bedürfnis so stark, dass die Person egozentrisch reagiert. Sie vernachlässigt den psychischen Zustand der Personen, diese dienen als Publikum.

Der Lehramtsstudierende wird im Zustand der Selbstergänzung nicht bemerken, ob die anderen sich beispielsweise für seine Berichte über das freiwillige Schulpraktikum wirklich interessieren.

10.2 Empirische Befunde

Die Postulate der Theorie wurden durch einige Untersuchungen empirisch untermauert. Studenten der Betriebswirtschaftslehre trugen umso häufiger teure Gegenstände, teure Uhren und einen passenden Haarschnitt zur Schau, je schlechter ihre bisherigen Noten und je länger ihre Studiendauer war (Wicklund & Gollwitzer, 1982). Die Studenten zweifelten offenbar an der Erreichung ihres selbst definierenden Zieles, Betriebswirt zu werden, und versuchten den Mangel an relevanten Symbolen und damit den bestehenden Spannungszustand durch alternative Symbole zu kompensieren.

In einer anderen Untersuchung wurden die sozialen Beeinflussungsversuche von Frauen, die Mütter sind, mit denjenigen von Frauen mit noch nicht realisiertem Kinderwunsch, verglichen (Wicklund & Gollwitzer, 1982). Es wurde gefragt, wie wichtig es den Frauen sei, ihre soziale Umgebung von der Richtigkeit ihrer Erziehungsabsichten zu überzeugen. Die Frauen, die bezüglich ihrer Selbstdefinition Mutter noch keine relevanten Symbole hatten (also keine Kinder hatten), waren stärker an einer sozialen Beeinflussung ihrer Umwelt interessiert.

Gerade Berufsanfänger neigen zur symbolischen Selbstdarstellung, da sie die mangelnde Berufserfahrung auf diese Wiese psychologisch kompensieren können (Wicklund & Gollwitzer, 1981).

10.3 Anwendungsmöglichkeiten

Die Selbstdarstellung von Personen kann als Hinweis auf ein aktuelles, motivational hoch besetztes Beschäftigungsfeld der entsprechenden Person deuten. Eine starke Selbstdarstellung weist darauf hin, dass die Person in diesem psychologischen Zustand große Schwierigkeiten haben wird, eine sozial angemessene Wahrnehmung an den Tag zu legen. Sie wird Schwierigkeiten haben, die Perspektive der anderen Personen zu übernehmen. Es muss damit gerechnet werden, dass eine sich selbst symbolisierende Person egozentrisch wahrnimmt und sich egozentrisch verhält. Nicht die anderen Menschen haben einen Aufforderungscharakter für sie (siehe Kapitel 4), sondern sie selbst und ihr noch nicht erreichtes Ziel.

10.3.1 Beispiele aus dem schulischen Alltag, die relevant für die Lehrer/in-Schüler-Interaktion sind

In jeder Klasse gibt es mindestens ein Kind, das dadurch auffällt, dass es aufschneidet und angibt. Auf den ersten Blick ist dieses Verhalten zunächst unsympathisch und es ist leicht, das Kind zum Angeber zu deklarieren.

Aus der Perspektive der Theorie der symbolischen Selbstergänzung, verfolgt das Kind mit der Zurschaustellung von Symbolen (*„Ich habe eine neue Playstation bekommen!" „Wir fahren sechs Wochen lang in ein teures Hotel nach Spanien!" „Ich bekomme zu Hause, was ich mir wünsche!" „Mein Vater fährt ein großes Auto!"*) ein selbst definierendes Ziel. Es steht auf dem Schulhof und braucht die anderen Kinder, um seinen Spannungszustand in Hinblick auf die Erreichung dieses Zieles zu reduzieren. Die interessante Frage ist nun, wie dieses Ziel definiert ist. Welche relevanten Merkmale für welches relevante Ziel fehlen dem Kind, dass es offensichtlich irrelevante Merkmale verbal zur Schau stellen muss, die auf ein Ersatzziel hindeuten? Möglicherweise verfolgt das Kind das Ziel Anerkennung zu gewinnen, mehr Aufmerksamkeit und Achtung von seinen Mitschülern/innen zu bekommen. Was kann man machen?

Da das Thema Lügen, Protzen, Aufschneiden zwar ein Thema ist, das nur bei relativ wenigen Kindern auf der Verhaltensebene auffällt, dennoch ein weit verbreitetes soziales Phänomen ist, kann es sinnvoll sein, dieses Thema gerade in der Primarstufe frühzeitig zum Unterrichtsthema zu machen. Warum protzen manche Menschen? Warum lügen die meisten Menschen? Was passiert, wenn die anderen das merken? Was kann man tun, damit man seinem Bedürfnis nach Protzen, Angeben und Lügen nicht nachgibt? Was kann man machen, um Unwahrheiten, die man in die Welt gesetzt hat, wieder zu korrigieren? Das sind alles Fragen, die mit zum Erziehungsprozess gehören. Kinder haben hiervon noch keine Konzepte entwickelt und werden davon profitieren, wenn sie solche Themen und deren altersgerechte Reflexion auf sich selbst anwenden können. Hat man keine Zeit in seiner Unterrichtsplanung für das Aufgreifen solcher Themen eingeplant, können solche Reflexionen mit anderen Themen verbunden werden.

Wird eine solche psychologische Reflexionsfähigkeit nicht gefördert, wird das Protzen und Lügen im Primarstufenalter spätestens in der Pubertät ersetzt durch andere Symbole, die zur Schau gestellt werden, um Anerkennung zu erzielen. Hier werden dann die gesellschaftlich akzeptierten Standards herangezogen, die für die jeweilige Altersgruppe verbindlich sind. Coolness könnte durch die Gleichgültigkeit gegenüber den schulischen Anforderungen zur Schau gestellt werden, indem demonstrativ nie Hausaufgaben gemacht werden und schlechte Beurteilungen scheinbar stoisch entgegengenommen werden. Diese Haltung ist besonders wahrscheinlich bei einer problematischen Subgruppe von Schülern/innen (Lupatsch & Hadjar, 2011).

Hinter diesen selbst symbolisierenden Handlungen steckt in der Regel kein von den Eltern ignorierter schlecht erzogener Schüler, sondern eine junge Person, die mit dem Finden der eigenen Identität beschäftigt ist und sich ein Ersatzziel gesetzt hat. Der schulische Rahmen bietet wenige Möglichkeiten, sich mit diesem Thema zu beschäftigen. Es sollte aber die Aufgabe eines Klassenlehrers und einer Klassenlehrerin sein, solche Möglichkeiten zu finden. Es können manche Stunden dafür eingerichtet werden oder zusammen mit interessierten Kollegen und Kolleginnen AGs dafür gegründet werden.

Auch hier gilt wieder, die Gründe für bestimmte Arten des „Coolseins" als symbolische Selbstergänzung aufzudecken. Für Schüler/innen können auf diese Weise neue Perspektiven eröffnet werden: *„Wie wirkt Coolsein auf andere und was erreiche ich damit?", „Erreiche ich damit wirklich das, was ich beabsichtige?".* Für das Thema Coolsein bei männlichen Jugendlichen bieten Bernard und Schlaffer (2002) zahlreiche Anregungen für den schulischen Kontext um den Teufelskreis aus Identitätsunsicherheit und symbolischer Kompensation zu durchbrechen.

Wie Rheinberg, Schwarz und Singer (1987) in einer Untersuchung herausarbeiteten, nutzen nur die Schüler/innen, die hoch leistungsmotiviert sind, keine symbolischen Selbstdarstellungsmöglichkeiten, wenn diese angeboten werden. Sie versuchen vielmehr, ihre in Frage stehende Leistung zu steigern. Möglicherweise liegt hier auch ein Erfolg versprechender Weg, Schüler/innen von einer reinen symbolischen Selbstdarstellung, die meistens soziale Folgekosten produziert, abzubringen: Ihnen frühzeitig Strategien der kritischen Selbstbewertung und Leistungssteigerung zu vermitteln und ihnen einen Sinn zu vermitteln, wofür dies gut sein soll.

10.3.2 Beispiele aus dem schulischen Alltag, die relevant für die Lehrer/in-Eltern-Interaktion sind

Es kann enervierend für Lehrer/innen sein, wenn jede ihrer Aktionen im Unterricht und auf Ausflügen von überbesorgten Eltern kommentiert werden. Auch hier ist es einfach, solche Eltern einer Kategorie zuzuordnen: *„Die soll mich mal in Ruhe lassen – die hat wohl sonst nichts zu tun!"* Aus der Perspektive der hier besprochenen Theorie wird gefragt, welches Ziel Eltern, die ihre Besorgnis und ihr Kümmern um ihr Kind sehr stark zur Schau stellen, eigentlich damit verfolgen.

Das Ersatzziel, symbolisch zu repräsentieren, dass man eine gute Mutter, ein guter Vater ist, ist evident. Dahinter können sich bestimmte Erziehungsideale verbergen, denen sich Eltern verpflichtet fühlen, die sie aber nicht einlösen können. Möglicherweise haben sie das weit verbreitete Ersatzziel internalisiert, dass die eigenen Kinder möglichst vor jeder Frustration zu beschützen seien (siehe Kapitel 12).

Es ist konstruktiv, wenn man sich als Lehrperson hierzu Gedanken macht, und versucht, durch gezielte Fragen das eigentliche Ziel der Person in Erfahrung zu bringen und hierüber zu diskutieren, weil die Wahrscheinlichkeit steigt, dass das entsprechende Elternteil Anregung bekommt, das eigene Verhalten zu hinterfragen und zu ändern.

10.3.3 Beispiele aus dem schulischen Alltag, die relevant für die Kollegen/innen-Interaktion sind

Nicht nur das symbolische Selbstergänzungsverhalten von Eltern bietet Anlass dazu, negative Bewertungen und Personkategorien zu aktivieren, sondern auch dasjenige von Kollegen/innen. Ein Kollege oder eine Kollegin, die im Kollegium ausführlich von Weiterbildungsveranstaltungen erzählt, die auffallend häufig neue Unterrichtsmaterialien bestellt und demonstrativ am Kopierer steht, um ihre Schüler/innen mit stets neuem Material zu versorgen, braucht offensichtlich das andere Kollegium als Publikum für die Tätigkeiten als gute Lehrperson.

Möglicherweise sucht sie Anerkennung für ihre Tätigkeit, die sie vielleicht von ihren Schülern/innen nicht erhält und ist unsicher geworden. Auch hier ist es destruktiv, in Persönlichkeitskategorien zu denken. Konstruktiv ist es hingegen, ein Gespräch anzufangen, vielleicht über mangelndes Feedback von Schülern/innen, darüber, dass man von einem solchen Beruf keine unmittelbare Anerkennung erwarten kann, wie man eigentlich eine gute Lehrperson definiert usw.

10.4 Zusammenfassung

Sind eigene selbst definierende Ziele bedroht, dann neigen Menschen zur symbolischen Selbstergänzung, indem sie sich eine soziale Realität schaffen, der sie die Quasi-Erreichung ihrer Ziele symbolisch mitteilen.

Insgesamt regt die Anwendung der Theorie der symbolischen Selbstergänzung zur Perspektivenübernahme gegenüber anderen Personen an, die sich im Zustand der symbolischen Selbstergänzung befinden und deshalb besonders egozentrisch sind. Mit der Theorie kann hinter die Kulissen geschaut werden. Die hier ausgeführten Beispiele zeigen, wie Ersatzziele der Erreichung wirklicher Ziele weichen können.

10.5 Fragen, Übungen, Lektüre

Fragen
- Was ist ein Quasi-Bedürfnis?
- Was bedeutet Kompensation?
- Was bedeutet symbolische Selbstergänzung?
- Auf welche Arten kann symbolische Selbstergänzung erfolgen?
- Warum ergänzt sich eine Person symbolisch?
- Welche Bedeutung hat die soziale Realität für die symbolische Selbstdarstellung?
- Auf welche Weise kann sich eine Lehrperson symbolisch selbst ergänzen?
- Wie nehmen Personen, die sich symbolisch selbst ergänzen, andere Personen wahr?

Übungen
- Trifft die Theorie auf Erfahrungen zu, die Sie während Ihrer eigenen Schulzeit oder im Rahmen eines Schulpraktikums bereits gemacht haben? Auf welche Art ergänzte sich die Person symbolisch? Welche Ursachen vermuten Sie hierfür? Wie könnte man als Lehrperson oder Kollege bzw. Kollegin konstruktiv hiermit umgehen?
- Lesen Sie ein Interview mit einer öffentlichen Person in einer Wochenzeitung. Gibt es Hinweise auf symbolische Selbstergänzung?

Zur Nachbereitung empfohlene Lektüre
- Gollwitzer, P. et al. (2002). Das handelnde Selbst: Symbolische Selbstergänzung als zielgerichtete Selbstentwicklung. In Fry, D. & Irle, M., *Theorien der Sozialpsychologie, Band III*. Bern: Huber.
- Lupatsch, J. & Hadjar, A. (2011). Determinanten des Geschlechterunterschieds im Schulerfolg: Ergebnisse einer quantitativen Studie aus Bern. In Andreas Hadjar (Hrsg.), *Geschlechtsspezifische Bildungsungleichheiten, (176-202)*. Wiesbaden: VS Verlag für Sozialwissenschaften | Springer Fachmedien.

11. Die Reaktanztheorie

Freiheit hat eine subjektive Dimension. Ein Mann steht vor einem Zigarettenautomat und möchte die Zigarettenmarke A ziehen. Aus Versehen zieht er die Zigarettenmarke B, aber es kommt nichts aus der Schublade. In diesem Moment wird ihm klar, dass er lieber die Zigarettenmarke B geraucht hätte als A und zieht ein paar Mal an der Schublade von B. A möchte er jetzt eigentlich nicht mehr rauchen und zieht C. Freiheit in einem philosophischen Sinn würde bedeuten, dass er gleichmütig A zieht, weil er philosophisch erkennt, dass nur der Mangel an B diese Marke so attraktiv macht (Brehm, 1966).

Psychologische Freiheit funktioniert anders und zeigt, dass die Freiheit Entscheidungen zu treffen und aus Wahloptionen zu wählen mit Unsicherheit und Konflikten einhergeht und häufig irrationale Komponenten aufweist. Die Reaktanztheorie beschäftigt sich mit diesen Prozessen.

Ein Beispiel aus der Schule: Frau Meyer, Grundschullehrerin, sieht Mia und Peter streiten und beobachtet, wie die Kinder beginnen aufeinander einzuprügeln. Sie geht zu den streitenden Kindern, trennt sie und gibt ihnen einen Fragebogen mit, den sie zu Hause bearbeiten und von den Eltern unterschreiben lassen sollen. Diesen Fragebogen sollen sie morgen wieder bei ihr abgeben.

Wie sieht dieser Fragebogen aus? Zunächst müssen die Kinder ihren Namen, ihre Klasse und das Datum eintragen. Dann kommt als erstes die Frage:

1. *Was habe ich gemacht?*
   Es gibt fünf Bilder zur Auswahl, die jeweils mit einem Satz beschrieben werden:
- Ich habe jemanden geärgert.
- Ich habe mich gestritten.
- Ich habe jemanden beleidigt.
- Ich habe gehauen oder getreten.
- Und: Ich habe in die Klasse gerufen.
- Ein Bild ist leer und mit dem Satzanfang überschrieben: „Ich habe …".

Dann liest das Kind die Frage:

2. *Welche Regel habe ich verletzt?*
   Es gibt drei Antwortkategorien zur Auswahl. Das Kind kann ankreuzen:
- *Ich habe andere Kinder beim Lernen gestört.*
- *Ich habe jemandem weh getan.*
- *Oder: Ich bin nicht sorgfältig mit ... umgegangen.*
   Bei dieser dritten Alternative kann es also selbst etwas in den Satz hineinschreiben.

Das Kind wird nun gefragt:

3. *Will ich ab jetzt die Regeln einhalten?*
   Hierzu kann es Ja (daneben ist eine Sonne abgebildet) ankreuzen oder Nein (Daneben ist eine Wolke mit Regen abgebildet).

Nun folgt die vierte Frage

4. *Was kann ich besser machen?*
   Wieder sind hierzu Bilder mit entsprechenden Sätzen aufgeführt.
- *Ich will leise sein.* Das Wort leise ist unterstrichen. Auf dem Bild ist das Gesicht eines Kindes gezeichnet. Das Kind hält sich selbst den Zeigefinger vor den Mund, der sichtbar *Pst* macht.
- *Ich will mich melden.* Das Wort melden ist unterstrichen. Das Kind auf dem Bild meldet sich mit hoch in die Luft gerecktem Arm, ein Finger steht nach oben.
- *Ich will friedlich zu den anderen Kindern sein.* Hier ist das Wort friedlich unterstrichen. Auf dem Bild gehen zwei Kinder mit ausgestreckten Händen aufeinander zu.

Und schließlich folgt ein leeres Bild mit dem Satzanfang: *Ich will ... .*

Der letzte und fünfte Punkt lautet:

5. *Was ich mir vornehme.*
   Das Kind hat hier für die Formulierung seiner guten Vorsätze reichlich Platz.

Schließlich muss das Kind den Fragebogen unterschreiben (Unterschrift: Kind) und die Eltern des Kindes ebenso (Unterschrift: Eltern).

Was passiert? Nach der Schule kommt Mia nach Hause und weint, als sie ihren Eltern den Fragebogen zeigt. Peter hat angefangen sie zu beleidigen und sie hat sich gewehrt. Jetzt soll sie so tun, als ob sie für den Streit verantwortlich sei. Sie weigert sich den Fragebogen auszufüllen und macht dies nur, weil ihre Mutter sie dazu zwingt. Peter schildert, zu Hause angekommen, die Angelegenheit genauso: Mia hat ihn beleidigt, ein Wort hat das andere Wort gegeben und jetzt soll er so tun als ob er für den Streit verantwortlich war. Auch er füllt den Fragebogen nur aus, weil seine Eltern darauf bestehen und keine Lust haben, sich darum weiter zu kümmern. Am nächsten Morgen geben Mia und Peter Frau Meyer den Fragebogen. Sie steckt ihn weg und der

Unterricht beginnt. Mia und Peter streiten sich auch in den nächsten Wochen. Der einzige Unterschied ist, dass sie wütend sind, wenn sie dazu noch einen Fragebogen ausfüllen müssen.

Dieser Umgang mit kindlichen Konflikten zeigt, wie sehr die Institution Schule (= die sich darin befindenden Lehrpersonen) an Konformität von Kindern interessiert ist. Der Fragebogen zeigt dem Kind ständig die Diskrepanz auf, wie es sein sollte und wie es nicht war. Das Kind wird auf verschiedene Art und Weise sanktioniert. Es muss den Vorfall den Eltern melden, weil es deren Unterschrift benötigt; es wird mit seiner Diskrepanz zwischen Ist und Soll konfrontiert und soll diese auch noch schriftlich niederlegen, indem es sein Vergehen ankreuzt oder aufschreibt und es soll seine Einwilligung geben, dass dieser Vorfall nicht noch mal vorkommt. Die psychologische Perspektive des Kindes interessiert hier überhaupt nicht. Die Gründe seiner Verhaltensweisen werden nicht erfragt.

Diese und andere Methoden des Versuches, Individuen an die Regeln einer Gruppe anzupassen haben in der Regel keine positive Wirkung, weil hier ein psychologischer Prozess ins Spiel kommt, der Konformitätsversuchen entgegenläuft: Psychologische Reaktanz. Unter der Oberfläche (Komplizenschaft) ist Widerstand. Widerstand wurde bereits in Kapitel 9 (Die Selbstaufmerksamkeitstheorie) thematisiert: Normen werden nicht befolgt, wenn ihr Sinn nicht deutlich ist. Dieser Aspekt stellt für die Determination der Reaktanzstärke allerdings nur einen Aspekt unter vielen dar.

11.1 Die Theorie

In der Reaktanztheorie geht es um die subjektive Freiheit und den Widerstand gegen deren Einschränkung. Es geht um konkrete Freiheiten wie, Entscheidungen zwischen unterschiedlichen Verhaltensalternativen, Wahlfreiheit zwischen unterschiedlichen Objekten, Meinungsfreiheit.

Menschen sind grundsätzlich motiviert, ihre Freiheiten zu erhalten. Wenn bisher verfügbare oder als verfügbar angenommene Verhaltens- oder Ergebnisalternativen blockiert werden, dann entsteht Reaktanz.

Reaktanz ist als ein Erregungs- und Motivationszustand definiert, der darauf abzielt, die bedrohte, eingeengte oder blockierte Freiheit wieder herzustellen.

Reaktanz ist mit verschiedenen Ebenen des Erlebens und Verhaltens verbunden.

Auf der *Verhaltensebene* kann beharrlich versucht werden, das bedrohte Verhalten dennoch auszuführen. Ist dies nicht möglich, dann kann dies durch indirektes Verhalten geschehen. Mia und Peter werden sich auch weiterhin streiten (in ihren Augen: Sich nicht beleidigen lassen von einem anderen Kind). Wenn sie dies nicht mehr offen machen dürfen, weil dies mit unerwünschten Sanktionen belegt wird, dann werden sie es indirekt machen. Sie können andere Kinder zu ihren

Verbündeten machen, den Kontakt entziehen usw. Es gibt viele Möglichkeiten, sich zu streiten. Wird auch das unterbunden, dann wird auf der *kognitiven Ebene* mit großer Wahrscheinlichkeit die blockierte Alternative aufgewertet, d. h., das Bedürfnis nach einem richtigen Streit, in dem man dem anderen so richtig die Meinung sagen kann, wird als sehr mächtig empfunden. Auf der *emotionalen Ebene* kann sich dies als Aggression oder Wut bemerkbar machen.

Nicht jedes Kind würde Reaktanz empfinden, wenn es den oben beschriebenen Fragebogen ausfüllen muss. Die Stärke der Reaktanz schwankt in Abhängigkeit von verschiedenen Bedingungen.

Die *Wichtigkeit* der bedrohten Freiheit spielt eine entscheidende Rolle. Je wichtiger die bedrohte Freiheit ist, desto stärker die Reaktanz. Je stärker die Reaktanz ist, desto größer wird der Widerstand sein, die bedrohte oder eliminierte Freiheit zurückzuerobern. Je wichtiger es die Kinder finden werden, sich zu streiten, desto eher werden sie versuchen sich weiter zu streiten, wenn es ihnen verboten wird.

Eine Verhaltensalternative ist umso wichtiger, wenn es vergleichsweise *wenige Alternativen* gibt. Wenn Mia nicht weiß, wie sie Peter erklären kann, dass er so nicht mit ihr umgehen kann, wird sie es als besonders wichtig empfinden, sich weiterhin mit ihm auf die Art und Weise streiten zu können, die ihr als der einzige angemessene Ausdruck ihres Bedürfnisses, ihn in die Schranken zu weisen, vorkommt.

Auch die *Gewissheit,* eine Freiheit ausüben zu können, beeinflusst die Stärke der Reaktanz. Wenn Peter weiß, dass er sich in einem anderen Kontext mit Mia streiten können wird, dann wird er nicht besonders viel Reaktanz empfinden, wenn es ihm verboten wird, sich so zu streiten.

Die *Stärke der Bedrohung* ist eine weitere Determinante der Reaktanzstärke. Wenn die Mitschülerin Lisa Mia das Streiten verbietet, wird dies vergleichsweise weniger Reaktanz bei Mia auslösen („Du hast mir nichts zu verbieten!"), als wenn Frau Meyer dieses Verbot ausspricht (denn Frau Meyer hat Sanktionsmacht).

Die Reaktanzstärke wird schließlich auch durch das *Ausmaß* der Freiheitseinschränkung bestimmt. Welche Implikationen hat dieses Verbot für die Zukunft? Es ist ein Unterschied, ob ein absolutes oder ein relatives Verbot ausgesprochen wird.

Nach Wortman und Brehm (1975) bleibt Reaktanz so lange erhalten, wie erwartet wird, die Ausübung der Freiheit kontrollieren zu können. Reaktanz wird sich in Hilflosigkeit wandeln, wenn die Freiheitserwartung aufgegeben wurde (siehe Kapitel 7: Attributionale Theorien). Widerstand schlägt in Passivität um.

Die Reaktanztheorie ist in vielen Kontexten untersucht worden. Sei es, dass Hausfrauen sich weigerten ein Brot zu kaufen, das zu stark angepriesen wurde und statt dessen lieber ein teureres Brot wählten (Weiner & Brehm, 1966), sei es, dass eine attraktive Person, die sich unerreichbar macht, zunächst aufgewertet wird und umso begehrlicher erscheint (Walster, Walster, Pilliavin & Schmidt, 1973), Reaktanz kann durch die Variation der oben genannten Bedingungen induziert werden und tritt im Alltag in vielen Kontexten auf. Reaktanz wird aber nicht unbedingt offen gezeigt. In der Anwesenheit sanktionsmächtiger Zeugen bleibt sie verborgen.

11.2 Anwendungsmöglichkeiten

11.2.1 Kommunikation im Unterricht

Im Unterricht geht es besonders um Meinungs- und Einstellungsfreiheit. Einstellungsfreiheit liegt dann vor, wenn Menschen in Bezug auf ein Einstellungsobjekt verschiedene Positionen vertreten können und nicht auf eine Position festgenagelt werden.

Unterricht, die Vermittlung von Wissen, beinhaltet auch die Vermittlung von Einstellungen und Meinungen. Auch naturwissenschaftliches Wissen, das als objektiv gilt, spiegelt immer nur das Wissen einer wissenschaftlichen Gemeinde zu einem bestimmten historischen Zeitpunkt wider und wird durch deren Einstellungen gefiltert (Gergen, 1985). Lehrpersonen sind demnach Personen, die neben der Wissensvermittlung, auch Einstellungen im Unterricht transportieren.

Je älter Kinder werden, desto eher sind sie bestrebt, eine eigene Meinung auszubilden und sie durch Erfahrung zu überprüfen, so dass sie sich über viele Jahre lang, wenn Erziehungsprozesse gut verlaufen, mit verschiedenen Einstellungen auseinander setzen. Dieser Prozess wird im Unterricht nicht immer unterstützt. An diesen Punkten, ohne das dies intendiert ist, kann Reaktanz induziert werden. Wenn Schüler/innen den Eindruck gewinnen, dass sie auf eine bestimmte Einstellung festgelegt werden sollen, entsteht wahrscheinlich Reaktanz. Selbst wenn Heranwachsende anfänglich gar nichts gegen die von einer Lehrperson bevorzugte Einstellung haben, kann der Eindruck, dass ihnen eine Einstellung verkauft werden soll und sie auf eine solche festgenagelt werden sollen, dazu führen, dass ein *Bumerangeffekt* auftritt, d.h., dass die Schüler/innen eine extrem gegensätzliche Einstellung übernehmen. Damit stellen sie sicher, dass sich ihr Einstellungsspielraum wieder erweitert und sie ihre Meinungsfreiheit zurückerobert haben.

Bestimmte Formulierungen können einen solchen Bumerangeffekt auslösen: *„Ihr habt keine Wahl!", „Diesen Standpunkt müsst ihr akzeptieren, auch wenn ihr es nicht wollt.", „Man kann dazu gar keine andere Meinung haben!" „Spätestens wenn ihr so alt seid wie ich, werdet ihr auch diese Meinung haben!"*. Solche Sätze kommen als Einschränkungen der Einstellungsfreiheit an und führen, wenn es sich um für Schüler/innen subjektiv wichtige Gebiete handelt, dazu, dass mit einiger Wahrscheinlichkeit ein Verschieben ihrer Meinung in die gegensätzliche Richtung stattfindet.

Andererseits müssen auch längerfristige Effekte bedacht werden: Nach ungefähr vier Wochen ohne weitere Einschränkung können auch *Sleeper-Effekte* auftreten, d.h. die forcierte Einstellung kommt doch noch zum Tragen. Nach den Sommerferien verhalten sich die Schüler/innen vielleicht anders, nämlich in Richtung der erwünschten Regel oder aber haben ihre Einstellung derjenigen der Lehrperson angenähert. Die Quelle der Botschaft wird nicht mehr unbedingt mit der Botschaft selber in Verbindung gebracht. Deshalb können auch Modelle, die im Augenblick der Botschaftsübermittlung nicht sehr glaubwürdig erscheinen, durchaus über die Zeit Einfluss gewinnen. Allerdings hängt es vom Grad der Argumentationskraft ab, ob ein Sleeper-Effekt auftritt (Pratkanis, Greenwald, Leippe & Baumgardner, 1988).

11.2.2 Sanktionsverhalten

Aus der Reaktanzforschung ergeben sich einige praktische Implikationen hinsichtlich des Sanktionsverhaltens im schulischen Alltag. Harte Strafmaßnahmen, die darauf abzielen ein Exempel zu statuieren und die Autorität der Lehrperson zu unterstreichen, können zum Gegenteil dessen führen, was mit ihnen beabsichtigt ist. Mit hoher Wahrscheinlichkeit werden sie bei Schülern/innen sogar zur Aufwertung der sanktionierten Verhaltensalternative führen.

An dem Thema Unterrichtsstörungen kann dieser Zusammenhang gezeigt werden. Wenn Kinder im Unterricht stören, sind sie sich meistens dessen bewusst. Dennoch ist es für sie eine große und wichtige Alternative ab und zu, statt zuzuhören, eine Bemerkung mit ihrem Tischnachbarn zu tauschen. Aus einer Bemerkung kann eine Störung werden, die den Unterricht beeinträchtigt.

Was wünschen sich Kinder? Kinder wünschen sich, dass über solche Ereignisse geredet wird, sie wünschen sich aber nicht, dass geschimpft oder bestraft wird (Tücke, 1999; vgl. auch 1.1). Vor allem wünschen sie sich nicht, dass der Unterricht deswegen unterbrochen wird. Positiv reagieren sie auf eingesetzten Humor. Mit Humor kann auf einen negativen Aspekt hingewiesen werden, ohne dass die Person dabei beschämt wird. Er verbessert die Stimmung und trägt zu einer angenehmeren Arbeitsatmosphäre bei.

Nach Tücke berichten die Kinder jedoch, dass auf Unterrichtsstörungen meistens mit Schimpfen und Strafen reagiert wird. Dies sind starke Reaktionen starker Personen, die aus der Perspektive der Reaktanztheorie dazu führen, dass bei den Schülern/innen Widerstand wahrscheinlich wächst. Es ist auch möglich, dass die Kinder sich die Freiheiten, die sie bei einer besonders strengen Lehrperson blockiert sehen, bei einer als schwächer wahrgenommenen Lehrperson zurückerobern. Die strengere Lehrperson erhält so die irrtümliche Rückmeldung, dass ihr strenges Durchgreifen erfolgreich war und Lehrpersonen, die sich nicht durchsetzen können, eben mit einer lauten Klasse leben müssen. Diese Zusammenhänge können jedoch nur erkannt werden, wenn Phänomene wie Reaktanz und deren in der Schule häufig latentes Vorkommen bekannt sind.

11.2.3 Drogenprävention

Übermäßiger Drogenkonsum stellt ein generelles, ernsthaftes Problem dar, Drogenkonsum bei Menschen in der Entwicklung ein ganz besonders schwerwiegendes Problem. Besonders der Anteil der Mädchen und jungen Frauen, die rauchen, hat stark zugenommen. Dies ist umso bedenklicher als diese Teilgruppe zu mentholhaltigen Zigarettenmarken greift, die eine tiefe Inhalation wegen des erzeugten „Frischegenusses" besonders attraktiv macht. Diese tiefe Inhalation führt zu besonders bösartigen und unheilbaren Krebserkrankungen des Lungengewebes. Ein hoher Prozentsatz rauchender Mädchen hat eine stark verkürzte Lebenserwartung. Dies macht verständlich, dass Drogenprävention auch Thema von Gesundheitsprojekten in der Schule ist. Beim Thema Rauchen setzt die Drogenprävention deutlich auf Abschreckung. Ängstliche Schüler/innen können auf diese Weise wahrscheinlich davon abgehalten werden, zur Zigarette zu greifen. Wahrscheinlich würden ängstliche oder rationale Schüler/innen aber auch ohnehin nicht rauchen. Nicht erreicht werden diejenigen Schüler/innen, die in Bezug auf mittel- und langfristige Folgen ihres Verhaltens weniger Vorstellungskraft besitzen und bei denen Abschreckung einen subjektiven Freiheitsverlust auslöst. Wenn dann Rauchen noch eine selbst symbolisierende Funktion hat, wird Abschreckung allein einen Bumerangeffekt auslösen.

Aus der empirischen Überprüfung der Reaktanztheorie konnte die Erkenntnis gewonnen werden, dass Reaktanz durch Einsicht in Notwendigkeiten überwunden werden kann (siehe Kapitel 9). Einsicht basiert auf guten Argumenten und der Glaubwürdigkeit des Senders. Eine gute Argumentation ist allerdings nicht gleichbedeutend mit einer einseitigen Abschreckung, sondern beruht auf einer differenzierten Analyse. Bei Drogenkonsum gibt es nicht nur eine negative Seite, sondern die subjektive Sicht auf den Konsum ist bei vielen Konsumenten/innen positiv besetzt. Damit Einsicht gewonnen werden kann, müssen diese Facetten auch diskutiert werden. Wenn Schüler/innen die Einsicht gewinnen, dass sie es letztendlich selber entscheiden, ob sie rauchen oder nicht, mit allen dazugehörenden Konsequenzen, werden wahrscheinlich mehr Schüler/innen erreicht werden können. Auf Abschreckung zu setzen kann sich nicht längerfristig durchsetzen, denn es verringert die subjektive Wahlfreiheit. Besonders in individualistischen Gesellschaften wie der unsrigen ist diese Wahlfreiheit sehr wichtig.

11.2.4 Soziales Verhalten

Mittlerweile gibt es einige Trainingsprogramme zum sozialen Verhalten. Der Tenor dieser Programme ähnelt sich, da sie vor einem bestimmten, einseitigen theoretischen Hintergrund betrieben werden und so unisono zu dem Schluss kommen, dass nur bestimmte Verhaltensweisen sozial korrekt sind, andere aber auf keinen Fall akzeptiert werden können. Man scheint sich darüber einig zu sein, dass es immer gut ist, zu integrieren und niemals gut, beispielsweise *tit-for-*

tat zu handeln. Auch hier wird sehr häufig eine einseitige Einstellung zum Thema Konfliktelösen versucht an die Schüler/innen zu bringen.

Reaktanztheoretisch betrachtet ist es sinnvoller mit Schülern/innen ausführlich verschiedene Arten von Konfliktbewältigung zu diskutieren. Sie kommen sonst ganz zu Recht zu der Meinung, dass sie sich noch andere Alternativen als sozial korrektes Verhalten offen halten wollen. Diese werden aber dann nicht mehr in die Diskussion eingebracht, da sie verboten sind und werden hinter dem Rücken der Lehrer/innen betrieben.

11.2.5 Mathematikunterricht

Ein ganz konkretes Beispiel, wie Reaktanzeffekte im fachlichen Unterricht produziert werden können, bietet der Mathematikunterricht. Wenn nur eine einzige Strategie angewendet werden darf, um zu einer Lösung zu kommen, oder keine Nebenrechnungen gemacht werden dürfen, wird der Handlungsspielraum der Schüler/innen unnötig eingeschränkt. Besonders diejenigen Schüler/innen, für die diese Wahrfreiheit wichtig ist, werden sich eingeschränkt fühlen, wahrscheinlich sind das die Schüler/innen, die sich für das Fach interessieren.

Bei allen internationalen Schulleistungsvergleichen schnitten japanische Schüler/innen in Mathematik auffallend gut ab, trotz einer durchschnittlichen Klassengröße von 37 Schülern/innen. Entgegen des europäischen Vorurteils, die Leistung Heranwachsender in Japan beruhe nur auf Drill, sieht die Realität im japanischen Mathematikunterricht anders aus. Schümer (1998) stellt in ihrer Analyse vor allem die problemlösenden Dialoge zwischen allen Beteiligten heraus, in denen mehr als ein Lösungsweg zugelassen wird.

„- Auffallend häufig stehen Probleme im Mittelpunkt, die auf verschiedene Arten gelöst werden können oder mehrere Lösungen haben. - Die Lösungswege sind oft wichtiger als die Lösungen selbst und werden ausführlich besprochen. - Im Unterricht werden nicht Prüfungssituationen, sondern Lernsituationen geschaffen, d.h. Aufgaben werden eher im Sinn von Spielen als im Sinn von Tests eingeführt. - Alle, also auch falsche Lösungswege oder Lösungen werden akzeptiert, diskutiert und als Lernmöglichkeiten genutzt." (S. 199).

Dieser Mathematikunterricht ist also durch einen sehr großen Problem- und Lösungsraum definiert. Es gibt eine große Freiheit für die Schüler/innen eigene Ideen in einer geschützten und kooperativen Atmosphäre einzubringen.

11.2.6 Deutschunterricht

Eigene persönliche Lektüre- und Autoren/innenpräferenzen gehören nicht in den Unterricht (siehe Kapitel 5). Lehrer/innen können damit Komplizenschaft und latenten Widerstand auslösen. Auch die Einengung auf bestimmte Interpretationssichten fördert nicht den kreativen Umgang mit Texten und kann besonders bei Schülern/innen, die sich gerne mit Texten beschäftigen, einen Bumerangeffekt bewirken. Eine solche Einengung fordert auch den Widerstand der Schüler/innen heraus, denen eine freie Meinungsäußerung wichtig ist. Denn unter verschiedenen Perspektiven betrachtet kann ein und derselbe Text richtig oder falsch, banal oder hinreißend sein.

Besser wäre es also, auch hier wieder unterschiedliche Perspektiven zuzulassen. Wichtig ist nur, dass diese begründet werden. Die Festlegung auf den Geschmack des Lehrers und der Lehrerin engt unnötig ein. Wenn Schüler/innen die Freiheit haben ihre Meinung zu äußern und sie fachlich fundiert zu begründen, werden sie einen ausgezeichneten Zugang zum Umgang mit Texten bekommen.

11.2.7 Hausaufgaben

Hausaufgaben sind eine Quelle ständigen Ärgers, für die Lehrpersonen, wenn sie von den Schülern/innen nicht gemacht werden, für die Schüler/innen, wenn diese sinnlos sind und zu umfangreich ausfallen.

Hausaufgaben sind in der Regel mit einem MUSS verbunden, deshalb sind sie eine Quelle der Reaktanz. Je sinnloser Hausaufgaben empfunden werden, desto eher werden Schüler/innen in den aktiven oder passiven Widerstand gehen. Latenter Widerstand bei Hausaufgaben geschieht für die Lehrperson unbemerkt: Schüler/innen schreiben Hausaufgaben schnell in den Pausen voneinander ab; der Zweck der Hausaufgaben wird völlig verfehlt.

Reaktanzeffekte können vermieden werden, wenn Schüler/innen sich nicht in ihrer Freiheit eingeschränkt fühlen. Ihr Nutzen sollte erkennbar sein. Hausaufgaben können zur Wahl gestellt werden. Oder Hausaufgaben bestehen aus einem Pflichtteil und einem freiwilligen Teil, so dass sehr unmotivierte Schüler/innen das Gefühl von Freiheit haben, wenn sie den freiwilligen Teil weglassen können.

11.3 Zusammenfassung

Schulischer Alltag ist eine Gratwanderung zwischen Individuum und Gruppe und damit ein Balanceakt zwischen dem Ausbilden einer eigenen fundierten Meinung und der Anpassung an die Gruppe. Je nachdem, wie wichtig die Ausübung einer bestimmten Freiheit für ein Individuum ist, wird sie bei deren Einschränkung psychologische Reaktanz empfinden, deren Ausprägung mit dem Versuch zusammenhängt, die Freiheit zurückzuerobern. Die Reaktanztheorie impliziert, dass eine Person, die aktiv in die Entwicklungsprozesse von

Kindern und Jugendlichen eingreift, ein Gespür dafür entwickeln kann, welche Freiheitsbedürfnisse eine Person hat, wenn sie an einer Entwicklung zu einer mündigen Person interessiert ist. Sie muss diesen Freiheitsbedürfnissen nicht nachgeben, sie aber wahrnehmen, akzeptieren und psychologisch sinnvoll behandeln. Eine grundsätzliche Möglichkeit zur Verhinderung unnötiger Freiheitseinschränkungen auf der psychologischen Ebene ist es, stets die Vielseitigkeit und -schichtigkeit von Meinungen aufzuzeigen.

11.4 Fragen, Übungen, Lektüre

Fragen
- Was ist psychologische Reaktanz?
- Wodurch wird die Ausprägung psychologischer Reaktanz beeinflusst?
- Welche Konsequenzen sind mit psychologischer Reaktanz verbunden?
- Was ist ein Bumerang-Effekt?
- Was ist ein Sleeper-Effekt?
- Welche Implikationen leiten sich aus der Reaktanztheorie bezüglich des Transports von Meinungen im Unterricht ab?
- Wieso kann Reaktanz in Hilflosigkeit umschlagen?

Übungen
- Greifen Sie ein Thema aus Ihrem Unterrichtsfach heraus, zu dem Sie selbst eine pointierte Einstellung haben. Wie können Sie dieses Thema nach den Implikationen der Reaktanztheorie didaktisch so umsetzen, dass Sie bei möglichst wenigen Schüler/innen psychologische Reaktanz induzieren? Was müssen Sie dabei wahrscheinlich in Kauf nehmen?
- Erinnern Sie sich an Ihre eigene Schulzeit: In welchem Kontext trat bei Ihnen durch Lehrpersonen induzierte psychologische Reaktanz auf? Was würden Sie selbst als Lehrperson anders machen vor dem Hintergrund der Reaktanztheorie?

Zur Nachbereitung empfohlene Lektüre
- Dickenberger, D. Gniech, G. & Grabitz, H.J. (2001). Die Theorie der psychologischen Reaktanz. In. Frey, D. & Irle, M., *Theorien der Sozialpsychologie, Band I*. Bern: Huber.
- Steins, G. (2009). Widerstand von Lehrern gegen Evaluationen aus psychologischer Sicht. In: Bohl, T. & Kiper, H., *Lernen aus Evaluationsergebnissen* (185 - 195). Bad Heilbrunn: Klinkhardt.
- Steins, G. & Haep, A. (2013). *99 Tipps Soziales Lernen, (Tipp 43)*. Berlin: Cornelsen Scriptor.

II

12. Emotionstheorien

Emotionen sind ein grundlegender Bestandteil menschlichen Erlebens und menschlicher Identität. Ein Leben ohne Emotionen ist schwer vorstellbar. Wenn Menschen beginnen, nichts mehr zu fühlen, stellt sich eine große Leere ein. Psychopathologisch betrachtet, könnte hier eine schwere Depression oder ein Entfremdungserleben vorliegen, das mit einem hohen Leidensdruck einhergeht. Umgekehrt wird aber auch ein Übermaß an intensiven Gefühlen sowohl für das betreffende Individuum als auch für dessen Umwelt als quälend erlebt.

Gerade Kinder und Jugendliche, aber auch erwachsene Menschen, nehmen ihre Gefühle als sichere Zeichen dessen wahr, wie sie sich zu verhalten haben, was richtig und was falsch ist, ohne sich Gedanken darüber zu machen, dass Gefühle möglicherweise nicht ganz so natürliche Ausdrucksformen sind wie beispielsweise die Reaktion ihres Körpers auf einen Virus.

Die moderne Kultur westlicher Gesellschaften hat keine Techniken entwickelt, um mit Gefühlen differenziert umzugehen (McCrone, 1994). Ausgehend von Vorstellungen aus der Romantik werden Gefühle als Ausdruck eines wahren Selbsts, einer tieferen Wahrheit, empfunden und sind erst dann richtige Gefühle, wenn sie leidenschaftlich, also intensiv sind. Gefühle werden als Gegensatz zum Verstand konzeptualisiert und da sie Teil eines wahren Selbsts sind, sollten Menschen ihnen gehorchen, nicht dem Verstand, so eine weit verbreitete *Alltagstheorie*. Die Macht der Träume und Gefühle wird in westlichen kulturellen Kontext der Profanität des Verstandes gegenübergestellt (siehe Tabelle 13). Demnach sind Gefühle mit leidenschaftlichem, irrationalem, impulsivem Denken verbunden, verstandesgemäßes Denken hingegen wird gleichgesetzt mit logischem, rationalem, zielführendem, vernunftbetontem und schlussfolgerndem Denken. Gefühle, wahre Gefühle, kommen von Herzen oder aus dem Bauch, logisches Denken geschieht im Kopf. Wahre Gefühle sind von ihrer Erlebensqualität her heiß, unkontrolliert, unbewusst und spontan, logisches Denken hingegen kühl, kontrolliert und bewusst. Das Erleben von Gefühlen ist intensiv im Gegensatz zu logischem Denken, das kontrolliert ist.

Tabelle 13: Die Dichotomie von Verstand und Gefühl – Alltagstheorien

	Gefühl	Verstand
Denken	leidenschaftlich irrational impulsiv	logisch rational zielführend vernunftbetont schlussfolgernd
Körper	Bauch Herz	Kopf
Qualität	heiß unkontrolliert unbewusst spontan	kühl kontrolliert bewußt
Erleben	intensiv	Kontrolle
Bewertung	Wahrheit	Rationalisierung

Da in den vorherrschenden Alltagstheorien also intensive, leidenschaftliche Gefühle als Ausdruck des wirklichen Wollens definiert sind, empfinden Menschen bei rationalen Entscheidungen Unzufriedenheit, Langeweile und Versagensangst. Allerdings wird bei Herzensentscheidungen übersehen, dass die im Augenblick der Entscheidung empfundene Euphorie häufig Enttäuschungen, Unsicherheit und Wankelmütigkeit nach sich zieht.

In zahlreichen Fernsehserien wird diese Dichotomie durch eine bestimmte Art des Heldentums zelebriert: Der Held verkörpert das Irrationale, entscheidet nach Gefühl und hat recht. Der Antiheld entscheidet mit Logik und muss leiden. Diese Philosophie wird spätestens in der Pubertät wirksam. Lernen Kinder in westlichen Kulturkreisen während der primären Sozialisation noch, dass die Befolgung bestimmter Regeln wichtig für das Zusammenleben ist und dass die Kontrolle ihrer Impulse und Gefühle für das Zusammenleben von enormer Bedeutung ist, wird dieses Wissen mit zunehmendem Alter als vermeintliche Anpassung enttarnt, welches den Ausdruck der eigenen Persönlichkeit hemmt.

Im schulischen Alltag können Personen, die ihre Gefühle, damit ihr Verhalten, nicht regulieren können, ein ernstes Problem für ihr soziales Umfeld darstellen, weil sie Abläufe in einer Gruppe extrem stören. Auch für das betroffene Individuum ist das Unvermögen, die eigenen Gefühle zu regulieren, häufig mit unangenehmen Konsequenzen verbunden.

In der Sozialpsychologie gibt es eine Reihe interessanter Theorien zu entdecken, welche zu dem Schluss führen, dass das Zustandekommen von Emotionen differenziert zu betrachten ist. Die Theorien widersprechen sich. Manche kommen zu dem Schluss, dass Gefühle Verhalten und Gedanken lenken (bspw. Zajonc, 1980, 1984). Es ist jedoch schwierig mit einer solchen Auffassung komplexere Gefühle zu erklären. Andere Theorien postulieren, dass ohne Gedanken bestimmte Gefühle undenkbar wären und Gefühle mit bestimmten Kognitionen notwendigerweise zusammenhängen (Schachter & Singer, 1962; Ellis, 1994; Lazarus, 1966; Beck, 1976). Oder aber sie nehmen an, dass Gedanken, Gefühle oder Verhalten oder aber alles untrennbar miteinander zusammenhängt wie Ellis es in seiner Reformulierung verdeutlicht (Ellis & Hoellen, 2008).

Auf diese wissenschaftliche Debatte soll hier nicht näher eingegangen werden. Wichtig für die schulische Anwendung ist die Erkenntnis, dass Gefühle nicht einfach aus dem Bauch heraus entstehen, sondern dass sie mit anderen Komponenten der Person verbunden sind, mindestens mit ihren Gedanken und ihren Verhaltensweisen. In den vorgestellten attributionalen Ansätzen ist dieses Konzept von Emotionen bereits enthalten (siehe Kapitel 7).

Dass es besonders für Lehrpersonen wichtig ist, ihre Konzeptionen von Emotionen zu überprüfen, soll in diesem Kapitel deutlich werden. Wenn Menschen sich selber darüber im Klaren sind, wie Gefühle zustande kommen (oder jedenfalls zustande kommen *könnten*), also mit einer anderen Perspektive an ihr Alltagserleben herantreten, dann ergeben sich daraus automatisch bestimmte Vorgehensweisen für die Regulation eigener Emotionen und die Unterstützung der Emotionsregulation anderer Personen.

12.1 Die Zweikomponententheorie der Emotion von Schachter und Singer

In einer frühen Untersuchung zu der Frage wie Emotionen entstehen, gingen Schachter und Singer davon aus, dass das Erleben von Emotionen von zwei Komponenten gesteuert wird, nämlich durch die Kombination körperlicher Erregung und deren kognitiver Bewertung. Je stärker die körperliche Erregung wäre, desto stärker sollte auch die Intensität des jeweiligen Gefühls wahrgenommen werden.

Diese Annahme erscheint angesichts der Tatsache, dass die mit Gefühlen einher gehende körperliche Erregung relativ unspezifisch für das jeweilige Gefühl ist, plausibel. Die unterschiedlichsten Gefühle werden vom vegetativen Nervensystem gesteuert und sind einander, physiologisch betrachtet, relativ ähnlich. Nur die Intensität der Ausprägung ist unterschiedlich. Physiologische Begleiterscheinungen von Emotionen können sein: Herzklopfen, Zunahme der Atemfrequenz, ein bestimmtes Gefühl im Magen, Erröten, Schweißausbruch, ein erhöhter Spannungsgrad der Muskulatur und ein Anstieg des Aktivierungsniveaus.

Menschen weinen, wenn sie traurig sind, aber auch, wenn sie besonders froh sind. Der Bauch kann sich bei Angst bemerkbar machen, aber auch bei starker Verliebtheit. In dem einen Fall wird die erhöhte Erregung als Bauchschmerz interpretiert, im anderen als Schmetterlinge im Bauch. Sowohl bei Ärger als auch bei Freude erhöht sich der Herzschlag.

Um ihre Annahme zu testen, starteten Schachter und Singer ein originelles Experiment, das besonders wegen seiner Originalität, nicht wegen der Ergebnisse, heute noch viel zitiert wird. Ihren Versuchsteilnehmern wurde mitgeteilt, dass ein bestimmtes, neues Vitaminpräparat getestet werden solle. In Wahrheit erhielten jedoch alle Teilnehmer eine Adrenalininjektion. Adrenalin wirkt erregend auf das zentrale Nervensystem und äußert sich in Rötung des Gesichts, Zittern der Hände und einer Beschleunigung des Herzschlags. Einer Gruppe wurde nun wahrheitsgetreu gesagt, dass sich gerade solche Nebenwirkungen einstellen könnten (Wahrheitsinformation-Gruppe) während einer anderen Gruppe fälschlicherweise mitgeteilt wurde, dass die Injektion keinerlei Nebenwirkungen verursachen würde (Nichtinformation-Gruppe). Nun wurden alle Versuchsteilnehmer gebeten Fragebögen zu bearbeiten. In dem dafür bereit gestellten Raum wartete ein Konföderierter[18] des Versuchsleiters. In einer Bedingung lacht er und springt herum, tanzt und spielt, in einer anderen Bedingung schimpft er laut, während er einen Fragebögen ausfüllt. Außerdem werden der Versuchsperson beleidigende Fragen gestellt. Insgesamt gibt es also vier Bedingungen:

(1) Wahrheitsinformation-Euphorie-Gruppe,
(2) Wahrheitsinformation-Ärger-Gruppe,
(3) Nichtinformation-Euphorie-Gruppe,
(4) Nichtinformation-Ärger-Gruppe.

Die Versuchspersonen, die aufgrund der richtigen Information die Nebenwirkungen des Adrenalins auf die Injektion zurückführten, ließen sich in keinem Fall von dem Verhalten der anderen Person anstecken, während die Versuchsteilnehmer, die die Wirkung des Adrenalins verspürten, jedoch nicht wussten, dass dieses für die körperliche Erregung verantwortlich war, das Verhalten der anderen Person kopierten. Soziale Hinweisreize steuerten hier die Interpretation der körperlichen Erregung, so dass in der einen Gruppe (3) die Teilnehmer zu dem Schluss kamen, besonders fröhlich zu sein, in der anderen jedoch (4) meinten, besonders ärgerlich zu sein und sich auch so verhielten. Die Aussage der Daten in Hinblick auf die Hypothesen ist umstritten, da die Replikationen des Experimentes große Inkonsistenzen aufweisen (Hammerl, Grabich & Gniech, 1993), dennoch erlauben die Befunde folgende Schlußfolgerungen:

Emotionen sind keine grundsätzlich sicheren Zeichen einer untrüglichen inneren Stimme, sondern werden in hohem Maße durch den vorgegebenen sozialen Bezugsrahmen gesteuert, welcher die Interpretation der körperlichen Erregung leitet.

Valins (1966) konnte in einem späteren Experiment zeigen, dass es nicht so sehr auf die körperliche Erregung ankommt, sondern dass *deren Wahrnehmung* entscheidend ist. Ständig hoch erregte Personen gewöhnen sich an diesen Zustand und empfinden keine starken Emotionen

---

[18] Ein Konföderierter ist eine Person, die je nach Instruktion des Versuchsleiters eine bestimmte Rolle zu spielen hat. Der Konföderierte kennt nicht die Bedingungen und die Hypothesen des Experiments (in diesem Falle ist er „blind"); er weiß aber in der Regel, dass er Teil eines Experimentes ist (siehe auch die Milgram-Studie, Kapitel 5).

mehr. Ebenso kann die Fehlwahrnehmung von Aktivierungszuständen zu Gefühlswahrnehmungen führen, deren Intensität dem wahrgenommen, also nicht unbedingt dem tatsächlichen, Aktivierungsgrad entspricht (Valins, 1966).

12.2 Erregungsübertragung

Auch kann es dadurch, dass die viszerale Erregung nicht schnell, sondern nur allmählich nachlässt, dazu kommen, dass die in einer längst beendeten Situation entstandene Aktivierung nun in einer neuen Situation emotionale und andere Prozesse intensiviert, die in einer neuen Situation ausgelöst wurden. Zillmann (1971) zeigte in seiner *Theorie der Erregungsübertragung*, dass eine Resterregung neue Emotionen und Verhaltensweisen intensivieren kann, jedoch nur dann, wenn diese nicht auf die frühere, auslösende Situation zurückgeführt wird. Dies ist ein weiterer Hinweis darauf, dass Emotionen in einen umfassenden Konstruktionsprozess eingebunden sind.

12.3 Anwendungsmöglichkeiten

Die Implikationen einer emotionstheoretischen Perspektive für den Lehrberuf sind vielfältig.

12.3.1 Emotionen stecken an

Die Untersuchung von Schachter und Singer zeigt, dass Menschen sich von den Emotionen anderer Personen anstecken lassen können. Dies ist ein Prozess, der aus vielen Alltagsbereichen bekannt ist. In vielen Situationen lassen Menschen sich bewußt von den Gefühlen anderer Menschen anstecken, ja, mitunter bezahlen sie sogar dafür: Menschen gehen in einen spannenden Film und fühlen mit ihrer Identifikationsfigur mit. Sie gehen ins Fußballstadion und fiebern mit den Fans ihres Favoriten mit. Auf Hochzeiten mit nahe stehenden Personen wird vor Rührung zusammen geweint… es gibt zahlreiche Beispiele aus allen Lebensbereichen, in denen Menschen die Gefühle der sie umgebenden Menschen teilen.

Hatfield, Cacioppo und Rapson (1994) bezeichnen *Gefühlsansteckung* als relativ automatischen, unbeabsichtigten, unkontrollierbaren Prozess. Dieser Prozess ist definiert als die Tendenz, automatisch den Gesichtsausdruck anderer Personen, deren Stimme, deren Haltung, deren Bewegungen nachzumachen, zu synchronisieren und emotional zu konvergieren. Da Menschen dazu neigen, sich in Bezug auf Mimik, Stimme, Gestik, Haltung mit der Umwelt zu synchronisieren und Gefühle erleben, die wiederum hierzu passen, ist Gefühlsansteckung einer der grundlegenden sozialen Prozesse überhaupt.

Andere Menschen mit den eigenen Gefühlen anzustecken, ist eine Fähigkeit, die nicht jeder hat. Manche Individuen verfügen über diese Ausstrahlung. Wenn sie glücklich sind, dann fühlen sich die Menschen in ihrer Umgebung besser; wenn sie betrübt sind, dann sinkt auch die Stimmung der Menschen in ihrer Nähe. Nicht in jedem Film findet sich der mitreißende Darsteller; nicht jede Fußballmannschaft berührt mit ihrem Schicksalsverlauf; und nicht jede Hochzeit bewegt.

Die Fähigkeit, andere anzustecken, setzt sich aus drei Komponenten zusammen: Ansteckende Personen fühlen starke Gefühle oder lassen es zumindest so scheinen. Sie sind in der Lage, diese Gefühle eindeutig auszudrücken. Ihre Mimik, ihre Stimme und ihre Haltung müssen ihren emotionalen Zustand klar erkennen lassen. Sie sind relativ unempfänglich gegenüber denjenigen Gefühlen anderer Personen, die mit ihren eigenen Gefühlen unvereinbar sind. Auf solche Gefühle reagieren sie nicht.

Menschen mit einem höheren Grad an Extraversion haben die Fähigkeit zur Gefühlsansteckung in höherem Maße ausgebildet (Friedman & Riggio, 1981; Sullins, 1991), und stecken andere Menschen mit höherer Wahrscheinlichkeit mit ihren Gefühlen an.

Sich anstecken zu lassen, ist ebenfalls eine Fähigkeit, die variiert. Nicht jeder Mensch ist gleich empfänglich für die Gefühle anderer Menschen. Menschen lassen sich leichter von den Gefühlen anderer Menschen anstecken, wenn ihre Aufmerksamkeit auf andere Personen gerichtet ist, ihr Selbstkonzept stärker durch Beziehungen zu anderen konstruiert ist als durch die Betonung von Unabhängigkeit und Einzigartigkeit, sie den emotionalen Ausdruck anderer Menschen besser entziffern können, sie sich ihrer eigenen emotionalen Reaktionen bewusster sind, und ihre emotionale Reaktivität höher ausgeprägt ist.

Je jünger Menschen sind, desto stärker werden sie sich von ihrer sozialen Umgebung mitreißen lassen. Sie schwingen mit der emotionalen Tönung des sozialen Kontextes mit. Lehrer/innen sollten einen reflektierten Umgang mit ihrem emotionalen Ausdruck haben, wollen sie ihre Stimmungen und Launen nicht unkontrolliert in die Klasse hineintragen. Dies ist umso wichtiger, je expressiver sie sind.

12.4 Das Emotionskonzept der rational-emotiven Verhaltenstherapie[19]

Die Grundaussage, die aus der Zweikomponententheorie und der Modifikation von Valins und Zillmann abgeleitet werden kann, besagt, dass Lehrer/innen sich hüten sollten, Entscheidungen „aus dem Bauch heraus", „intuitiv", „nach Gefühl" zu fällen. Gefühle können in die Irre führen, sie können manipuliert sein, sie können zu willkürlichen, rational nicht nachvollziehbaren Urteilen und Entscheidungen führen. Eigene Gefühle sind ein Anlass zur Reflexion, besonders dann, wenn sie intensiv sind. Das Emotionskonzept der rational-emotiven Verhaltenstherapie stellt ein solches Reflexionsinstrument dar.

---

[19] Eine ausführliche, detaillierte Darstellung und Anwendung dieser Theorie findet sich in Sozialpsychologie des Schulalltags – Im Klassenzimmer, Band II von Steins et al.

Ende der fünfziger Jahre formulierte Albert Ellis (z.B. 1958) eine Theorie zur Entstehung von Emotionen und verbesserte kontinuierlich sein Konzept auf der Grundlage neuer Forschungsbefunde bis zu seinem Tod im hohen Alter von 94 Jahren im Jahr 2007. Seine Theorie wurde sehr einflussreich und viele seiner Annahmen finden sich nicht nur in angewandten Methoden in Beratungskontexten, sondern auch in grundlagenwissenschaftlichen Theorien wieder (David, Lynn & Ellis, 2010).

Seine *Ausgangsthesen* lauten, dass (1) Gefühle sozial konstruiert sind, ausgenommen einige Basisemotionen, die evolutionären Ursprungs sind, dass (2) Gefühle immer mit Gedanken assoziiert sind. Denken und Fühlen ist eine Einheit und keine Dichotomie, und dass (3) alle intensiven Gefühle auf Übergeneralisierungen, Schwarz-Weiß-Denken, falschen Schlussfolgerungen, unrealistischen Annahmen, sogenannten *Muss*turbationen und Forderungen beruhen.

Diese Art zu Denken sei Teil des menschlichen biologischen Erbes. Im Amerikanischen wird dies als *irrational* bezeichnet im Gegensatz zum *rationalen* Denken. Eine gute Übersetzung dieser beiden Begriffe ist *nicht hilfreich* versus *hilfreich* oder *dysfunktional* versus *funktional*.

Innere oder äußere Ereignisse, deren Bewertungen, die in ein philosophisches Weltverständnis eingebettet sind und emotionale wie verhaltensbezogene Konsequenzen bilden subjektiv eine Einheit. Diese drei Elemente werden zu analytischen Zwecken getrennt und bilden das sogenannte **A**ktivierendes Ereignis-**B**ewertungen-**C**onsequenzen Modell innerhalb der rational-emotiven Verhaltenstherapie (siehe Abbildung 10). Die *Beliefs*, grundlegende Überzeugungen von sich und anderen, und der Welt, sind ein zentrales Element dieses systemischen Modells. Diese Überzeugungen werden hauptsächlich im Laufe des lebenslangen Sozialisationsprozesses erworben.

Die Bewertungen von sich, anderen und der Welt, werden unterteilt in hilfreiche versus nicht hilfreiche Bewertungen. Hilfreich sind Bewertungen von Situationen und Ereignissen, die an der

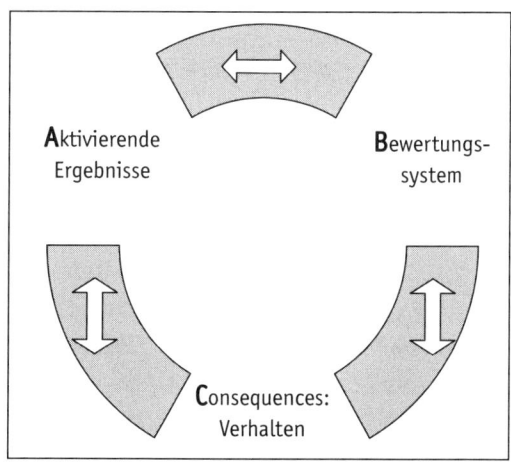

Abbildung 10:
Ein Explorations- und Analysemodell nach den Annahmen der rational-emotiven Verhaltenstherapie (REVT)

Realität orientiert sind. Realitätsnahe Bewertungen führen zu angemessenen Verhaltensweisen und angemessenen Gefühlen. Nicht hilfreiche Bewertungen sind nicht an der Realität orientiert, sondern an falschen Wahrnehmungen und führen zu unangemessenem Verhalten und Gefühlen. Ein Schüler, der sich in einem Fach überschätzt, wird sich unangemessen fühlen, nämlich sicher und sich unangemessen verhalten, sich weniger vorbereiten als er eigentlich sollte. Kann er jedoch seine Fähigkeiten realistisch einschätzen, dann kann er sich auch angemessener vorbereiten.

12.4.1 Ego-Anxiety: Angst vor Verlust des Selbstwertgefühls

Irrationale Glaubensgrundsätze, *nicht hilfreiche* Überzeugungen, werden innerhalb des Sozialisationsprozesses erworben. Innerhalb beispielsweise einer protestantischen Arbeitsethik internalisieren Menschen, dass sie ohne einen Nutzen in Form einer gesellschaftlich anerkannten Leistung nichts wert seien. Damit verbunden ist die ebenfalls nicht hilfreiche Überzeugung, dass Menschen nur dann etwas wert wären, wenn sie eine sehr gute, wenn nicht gar perfekte Leistung bringen würden. Solche Überzeugungen sind verbunden mit Gefühlen der Angst und Unsicherheit. Das Verhalten ist durch Vermeidung oder Hyperaktivität charakterisiert. Insgesamt beruhen manche solcher irrationalen Glaubensgrundsätze auf der sogenannten *Ego-Anxiety*, also einer Angst vor dem Verlust des Selbstwertgefühls.

12.4.2 Geringe Frustrationstoleranz

Andere nicht hilfreiche Überzeugungen wiederum basieren auf einer geringen Frustrationstoleranz. Sätze wie *„Wenn es nicht so läuft wie ich es gerne hätte, kann ich es einfach nicht ertragen"* hängen mit Ängsten, Panik und Vermeidungsverhalten zusammen.

12.4.3 Umkehrung der goldenen Regel: Feindseligkeit

Ein dritter Komplex dysfunktionaler Überzeugungen kommt durch die Umkehrung der goldenen Regel zustande. Die goldene Regel *„Was Du nicht willst, was man dir tu, das füg auch keinem anderen zu"* appelliert an die Selbstverantwortung eines Individuums. Das mit dieser Regel verbundene Verhalten liegt also in der Hand des Individuums. Wird diese Regel umgekehrt, entstehen Forderungen an die Umwelt. Das Verhalten der Mitmenschen kann letztendlich nicht kontrolliert werden. Fremdes Verhalten kann zwar in einem gewissen Ausmaß durch eigenes Verhalten beeinflusst werden, aber diese Beeinflussung wird nicht bei allen Menschen und auch selten im erwünschten Ausmaß möglich sein. Bei absoluten Forderungen an die eigene soziale Umwelt, sind Feindseligkeiten sehr wahrscheinlich.

12.4.4 Kombinationen nicht hilfreicher Bewertungssysteme

Alle drei Komplexe nicht hilfreicher Überzeugungen können miteinander kombiniert sein. Ein Lehrer, der früher ein gehorsamer Schüler war, könnte die Forderung an seine Schüler/innen entwickelt haben, dass diese sich ähnlich zu verhalten haben wie er es getan hat und mit Frustration auf das von seiner Norm abweichende Verhalten mancher Schüler/innen reagieren. Die erlebte Frustration und das damit einher gehende negative Verhalten gegenüber seinen Schülern/innen wird nun zu einem weiteren aktivierenden Ereignis, welchem mit einer geringen Frustrationstoleranz begegnet wird: *„Dieser Beruf ist heutzutage einfach unerträglich geworden!"* Das mit einer solchen Bewertung des Lehrers verbundene Verhalten wird ein Rückzug aus seiner pädagogischen Verantwortung sein und ein Gefühl der chronischen Überlastung und Angst. Diese emotionalen und verhaltensbezogenen Konsequenzen können ein für eine Selbstwertproblematik aktivierendes Ereignis werden: *„Da ich es nicht schaffe, meinen Beruf angemessen auszuüben, bin ich nichts wert"* und emotional in eine Depression führen mit den entsprechenden Verhaltensweisen. Nicht hilfreiche Überzeugungssysteme können also ineinander greifen und sich selbst gegenseitig verstärken.

12.4.5 Verbreitete irrationale Glaubensgrundsätze

Ellis (1972; 1994) identifizierte einige in modernen Gesellschaften weit verbreitete nicht hilfreiche Glaubensgrundsätze (Beliefs), die mit intensiven, negativen Gefühlen einhergehen (siehe Tabelle 14). Die Überzeugung, *„Ich muss geliebt und anerkannt werden"* ist damit verbunden, dass Menschen ihre eigenen Interessen weder entwickeln, noch durchsetzen und sich von den Urteilen anderer abhängig machen. Sie können keine stabile *Selbakzeptanz* entwickeln.

Die Überzeugung *„Ich muss mich über die Probleme anderer Personen aufregen"* ist mit einem häufigen Erleben von negativen Gefühlszuständen wie beispielsweise Ärger und Unruhe verbunden und trägt nicht dazu bei, dass konstruktive Lösungen gefunden werden. Denn in einem aufgeregten Zustand schränkt sich in der Regel das Verhaltens- und Lösungsrepertoire ein und man neigt dazu, das immer gleiche zu machen, statt nach neuen, kreativen Lösungen zu suchen, für die man aber entspannter sein müsste.

12.4.6 Die Disputation irrationaler Glaubensgrundsätze

Mit einer Gesprächsmethode, der *Disputation* (D), werden den nicht hilfreichen Überzeugungen durch Überredung, Einsicht und Übung (Exercises) hilfreiche Überzeugungen entgegengesetzt, welche die nicht hilfreichen Überzeugungen in Frage stellen und Alternativen aufzeigen.

Die Disputation ist an die herausfordernde Gesprächsmethode des sokratischen Dialogs angelehnt. Einige Elemente dieser Gesprächsmethode werden aufgeführt, die für den schulischen Alltag relevant sind, nämlich insbesondere die sokratische Methode und das hedonistische Kalkül.

Der sokratische Dialog

In einem sokratischen Dialog werden *nicht hilfreiche Philosophien* angegriffen und zwar durch gezielte Fragen. Was ist der *Beweis* dafür, dass eine Person nichts wert ist, weil sie schulischen Misserfolg hat? Ist es wahr, dass es *unerträglich* ist, keine Freunde zu haben, die mit einem auf dem Schulhof spielen? Warum *muss* die nächste Arbeit *unbedingt* eine „gut" werden? Was würde passieren, *wenn dies nicht so geschieht*, wie es gewünscht wird? *Wie* kann ein Schüler B die eigene Identität angreifen? Warum ist es *schrecklich*, dass ich ungerecht behandelt werde?

Mit dem kritischen Hinterfragen ihrer als nicht hilfreich identifizierten Glaubensgrundsätze wird die betroffene Person angeregt, weiter zu denken und sich nicht immer in denselben gedanklichen Kreisen zu bewegen. Das Ziel der Disputation besteht darin, Übertreibungen zu relativieren, aus Forderungen Wünsche zu machen, Schwarz-Weiß-Denken zu differenzieren, aus absoluten Ansprüchen realistische zu bilden, insgesamt also das Emotions- und Verhaltensspektrum zu elaborieren und somit für eine Person den Handlungsspielraum zu erweitern. Dadurch gewinnt sie Entscheidungskontrolle über ihre eigenen Reaktionen und entwickelt Selbstverantwortung für ihre emotionalen Befindlichkeiten.

Das hedonistische Kalkül

Durch ein hedonistische Kalkül soll erlernt werden, *kurzfristig angenehme* Folgen eines Verhaltens gegenüber den *längerfristig unangenehmen* Folgen abzuwägen. Für Kinder und Jugendliche ist dies ein überaus wichtiger Entwicklungsschritt. Zugunsten zukünftiger Belohnung auf momentane Annehmlichkeiten zu verzichten ist die Voraussetzung zum Erlernen komplexer Sachverhalte und erfordert Frustrationstoleranz. Besonders hilfreich ist der Einsatz des hedonistischen Kalküls bei Schülern/innen, die stark zu nicht-hilfreichen, impulsiven Verhaltenstendenzen neigen, weil sie noch keine altersangemessenen Regulationskompetenzen entwickeln konnten.

Selbstakzeptanz

Im Unterschied zu anderen Therapieformen wird in der R-E-V-T weniger daran gearbeitet, das Selbstwertgefühl von Personen zu steigern, sondern vielmehr eine Selbstakzeptanz, ein nicht bewertendes Annehmen der eigenen Person wird als Ziel verfolgt. Einzelne Merkmale, Aspekte der

Person können bewertet und verbessert werden, aber die Bewertung einer Person als Gesamtperson ist destruktiv. Der Sinn und die Logik der Gesamtbewertung des Wertes einer Person werden in Frage gestellt. Generelle Selbstbewertungsprozesse führen nicht nur zu einer Unter- oder Überschätzung der eigenen Person, sondern auch zu einer Auf- und Abwertung der Mitmenschen, verbunden mit negativen Emotionen wie Neid, Konkurrenz, Eifersucht. Kooperation, Zuneigung und andere positive Gefühle werden dadurch minimiert. Auch führen globale Bewertungsprozesse, für andere vorgenommen, eher dazu, dass überstrenge Personen sich selbst und andere verurteilen, wenn die Gesamtbilanz schlecht ausfällt und bei einer positiven Bilanz eine Verherrlichung eintritt.

Tabelle 14   Weitverbreitete nicht hilfreiche Grundüberzeugungen (nach Ellis 1979; S. 12 ff.)

Irrationale Grundüberzeugung	Eine Auswahl möglicher Ableitungen
Ich muss meine Sache gut machen und für meine Leistungen anerkannt werden, sonst gelte ich als ein wertloses Subjekt.	• Ich muss von allen Personen, die mir etwas bedeuten, nahezu immer aufrichtig geliebt und anerkannt werden. • Ich muss mich in allem als fähig und erfolgreich erweisen, zumindest im Zusammenhang mit einer wichtigen Sache echte Fähigkeiten und wirkliches Talent besitzen. • Alles um mich herum muss seine Ordnung haben oder mit Gewissheit vorherzusagen sein, damit ich mich wohl fühlen und richtig handeln kann.
Andere müssen mich rücksichtsvoll und freundlich behandeln, genauso wie ich von ihnen behandelt werden möchte; wenn sie es nicht tun, dann soll die Gesellschaft und die ganze Welt sie für ihre Rücksichtslosigkeit auf das Schärfste tadeln, verurteilen und bestrafen.	• Die anderen müssen jedermann auf eine faire und gerechte Art behandeln. Wenn sie unfair oder unethisch handeln, dann sind sie nicht mehr als nichtsnutzige Subjekte und gehören verurteilt und schwer bestraft. Der Lauf der Dinge wird es ihnen schon mit nahezu absoluter Gewissheit auf diese Art und Weise heimzahlen. • Wenn andere sich unfähig oder dumm verhalten, dann machen sie sich zu vollkommenen Schwachköpfen und sollten sich ihrer selbst durch und durch schämen.
Meine Lebensbedingungen müssen so beschaffen sein, dass ich praktisch alles, was ich will, bequem, schnell und ohne Mühe bekommen kann, und dass ich praktisch mit nichts konfrontiert werde, was ich nicht will.	• Die Dinge müssen so laufen, wie ich es gern haben möchte, weil ich das, was ich verlange, brauche; wenn ich nicht das bekomme, was ich vorziehe, ist das Leben schrecklich, entsetzlich und eine Qual. • Wenn es in der Welt, in der ich lebe, Gefahren gibt oder Leute, vor denen ich mich fürchte, dann muss ich mich dauernd mit ihnen auseinandersetzen und mich über sie beunruhigen; so werde ich die Kraft bekommen, sie unter Kontrolle zu bringen und zu ändern.

Insgesamt wird durch eine Gesamtbewertung ein ungerechtes, damit willkürliches Verhalten, gefördert. Außerdem wird eine realistische Bewertung einer Person durch eine globale Bewertung nicht vorgenommen, da Merkmale und Verhaltensweisen als Beurteilungsgrundlagen sehr häufig wechseln und Veränderungen unterworfen sind. Die Beurteilungsgrundlagen weisen keinen absoluten Wert auf, sondern werden je nach Bezugsgruppe unterschiedlich bewertet. So ist es praktisch unmöglich, alle positiven und negativen Aspekte gleichzeitig zu berücksichtigen, da es nicht deutlich sein kann, auf welche Weise die Beurteilungsgrundlagen verrechnet werden sollen, um zu einem Globalwert zu kommen.

Gewonnene Einsichten werden durch Exercises (Kognitive-, Verhaltensübungen und Übungen in der Imagination) eingeübt.

12.5 Anwendungsmöglichkeiten

Die rational-emotive Verhaltenstherapie kann auf alle Beziehungskonstellationen, die sich aus dem schulischen Alltag ergeben, angewendet werden. Der Vorteil der Methode besteht darin, dass durch die simple Strukturierung von Situationen, Gedanken, Gefühlen und Verhaltensweisen in ein *A-B-C* gerade in kritischen Situationen schnell und klar eine Metaebene konstruiert werden kann, die es den in die Situation verstrickten Personen erlaubt, konstruktivere Lösungen als die impulsive, erste Verhaltenstendenz zu entwickeln. Im Unterschied zu anderen Therapieformen bietet die R-E-V-T ein Modell an, das von allen Personen leicht erlernt und in konkreten Situationen eingeübt werden kann.

12.5.1 Lehrpersonen-Schüler/innen

Eine alltägliche Herausforderung an Lehrpersonen besteht darin, die Schüler/innen zur Mitarbeit im Unterricht zu motivieren. Die sich daraus ergebenden, möglichen, dysfunktionalen Interaktionen zwischen Schüler/innen und Lehrpersonen stellt Miller (1999) in Anlehnung an eine Unterteilung von Schley und Pieper (Miller, 1999, S. 99-100) in „Frustschnecke", „Kreislauf ohne Ende" und „Teufelsacht" dar.

Mitarbeit im Unterricht

Am Beispiel der Frustschnecke lässt sich gut darstellen, inwiefern nicht hilfreiche Überzeugungen dazu beitragen, negative Interaktionsmuster zu etablieren und aufrechtzuerhalten. Die Frustschnecke beginnt nach Miller damit,

(1) dass eine Lehrperson ein Thema einführt, Fragen dazu stellt und Impulse gibt.

(2) Die Hälfte der Schüler/innen hört zu und meldet sich. Die anderen beteiligen sich nicht.

(3) Die Lehrperson lobt nun die aktiven Schüler/innen, stellt neue Fragen und gibt neue Impulse, fährt also in der Einführung des Themas weiter fort.

(4) Dadurch beteiligt sich der aktive Teil der Schüler/innen weiter am Unterricht, der andere Teil bleibt weiterhin passiv.

(5) Typischerweise fordert nun die Lehrperson zu mehr Beteiligung auf, verstärkt die aktiven Schüler/innen noch mehr und ermahnt die passiven Schüler/innen. Es wird also nun eine Metaebene in den Unterricht eingeführt, die das Verhalten der Schüler und Schülerinnen hinsichtlich ihrer Beteiligung am Unterricht thematisiert.

(6) Nun werden auch die aktiven Schüler unruhiger und äußern ihren Unwillen.

(7) Die Lehrperson ermahnt daraufhin, bittet um Geduld und fordert wiederholt zur Mitarbeit auf.

(8) Einige Schüler/innen beteiligen sich zögernd, andere schalten ab oder reden mit dem Nachbarn.

(9) Die Schüler/innen, die aktiv waren, fühlen sich vernachlässigt, sind weiterhin motiviert, ihre Beiträge anzubringen und rufen dazwischen.

(10) Die Lehrperson ermahnt wiederum, wird ärgerlich und insistiert darauf, dass die Gesprächsregeln eingehalten werden, bleibt also auf der Metaebene.

(11) Durch dieses „mehr desselben" schalten die passiven Schüler/innen weiterhin ab und stören weiterhin, wodurch sich

(12) die aktiven Schüler/innen weiterhin eingeengt fühlen, die passiven sich bedrängt fühlen und die Lehrperson sich überfordert fühlt. Das Resultat ist eine Frustration auf allen Seiten.

Es können bei diesen einzelnen Schritten, betrachtet hinsichtlich eines A-B-Cs, einige nicht hilfreiche Glaubensgrundsätze sowohl auf der Seite des Lehrers und der Lehrerin als auch auf der Seite der Schüler/innen identifiziert werden, die nach der Theorie der rational-emotiven Verhaltenstherapie dazu führen, dass eine solche negative Interaktion überhaupt zustande kommt. Die negativen Bewertungen sind die ständigen Selbstverablisationen und inneren Monologe von Menschen, die jedoch verhaltenswirksam sind.

Insgesamt enthält die skizzierte Frustschnecke drei Gruppen: Die Lehrperson, die passiven und die aktiven Schüler/innen. Die Lehrperson fordert offensichtlich eine aktive Mitarbeit und fordert dies auch aktiv bei Schülern/innen ein, die dieses Verhalten nicht zeigen. Das damit verbundene Gefühl bei Nicht-Erfüllung dieser Forderung ist eine erhöhte Erregung und auf der

Verhaltensebene eine gewisse Persistenz bei dem „Einklagen" dieser Forderung. Nach vergeblichem Bemühen um aktive Mitarbeit stellt sich jedoch eine intensive Frustration ein, die sich, erstreckt sich dieses Erleben von Unterricht über einen längeren Zeitraum, in Hilflosigkeit wandeln kann. Die Forderung *„Alle Schüler/innen sollten sich (gefälligst) aktiv an meinem Unterricht beteiligen!"* ist wahrscheinlich mit einem Verhalten auf Seite der fordernden Person verbunden, das eine Beteiligung für andere gerade erschweren dürfte (möglicherweise auch als einseitige starke Forderung Reaktanz erzeugt, bei bestimmten Schülern/innen auch Selbstaufmerksamkeit dysfunktional steigern kann). Im Vordergrund bei solchen Forderungen steht die Durchsetzung der eigenen Vorstellungen, weniger der Versuch, einen akzeptablen Unterricht im Rahmen der gegebenen Möglichkeiten zu gestalten. Bei einer längerfristigen Nicht-Erfüllung dieser Forderungen kann eine Lehrperson zu der Schlussfolgerung gelangen, dass sie nicht unterrichten kann und deshalb als Lehrer und Lehrerin wertlos ist und möglicherweise auch als Gesamtperson (Selbstwertverlustproblematik). Oder aber sie kann zu dem Schluss gelangen, dass Unterricht unerträglich geworden ist und dass sie es einfach nicht mehr ertragen kann (geringe Frustrationstoleranz). Oder aber sie kommt zu beiden Schlussfolgerungen. Depression, Vermeidungsverhalten, Ängste können die emotionalen und verhaltensbezogenen Folgen sein.

Eine Identifizierung ihrer Denkhaltung würde es der betreffenden Person ermöglichen, Selbstkritik zu üben. Sie kann es sich *wünschen*, dass alle Schüler/innen sich aktiv am Unterricht beteiligen, aber sie kann realistischerweise unter den gegebenen Umständen und zu diesem Zeitpunkt nicht erwarten, dass dieser Wunsch in Erfüllung geht. Hingegen kann sie sich klar machen, dass es ihre Verantwortung bleibt, den Unterricht so motivierend wie möglich zu gestalten, ohne dass sie erwarten kann, dass auch andere dies tun (Umkehrung der goldenen Regel).

Wünschen und fordern: Ein großer Unterschied für den Emotionshaushalt

Das bedeutet nicht, dass sie dies gut finden muss. Seine Forderungen einzuklagen oder aber andere konstruktiv zu beeinflussen implizieren zwei unterschiedliche Verhaltensweisen, denen andere Glaubenssysteme (also *Beliefs*) zugrunde liegen.

In dem einen Fall, *fordern*, wird der anderen Person die Verantwortung zugeschrieben. Es liegt dann in deren Entscheidungsmacht, ob sie sich wie gefordert verhält oder nicht. Mit hoher Wahrscheinlichkeit wird sie sich aber einer Forderung gegenüber weniger entgegenkommend zeigen, als sie dies in einer wechselseitigen Interaktion tun würde (siehe Kapitel 11 Reaktanztheorie).

Im anderen, günstigeren Fall, *wünschen,* fragt man sich selber, was getan werden kann, damit der Wunsch in Erfüllung geht. Im Fall der Unterrichtsmotivation hilft die Erkenntnis, dass es unrealistisch ist, wirklich *alle* oder auch nur *die meisten* Schüler/innen zu einer regen Mitarbeit zu

Tabelle 15: Nicht hilfreiche Überzeugungen von Lehrpersonen in der Interaktion mit Schülern/innen

Nicht hilfreiche Überzeugungen und Bewertungen von Lehrpersonen während des Unterrichts	Emotionale Konsequenzen und Verhaltenskonsequenzen bei Lehrpersonen	Auswirkungen auf Emotionen und Verhalten bei Schülern/innen	Hilfreichere Überzeugungen und Bewertungen
Geringe Frustrationstoleranz: Ich halte es nicht aus, dass nur die Hälfte der Klasse an meinem Unterricht teilnimmt! Ich ertrage diese alltägliche Routine nicht, die mit so vielen Vorbereitungen, Anstrengungen und Frustrationen verbunden ist	Angst, starke Frustration, Verzweiflung, Resignation Rückzug, Vermeidung	Mitleid, Verachtung, Mangel an Respekt, Unsicherheit Respektlosigkeit oder konformes Verhalten	Schade, dass ich trotz meiner Bemühungen nur so wenige Schüler/innen erreiche. Ich versuche, andere Wege zu finden.
Übertreibungen/ Katastrophisierung: Die Frechheiten mancher Schüler/innen sind einfach fürchterlich! Das lasse ich mir nicht gefallen!	Gerechter Zorn, Wut, Empörung Unangemessen heftiges Verhalten, willkürliches Verhalten	Angst, Wut Rückzug, Ressentiments	Manche dieser Schüler/innen sind ganz schön frech. Das gefällt mir nicht! Was könnte ich machen, damit sie einsehen, dass es anders besser laufen würde?
Selbstwertprobleme: Ich bin ziemlich unbeliebt in meiner Klasse. Ich glaube, ich bin ein Versager! Dass so viele Schüler/innen trotz meiner Bemühungen sich überhaupt nicht anstrengen, zeigt, dass ich nichts tauge.	Depression, starke Niedergeschlagenheit, Resignation Rückzug, Vermeidung	Mitleid, Verachtung Respektlosigkeit, konformes Verhalten	Niemand ist perfekt und ich eben auch nicht. Es ist schade, dass ich noch immer nicht den Bogen raus habe. Aber es gibt noch vieles, was ich anders machen könnte.

bewegen und dass schon die Hälfte, bei manchen Themen auch nur ein Viertel, gut sein kann. Mit dieser Einschätzung werden weniger dysfunktionale Verhaltensweisen auftreten und auch weniger Frustration.

Ursachen mangelnder Mitarbeit bei Schülern/innen

Auf Seite der Schüler/innen sorgen eine Reihe nicht hilfreicher Überzeugungen dafür, dass auch ein guter Unterricht in eine frustrierende Angelegenheit abgleiten kann. Einem passiven Unterrichtsverhalten von Schülern/innen können Versagensängste zugrunde liegen, die auf perfektionistischen Überzeugungen basieren wie *„Ich darf keinen Fehler machen. Wenn ich einen Fehler mache, dann ist das schrecklich und unerträglich und zeigt, dass ich inkompetent bin!"*. Ermahnungen wie die in der Frustschnecke Erfolgten sind hier unangemessen, da sie die Ängste und das damit ohnehin ausgeprägte Vermeidungs- und Rückzugsverhalten ebenfalls verstärken (vgl. Selbstaufmerksamkeitstheorie).

In einer Unterrichtssituation kann eine Lehrperson zumindest versuchen, wenn es zu kritischen, unangenehmen Situationen kommt, ihre eigenen Gedanken zu überprüfen und kritisch zu hinterfragen. Auch kann sie prüfen, ob ein funktionierendes Sanktionssystem vorliegt, das wichtig für die Haltung aller Involvierten ist (siehe Kapitel 9 Selbstaufmerksamkeitstheorie; Steins & Welling, 2010). Tabelle 15 gibt einen Überblick über *nicht hilfreiche* Glaubensgrundsätze von Lehrpersonen während des Unterrichts und ihre Folgen für das eigene Verhalten und das Verhalten des Schülers und der Schülern.

Hausaufgaben

In der REVT spielen Hausaufgaben (Exercises) eine extrem wichtige Rolle für die Verfestigung der neuen Lerninhalte. Es geht darum, überlernte, irrationale Glaubensgrundsätze durch hilfreichere Überzeugungen zu ersetzen. Deswegen ist es wichtig, dass alle Hausaufgaben auf das Thema der Gespräche bezogen sind und den weiteren Gesprächsverlauf bestimmen. Hausaufgaben sollten ein klares Ziel haben und klar formuliert sein. Es reicht nicht, einer sozial ängstlichen Person zu sagen *„Sprechen Sie die nächste Woche fremde Leute an!"*, sondern die Anweisung bei einer solchen Übung muss lauten, um unmissverständlich zu sein: *„Sprechen Sie nächste Woche zwei fremde Personen in der U-Bahn an und notieren Sie danach, wie es ihnen vorher und nachher gegangen ist, was sie gedacht und gefühlt haben!"*. Diese Erlebnisse stellen den Auftakt für das nächste Gespräch dar. Wird ein Klient sicherer, dann ist es möglich, dass er mit in die Hausaufgabenfindung einbezogen wird, nämlich dass man ihn fragt, wie das in der Stunde Erarbeitete am besten durch eine Übung gefestigt werden könnte. Hausaufgaben stellen somit einen roten Faden im Gesprächsverlauf dar.

Diese auf lerntheoretischen Überlegungen basierende Hausaufgabenpraxis kann sinnvoll auf den Schulalltag angewendet werden. Hausaufgaben sollten, um sinnvoll zu sein, für die Schüler/innen zusammenhängend mit dem gemeinsamen Unterricht sein, der ein klares Ziel vorgibt. Eine zeitnahe, direkte Rückmeldung zu den Hausaufgaben ist wichtig, so dokumentieren sie die individuelle Entwicklung.

Bestimmte Unterrichtspraxen widersprechen diesen Regeln. Bei zu ausgedehnten Phasen mit Wochenplänen beispielsweise, die den Schülern/innen Freiheit in der Bearbeitung der Themen geben, wird auf direktes Feedback und auf direkten Kontakt verzichtet. So kann ein Lehrer und eine Lehrerin in den Hintergrund treten und zum Moderator und zur Moderatorin von Unterricht werden, aber dies ist im Lichte einer sozialpsychologischen Perspektive nicht Erfolg versprechend. Die Verantwortung für die Organisation und das Leben im Unterricht wird einseitig auf die Schüler/innen übertragen. Dass Schüler/innen selbstverantwortlich über einen längeren Zeitraum Unterricht selber gestalten können, ist ein Endprodukt von Schule und kann sich nur aus einer geleiteten, engen Beziehung zwischen Lehrpersonen und Schüler/innen entwickeln.

12.5.2 Eltern-Lehrpersonen

Zwischen Eltern und Lehrpersonen kommt es zu vielen Missverständnissen, da sie (1) nur vermittelt über die Schüler/innen miteinander zu tun haben, (2) unterschiedliche emotionale Bindungen an diese aufweisen und (3) mitunter unterschiedliche Interessen verfolgen (siehe Kapitel 2).

Während Eltern ihre Kinder aus einer Vielzahl von Situationen kennen und sie nicht mit einer Vielzahl Gleichaltriger vergleichen können, emotional eine relativ enge Bindung zu ihnen aufweisen und sehr daran interessiert sind, dass Ihr Kind gerne zur Schule geht und gute Leistungen erbringt, kann die Lehrperson aufgrund des Vergleichsspektrum die schulische Situation, die ihr bestens bekannt ist, für den einzelnen Schüler und die Schülerin sehr gut einschätzen, ist emotional relativ weniger, wenn überhaupt an den Schüler und die Schülerin gebunden und ist eher daran interessiert, ihren Lehrauftrag zu erfüllen. Das individuelle Glück einzelner Schüler/innen ist ihr relativ unwichtiger als den Eltern.

Aus dieser Interessens- und Erfahrungskonvergenz heraus kommt es notwendigerweise zu Konflikten zwischen Eltern und Lehrpersonen.

Meinungen von Lehrpersonen über Eltern können recht negativ ausfallen *„Die verwöhnt ihr Kind doch maßlos, da muss ich mir nicht ihre Kritik anhören"*, *„Wenn die sich nicht kümmern, müssen sie mich nicht verantwortlich machen für die schlechten Leistungen ihres Kindes"*, *„Wo komme ich hin, wenn ich auf jede Beschwerde Rücksicht nehmen möchte"*, *„Ich sehe gar nicht ein, dass die mitreden können! Ich rede doch auch nicht über deren Berufsausübung mit"*, *„Die Eltern von heute kümmern sich ja doch um gar nichts."*

Solche Meinungen münden (psycho)logisch häufig in dysfunktionale Überzeugungen wie *„Eltern lässt man reden, entscheiden werde ich selber"*, oder *„Kontakte mit Eltern sind einfach unerträglich"* oder *„Ich kann einfach nicht mit Eltern umgehen!"*. In Tabelle 16 sind weitere dysfunktionale Überzeugungen von Lehrpersonen gegenüber Eltern aufgelistet, was sie bei Eltern bewirken können und wie sie durch hilfreichere Überzeugungen ersetzt werden können. Da sich negative Haltungen zu den Eltern vor Heranwachsenden kaum verbergen lassen, kann es zu sehr starken Konflikten für die Schüler/innen kommen und zu einem Bruch des Zugehörigkeitsgefühls zur Klasse, das als sehr belastend erlebt werden kann. Es ist wichtig, mit allen Eltern eine respektvolle Beziehung zu pflegen.

Tabelle 16: Nicht hilfreiche Überzeugungen von Lehrpersonen in der Interaktion mit Eltern

Nicht hilfreiche Überzeugungen und Bewertungen von Lehrpersonen gegenüber Eltern	Emotionale Konsequenzen und Verhaltenskonsequenzen bei Lehrpersonen	Auswirkungen auf Emotionen und Verhalten bei Eltern	Hilfreichere Überzeugungen und Bewertungen
Geringe Frustrationstoleranz: Die Ansprüche der Eltern ertrage ich einfach nicht mehr!	Angst, starke Frustration Rückzug, Vermeidung	Mitleid, Verachtung Respektlosigkeit oder konformes Verhalten	Manche Eltern finde ich sehr schwierig. Es wäre schöner für mich, wenn sie anders wären. Sind sie aber nicht. Ich versuche, meine Meinung konstruktiv zu formulieren.
Übertreibungen/ Katastrophisierung: Die sind ja total verrückt geworden! Die spinnen ja total! Es ist ein Horror mit denen!	Gerechter Zorn, Wut Unangemessen heftiges Verhalten	Hilflosigkeit, Angst, Wut Rückzug, Ressentiments	Diese Eltern sind besonders schwierig. So ist es eben. Ich versuche, zu verstehen, was sie wollen und meine Meinung ruhig und klar zu äußern, auch wenn es mir schwer fällt.
Selbstwertprobleme: Diese Eltern machen mich fertig. Ich bin absolut nicht für diesen Beruf zu gebrauchen. Eigentlich tauge ich zu gar nichts.	Depression, starke Niedergeschlagenheit Rückzug, Vermeidung	Mitleid, Verachtung Respektlosigkeit, konformes Verhalten	Jetzt bin ich wieder von diesen Eltern erledigt. Das passiert mir ganz schön oft. Na ja, da muss ich mich noch anstrengen, bis ich da mal ein dickeres Fell habe und in Ruhe meine Meinung formulieren kann.

12.5.3 Lehrperson und Kollegium

Ein relativ harmonisches Kollegium in einer Schule wünscht sich wohl jede Lehrperson. Es macht nicht nur den Arbeitsalltag angenehmer, sondern sichert auch einen anregenden Austausch und macht ein Engagement der Lehrer/innen über ihre Pflichten hinaus wahrscheinlicher. Ein emotional negativ empfundener Arbeitsplatz verstärkt die Fluchttendenz ins Private und wirkt auf Dauer demoralisierend.

Im Kollegium sind Lehrer/innen „unter sich". Das bedeutet, sie haben es in der Regel bis auf Vorgesetzte mit Gleichgestellten zu tun. Dieser Umstand bedeutet nicht, dass sich ein Kollegium auf wichtigen Dimensionen so ähnlich wäre, dass es nicht zu Konflikten kommen kann.

Philipp und Rademacher (2002) unterscheiden vier Arten typischer Konflikte, die in jeder Gruppe, also auch im Lehrer/innenkollegium, auftauchen können. Es kann demnach zu (1) *Verteilungskonflikten* kommen. So kann die Gestaltung der Stundenpläne oder Lehrereinsatzpläne zu Interessendivergenzen unter Lehrpersonen führen. Eine Person hat möglicherweise über etliche Schuljahre hinweg immer die ungünstigere Unterrichtsplanvariante, weil sie keine eigenen Kinder hat, während die Kollegin mit Kindern immer etwas früher nach Hause kann.

Nach den Vorhersagen der Gerechtigkeitstheorie (z.B. Walster, Berscheid & Walster, 1978) führen solche ungerechten Verteilungen bei beiden Seiten, sofern diese Verteilungsstrategie von beiden Seiten als ungerecht oder ungerechtfertigt wahrgenommen wird, zu negativen Emotionen. Bei der benachteiligten Seite kommt es zu Ärger und Frustration, bei der privilegierten Seite zu Schuldgefühlen, die durch Rationalisierung der Situation zu bewältigen versucht werden. In jedem Fall kann es zu Konflikten kommen, die dazu führen, dass die Atmosphäre im Kollegium sich verschlechtert.

(2) *Autonomiekonflikte*, also Eingriffe in die Freiheit der Unterrichtsgestaltung, stellen eine weitere Konfliktquelle dar. Wohl kaum eine Lehrperson, die sich durch die Ergebnisse der PISA-Studie nicht auch ungerechtfertigt eingeschränkt sieht und wohl auch kaum eine Lehrperson, die sich gerne sagen lässt, wie sie denn den Unterricht zu gestalten hat. Unterricht wird oft als Erfahrungssache wahrgenommen und ist damit der subjektiven Gestaltung Einzelner überlassen. Dass persönliche Erfahrung nicht unbedingt etwas mit wahren Erkenntnissen zu tun haben muss, weil es auf den Blickpunkt, die Perspektive ankommt, wird mitunter übersehen. Kollegen und Kolleginnen, die hier unterschiedliche Meinungen vertreten, und dies möglicherweise in einer nicht hilfreichen, bewertenden oder gar abwertenden Art und Weise tun, werden sich gegenseitig ein Gefühl von Eingeschränktheit geben und miteinander im Konflikt stehen.

Tabelle 17: Nicht hilfreiche Überzeugungen von Lehrpersonen ihren Kollegen und Kolleginnen gegenüber

Nicht hilfreiche Überzeugungen und Bewertungen von Lehrpersonen gegenüber Kollegen und Kolleginnen	Emotionale Konsequenzen und Verhaltenskonsequenzen bei Lehrpersonen	Auswirkungen auf Emotionen und Verhalten bei Kollegen und Kolleginnen	Hilfreichere Überzeugungen und Bewertungen
Geringe Frustrationstoleranz: Mit diesem Kollegium kann ich nichts anfangen. Ich halte es nicht aus, dass die alle nur Dienst nach Vorschrift machen!	starke Frustration, Unsicherheit Rückzug, Vermeidung von Kontakt, Lästern	Unsicherheit Rückzug, Lästern	Das Kollegium dieser Schule zeichnet sich nicht gerade durch auffallendes Engagement aus. Vielleicht gibt es einen Weg, sie zu motivieren. Wenn nicht, kann ich mich immer noch versetzen lassen. Ich kann jedenfalls versuchen, es so gut zu machen, wie es mir möglich ist.
Übertreibungen/ Katastrophisierung: Alle meine Kollegen und Kolleginnen sind total spießig! Unerträglich!	Überheblichkeit, Ärger Feindseligkeit, Arroganz, Rückzug, Distanz	Unsicherheit, Ärger Rückzug, Angriff	Meine Kollegen und Kolleginnen kommen mir ziemlich spießig vor. Jetzt schaue ich mal, ob das wirklich so ist. Ist ja irgendwie unwahrscheinlich.
Selbstwertprobleme: Ich komme einfach nicht mit meinen Kollegen und Kolleginnen klar. Ich glaube, die lehnen mich ab. Ich gehöre einfach nicht dazu. Ich bin wertlos.	Depression, starke Niedergeschlagenheit Rückzug, Vermeidung	Mitleid, Verachtung, Unsicherheit Respektlosigkeit, konformes Verhalten, Rückzug	Ich fühle mich nicht wohl in meinem Kollegium. Vielleicht könnte ich gezielter schauen, was ich mit wem anfangen kann.

(3) *Ziel- und Wertekonflikte* spielen ebenfalls eine Rolle. Lehrpersonen unterscheiden sich sehr darin, inwieweit sie konservativ darauf beharren, ihren Lehrauftrag zu erfüllen oder inwieweit sie auch darüber hinaus, abweichend vom Lehrplan, auf sich aktuell ergebende Fragestellungen oder Probleme eingehen.

(4) Schließlich ergeben sich Konflikte, die aus *missverständlicher Kommunikation* heraus erwachsen.

Konflikte am Arbeitsplatz sind natürlich nicht nur für Lehrer/innen thematisch. Dass die Arbeitsplatzkultur in Deutschland generell nicht durch ein harmonisches Miteinander oder zumindest um ein Bemühen um ein solches, geprägt ist, machen die zahlreichen Klagen über Mobbing, ungerechte Behandlungen und Überlastung deutlich. Gerade aber in Berufen, in denen Abhängige, die sich in besonders geringem Maße zur Wehr setzen können wie also beispielsweise Kinder und Jugendliche, involviert sind, erscheint es besonders nützlich, eigene Überzeugungen daraufhin zu überprüfen, ob sie in Hinblick auf die Lösung zwischenmenschlicher Konflikte hilfreich sind.

12.6 Rational-Emotive Erziehung im Unterricht

Während der primären Sozialisation üben Lehrpersonen einen großen Einfluss auf die innere Sprache, damit das Denken und Fühlen, von Kindern aus. Die Art und Weise, wie sie auf deren Verhalten im Unterricht und überhaupt während des gesamten schulischen Alltags reagieren, ist mit der Theoriebildung der Heranwachsenden über Menschen, die Welt und sich selbst verbunden. Nicht nur die empirischen Ergebnisse im Rahmen der Forschung zu selbsterfüllenden Prophezeiungen legen diesen Zusammenhang nahe, auch Studien, die im Rahmen des Reattributionstrainings durchgeführt wurden, zeigen, dass die Bewertungen von Lehrpersonen während des Unterrichts, die in die Kommunikation zwischen Schüler/innen und Lehrpersonen einfließen, das schulische Selbstkonzept von Kindern stark beeinflussen.

Die Grundidee der rational-emotiven Erziehung im Unterricht besagt, dass Schüler/innen nicht nur eine Anleitung für konkrete Lernaufgaben brauchen, sondern mindestens genauso einer Anleitung für eine positive emotionale Entwicklung bedürfen. Verläuft die emotionale Entwicklung von Schülern/innen positiv, dann können sie auch eher vom Unterricht in der Schule profitieren (siehe hier Kapitel 8; Steins & Haep, 2014). Emotionen, Kognitionen, Verhaltensweisen sind systemisch miteinander verbunden.

12.61 Das Einbringen hilfreicher Überzeugungen in den Unterricht

Deshalb scheint es nicht nur wichtig zu sein, dass Lehrpersonen ihre eigenen dysfunktionalen Überzeugungen hinsichtlich ihrer Person, ihres Kollegiums und ihrer Schüler/innen überprüfen, sondern ebenfalls, dass sie versuchen, hilfreiche Überzeugungen in den Unterricht einzubringen.

Innerhalb der sozial-kognitiven Lerntheorie wurde bereits deutlich gemacht, dass der Erwerb von Einstellungen durch die Beobachtung wichtiger erwachsener Bezugspersonen erfolgt. Solch wichtige Bezugspersonen sind Lehrpersonen. Durch die Androhung von Strafen entstehen bei Schüler/innen *nicht hilfreiche* Überzeugungen wie beispielsweise *„Wenn ich einen Fehler mache, dann gehöre ich auf das Schlimmste bestraft"* oder *„Es ist eine abscheuliche Sache, sich nicht* *perfekt zu verhalten"* (De Voge, 1979). Umgekehrt, kann daraus abgeleitet werden, dass Kinder, die für verbale Äußerungen hilfreichen Denkens massiv und konsequent belohnt werden, mehr Kontrolle über ihr Verhalten gewinnen als Kinder, die nicht für ihr Verhalten verstärkt worden sind (De Voge, 1979; Meichenbaum, 1971; Steins & Welling, 2010; Steins, 2011; Steins & Haep, 2013).

In einem Feldexperiment wurden bei einer Gruppe von Kindern Verhaltensweisen wie „pünktlich erscheinen", „leise aus dem Raum gehen und den eigenen Platz ordentlich zurücklassen" verstärkt. Außerdem wurden rationale Äußerungen wie „Ich mag die Schule nicht, aber ich kann sie ertragen..." durch eine spezifische Verstärkung zu festigen versucht. Die konsequente Verstärkung dieses Verhaltens und der rationalen Äußerungen führten zu einer Steigerung der erwünschten Verhaltensweisen und geäußerten Einstellungen und auch, das ist interessant, zu einer besseren generellen Schulleistung (De Voge, 1979).

Auch zur Veränderung schwierigen Verhaltens, beispielsweise impulsiven Verhaltens in der Schule, eignet sich die rational-emotive Unterrichtsgestaltung. Meichenbaum und Goodman (1971) zeigen, dass sie das impulsive Verhalten von Kindern einer zweiten Grundschulklasse ändern konnten, indem sie sich verhaltenstherapeutischer Prinzipien des Modelings, des Ausblendens und der Verstärkung antezendenter Kognitionen, also hilfreicher Selbstverbalisationen, bedienten.

Wie Di Giuseppe ausführt (1979) kann durch Rollenspiele daraufhin gewirkt werden, dass Kinder spielerisch ihr Verhaltensrepertoire erweitern lernen. Im Gespräch wird zunächst ein Rollentausch vorgenommen. Das Kind, das sich beispielsweise leicht bedrängt fühlt, spielt zunächst den Aggressor, der/die Therapeut/in oder im schulischen Kontext der/die Lehrer/in spielt das Kind mit hilfreichen Überzeugungen und Bewertungen. Danach erfolgt ein Rollentausch, in dem das Kind für angemessene Verbalisierungen verstärkt wird. Rollenspiele dieser Art sind besonders für jüngere Kinder geeignet.

Aus diesen Überlegungen geht hervor, dass es hilfreich ist, wenn Kinder etwas über ihre Gefühle und deren Entwicklung lernen. Es ist wichtig für Heranwachsende Annahmen und Tatsachen unterscheiden zu lernen, Gedanken anzuzweifeln, die negativen Gefühlen wie beispielsweise Minderwertigkeitsgefühlen zugrunde liegen. Darüber hinaus ist es auch ein erstrebenswertes Lernziel, Unvollkommenheit zu akzeptieren, schmerzliche emotionale Überreaktionen zu bewältigen, Weitblick zu entwickeln und mit Frustrationen verbundene Erfahrungen zu tolerieren und mit anderen Kindern besser zurechtzukommen. Dies alles kann kindgerecht vermittelt werden, beispielsweise indem ein Gefühlstraining als *geistige Muskeln entwickeln, geistiges Karate* oder *Geheimwaffe zur Selbstkontrolle* bezeichnet wird (Knaus, 1979). Vernon (2002) hat für eine Fülle von Themen für jedes Alter hierzu didaktisches Material erstellt. Für Deutschland wurde ein Training, basierend auf diesen Erkenntnisse, für den Einsatz in der Sekundarstufe I erfolgreich erprobt und entwickelt (Haep & Steins, 2012; Haep, Steins & Wilde, 2012; Steins & Haep, 2014; siehe auch Kapitel 19) und wird zur Zeit für die Primarstufe adaptiert.

12.7 Anwendungsmöglichkeiten

12.71 Das Hinterfragen eigener Erziehungsvorstellungen

In den Unterricht fließen auch die Erziehungsvorstellungen der Lehrer/innen ein. Sind diese immer hilfreich für die Entwicklung der Heranwachsenden? Hauck (1979) fasste weitverbreitete irrationale Erziehungsstile, die auch die Unterrichtsgestaltung beeinflussen, zusammen.

Nicht hilfreiche Grundideen im Kontext Erziehung

So meinen viele Erwachsenen, *dass Kinder nicht das anzweifeln oder ablehnen dürfen, was sie von Respektpersonen gesagt bekommen*. Erwachsene mit einer solchen Auffassung empfinden Kinder, die viele Fragen stellen, schnell als lästig und werden versuchen, solche Fragen zu unterbinden, wobei sie damit die Neugierde und den Forschergeist von Kindern im Keim ersticken und nicht nur deren Vertrauen verlieren, sondern auch deren Selbstvertrauen erschüttern. Ein wichtiges Erziehungsziel, nämlich Kinder zu lehren, für sich selber zu denken, wird damit verfehlt. Kinder müssen in der Regel durch eigene mühselige Erfahrung lernen und wenn sie Gesagtes anzweifeln, dann ist dies der erste Schritt hierzu (vgl. auch die sozial-kognitive Lerntheorie).

Ein weiterer weit verbreiteter Erziehungsfehler besteht darin, zu meinen, *dass Kinder nicht frustriert werden dürfen*. Dahinter steht oft die Angst, selber frustriert zu werden, durch die Frustration der Kinder. Kinder lernen auf diese Weise, dass man nicht von ihnen erwarten kann, weitere Verantwortung zu tragen, wenn sie frustriert werden. Auch lernen sie, dass es ihnen zusteht aufzugeben, wenn es zu anstrengend wird. Frustration erzeugt Angst, wenn sie nicht bewältigt werden kann. Da es aber notwendigerweise in allen möglichen Situationen zu Frustrationen kommt, sollten Kinder frühzeitig lernen, mit Frustrationen umzugehen. Nur so können sie sich weiter entwickeln.

Lehrpersonen können durch ihre Unterrichtsgestaltung entschieden dazu beitragen, die Frustrationstoleranz ihrer Schüler/innen zu erhöhen, indem sie ihnen *nicht* dabei helfen, *notwendigen* Stress zu ersparen, sondern ihn auszuhalten, und ihnen beibringen, für jeweils kurze Zeit mit einigen Frustrationen zu leben, um stark zu werden.

Es ist allerdings wichtig zwischen notwendigen und nicht notwendigen Frustrationen zu unterscheiden. *„Was nicht tötet, härtet ab"*, ist ein deplatzierter Leitsatz für die Entwicklung von Frustrationstoleranz.

Weiterhin nennt Hauck den Irrtum, *dass erst die Kinder beruhigt werden sollten, dann erst die Erwachsenen*. Diese Annahme basiert auf der unrealistischen Erwartung, dass das Kind einen Grad von Kontrolle über sich erreichen soll, über den die Erwachsenen nicht verfügen. Eltern wie Lehrpersonen mit dieser Auffassung schieben die Verantwortung für ihren eigenen emotionalen Zustand dem Kind zu und greifen das Kind an. Sie beruhigen sich erst dann wieder, wenn das Kind sich bemüht. Besser wäre es, sich selber zu beruhigen und dann mit den Problemen der Kinder in fairer Weise umzugehen. Im Sinne der Erkenntnisse zur emotionalen Ansteckung ist es wahrscheinlicher, dass ein Kind sich erst beruhigen kann, wenn die erwachsene Bezugsperson ruhig ist.

Hauck meint, dass durch solche irrationalen Einstellungen zur Erziehung Zirkelschlüsse entstehen, die nicht zur Problemlösung, sondern zur Eskalation von Problemen beitragen.

Erziehungsstile

Der eigene Erziehungsstil kann mit Hilfe von zwei grundlegenden Dimensionen überprüft werden (Knaus, 1979):
- Liebevoll – lieblos
- Nachgiebig – unnachgiebig.

Ein Ausgangsbeispiel: Karl hat Peter geschlagen. Die Klassenregel sieht vor, dass Karl sich entschuldigen muss und es wieder gut machen muss, in Absprache mit Peter.

Lieblos und unnachgiebig: Ein liebloser und unnachgiebiger Erziehungsstil würde unnachgiebig durch folgende verbale Reaktion ausgedrückt werden: *„Entschuldige dich sofort und mache es sofort wieder gut!"* Lieblos wäre folgender weiterer Kommentar: *„Warum musst du dich immer so daneben benehmen? Ohne dich wäre es viel ruhiger in der Klasse!"*

Die Folgen sind: Man kann ein Kind nicht von seiner Sympathie ihm gegenüber überzeugen, wenn man es lieblos behandelt oder in starkem Ärger Sanktionen verhängt. Sachliche Kritik ohne heftige Emotion ist für das kindliche Lernen angemessener. Im Fall negativer emotionaler Rückmeldung entwickeln Kinder hochwahrscheinlich ein negatives Selbstkonzept: *„Ich kann nichts und habe es verdient, dass alles schlecht läuft"*.

Liebevoll und nachgiebig: Ein weiterer Erziehungsstil ergibt sich durch die Kombination „liebevoll und nachgiebig". Die Lehrperson könnte liebevoll sagen: *„Schade, dass du das getan hast."* Und dann nachgiebig trotz anders lautender Vereinbarungen hinzufügen: *„Na, setz dich hin, es ist ja jetzt passiert."*

Kinder, die liebevoll und nachgiebig erzogen werden, entwickeln eine hohe Anspruchshaltung. Selbst wenn sie ihrer Verantwortlichkeit nicht gerecht werden, erwarten sie Privilegien. Sie lernen eine nur geringe Selbstverantwortlichkeit für ihr eigenes Verhalten und verspüren eine gewisse Angst, selbst etwas tun zu müssen. Eine geringe Frustrationstoleranz hält sie davon ab, Dinge selbstverantwortlich zu regeln.

Lieblos und nachgiebig: Die Kombination von lieblos und nachgiebig führt zu folgenden Reaktionen. Lieblos wäre der Kommentar: *„Du machst aber auch immer Scherereien! Immer machst du nur Ärger. Es ist zum Schreien!"* mit der nachgiebigen Reaktion: *„Setz dich hin, kann man wohl nichts machen. Wir machen weiter!"*

Dieser Erziehungsstil fordert Kinder dazu auf, das zu tun, was sie wollen. Da ihnen die Sympathie der Bezugsperson nicht wichtig sein kann, denn ist sie lieblos, gibt es keine Möglichkeit, ihnen Grenzen zu setzen.

Liebevoll und unnachgiebig: In der rational-emotiven Erziehung gilt ein liebevoller, aber unnachgiebiger Erziehungsstil als unterstützend für die Entwicklung des Kindes. Eine liebevolle Reaktion wäre: *„Hast Du dich nicht beherrschen können? Das ist schade! Das nächste Mal schaffst du es bestimmt!"* Dennoch würde sich die Erziehungsperson unnachgiebig/konsequent an die Vereinbarungen halten: *„Du weißt, dass wir besprochen haben, dass die Kinder, die andere Kinder schlagen, sich entschuldigen müssen und auch ihr Verhalten wieder gut machen müssen. Wir reden sofort in der Pause darüber, wie es gehen könnte."*

Eine solche Kombination fördert die Selbstakzeptanz der Kinder und deren Selbstverantwortung: Kinder brauchen liebevolle Anleitung, Jugendliche nach den neuesten Erkenntnissen mindestens genauso stark, denn emotionale und soziale Kompetenzen sind ein Produkt des Miteinanders und entwickeln sich nicht von alleine (Hamre & Pianta, 2001; Pianta & Walsh, 1996).

Grundhaltungen: Wert eines Menschen, Toleranz, Geduld

Erziehung nach rational-emotiven Kriterien bedeutet, dass die eigenen Philosophien ständig überprüft werden. Die eigene Grundhaltung gegenüber Schülern/innen sollte von Zeit zu Zeit selbstkritisch untersucht werden. Wie ist es hier um die eigene Toleranz bestellt? Toleranz gegenüber Schülern/innen aufzuweisen, heißt, dass man normale Unzulänglichkeiten vorbehaltlos auch als normal akzeptiert. Das bedeutet für den Primarstufenbereich, dass man sich auf folgendes zunächst einstellen muss: Kinder sind laut, motorisch unruhig, leicht und sehr heftig frustriert, sind sexistisch und gerechtigkeitsfanatisch. Sie können sich nur unzureichend selbst reflektieren. Sie sind langsam in vielen Situationen: Anziehen z.B., Schultasche packen, Hefte finden. Kinder sind häufig unordentlich, mitunter sogar extrem chaotisch. Mit zunehmendem Alter verbessern sich durch gezielte, konsequente, geduldige Anleitung alle diese Aspekte, aber nicht dann, wenn diese Anleitung unterbleibt und vor allem auch dann nicht, wenn durch Drohungen und willkürliche Strafen Reaktanz, eine zu hohe Selbstaufmerksamkeit ausgelöst wird und sich ein negatives Selbstkonzept entwickelt.

Toleranz bedeutet auch, dass Lehrpersonen den Bezugsrahmen der Schüler/innen beachten sollten (siehe Kapitel 4). Nur so können sie die Schüler/innen verstehen und konstruktiven Einfluss ausüben. Je nach Alter sind hier andere Werte wichtig als für die Bezugsperson. Es ist für Lisa schwer einsehbar, warum sie ihren Tisch aufräumen soll, wenn es schon zur Pause geklingelt hat und sie mit ihren Freundinnen spielen möchte. Ein anderer Zeitpunkt wäre sicherlich günstiger.

Im Schulalltag ergeben sich zahlreiche Situationen, in denen Lehrpersonen ihre eigene Toleranzbereitschaft testen können. Kann sie warten, bis alle Kinder soweit sind, dass mit dem Sport angefangen werden kann? Schafft sie es, besonders langsame Kinder nicht vorzuführen? Ist sie in der Lage, mit diesen Kindern faire Zusatzregeln zu vereinbaren? Schafft sie es, geduldig zu bleiben? Die Demonstration von Ungeduld gibt ein hervorragendes Modell geringer Frustrationstoleranz ab.

12.7.2 Rationaler Umgang mit ängstlichen Schülern/innen

Häufige Ängste von Schülern/innen bestehen in einer Angst vor Versagen und einer Angst vor negativen Bewertungen anderer Personen (Ellis, 1966; Ellis & Wilde, 2002). Lehrpersonen können hier viel zu einer Bewältigung dieser Angst beitragen, wenn sie rationale Erklärungen ständig, unaufgeregt und geduldig wiederholen: *„Nur weil Du aufgeregt bist, heißt es nicht, das Du es nicht kannst."; „Auch wenn Dich alle angucken, wenn Du redest, kannst Du trotzdem reden. Versuch es."; "Ich war früher auch immer aufgeregt, aber je mehr ich geübt habe, zu reden, desto weniger aufgeregt bin ich geworden."*

Wichtig ist, dass man dabei liebevoll bleibt und alles unterlässt, was ein Kind oder einen Jugendlichen beschämen könnte. Kinder lernen durch Wiederholung bestimmte Einstellungen zu internalisieren. Hilfreich ist es für sie, wenn sie besonders ängstlich sind, dass sie ihre Einstellungen zu Fehlern neu bewerten lernen. Folgende Sätze können dabei unterstützend wirken: *„Es ist nicht schlimm, wenn Du einen Fehler machst. Wer keine Fehler macht, lernt nichts Neues!" „Was kannst Du aus deinem Fehler lernen?" „Ich finde, dass Du dich nicht gut verhalten hast, was kannst Du das nächste Mal besser machen?"*.

Ängstliche Kinder brauchen besondere Ermunterung. Es bewährt sich, ihnen desensibilisierende Aufgaben zu stellen. Bei Redeangst könnte eine Lehrperson den Schüler oder die Schülerin erst bei ganz kurzen Antworten aufrufen. Die Antwortlänge könnte sie systematisch steigern bis hin zum ersten Referat. Wichtig ist es im Hinterkopf zu behalten, dass dies auch über einen langen Zeitraum geschehen kann. Ein Schuljahr ist gut für eine erste Verbesserung, aber es dauert länger, Ängste abzubauen. Dieser Zeitaspekt spielt bei allen Lernvorgängen eine zentrale Rolle und wird of übersehen. Erfolge stellen sich meistens nicht schnell und sofort sichtbar ein (siehe Kapitel 7 Reattribution).

Eine andere Methode besteht darin, angenehme Tätigkeiten mit unangenehmen Tätigkeiten zu koppeln. Einen sozial ängstlichen Schüler könnte eine Lehrperson beispielsweise auffordern in seinem besonders starken Fach in einem definierten Rahmen zu helfen.

Wichtig ist es vor allem, einem ängstlichen Kind konkretes rationales Feedback zu geben: *„Das hast Du gut gemacht! Wie Du diese Lösung gefunden hast, das war sehr pfiffig. Wie hast du das gemacht? Aber selbst wenn es schlecht gewesen wäre, Hauptsache, Du hast es versucht!"*

12.7.3 Rationaler Umgang mit Ärger- und Wutanfällen

Wenn Schüler/innen mit Ärger und Wut zu kämpfen haben, ist es besonders schwer, selber ruhig bleiben. Zeigt man aber selber Aggression, wird eine Eskalationsspirale, eine Epidemie negativer Reaktionen in Gang gesetzt. Wichtig ist es die Ursachen der Wut zu explorieren: Sollen andere eingeschüchtert werden? Hat die betreffende Person mangelnde Selbstsicherheit? Liegt nur ein Mangel an Alternativen vor? Als Lehrperson kann man versuchen, Aggressionsauslöser möglichst zu vermeiden. Vermeidbar sind unnötige Frustrationen. Notwendige Frustrationen können graduell erhöht werden. Und vor allem sollte man ein Gespür für den Wachheitsgrad und die Aufmerksamkeitsspanne der Schüler/innen entwickeln. Müde Schüler/innen reagieren schneller gereizt.

Schülern/innen kann man Hilfen an die Hand geben, wenn man sie frühzeitig mit der B-C-Verbindung vertraut macht. Die goldene Regel kann eingeführt werden und deren unzulässiger Umkehrschluss. Bei jüngeren Kindern kann das Ärgermännchen eingeführt werden. Will Tim wirklich immer auf sein Ärgermännchen hören müssen, das ihm einflüstert, dass Oskar jetzt eine Ohrfeige verdient hat? Will Lily, wie ein Fisch den Wurm an der Angel, immer auf die Provokationen der anderen anspringen? Was würde der Fischer machen, wenn kein Fisch mehr anbeißt und was machen die anderen, wenn Lily ruhig bleibt?

Bei älteren Kindern und Jugendlichen kann eine altersgerechte Disputation stattfinden. Kinder können lernen, dass es einen Unterschied zwischen verbalen und physischen Feindseligkeiten gibt, wenn sie eine differenzierte Sicht für Konflikte entwickeln. Dass verbale Beleidigungen einen nur verletzen können, wenn sie das selber zulassen. Dass die Welt nicht gerecht ist, auch wenn man das gerne hätte und das sie nicht gerechter wird, wenn sie sich selber darüber wütend machen.

In diesem Kontext ist es auch wichtig, die eigene Philosophie zu überprüfen: Wie geht man selbst mit großem Ärger um? Welches Modell stellt man selbst für seine Schüler/innen dar? Ist man selber fair?

12.7.4 Selbstdisziplin

Bei Disziplinschwierigkeiten kann es hilfreich sein, das oft negativ belegte Wort Disziplin zu erklären. Selbstdisziplin ist eine Form selbst gewählter Deprivation von allen anderen möglichen Reizen, um ein bestimmtes Ziel zu erreichen.

Es kostet genauso viel, oft sogar noch mehr Energie, die Erledigung einer Aufgabe aufzuschieben als sie einfach zu erledigen. Kinder können schon früh Belohnungsaufschub lernen und einfache Kalkulationen anstellen: Wenn ich heute meine Hausarbeiten nicht mache, dann muss ich morgen doppelt soviel machen. Wenn ich heute nicht für die Deutscharbeit übe, dann schreibe ich eine schlechtere Note, als wenn ich jetzt übe. Wie fühle ich mich morgen, wenn ich jetzt übe? Wie fühle ich mich morgen, wenn ich es unterlasse?

Kinder verstehen sehr schnell, durch eine Kombination von Erfahrung und ein Erinnern an diese Erfahrung, dass sie sich oftmals während einer Aufgabenbearbeitung, während des Erlernens von etwas Neuem nicht besonders gut fühlen, dafür sich aber längerfristig besser fühlen werden, wenn sie die Bearbeitung dieser Aufgaben durchführen.

Auch hier muss man sich die Frage stellen: Ist man selbst ein gutes Modell? Ist der Unterricht vorbereitet? Werden Arbeiten in einem vertretbaren Zeitraum zurückgegeben? Welche Einstellung hat man zu Schülern/innen, die vermeiden und aufschieben? Wie geht man selber Probleme an?

Hilfreich ist hier die Einführung von klaren Verhaltensregeln und Konsequenzen bei Verstoß gegen diese Regeln.

12.7.5 Grundverhaltensregeln für Lehrer/innen

Aus der Perspektive der rational-emotiven Erziehung ist es wichtig, die eigenen Bewertungen zu überprüfen, da sie in jeder Situation handlungswirksam sind und, wenn irrational, einer guten Problemlösung im Wege stehen. Im Lern-Lehrkontext ist die eigene Toleranz gegenüber den Schwächen von Schülern/innen besonders zu überprüfen.

Schüler/innen gewinnen nur Vertrauen, wenn sie den Eindruck haben, dass Lehrpersonen nicht wütend, ärgerlich oder moralisierend reagieren. Tolerieren ist nicht gleichbedeutend mit gutheißen. Als Lehrperson muss man sich auf allen Ebenen darauf einstellen, dass immer wieder exploriert und disputiert werden muss. Dabei gelten drei Grundverhaltensregeln für Lehrer/innen:

- Unnachgiebig/konsequent sein: Darauf bestehen, dass jeder Mensch, wie er irrationale Anteile geduldig trainiert hat, auch rationale Anteile trainieren kann. Also auf die Einhaltung aufgestellter guter Regeln mit allen Konsequenzen bestehen.

- Geduldig bleiben: Das Erlernen von rationalen Regeln dauert lange.
- Humorvoll und liebevoll bleiben: Jeder Mensch macht Fehler, die immer auch komische Aspekte haben. Mit diesen komischen Aspekten aber niemals einen Schüler oder eine Schülerin beschämen.

12.8 Zusammenfassung

Die hier vorgestellte Forschung zur Entstehung von Emotionen zeigt nachdrücklich, dass Gefühle nicht notwendigerweise ein authentischer Ausdruck des Selbsts sind. Sie hängen von der Wahrnehmung der physiologischen Erregung ab, der Interpretation und den Informationen, die man der sozialen Umwelt entnimmt. Ohne bestimmte Kognitionen, ausdifferenzierte Bewertungssysteme, kann es zu bestimmten Emotionen und damit verbundenen Verhaltensweisen nicht kommen.

Die Grundidee hinter dem Konzept der rational-emotiven Erziehung besagt, dass Schüler/innen nicht nur Anleitung für konkrete Lernaufgaben brauchen. Sie brauchen mindestens genauso eine über lange Zeit sich streckende Anleitung für eine positive emotionale Entwicklung. Verläuft die emotionale Entwicklung von Schülern/innen positiv, dann können sie auch eher von der Schule profitieren.

Methoden der Emotionsregulation können jederzeit an der eigenen Person angewendet werden. Sie können helfen, die eigenen Gedanken, die mit den erlebten Emotionen zusammenhängen, zu identifizieren und zu hinterfragen. Sie stellen ein grundlegendes Handwerkszeug dar, mit dessen Hilfe schulische Alltagssituationen konstruktiv bewältigt werden können.

12.9 Fragen, Übungen, Lektüre

Fragen
- Welche grundsätzlichen theoretischen Schulen zum Zusammenhang zwischen Kognitionen und Emotionen kann man unterscheiden?
- Was besagt die Zwei-Komponenten-Theorie von Schachter und Singer?
- Was bedeutet Erregungsübertragung und wie wirkt sie sich aus?
- Was ist emotionale Ansteckung?
- Auf welchen Grundannahmen beruht die rational-emotive Verhaltenstherapie nach Ellis?
- Was genau ist ein Bewertungssystem?
- Welche Implikationen haben die hier vorgestellten Theorien zu Ursachen und Wirkungen auf Emotionen für den Unterricht?
- Welche grundlegenden Dimensionen des Erziehungsstils können unterschieden werden?

Übungen
- Erstellen Sie von einer für Sie bedeutsamen Situation ein ABC-Modell nach den Kriterien der REVT. Unterscheiden Sie in diesem Modell sowohl rationale als auch irrationale Anteile.
- Formulieren Sie ein aktuelles Problem aus Ihrem derzeitigen Unterricht und erstellen Sie hierfür ein vollständiges ABC-Modell nach den Kriterien der REVT.
- Reflektieren Sie Ihre eigenen Erziehungsvorstellungen vor dem Hintergrund der in diesem Kapitel erarbeiteten Theorien. Wo entdecken Sie Gemeinsamkeiten, wo treten Unterschiede auf?

Zur Nachbereitung empfohlene Lektüre
- Haep, A., Steins, G., & Wilde, J. (2012). *Soziales Lernen Sekundarstufe I*. Wiesbaden: Auer.
- Steins, G. & Haep, A. (2014). Soziales Lernen in der Schule. Angewandte Sozialpsychologie auf allen Ebenen der Bildung und Erziehung. *Gruppendynamik und Organisationsberatung, 45*, 5-23.

TEIL III

Theorien kombiniert einsetzen

13. Theoriegeleitetes Handeln

Verschiedene theoretische Perspektiven wurden auf den Schulalltag angewendet. Jede Theorie bietet einen anderen Blickwinkel und beschäftigt sich mit einem anderen Prozess, der im sozialen Miteinander bedeutsam werden kann.

Wie bewähren sich diese Theorien bei einer Anwendung auf konkrete schulische Alltagsherausforderungen? Auf einige weit verbreitete schulische Problemfelder sind sie bereits angewendet worden. Die Herausforderungen im Schulalltag werden jedoch durch die Vielzahl vieler *unerwarteter* Ereignisse verstärkt. Bei jedem dieser Ereignisse müssen Lehrer/innen reagieren, Entscheidungen müssen oft schnell getroffen werden, eine Form von Verhalten muss gefunden werden. Der unmittelbare Aufforderungscharakter aktueller Ereignisse fordert zum Handeln auf; umso wichtiger, dass plausible Konzepte zur Verfügung stehen.

Selbst bei dringlichen Entscheidungen ist es ratsam, sich Zeit zum Überdenken von Sanktionen, Gesprächen und anderen Handlungen zu nehmen. Entscheidungen „aus dem Bauch heraus" sind nicht die besten Entscheidungen.

Diese Zeit kann im Sinne der Attributionstheorie mit einer Ursachenanalyse gewonnen werden. Für die meisten Probleme gibt es immer mehr als eine richtige Lösung. Ein und dasselbe Problem unter verschiedenen Gesichtspunkten zu beleuchten, hilft, das eigene Verhaltens- und Lösungsrepertoire zu erweitern. Theoriegeleitetes Handeln hilft, Willkür zu vermeiden und flexibel in Problemlösungen zu bleiben. Es legt nahe, experimentell an Probleme heranzugehen. Wird sich eine Lösung als nicht sinnvoll herausstellen, muss das Problem unter einer anderen Perspektive betrachtet werden.

Zunächst ist es schwierig, theoriegeleitet zu denken und zu handeln. Es ist viel einfacher, sich nach den gewohnten impliziten (Alltags)Theorien zu richten. Meistens sind diese Theorien aber nicht besonders hilfreich, da viele Alltagstheorien dazu neigen, Personen feste Kategorien zuzuschreiben, die unveränderbar sind. Damit schrumpft das Problemlösungsspektrum und das Verhaltensrepertoire. Kurzfristig ist es einfacher, einen Schüler oder eine Schülerin „aufzugeben". Dann muss man sich nicht länger verantwortlich fühlen. Langfristig ist es jedoch unbefriedigend, im eigenen Beruf nicht wirklich die Grenzen der Möglichkeiten zu testen.

Die nun ausgewählten schulischen Alltagssituationen könnten um zahlreiche weitere ergänzt werden. Sie dienen als Beispiel dafür, wie theoriegeleitetes Handeln aussehen kann. Wichtig ist es, dass Lehrer/innen lernen, ihr Verhalten zu begründen. Sie können realistischerweise nur das von Schülern/innen erwarten, was sie auch selber bereit sind, zu tun.

13.1 Anwendung von Theorien in ausgewählten Situationen in der Schule

Die hier behandelten Situationen behandeln eine Auswahl von Fragestellungen, die von Lehramtsstudierenden unterschiedlichster Fachrichtungen und Abschlüsse als wichtig zusammengetragen worden sind[19].

13.1.1 Ein Schüler boykottiert den Unterricht

Ein Schüler weigert sich, seine Hausaufgaben zu machen. Er beteiligt sich nicht am Unterrichtsgeschehen und seine Hauptinteressen sind außerschulische Tätigkeiten. Trotz normaler Intelligenz und Auffassungsgabe und trotz elterlichen Drucks und der Androhung von Strafarbeiten weigert sich der Junge am Unterricht teilzunehmen und seinen schulischen Pflichten nachzukommen.

Attributionstheoretisch werden zunächst die Ursachen analysiert. Hat der Junge sich schon immer so verhalten (Konsistenzinformation), verhält er sich auch in anderen Lebensbereichen und in allen Schulfächern so (Distinktheitsinformation) und verhält er sich auffallend anders als andere Schüler in einer vergleichbaren Situation (Konsensusinformation)?

Angenommen, sein Verhalten tritt erst seit dem Wechsel auf die Orientierungsstufe eines Gymnasiums auf und tritt nicht bei den Fächern Sport und Mathematik, und auch nicht im Freizeitbereich auf. Der Junge ist der einzige Schüler seiner Klasse, der sich auf diese Weise verhält. Dann stellen sich die Fragen: Was ist seit dem Wechsel passiert, dass er dieses Verhalten zeigt? Was ist im Sport- und Mathematikunterricht anders, dass er dort engagiert ist?

Zunächst sind keine Antworten zu erwarten. Oft sind Kindern ihre Gedanken nicht bewusst oder aber sie schämen sich, über ihr unerwünschtes Verhalten zu reden oder haben keine Erfahrung mit Gesprächen, in denen sie sich über ihr Innenleben äußern sollen. Das bedeutet, dass eine Lehrperson oder die Eltern, die sich um ein Verständnis der Ursachen bemühen, geduldig weiter probieren müssen, bis sie einen Zugang zu dem Jungen gefunden haben (siehe rational-emotive

---

[19] Diese Situationen wurden in Seminaren im Rahmen des Projektes Classroom Management gesammelt. Das Projekt Classroom Management ist ein Baustein des Teilprojekts „Identitäts- und Rollenfindung/-orientierung" des Bund-Länder-Programms „Bildungsgerechtigkeit im Fokus" für bessere Studienbedingungen und mehr Qualität in der Lehre (2011-2020).

Verhaltenstherapie). In dieser Zeit müssen die Erwartungen der Erwachsenen klar sein, und zwar gleichzeitig liebevoll (es wird Unterstützung jeder Art angeboten) und konsequent (es gelten keine unplausiblen Entschuldigungen). Die Konsequenzen seines Verhaltens müssen dem Jungen klar sein. Deswegen muss ein bestimmtes Kontingent an Mitarbeit von ihm gefordert werden, das er nachzuweisen hat, dass täglich überprüft wird und dass bei Unterschreitung zu vorhersehbaren Sanktionen führt. Das Nacharbeiten fehlender Pflichten sollte angemessen eingefordert werden als eine natürliche Konsequenz des unerwünschten Verhaltens (Steins & Welling, 2010). Seine Bezugspersonen müssen weiterhin interessiert sein, die Ursachen des Verhaltens zu erfahren, wenn sie ihm helfen wollen.

Auch wenn es besser ist, eine Ursachenanalyse mit offenen Fragen zu beginnen, können, wenn es keine Antworten gibt, spezifische Hypothesen mit dem Jungen diskutiert werden. Soziale Vergleichstheorie: *„Fühlst Du dich vielleicht nicht mehr so gut in den anderen Fächern, weil es jetzt viele andere gibt, die besser sind als Du? Denkst Du deswegen, dass Du das verbergen kannst, indem Du gar nichts mehr tust?"* Oder: *„Willst Du vielleicht auf eine andere Schule und traust Dich nicht, es uns zu sagen und versuchst es auf diesem Wege?"* Oder: Symbolische Selbstergänzung: *„Denkst Du, die anderen Kinder mögen Dich lieber, wenn Du schlecht in der Schule bist?"* Auch wenn keine Antworten kommen, lohnt es sich die möglichen Annahmen zu disputieren.

Es hilft langfristig nicht viel, den Jungen mit Sanktionen zu konfrontieren, ohne sich weiter um die wirklichen Ursachen seines Verhaltens zu kümmern. Erst wenn diese ermittelt werden, kann das Problem wirklich gelöst werden.

13.1.2 Zwei Schülerinnen rauchen heimlich auf der Toilette

Was sollte eine Lehrerin machen, wenn sie während einer Freistunde zwei Schülerinnen des siebten Schuljahres dabei ertappt, wie sie auf der Toilette heimlich Zigaretten rauchen? Es gibt mehrere Verhaltensvarianten: Eine Lehrperson kann sagen, dass sie nichts gesehen haben will und dass sie sich bloß nicht erwischen lassen sollen. Eine Lehrperson kann die Mädchen zur Schulleitung zitieren. Sie kann die Eltern informieren. Sie kann eine Gardinenpredigt halten.

Aus einer reaktanztheoretischen Perspektive ist das Verhalten der Mädchen erklärbar: Die Mädchen erobern sich ein Stück Freiheit, welches ihnen verboten ist. Jede massive Einschränkung dieser Freiheit wird den Widerstand der Mädchen herausfordern, wenn ihnen das Rauchen wirklich wichtig ist. Wie zu Beginn jeder Problemlösung ist eine Ursachenanalyse angezeigt: Warum rauchen die Mädchen auf der Toilette? Wie oft haben sie das schon gemacht? Seit wann machen sie es? Wo haben sie das schon gemacht? Wer weiß davon? Mit wem haben sie noch geraucht? Wissen das die Eltern? Wenn nicht, warum nicht? Eine Ursachenanalyse und eine Diagnose der Situation unter Zuhilfenahme aller Fragen klärt zunächst die für alle Beteiligten unangenehme Situation. Hat man alle nötigen Informationen zusammen, entscheidet sich, ob eine Lehrperson wirklich ihrer verantwortlichen Rolle gerecht wird, oder nicht. Viele neigen nun dazu, Konsequenzen zu vermeiden. Die Mädchen zeigen sich reumütig und entschuldigen sich für ihr Fehlverhalten; Menschen neigen nun dazu, die Sache auf sich beruhen lassen. Sie übersehen dabei, dass (Weiners Modell der Verantwortlichkeit) die Mädchen dennoch verantwortlich für ihr Verhalten sind und sich möglicherweise im Peer-Kontext ganz anders darstellen werden. Konsequenzen müssen sein (sozial-kognitive Lerntheorie, rational-emotive Verhaltenstherapie).

Die Lehrperson könnte den Mädchen aufgeben, dass jede einzelne von ihnen einen Aufsatz über die Vor- und Nachteile des Rauchens schreiben soll. Und sie sollen zu einem eigenen Schluss kommen: Wenn sie sich ihre eigenen Argumente anschauen, was sollten sie dann tun? Sie sollte sich mit ihnen nochmals zusammensetzen und über diesen Aufsatz sprechen. Sie sollte mit ihnen vereinbaren, was das nächste mal passieren wird, wenn sie sie nochmals beim Rauchen sehen wird und ihnen ankündigen, dass sie erwartet, dass sie dies sein lassen werden und sie daraufhin von ihr beobachtet werden (Selbstaufmerksamkeitstheorie). Und sie sollte in ruhigem Ton, aber bestimmt, ihre Meinung vertreten. Auch wenn diese Meinung im Moment nicht gerne gehört werden wird (siehe Kapitel 11 Reaktanztheorie: Sleeper-Effekte).

13.1.3 Eine Schülerin wird gemobbt

Wie in dem Kapitel zur Selbstaufmerksamkeitstheorie bereits als Erinnerung einer Studentin geschildert, werden tagtäglich Schüler/innen aufgrund bestimmter Eigenschaften, die ihnen zugeschrieben werden, von anderen Schülern drangsaliert und ausgegrenzt. Die Mehrheit schweigt, oder, schlimmer noch, macht sich zu Komplizen einiger weniger, die, aus welchen Gründen auch immer, es genießen, ein Opfer gefunden zu haben.

Ist ein Kind besonders zurückgezogen, oft alleine in den Pausen, macht einen unglücklichen und stillen Eindruck, sollten die Ursachen dieses Verhaltens erkundet werden. Alle Menschen, besonders Kinder und Jugendliche, sind auf die Zugehörigkeit an eine Gruppe angewiesen und leiden in der Regel, wenn ihnen diese Zugehörigkeit verwehrt wird, vor allem dann, wenn diese Verweigerung ungerechtfertigt ist. Zu unterscheiden sind allerdings hiervon Kinder und Jugendliche, die es bevorzugen alleine zu sein. Das Kriterium für eine Ursachenanalyse ist der Eindruck der Unfreiwilligkeit des Alleine Seins. Die sozialen Verhältnisse in der Klasse liefern für die Wahrnehmung von Ausgrenzungen ein gutes Hintergrundwissen. Wie ist die Gruppe strukturiert? Welche Mehrheits- und welche Minderheitsverhältnisse können ausgemacht werden? Wo ist die auffällige Schülerin einzuordnen? Wie sieht ihr Kontakt zu den Klassenkameraden aus? Warum ist sie alleine? Macht sie dies freiwillig?

Die Ursachen des Verhaltens können nach allen verfügbaren attributionstheoretischen Informationen erfragt werden: Hat die Schülerin schon immer alleine gespielt? Macht sie das auch außerhalb der Schule? Warum macht sie nicht mit einigen anderen etwas zusammen? Warum ist sie still und zurückgezogen? Was geht ihr durch den Kopf, wenn sie von den anderen zurückgewiesen wird? Was denkt sie, woran das liegt?

Bei einer Ursachenanalyse gehen die eigenen Bewertungen (siehe Kapitel 12 Rational-emotive Verhaltenstherapie) mit ein. Viele Menschen empfinden es beispielsweise als unnormal, wenn eine Schülerin alleine sein will und denken, dass ein junger Mensch ohne feste und tiefe Freundschaften unglücklich sein muss. Hier findet eine Projektion der eigenen Wertungen auf andere statt. Eigene Bewertungen gelten nicht für die gesamte andere Menschheit. Da Menschen unterschiedlich sind und ihre Bewertungssysteme etwas ganz Eigenes und Privates darstellen, ist eine Ursachenanalyse bei jedem/r Schüler/in notwendig, um ein Problem realistisch wahrzunehmen.

Ausgegrenzte Schüler fürchten es, wenn Lehrer/innen sich insofern einmischen, als sie anderen Mitschülern/innen verordnen, ihren ausgegrenzten Mitschüler mitmachen zu lassen. Das ist verständlicherweise peinlich für Außenseiter, da dieses Vorgehen sie erneut als Zielscheibe des Spotts den anderen gegenüber präsentiert. Es ist auch peinlich für Außenseiter, aber erträglicher, da peinlicher für diejenigen, die drangsalieren, wenn ganz offen in der Klasse über diese Problematik gesprochen wird. Setzt die Lehrperson soviel Informationsmacht und Referenzmacht ein, wie sie nur aufzubringen vermag, dann kann sie es erreichen, dass die in der Regel passive Mehrheit ihre Einstellungen überdenkt und es in Zukunft nicht mehr zulassen wird, dass einige wenige Personen eine einzige andere Person drangsalieren. Informationsmacht kann durch Disputationsmethoden ausgeübt werden, wie sie innerhalb der rational-emotiven Verhaltenstherapie eingesetzt werden. Schüler/innen können lernen, ihr Verhalten, auch ihr destruktives Verhalten, zu reflektieren. Schüler/innen, die einen anderen Schüler quälen, bedürfen der Etablierung einer Norm, die es ihnen verbietet, dieses zu tun und zuzulassen, dass andere dies mit ihnen selbst oder anderen Mitschülern tun. Diese Norm muss internalisiert werden. Hierbei ist es hilfreich, wenn eine Lehrperson selber ein gutes Modell abgibt (sozial-kognitive Lerntheorie). Je glaubwürdiger sie ist, d.h. je mehr Respekt sie selber den Schülern/innen gegenüber äußert, desto eher werden die Schüler/innen sich auch an ihr orientieren und bereit sein, von ihr vorgeschlagene Normen in Verhalten umzusetzen.

Aus den Perspektiven der sozial-kognitiven Lerntheorie und der rational-emotiven Verhaltenstherapie ist das eigene Verhalten die stärkste Quelle des Lernens. Es hilft nichts, wenn Schüler/innen nur reflektieren. Schüler/innen, die andere Schüler drangsalieren, müssen mit Konsequenzen rechnen. Die könnten hier darin bestehen, dass sie im Rahmen ihrer Möglichkeiten einen Aufsatz schreiben müssen, in denen die Vor- und Nachteile des Quälens anderer Schüler/innen beschrieben werden müssen (Kapitel 11 Reaktanztheorie). Wie im Fall der Mädchen, die auf der Toilette rauchen, muss deutlich sein, welche Konsequenzen zu erwarten sind, wenn sich dieses Verhalten wiederholt. Die Eltern als unterstützende Agenten spielen hierbei eine wesentliche Rolle, sollten aber nur dann eingeschaltet werden, wenn eigene Interventionen scheitern.

Werden solche Sachverhalte in Ruhe diskutiert, aber dennoch in aller Entschiedenheit, ist die Wahrscheinlichkeit hoch, dass die Schüler/innen ihr destruktives Verhalten einstellen werden.

Wichtig bei Mobbing ist es, Schüler/innen weder als Täter/innen, noch als Opfer zu sehen. Diese Terminologie gehört in die Forensik, nicht in die Schule. Es ist wichtig, mit den mobbenden Schülern/innen ohne die Präsenz des/der gemobbten Schüler/innen zu reden. Es kann sonst passieren, dass der/die gemobbte Schüler/in die Vorfälle bagatellisiert (siehe Kapitel 5 Macht und Konformität). Bei solchen Vorfällen spielen oft eine Reihe irrationaler Glaubensgrundsätze eine Rolle, die das Problem verschärfen können: „Bei Mobbing ist das Opfer schuld! Er/sie muss etwas gemacht haben, sonst hätten die anderen sich nicht so verhalten" ist z.B. eine eskalierende Überzeugung, die dem menschlichen Bedürfnis nach einer gerechten Welt entspringt (Lerner & Lerner, 1980; Steins & Welling, 2010).

13.1.4 Ein Schüler beleidigt einen Lehrer

Was macht ein Lehrer oder eine Lehrerin, wenn er oder sie von einem Schüler oder einer Schülerin beleidigt wird? Reaktionen von Lehrpersonen auf Beleidigungen von Schülern/innen sind vielfältig. Manche laufen weinend aus der Klasse, um Unterstützung bei Kollegen und Kolleginnen zu suchen. Andere kontern mit einer drastischen Strafarbeit, um ihre angekratzte Autorität wieder herzustellen; wieder andere versuchen, die Beleidigung zu ignorieren, befürchten aber insgeheim, dass sie nun das Gesicht verloren haben.

Lehrer/innen müssen leider mit Beleidigungen von Schülern/innen rechnen. Auch hier hilft eine Ursachenanalyse. Hat die Lehrperson Anlass zu der Beleidigung gegeben? Hat sie möglicherweise den Schüler und Schülerin unfair behandelt? Stellt seine Beleidigung also einen Racheakt dar? Oder will der Schüler demonstrieren, wie cool und furchtlos er ist, und sich mit Hilfe dieser Beleidigung symbolisch selbst ergänzen? Ist der Schüler von anderen dazu angestiftet worden und steht unter Druck, weil er sonst mit einer unangenehmen Sanktion konfrontiert wird? Hat der Schüler gestern einen schlechten Film mit einem sehr überzeugenden Modell gesehen, in dem dieses für ein solches Verhalten belohnt wurde? Die erste Frage bei Beleidigungen ist eine nach den Ursachen: *„Warum beleidigst Du mich?"* Dies ist eine Frage, die Schüler/innen als erste Reaktion in der Regel nicht kennen und die sie überraschen wird.

Ein/e Schüler/in, die beleidigt, sollte eine schriftliche Rechtfertigung dieser Beleidigung liefern. Es ist wichtig, dass das sofort geschieht. Ein leerer Raum, oder eine Ecke im Lehrerzimmer, am besten unter Aufsicht, wird sich finden lassen (Selbstaufmerksamkeit). Über die Niederschrift muss geredet werden, um die Ursachenanalyse zu Ende zu bringen. Am besten zu zweit. Die Lehrperson muss nachfragen. Sie sollte dem Schüler verdeutlichen, warum sie dieses Verhalten ablehnt und was bei einer Wiederholung passieren wird. Und das alles in ruhigem Ton. Das eingangs aufgeführte Interview mit der 12jährigen Schülerin (1.1) machte deutlich, dass Gardinenpredigten nicht nur wirkungslos sind, sondern auch den Einfluss der Lehrperson untergraben. Liebevolle Konsequenz, bei entwicklungsförderlichen Inhalten, ist der rote Faden, der die Beziehung zwischen Lehrern/innen und Schülern/innen charakterisieren sollte, wenn diese Beziehung wirklich vertrauensvoll und fruchtbar sein soll.

Eine Beleidigung durch eine/n Schüler/in ist für Lehrer/innen nicht nur ein praktisches Problem, sondern für viele auch ein emotionales Problem. Man ist persönlich verletzt. Unsoziales Verhalten von Schülern/innen stellt eine der zentralen Quellen für starke negative Gefühle und Stress bei Lehrern/innen dar (siehe Kapitel 12). Hier hilft eine eingehende Selbstreflexion oder Supervision, die auch kollegial sein kann.

13.2 Fragen, Übungen, Lektüre

Fragen
- Wieso ist es gut, erst nach den Ursachen eines auffälligen Verhaltens zu suchen?
- Wie kann man im Lichte der bisherigen Theorien erklären, dass drastische Strafmaßnahmen möglicherweise nicht besonders sinnvoll sind, um eine Verhaltensänderung herbeizuführen?

Übungen
- Interviewen Sie eine Lehrkraft und fragen Sie sie nach der bislang schwierigsten Situation, welche sie bisher im schulischen Kontext zu bewältigen hatte. Fragen Sie nach ihrer Vorgehensweise zur Lösungsfindung und nach ihrer Zufriedenheit damit. Versuchen Sie die erhaltenen Informationen vor dem Hintergrund der Ihnen bekannten Theorien zu reflektieren.
- Suchen Sie sich ein beliebiges Problem schulischer Interaktion heraus und arbeiten Sie heraus, wie Sie selber damit umgehen würden.

Zur Nachbereitung empfohlene Lektüre
- Steins, G. & Haep, A. (2013). *99 Tipps Soziales Lernen, (Tipps 47-60).* Berlin: Cornelson Scriptor.

14. Theoriegeleitete Definition von Schlüsselbegriffen

Theoretisch denken, heißt theoriegeleitet handeln. Theoriegeleitet handeln heißt, nicht willkürlich und impulsiv zu sein, sondern sein Verhalten an rational nachvollziehbaren Kriterien auszurichten. Das kann und soll nicht perfekt gelingen, aber es allein schon zu versuchen, wird in vielen schulischen Alltagsentscheidungen eine Hilfe sein und zu Verbesserungen führen.

Jede der hier aufgeführten Theorien muss sorgfältig auf einen bestimmten Realitätsausschnitt angewendet werden, um eine tiefere Erkenntnis der sozialen Phänomene erlangen und vorschnelle, willkürliche und nur kurzfristig wirksame Entscheidungen zu verhindern.

Viele zentrale Begriffe verhindern, so wie sie im schulischen Kontext verwendet werden, ein tieferes Verständnis des Beziehungsgeflechtes zwischen den beteiligten Personen.

Auf zwei dieser zentralen Begriffe, Respekt und Lehrer/innenpersönlichkeit, wird hier aus verschiedenen theoretischen Blickwinkeln eingegangen, um zu zeigen, dass globale Begriffe auf konkretes Verhalten heruntergebrochen werden sollten, damit sie lebendig und nachvollziehbar werden.

14.1 Respekt

Seit einiger Zeit wird Respekt in der deutschen Schullandschaft inflationär als Begriff verwendet. In vielen Klassenzimmern steht die Regel (in vielen Varianten): *„Wir haben Respekt voreinander"* oder *„Ich respektiere meine Lehrer/innen"*. Respekt spielt als Begriff vor allem in der Trainingsraumforschung eine wichtige Rolle (Steins & Welling, 2010).

Worauf gründet sich Respekt? Es liegt nicht an der Lehrerpersönlichkeit, die man hat oder nicht, ob eine Lehrperson respektiert wird oder nicht, sondern, aus sozialpsychologischer Perspektive, an den sozialen Interaktionen, die eine Lehrperson mitgestaltet.

Jede der aufgeführten Theorien gibt hierzu andere Anhaltspunkte. Eine Lehrperson wird umso mehr respektiert werden, je mehr sie bereit ist, die Perspektive ihrer Schüler/innen zu übernehmen. Eine Lehrperson kann nur mitfühlend und empathisch sein, wenn sie etwas von ihren Schülern/innen mit bekommt, und deren Welt aus deren Augen betrachten kann. Dies wird ihr umso besser gelingen, je interessierter sie an den individuellen Biographien ihrer Schüler/innen ist.

Eine Lehrperson wird umso mehr respektiert werden, je positiver sie ihre Macht einsetzt. Schüler schätzen es, wenn Lehrer/innen ihre Rolle im Dienste eines engagierten Transfers von Wissen einsetzen und sie schätzen es ebenfalls, wenn die Bewertungskriterien dabei nicht willkürlich und undurchsichtig sind.

Auch wenn Lehrer/innen ein Auge für die Konkurrenzsituation der Schüler/innen untereinander entwickeln und es verstehen, Noten als punktuelle Leistung zu vergeben, sie zu begründen und Schüler/innen davor zu bewahren, ihren Selbstwert daraus abzuleiten, wird ihnen das Respekt bringen.

Eine Lehrperson wird umso mehr respektiert werden, wenn sie sich mit den realistischen Ursachen der Verhaltensweisen der Schüler/innen beschäftigt und nicht nur rigide mit Sanktionen reagiert. Gute Lehrer/innen schauen sich die Leistungsentwicklungen der Schüler/innen an und fragen sich, was ein Kind oder Jugendlicher tun kann, um seine Leistung zu steigern.

Als gute Modelle gestalten Lehrpersonen ihren Unterricht nach den von Woolfolk ausgearbeiteten Kriterien für einen effizienten Unterricht. Sie sind sich ihrer Modellfunktion bewusst und bemühen sich, dieser Funktion gerecht zu werden. Deswegen werden sie respektiert.

Sie verschaffen sich Kenntnisse über auch ungewöhnliche Möglichkeiten, die Aufmerksamkeit ihrer Schüler/innen zu lenken. Sie verschaffen ihren Schülern *a happy escape from self-awareness*, aber sie verstehen es auch, diese Aufmerksamkeit einzusetzen und auf bestimmte Punkte zu konzentrieren. Sie lernen ein Gespür dafür zu entwickeln, ob die Schüler/innen nur noch einen Knoten im Kopf haben oder ob sie sogar bereit sind, eine Stunde dran zu hängen. Wer sich so gelenkt fühlt, der respektiert auch den, von dem er gelenkt wird.

Gute Lehrer/innen ergänzen sich nicht symbolisch. Sie missbrauchen eine Klasse nicht als Publikum, um sich selbst als Experte, als guten Menschen, als starken Menschen etc. darzustellen, sondern sie übernehmen die Perspektive der Klasse, d.h. sie erkennen, ob das Verhalten eines Schülers oder einer Schülerin kompensatorisch ist und versuchen es auf ein anderes Ziel hinzulenken.

Eine Lehrperson, die ihren Beruf theoriegeleitet ausübt, schränkt die Freiheit der Schüler/innen nicht unnötig ein. Deswegen macht sie sich die Mühe und lässt sich immer auf mindestens zweiseitige Diskussionen ein, weil sie diese Freiheiten ernst nimmt.

Sie nimmt ernst, dass die Ursachen jedes Verhaltens und jedes Gefühls in den eigenen, tief verwurzelten, aber dennoch überdenkbaren und änderbaren Bewertungen liegen. Deswegen spricht sie viel mit ihren Schülern/innen und versucht ihre Bewertungen kennen zu lernen. Sie reflektiert ihr eigenes Verhalten und bemüht sich, nicht hilfreiche Bewertungen zu verändern.

Respekt entsteht durch die Bewältigung der zahlreichen alltäglichen sozialen und fachlichen Herausforderungen. Respekt bedeutet nicht, geliebt zu werden und bedeutet auch nicht, dass die Schüler/innen unbedingt konform mit den Meinungen der Lehrer/innen gehen.

14.1.1 Lehrer/innenpersönlichkeit

Manche Lehrperson scheint ein Naturtalent zu sein. Das mag aber daran liegen, dass diese Person „intuitiv" (ohne es genau begründen zu können) alles richtig macht. Guter Unterricht kann und will in der Regel gelernt sein.

Um guten Unterricht durchzuführen, müssen die Regeln des Respekts beherrscht werden. Vor allem aber muss es einen ständigen Austausch zwischen Lehrperson und Schülern/innen geben. Ein Gespür für deren Motivationslagen hat Rückwirkungen auf die eigene Didaktik. Eine Lehrperson kann über eine Reihe ausgezeichnet ausgearbeiteter Unterrichtsstunden und – reihen verfügen. Es kann aber sein, dass die Bereitschaft der Schülerschaft zu einem bestimmten Zeitpunkt niedrig ist, auf die Angebote der Lehrkraft einzugehen. Dann muss die Didaktik, so hervorragend sie formal ist, passend gemacht werden. Perspektivenübernahme für die momentanen emotionalen Befindlichkeiten einer Gruppe ist eine notwendige Voraussetzung für einen erfolgreichen Unterricht. Damit ist nicht gemeint, dass auf die lustlosen Signale einer Gruppe mit dem Streichen eines Themas reagiert werden sollte, sondern, dass die emotionalen und sozialen Bedingungen der Gruppe so konstruktiv beeinflusst werden, dass die Motivation in der Gruppe eine Einführung des Themas sinnvoll macht.

Wie aus der sozial-kognitiven Lerntheorie bekannt ist, kann die Schüler/innenmotivation allein durch die Information über die Nützlichkeit eines Unterrichtsstoffes entscheidend erhöht werden. Eine gute Unterrichtsvorbereitung besteht also in jedem Fall immer darin, den Schülern/innen einen Sinn zu vermitteln.

Die Abwechslung in der Vermittlung des Unterrichtsstoffes ist ebenso wichtig. Für die Unterrichtsvorbereitung ist es sicherlich am einfachsten, wenn ständig Referate vergeben werden und Inhalte stets in Gruppenarbeit erarbeitet werden. Allerdings entstehen so häufig extrem ineffiziente Unterrichtsstunden, die von allen Beteiligten als nicht besonders angenehm und vor allem als nicht lehrreich erinnert werden. Wenn die Kunst des Referierens vorher nicht eingehend eingeübt wird, getestet und durch Feedback verbessert wird, dann ist dies sowohl für die Person, die das Referat hält, als auch für die Zuhörer/innen eine unerfreuliche und mitunter sogar abschreckende Angelegenheit. Das impliziert, dass eine Lehrkraft eigentlich besonders viel Energie investieren sollte, wenn sie Referate vergibt, denn sie trägt ganz entscheidend die Verantwortung für die Qualität dieser Referate und der Lernleistung, die ein/e Schüler/in daraus ableiten kann. Erfolgreiche Referate sind immer ein Produkt der Interaktion zwischen Lehrperson und Schüler/in.

Ähnliche Überlegungen müssen bei der Einführung von Gruppenarbeit angestellt werden. Nicht jede Aufgabe eignet sich für Gruppenarbeit. Am besten für eine Gruppe ist es, wenn verschiedene Teile angefertigt werden müssen, die zusammen dann ein Ganzes ergeben. So ist gewährleistet, dass es relativ wenig Verantwortungsdiffusion und damit unerwünschtes Trittbrettfahren gibt. Schüler/innen, die hier wenig Erfahrung haben, müssen sehr gut eingearbeitet werden. Eine verantwortungsvolle Lehrkraft wird sich nicht scheuen, zu erfahren, welche psychologischen Probleme es allein schon bei der Aufgabenverteilung in Gruppen geben wird. Sie wird auch eingreifen, wenn es eine ungerechte Verteilung gibt. Nur so können Schüler/innen lernen, dass Gerechtigkeitsstandards auch bei Gruppenarbeit gelten.

Diese kurzen Ausführungen über die Art der Unterrichtsgestaltung verdeutlichen, dass es im Schulkontext grundlegend darauf ankommt, offene Ohren und Augen zu haben, und die ständige Bereitschaft aufzuweisen, konstruktiv in Schüler- und Schülerinneninteraktionen einzugreifen.

Das hat wenig mit Persönlichkeit zu tun, aber sehr viel mit Neugierde um die ablaufenden zwischenmenschlichen Prozesse unter Schülern/innen und dem Wissen, wie diese positiv beeinflusst werden können.

Der Begriff der Lehrer/innenpersönlichkeit ist ein irreführender, nicht hilfreicher Begriff, der in der Regel mit dem Mythos der charismatischen Ausstrahlung einer Person behaftet ist. Auch unterscheiden sich die Ansätze zur Erforschung von Wirkfaktoren der Lehrer/innenpersönlichkeit sehr darin, ob diese auf implizit wirkende Wirkfaktoren (indirekte Instruktionen) oder aber explizit wirkenden Faktoren (direkte Instruktionen) gerichtet ist (Borich & Klinzing, 1987).

Die hier aufgeführten Ansätze schließen beide Arten von Instruktionen mit ein. Erfolgreiche Lehrpersonen können ihre Schüler/innen motivieren, etwas zu lernen, was diese unter anderen Umständen ablehnen würden, und zwar mittels direkter als auch indirekter Instruktionen. Die hier aufgeführten Theorien liefern aus sozialpsychologischer Perspektive hierzu eine Vielzahl von Anregungen, die in Verhalten umgesetzt werden können, durch das sich eine bestimmte Haltung herausbildet, die konstruktiv in der Interaktion mit Schülern/innen wirkt.

Dieser Punkt wird durch eine Untersuchung von Mitschka (1986) bestätigt. Die Autorin fragte sich *„… wie geartet die Lehrerpersönlichkeit sein muss, um Schüler in positiver oder negativer Weise zu beeindrucken und in ihnen leistungsrelevante Handlungen zu fördern oder zu hemmen."* (Mitschka, 1986, S. 5). Gemessen wurden einige Aspekte des Lehrerverhaltens und die Schülermotivation. Die Ergebnisse der Untersuchung weisen daraufhin, dass Lehrer/innen, die ihre Schüler/innen motivieren können, nicht konform mit den Rollenerwartungen ihrer Vorgesetzten gehen. Sie passen ihren Stil den Bedürfnissen der Schüler/innen an, verhalten sich also emotional einfühlsam. Sie verfügen über schauspielerische Begabung, sind phantasievoll und mittelmäßig gesellig.

Hinter dieser Persönlichkeitsbeschreibung verbirgt sich eine Person, die über eine hohe Perspektivenübernahmefähigkeit verfügt, über eine funktionierende Vermittlung zwischen selbst gesetzten Normen und den Anforderungen der Außenwelt und über ein Wissen, wie Unterrichtsinhalte angemessen dargestellt werden müssen. Sozialpsychologisch formuliert, könnte man die Ergebnisse Mitschkas so formulieren:

Um seine Schüler/innen in positiver Weise zu beeinflussen und bei ihnen leistungsrelevante Handlungen zu fördern, muss eine Lehrkraft die Perspektive der jeweiligen Schüler/innen übernehmen und ihr Verhalten danach so ausrichten, dass der zu vermittelnde Stoff dort ankommt, wo er hingehört. Das bedeutet, dass eine Lehrkraft über ein breites Verhaltensrepertoire verfügen sollte, mit dem sie spielen kann. Das bedeutet ferner, dass sie sich nicht von rigiden Vorstellungen über Unterricht einengen lassen darf und sich nonkonformistisch gegenüber Unterrichtsvorstellungen verhalten muss, die für ihre Gruppe dysfunktional wären. Das zieht als Konsequenz nach sich, dass sie damit verbundene Konflikte aushalten kann, also über ein gutes Instrumentarium der emotionalen und verhaltensbezogenen Selbstreflexion und Selbstkontrolle verfügt.

14.3 Zusammenfassung

Manche Begriffe, die verlockend klingen, weil sie suggerieren, dass alles richtig läuft, wenn sie als Label für sich selbst verwendet werden können, sind nicht besonders hilfreich, wenn die damit verbundenen Verhaltensweisen im Nebulösen bleiben. Dies wurde hier mit zwei für den Lehrberuf wichtigen Begriffen illustriert: Respekt und Lehrer/innenpersönlichkeit. Die in diesem Buch präsentierten Theorien geben Anhaltspunkte dafür, welche Verhaltensweisen von Lehrkräften für eine konstruktive Unterrichtsgestaltung wünschenswert sind. Viele andere Begriffe kann man so selber reflektieren: Authentizität (ob es wohl gut für Schüler/innen ist, wenn Lehrer/innen immer ganz authentisch sind?), Verhaltensauffälligkeit (warum ist dieses Wort pathologisierend?), Opfer und Täter/innen (was suggerieren diese Begriffe?).

14.4 Fragen, Übungen, Lektüre

Fragen
- Wie kann Respekt nach reaktanztheoretischer Perspektive erreicht werden?
- Wie kann Respekt nach dem Ansatz von French und Raven (Grundlagen der Macht) erreicht werden?
- Wie würden Sie selbst Respekt definieren?

- Welche in diesem Buch aufgeführten Theorien bieten für Sie die überzeugensten Hinweise auf einen effizienten Unterricht?

Übungen
- Welche anderen Schlüsselbegriffe fallen Ihnen noch ein, die für den Lehrberuf wichtig sind? Wählen Sie einen dieser Begriffe und versuchen Sie, diesen anhand der Theorien zu entschlüsseln.

Zur Nachbereitung empfohlene Lektüre
- Sennett, R. (2002). *Respekt im Zeitalter der Ungleichheit.* Berlin: Berlin Verlag.
- Hansen, N. (2010): *Spielend lernen? Lernspiele in divergierendem Fächerkontext der Sekundarstufe I und II und ihre Auswirkungen auf Lernerfolg und Motivation bei Kindern und Jugendlichen.* Dissertation: Universität Duisburg-Essen.

15. Theoriegeleitete Reformen

Die Untersuchung, die in diesem Kapitel dargestellt wird, wurde von unserer Arbeitsgruppe 2004 durchgeführt. Der daraus hervorgegangene Bericht wurde für alle zugänglich, mit Einwilligung der betroffenen Grundschule, ins Internet gestellt. Was wir damals nicht ahnen konnten, war die Rezeptionsgeschichte dieses Berichtes. Es vergeht kein Jahr, ohne dass uns nicht Briefe von Elternvertretern/innen, aber auch Schulleitungen erreichen, die aufgrund des Berichtes nach unserer persönlichen Einschätzung zum jahrgangsübergreifenden Unterricht fragen. Es wird immer deutlicher, dass tief greifende strukturelle Änderungen oft auf einer sehr geringen Wissensbasis diskutiert werden. In diesem Kapitel wird gezeigt, wie sozialpsychologische Kenntnisse bei der Problembeschreibung verwendet werden können, die mit der Veränderung von Schulstrukturen notwendig wird.

Ein großes Problem aller Schulreformen besteht darin, dass sie erstaunlich häufig nicht auf empirischer Evidenz und wissenschaftlichen Erkenntnissen beruhen, sondern das Resultat politischer Entscheidungen sind, die innerhalb kurzer Zeit schnell umgesetzt werden müssen. Nach den Ergebnissen der in den letzten Jahren berichteten Schulstudien scheint es eindeutig zu sein, dass an deutschen Schulen ganz spezifische Probleme existieren, die dazu führen, dass das Potenzial von Schülern/innen in Deutschland nicht in wünschenswertem Ausmaß genutzt und gefördert wird. Viele der Schulreformen beruhen nicht auf einer überzeugenden Analyse der Probleme und evidenzbasierter Problemlösung, sondern hängen von den jeweiligen Ideologien bestimmter Funktionäre und Funktionärinnen ab. Das ist hochproblematisch, da Reformen an Schulen im Alltag mit handfesten Konsequenzen verbunden sind, die nicht unbedingt zu Gunsten der Entwicklung der Schüler/innen sind.

Gerade bei Reformen in einem großen Rahmen müsste eindringlich gelten, was für alle wichtigen Entscheidungen gilt: Zeit lassen und die Zeit nutzen, wirklich alle verfügbaren Informationen zu sammeln und gegeneinander abzuwägen, bevor eine Entscheidung getroffen wird, *wie* gehandelt werden soll.

Im folgenden wird am Beispiel des Konzeptes des *Jahrgangsübergreifenden Unterrichts in der Primarstufe* gezeigt, welche Irrtümer entstehen können, wenn Reformen nicht theoriegeleitet und damit evidenzbasiert eingeführt werden, sondern als ein riesiges, unsystematisch durchgeführtes, kaum zu evaluierendes Projekt durchgezogen werden. Es wird auch gezeigt wie bereits im Vorfeld sozialpsychologisches Wissen genutzt werden könnte, um die sozialen Prozesse kritisch zu beobachten, die sich mit strukturellen Reformen unweigerlich auch verändern werden.

15.1 Jahrgangsübergreifender Unterricht als Kostensparmodell

Im Frühjahr 2004 setzte das Kollegium einer Grundschule in NRW die Auflage des damals zuständigen Ministeriums um, eine Verbesserung der Primarstufenausbildung bei Kostenneutralität zu erreichen. Zur Debatte standen verschiedene Modelle des jahrgangsübergreifenden Unterrichts, die vorsehen, dass Kinder verschiedener Alters-, also Klassenstufen zusammengefasst werden.

Die Schule entschied sich für die Erprobung eines Modells, welches einen Teil des Unterrichts der Schulkindergartenkinder zusammen mit den Erst- und Zweitklässlern vorsieht, und eine komplette Zusammenfassung der dritten und vierten Klasse, die durch zwei gemischte Gruppen repräsentiert sind. Die Erprobungsphase erstreckte sich über sechs Wochen.

In der Erprobungsphase wurden folgende grundlegende Elemente des Schulalltags geändert. Der *Tagesrhythmus* wurde geändert: Fließender Schulbeginn, Freiarbeitsphasen, spätere längere Pause, für jeden Tag ein gleicher Schulschluss. Besonders in der dritten und vierten Klasse wurde die *Bearbeitung eines Wochenplans als zentrale Unterrichtsmethode* verwendet, um eine individuelle Förderung besser gestalten zu können. Die *Gruppenzusammensetzung* wurde entsprechend des gewählten Modells jahrgangsübergreifender Unterricht geändert.

Dies zieht zunächst in Hinblick auf entstehende Kosten des Unterrichts die positive Folge nach sich, dass insgesamt mehr Unterrichtsstunden zur Verfügung stehen. Der hierzu informierende Elternabend zeigte, dass die Mehrheit der Eltern hierzu keine Meinung hatte, da sie sich verständlicherweise nicht als Experten und Expertinnen auf diesem Gebiet einschätzten. Es gab jedoch auch Polarisierungen, da manche Eltern von vornherein dachten, dass es kein besseres Modell geben könnte als jahrgangsübergreifenden Unterricht und andere wiederum, dass kein Schlechteres für ihre Kinder existieren könne.

15.1.1 Diskussion des jahrgangsübergreifenden Unterrichts

Wie jede Unterrichtsform hat sowohl jahrgangsübergreifender Unterricht als auch jahrgangsspezifischer Unterricht Vor- und Nachteile. Diese werden anhand von zwei Tabellen aufgeführt (siehe die Tabellen 18 und 19), weil diese Punkte auch zeigen, auf welchen Überlegungen die Kriterien für die Evaluation des Projektes entwickelt wurden.

Diese Argumente stellen nur eine Auswahl zahlreicher weiterer Argumente dar. Eine ähnliche Argumentation könnte genauso zu den veränderten Elementen Unterrichtsmethoden (z.B. Wochenplan) oder Tagesrhythmus geführt werden. In der Evaluation des Projektes ging es jedoch primär um den jahrgangsübergreifenden Unterricht, also um die Frage, wie sich die neue Unterrichtsform, jahrgangsübergreifend, auf die Kinder auswirken würde.

Tabelle 18: Pro- und Contra jahrgangsübergreifenden Unterrichts

Pro	Contra
Die jüngeren Kinder können von den älteren Kindern lernen.	Die jüngeren Kinder können nicht genug gefördert werden.
Die älteren Kinder lernen positives soziales Verhalten, indem sie jüngeren Kindern helfen können.	Die älteren Kinder lernen weniger, weil sie von den jüngeren Kindern gebremst werden.
Besonders begabte jüngere Kinder werden besser gefördert, indem sie bereits bei den älteren Kindern mitmachen können.	Besonders leistungsschwache, oder ängstliche Kinder geraten noch mehr ins Hintertreffen, weil die Varianz erhöht wird.
Die Klassen werden insgesamt kleiner, eine Schüler/innen-Lehrer/innen-Relation von ungefähr 25 Kindern.	Die Klassen werden zwar kleiner, aber zu heterogen, also unüberschaubarer.
Altersgemischte Gruppen bieten mehr Chancen.	Die Unterrichtsform ist eine Rückkehr zur Zwergschule, die in ländlichen Gebieten aus Not zustande kamen, ist aber einer urbanen Umgebung und deren Möglichkeiten unangemessen.

Tabelle 19: Pro und Contra jahrgangsspezifischen Unterrichts

Pro	Contra
Die Kinder haben ein festes soziales Gefüge, in dem sie sich entwickeln können, sozial und kognitiv.	Die Kinder erhalten durch sich ändernde Gruppenzusammensetzungen Anregung und die Chance zu Veränderungen.
Die Kinder haben eine Geschichte vor sich in der ersten Klasse und eine hinter sich in der vierten Klasse, die sie nachvollziehen können.	Die Kinder können ihre Geschichte nicht richtig verfolgen, da die Konstellationen zu kompliziert sind und häufigen Veränderungen unterworfen sind.
Die Kinder können am besten Sozialverhalten lernen, wenn die Basis in der Gruppe stimmt. Diese kann man aber am besten positiv gestalten, wenn die Gruppe homogen ist.	Sozialverhalten wird am besten in altersgemischten Gruppen gelernt.
Im Klassenverband kann durch individuelle Zusatzstunden auch individuelle Förderung gegeben sein. Auch durch den Einsatz zusätzlicher Lernmaterialien können Kinder differenziell gefördert werden.	Förderung durch die Kinder selber stellt einen zusätzlichen positiven Faktor dar.
Gerade Kinder, die im häuslichen Umfeld schon immer ihren Geschwistern helfen müssen, haben in der Schule die Chance, sich an gleichaltrigen Kindern zu messen.	Gerade Kinder, die als Einzelkind aufwachsen, können im Klassenverband keine zusätzlichen Erfahrungen mit Kindern anderer Altersstufen machen.

15.1.2 Stand und Art der Forschung zum jahrgangsübergreifenden Unterricht

Bei der Betrachtung des Kenntnisstandes zu den Ergebnissen des jahrgangsübergreifenden Unterrichts fällt auf, dass es hierzu keine empirisch gestützte Fachliteratur gibt, in der systematisch und kontrolliert die Effekte verschiedener Unterrichtsformen auf relevante Variablen untersucht wurden.

Es gibt jedoch einige Berichte von Schulen, welche dieses Konzept erprobt haben. Alle diese Schulen nehmen zunächst die Annahmen, auf denen der jahrgangsübergreifende Unterricht beruht, als faktisch gegeben hin. Allerdings stehen die Annahmen von Montessori (2002) und Petersen (Retter, 1996), eine der wichtigen Begründer/innen dieser Unterrichtsform, in Widerspruch zu den Befunden der Psychologie des Lernens. Gelernt wird umso besser und effizienter in einer Gruppe, das ergeben die Befunde aus der Psychologie des Lernens, je homogener eine Gruppe ist, d.h. je ähnlicher sich die Personen einer Gruppe bezüglich relevanter Vergleichsdimensionen sind (Forsyth, 2010; siehe Kapitel 6, soziale Vergleichsprozesse). Das Alter ist für Kinder eine relevante Vergleichsdimension und auch die Tatsache, ob ein Kind Erstklässler oder Zweitklässler ist. Jahrgangsspezifischer Unterricht ermöglicht auf diesen Dimensionen mit höherer Wahrscheinlichkeit eine Homogenität der Gruppe, da durch Schuleingangstests in Kombination mit dem Alter die Homogenität einer Gruppe größer ist als in jahrgangsgemischten Gruppen.

Die wissenschaftliche Begleitung von Schulen, die eine jahrgangsübergreifende Erprobungsphase durchführten, wurde in der Regel von dem durchführenden Kollegium vorgenommen. Das ist sehr bewundernswert, da eine Evaluation mit hohem Aufwand an Material und Zeit verbunden ist, unter Gesichtspunkten der Glaubwürdigkeit jedoch zweifelhaft, da die Personen, die etwas erproben, Teil der Erprobung und damit nicht objektiv sind. Man kann sich nicht selbst evaluieren, jede korrekt durchgeführte Evaluation schließt dies aus. Alle Befunde aus der sozialen Wahrnehmungsforschung zeigen nachdrücklich, dass Menschen dazu neigen, selbstwertdienlich zu handeln. So ist zu vermuten, dass schon die Art der Befragung so gestaltet wird, dass es zu den erwarteten Ergebnissen kommt.

Es wäre wesentlich besser für einen Erkenntnisfortschritt in diesem Bereich, wenn Schulen, die neue Modelle erproben sollen, auch die Hilfe einer außerschulische Einrichtung zur wissenschaftlichen Begleitung finanziert bekämen. Da eine solche Finanzierung jedoch nicht existiert, haben Schulen oft keine andere Wahl als unwissenschaftlich zu handeln; zusätzliche Arbeit ist es in jedem Fall, eine eigene Evaluation durchzuführen. Die Wissenschaftlichkeit der Datenlage ist also fraglich.

15.2 Eine Evaluation

Das Projekt der Schule wurde extern, aus sozialpsychologischer Perspektive, evaluiert. Unsere Arbeitsgruppe wurde um diese Evaluation gebeten. Um die Objektivität der Evaluation zu erhöhen, wurden Verfahren zur Überprüfung gewählt, die subtil genug sind, um bei den in dieser Untersuchung einbezogenen involvierten Gruppen der Erwachsenen (Eltern und Lehrerinnen) Informationen zu erhalten, die nicht ausschließlich ihre Meinung aufgrund einer Aussage zu den oben dargestellten Aspekten enthalten, sondern tatsächlich an den Befindlichkeiten der Kinder orientiert sind. Deshalb entschlossen wir uns für den Einsatz verschiedener Selbstberichtsarten: Erstens standardisierte Verfahren zur Erhebung der psychischen Befindlichkeit der Kinder und zweitens einfache Selbstberichte, mittels derer die Eindrücke zur Lernumgebung, und eigene Einstellungen wiedergegeben werden konnten.

15.2.1 Kriterien der Bewertung

Idealerweise sollte ein neues Modell ein altes Modell übertreffen oder zumindest zu vergleichbaren Resultaten führen, damit dann zumindest die Kosten ein Entscheidungskriterium darstellen können.

Drei Grundpfeiler von Schule bestimmen entscheidend Schul- und Unterrichtsqualität:

- Die emotionale Befindlichkeit der Kinder und Lehrer/innen
- Das soziale Klima
- Die Lernqualität.

Die für die Evaluation ausgewählten Methoden versuchen Aspekte dieser drei Punkte abzubilden.

15.3 Methoden

Die Evaluation des Schulversuchs sah drei Messzeitpunkte vor:

T1: Unmittelbar vor Beginn des sechswöchigen Schulversuchs
T2: An den letzten beiden Tagen der Mitte des Schulversuchs (nach drei Wochen)
T3: Am letzten Tag des Schulversuchs (sechs Wochen nach T1).

Zu allen drei Messzeitpunkten wurden die Kinder selber befragt. Insgesamt nahm die überwiegende Anzahl der Schüler/innen an der Evaluation teil. Zu T1 nahmen 126 (90% von 140 Kindern), zu T2 125 (89,3% von 140 Kindern) und zu T3 124 Kinder (88,6% von 140 Kindern) an der Befragung teil. Die Fehlzahlen beruhen auf fehlenden Einverständniserklärungen der Eltern und Krankheit der Kinder.

Ebenfalls wurden die Eltern befragt. Zu T1 beteiligten sich 90 Mütter und Väter an der Befragung (das sind 64,3 % der Mütter oder Väter von 140 Kindern), zu T2 füllten 95 Mütter und Väter einen Fragebogen aus (das sind 67,9 % der Mütter oder Väter von 140 Kindern). 80 Mütter oder Väter (57,1%) gaben einen Fragebogen zu T3 ab. Damit nahm zu jedem Messzeitpunkt immer der überwiegende Anteil der Elternschaft an der Befragung teil. Hierzu ist es wichtig zu wissen, dass insbesondere die Eltern der Kinder aus den Klassen 2, 3 und 4 häufiger ihre Meinungen abgaben (immer über 50%) als die Eltern der Schulkindergartenkinder und der Klassen 1 (aber auch hier fällt die Beteiligung nicht unter 40%). Auch Eltern ausländischer Kinder gaben ihre Meinungen proportional zu ihrem Anteil an. Damit gingen wir von einer Repräsentativität dieser Gruppe aus.

Auch das Kollegium der Schule wurde befragt. Zu T1 beteiligten sich acht Kolleginnen an der Befragung, zu T2 aufgrund von Erkrankungen nur drei Kolleginnen. Zu T3 gaben fünf Lehrerinnen ihre Beurteilungen ab.

15.3.1 Zur Erfassung der Perspektive der Kinder

Die Aussagen der Kinder über ihr Erleben des Schulalltags sind in dieser Untersuchung das Hauptkriterium für die Evaluierung. Die Kinder sind die zentrale Gruppe des schulischen Alltags. Die Aussagen der Eltern und Lehrerinnen sind um die Aussagen der Kinder herum angeordnet und sollen Informationen über die Relation der Einschätzungen der Kinder geben.

Methode der Erhebung

Aus zeitlichen und organisatorischen Gründen wurden die Kinder jeweils in ihren vertrauten jahrgangsspezifischen Klassenverbänden befragt. Eine Ausnahme bilden die Kinder der dritten und vierten Klasse. Diese wurden zusammen befragt, da die Konzentration der Kinder bereits ausreichte, um auch in einer größeren Gruppe über eine längere Zeit befragt zu werden.

Schulischer Selbstwert

Ein wichtiges Kriterium des schulischen Alltags ist aus der Perspektive der Kinder, wie sie sich in der Institution Schule fühlen. Innerhalb psychologischer Theorien wird dieses Gefühl als Selbstwertgefühl bezeichnet. Um den bereichsspezifisch schulischen Selbstwert der Kinder messen zu können, wurde die Aussagen-Liste zum Selbstwertgefühl für Kinder und Jugendliche eingesetzt (Schauder, 1996). Schauder geht davon aus, dass die Selbstbewertung im betreffenden Alterszeitraum primär über Verhaltensvergleiche mit relevanten anderen Personen, wie Eltern, Geschwister, Freunde, Spielkameraden, Lehrer und Mitschüler erfolgt. Die Aussagen umfassen Verhaltensvergleiche. Eine positive Selbstbewertung setzt positive Ergebnisse im Verhaltensvergleich voraus. Außerdem werden Vorstellungen im Sinne „von mehr oder minder bewussten Hypothesen sowohl über Bewertungen und Beurteilungen der eigenen Person durch signifikante andere Personen als auch über die eigene Beliebtheit bei anderen wichtigen Personen" als Richtlinien für die Selbstbewertung der Kinder herangezogen. Ebenfalls spielen Vergleiche zwischen Ideal- und Realkonzept eine Rolle, d.h. die Kinder haben eine Vorstellung davon wie sie eigentlich sein sollten und wissen ungefähr, wo sie im Vergleich dazu wirklich stehen. Da hier der schulische Bereich relevant ist, wurde für die Evaluation ausschließlich der schulische Selbstwert der Kinder erhoben. In der Schule sind die signifikanten Bezugspersonen der Kinder die anderen Mitschüler/innen und die Lehrpersonen.

Die Aussagen-Liste von Schauder ist ein standardisiertes Verfahren und wird in der Forschung mit Kindern häufig eingesetzt. Die Validierung dieses Verfahrens hat ergeben, dass der schulische Selbstwert von Kindern signifikant mit Prüfungsangst einhergeht, d.h. je höher der schulische Selbstwert eines Kindes ist, desto weniger prüfungsängstlich ist es. Dabei wurde Prüfungsangst mit einer Skala gemessen, die Gefühle der Unzulänglichkeit und Hilflosigkeit in schulischen Prüfungssituationen umfasst, auch Ängste vor Leistungsversagen.

Weiterhin zeigt sich, dass der schulische Selbstwert von Kindern mit manifester Angst einhergeht. Manifeste Angst wiederum wird durch Aussagen erfasst, die auf allgemeine Angstsymptome wie Herzklopfen, Nervösität, Einschlaf- und Konzentrationsstörungen, Furchtsamkeit und ein reduziertes Selbstvertrauen eingehen.

Schließlich korreliert schulischer Selbstwert stark negativ mit Schulunlust. Schulunlust, wie sie hier gemessen wurde, beinhaltet die innere Abwehr von Kindern gegen die Schule und einen Abfall der Motivation gegenüber Aspekten des Unterrichts aufgrund unlustvoller Erfahrungen.

Wahrgenommene Selbstwirksamkeit

Auch diese Skala stellt eine standardisierte Kurzskala dar, welche die erlebte Selbstwirksamkeit einer Person erfasst, etwas bewirken zu können. Selbstwirksamkeit ist eine der zentralen Variablen, welche determinieren, wie aktiv Personen selber werden, wenn Probleme oder Hindernisse auftauchen (siehe Kapitel 8). In diesem Fall wurde auf eine Kurzskala zur Messung der allgemeinen Selbstwirksamkeit zurückgegriffen, die im Rahmen anderer Arbeiten bereits für eine Stichprobe von Kindern in den entsprechenden Altersstufen formuliert wurde.

Weitere Aspekte des schulischen Erlebens

Schließlich wurden die Kinder nach empfundener Lautstärke in der Klasse, Lernquantität und erlebter Anstrengung des Unterrichts befragt.

Sicherlich wären noch zahlreiche andere Aspekte relevant für eine Evaluierung, nur sollte man für die entsprechenden Altersgruppen die Befragung nicht allzu umfangreich gestalten. Den Schwerpunkt der Befragung bilden also Variablen zur Erhebung der psychischen Befindlichkeit und der Lernumgebung.

Alle Aussagen wurden mit Hilfe von Skalen beantwortet. Für die Aussagen zur Selbstwirksamkeit wurde eine Vier-Punkt-Skala verwendet, welche die Zustimmungsstärke von 1 (stimmt nicht), 2 (stimmt kaum), 3 (stimmt eher) und 4 (stimmt genau) umfasste. Für alle anderen Aussagen wurde eine Likert-Skala verwendet mit den Zustimmungsstärken 1 (stimmt nicht), 2 (stimmt eher nicht), 3 (weder/noch), 4 (stimmt eher) und 5 (stimmt ganz genau).

Diese Art der Aussageneinschätzung wurde für alle befragten Gruppen eingesetzt.

15.3.2 Zur Erfassung der Perspektive der Eltern

Die Perspektive der Eltern ist interessant, weil sie einen außerschulischen Blickwinkel einnehmen können und zusätzliche Beobachtungen anstellen können, die den Lehrerinnen nicht bekannt sind. Zudem ist davon auszugehen, dass sie eher ein Gespür für die Befindlichkeit ihrer Kinder haben und Aussagen zu dessen psychischen Erlebensweisen treffen können. Schließlich ist anzunehmen, dass die Einstellung der Eltern zum Schulversuch die Einschätzungen ihres Kindes hinsichtlich seines schulischen Erlebens beeinflusst.

Darüber hinaus stellen die Einschätzungen der Eltern eine Relation dar, an der wir die maßgeblichen Einschätzungen der Kinder messen können. Spiegeln die Einschätzungen der Eltern ungefähr den Verlauf der Einschätzungen der Kinder wieder, gewinnen beide Einschätzungen an Aussagekraft.

Methoden der Erhebung

Um möglichst viele Eltern zu erreichen, wurde ein für alle Eltern identischer Fragebogen konzipiert, der über die Lehrerinnen an die Kinder und von diesen an die Eltern weitergeleitet wurde. Der Fragebogen wurde zu denselben Zeitpunkten ausgeteilt an denen die Befragung der Kinder stattfand, also etwas zeitversetzt ausgefüllt und wieder abgegeben. Die Kinder nahmen den Fragebogen wieder mit in die Schule. Dort wurde er eingesammelt und in einem für den Versuch deponierten verschlossenen Karton gesammelt. Die Fragebögen wurden von uns persönlich abgeholt.

Auf jedem Fragebogen war auf einem Deckblatt der Name des Kindes notiert und auf dem letzten Blatt der Code des Kindes. Der Fragebogen wurde ohne das Deckblatt wieder abgegeben und wurde anhand des Codes den Daten des entsprechenden Kindes zugeordnet.

Erhobene Variablen

Die Eltern wurden wie die Kinder der dritten und vierten Klasse nach Ihrer Einschätzung befragt:
- *Zur Selbstwirksamkeit*
- *Zum schulischen Selbstwert*
- *Zur Lernquantität, Lautstärke und Anstrengung*
- *Zu ihrer Präferenz für eine Unterrichtsform zu T3 bzw. zu der Präferenz des Kindes*

Alle diese Aussagen wurden aus der Perspektive des Kindes beurteilt, also bspw.: „Mein Kind fühlt sich in der Schule wertvoll".

Zusätzlich wurden die Eltern nach ihrer persönlichen Einstellung zum Schulversuch befragt, die ebenfalls auf Likert-Skalen wiedergegeben werden sollte. Die Einstellung zum Schulversuch setzt sich aus folgenden Aussagen zusammen:
- *Einstellung zum Schulversuch*
  - Ich stehe dem Schulversuch aufgeschlossen gegenüber.
  - Ich denke, dass sich der Schulversuch positiv auf die Leistungen meines Kindes auswirkt.
  - Ich denke, dass sich der Schulversuch positiv auf das Sozialverhalten meines Kindes auswirkt.
  - Ich würde lieber ein anderes Modell ausprobieren.

Ebenfalls hatten die Eltern zu allen drei Zeitpunkten die Möglichkeit zur freien Meinungsäußerung. Zu T3 konnten Sie sich speziell zu vier Fragen frei äußern:
- *Was waren für Sie persönlich die größten Schwierigkeiten, die mit diesen sechs letzten Schulwochen verbunden waren?*
- *Worin sehen Sie die größten Vorteile des neuen Schulmodells für Ihr Kind?*
- *Worin bestehen für Sie für Ihr Kind die größten Nachteile?*
- *Welche Verbesserungen innerhalb dieses Schulmodells würden Sie gerne einbringen?*

Alle Eltern wurden zu T3 nach zwischenzeitlichen Ereignissen befragt, die möglicherweise ebenfalls eine Auswirkung auf das psychische Erleben der Kinder haben könnten.

15.3.3 Zur Erfassung der Perspektive der Lehrerin

Lehrerinnen erhalten andere Informationen über die Kinder als die Eltern der Kinder. Sie können die Kinder einer Klasse oder Gruppe vergleichen, sie haben also nicht nur Informationen über die Veränderungen der individuellen Entwicklung, sondern können auch soziale Vergleichsinformationen hinzuziehen. Allerdings sind die Lehrerinnen in dieser Befragung nicht nur Expertinnen, sondern auch Ausführende des Versuchs, so dass davon auszugehen ist, dass sie möglicherweise positive Aspekte akzentuieren und negative vernachlässigen, je nach interner

Präferenz. Dies ist ausgehend von den Erkenntnissen aller empirischen Untersuchungen auf diesem Gebiet anzunehmen.

In der Erhebung wurde der Fokus besonders darauf gelegt, von den Lehrerinnen Informationen über die jeweilige Gruppe als Ganzes zu gewinnen, so dass die Einschätzungen der Lehrerinnen sich nicht auf einzelne Kinder beziehen, sondern auf die Gruppe als Ganzes. Die Lehrerinnen beziehen sich hier also auf die ihnen jeweils zugeordnete Klasse.

Methoden der Erhebung

Auch die Lehrerinnen erhielten zu allen drei Messzeitpunkten einen Fragebogen. Die ausgefüllten Fragebögen wurden zusammen mit den Elternfragebögen in einem geschlossenen Karton gesammelt und von der Evaluatorin abgeholt.

Schulischer Selbstwert

Allen Lehrerinnen wurden neun Fragen zum schulischen Selbstwert der jeweiligen *Gruppe* vorgelegt, die ebenfalls aus dem Instrument schulischer Selbstwert abgeleitet sind.

- *In meiner Klasse werden Kinder nicht ausgelacht, weder von Schülern noch Lehrern.*
- *In meiner Klasse fühlen sich die meisten Kinder wohl.*
- *Die meisten Kinder in meiner Klasse sind sehr zufrieden mit sich.*
- *Manches Kind in meiner Klasse fühlt sich ab und zu als Versager.*
- *Die meisten Kinder in meiner Klasse sind recht fröhlich.*
- *Manche Kinder in meiner Klasse haben manchmal Angst, Fehler zu machen.*
- *In der Klasse nehmen die Kinder sich gegenseitig ernst.*
- *In meiner Klasse fühlt sich ab und an ein Kind wertlos.*
- *In meiner Klasse fühlen sich die meisten Kinder wertvoll.*

Fragen zur Lernumgebung

Weiterhin wurden alle Lehrerinnen zu ihrer Einschätzung der Lernumgebung gefragt:

- *Die Unterschiede zwischen den Kindern in meiner Klasse hinsichtlich ihrer Leistung sind nicht gravierend.*
- *Das Sozialverhalten in meiner Klasse ist gut.*
- *Meine Klasse ist zu laut.*
- *In meiner Klasse lernen die Kinder viel.*
- *Der Unterricht in meiner Klasse ist für mich sehr anstrengend.*

Persönliche Einstellung zum Schulversuch

Zu allen drei Messzeitpunkten wurde die persönliche Einstellung der Lehrerin mittels drei Aussagen erfasst.

- *Ich stehe dem Schulversuch offen gegenüber.*
- *Ich denke, dass sich der Schulversuch positiv auf die Leistungen der Kinder auswirken wird.*
- *Ich denke, dass sich der Schulversuch positiv auf das Sozialverhalten auswirken wird.*

Außerdem konnten sie sich zu jedem Messzeitpunkt frei zu ihren Eindrücken über den Verlauf oder ihre Bewertung des Schulversuchs äußern.

Zusätzliche abschließende Fragen (T3).

Zu T3 wurden die Einschätzungen der Lehrerinnen auf einige abschließende Bewertungen des Schulversuchs erweitert:

- *Für mich war der Schulversuch anstrengend.*
- *Es profitieren eher die älteren Kinder von der neuen Gruppenkonstellation.*
- *Es profitieren eher die jüngeren Kinder von der neuen Gruppenkonstellation.*
- *Die Organisation des Unterrichts ist mittelfristig leichter in der neuen Konstellation.*

15.4 Ergebnisse

15.4.1 Die Perspektive der Kinder

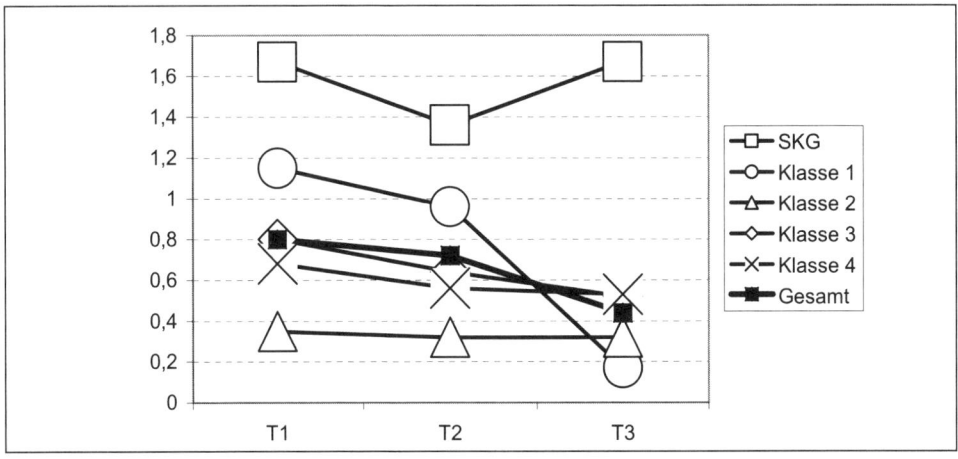

Abbildung 11:
Schulischer Selbstwert bei Schülern/innen einer Grundschule zu drei Messzeitpunkten (T1 vorher, T2 nach drei Wochen, T3 nach sechs Wochen) während eines Projektes „jahrgangsübergreifender Unterricht"

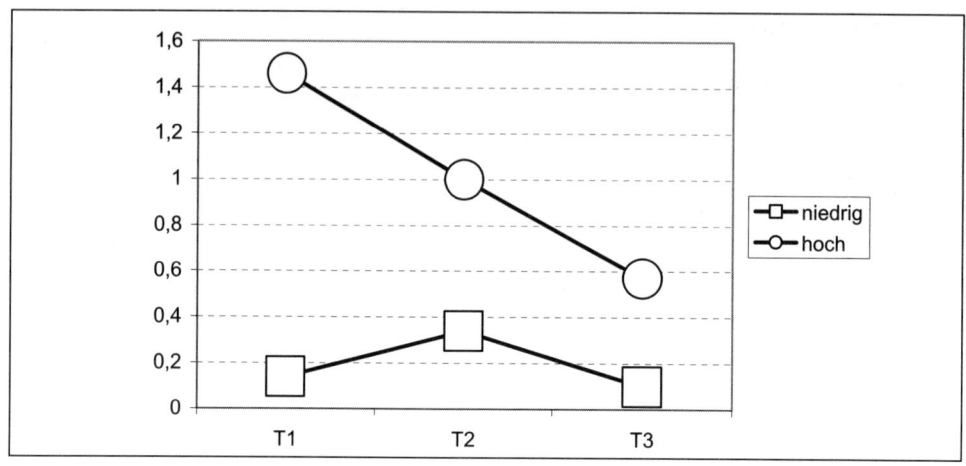

Abbildung 12:
Erleben des schulischen Selbstwertes aus der Perspektive der Kinder, die zum ersten Messzeitpunkt einen vergleichsweise niedrigen Selbstwert hatten versus der Kinder, die zum ersten Messzeitpunkt einen vergleichsweise hohen Selbstwert hatten

Hinsichtlich der Lautstärke finden sich im Gesamtverlauf keine negativen oder positiven Veränderungen. Allerdings nimmt die Lautstärke in der Wahrnehmung der Kinder der zweiten und dritten Klassen bedeutsam zu. Die empfundene Anstrengung steigt ebenfalls im Laufe des Schulversuchs an, deutlich vor allem für die Kinder der Klassen 1, bleibt aber in einem „nicht zu anstrengenden" Bereich. Bis auf die Kinder der Klassen 2, die am Ende des Schulversuchs einen verstärkten Eindruck haben, viel in der Schule zu lernen, sinkt diese Einschätzung bei den anderen Kindern im Laufe des Schulversuchs. Hinsichtlich der erlebten Selbstwirksamkeit schätzen die Kinder der Klassen 1 diese zum Ende des Versuchs als deutlich niedriger ein. Bei allen anderen Kindern finden sich hier keine bedeutsamen Veränderungen.

Es wird aber deutlich, dass Mädchen und Jungen der Gesamtstichprobe ihre Selbstwirksamkeit differenziell beurteilen. Während die wahrgenommene Selbstwirksamkeit der Jungen ansteigt, sinkt die wahrgenommene Selbstwirksamkeit der Mädchen. Bis auf Ausnahme der Schulkindergartenkinder, die ihren Selbstwert zu T3 vergleichbar zu T1 einschätzen, sinkt der schulische Selbstwert aller Kinder kontinuierlich im Laufe des Schulversuchs (siehe Abbildung 11). Besonders der schulische Selbstwert derjenigen Kinder, die zu T1 noch einen vergleichsweise hohen Wert aufweisen, sinkt während des Schulversuchs (siehe Abbildung 12). Der überwiegende Anteil der Kinder bevorzugt zum Ende des Schulversuchs eine jahrgangsspezifische Unterrichtsform.

Es gibt also einige deutliche Hinweise darauf, dass die meisten Kinder sich während des Schulversuchs nicht wohl gefühlt haben. Der deutlichste Hinweis ist die Einschätzung der Kinder zu

T3 gegen oder für den Unterricht im alten Klassenverband. Ein indirekter und damit verlässlicherer Hinweis stellt die Entwicklung des schulischen Selbstwertes der Kinder dar. Dieser sinkt bei den Kindern. Das bedeutet, dass sie sich ihrer Position in der Gruppe nicht mehr sicher sind, möglicherweise ihren Bezug, den sie gewohnt waren und den sie sich in der Regel positiv aufgebaut hatten, verloren haben und bis zum Ende des Schulversuchs nicht wieder ersetzen konnten. Der Verlauf dieser Werte zeigt deutlich, dass die Kinder sich in der Gruppe, wie sie zu T3 war, in Bezug auf ihre eigene Selbstbewertung wesentlich unwohler gefühlt haben, als zu T1. Der Befund, dass dieses Muster differenziell für Kinder mit niedrigem versus hohen Selbstwert zu T1 verläuft, zeigt, dass es sich bei den Ergebnissen zum Selbstwert nicht um eine einfache, häufig zu beobachtende Tendenz zur Mitte handelt, sondern um einen Hinweis, der ernst zu nehmen ist.

Weitere indirekte Hinweise für negative Einflüsse des Schulversuchs zeigen die Einschätzungen der Kinder, dass sie weniger lernen. Die Antworten der Erstklässler zur Selbstwirksamkeit und zum schulischen Selbstwert weisen besonders deutlich darauf hin, dass sie den jahrgangsübergreifenden Unterricht als nicht förderlich erlebt haben.

Das Gesamtmuster legt nahe, dass für einige Aspekte einiger Teilgruppen ein jahrgangsübergreifender Unterricht gut war, insgesamt jedoch für die meisten Kinder eine Unterrichtsform war, die bei der Bewertung durch die hier angelegten Kriterien schlechter abschneidet als die alte Unterrichtsform.

15.4.2 Die Perspektive der Eltern

Die Einschätzungen der Eltern ähneln den Einschätzungen der Kinder, nicht immer in der Höhe der ermittelten Werte, aber in deren Verlauf. Die Eltern glauben nicht, dass die Klasse ihrem Kind zu laut ist. Die Schule wird im Laufe des Versuchs als anstrengender für das Kind eingeschätzt, bei weitem jedoch nicht als zu anstrengend. Die Eltern finden, dass die Lernquantität im Laufe des Schulversuchs abnimmt. Die für das Kind eingeschätzte Selbstwirksamkeit verändert sich nicht im Laufe des Versuchs. Hier finden wir im Unterschied zu den Kindern keinen geschlechtsspezifischen Verlauf. Zu T3 sinkt der von den Eltern eingeschätzte schulische Selbstwert der Kinder. Die überwiegende Anzahl der Eltern möchte für ihr Kind wieder einen Unterricht im Klassenverband und glaubt, dass auch ihr Kind das so möchte.

Die Tatsache, dass die Klassenzugehörigkeit des Kindes keinen Einfluss auf die hier erhobenen Maße hatte, zeigt, dass die Eltern relativ vorurteilsfrei und offen in diesen Schulversuch hinein gegangen sind. Dies spiegelt sich auch in ihrer Einstellung dem Schulversuch gegenüber zu T1 wieder, die sich nicht klassenspezifisch unterscheidet. Anderenfalls wäre zu erwarten gewesen, dass es eine negativere Haltung der Eltern der vierten Klassen oder der Eltern der zweiten Klasse gegenüber dem Versuch gegeben hätte, da hier die älteren Kinder möglicherweise Nachteile durch die Hinzunahme jüngerer, d.h. auch leistungsschwächerer Kinder haben könnten.

Zu T3 scheinen die Eltern bemerkt zu haben, dass der schulische Selbstwert ihrer Kinder abnimmt. Bei den Kindern setzt dieser Prozess bereits früher ein. Diese Beobachtung zusammen mit ihrer Einstellung nach drei Wochen führt letztendlich bei den Eltern zu der Entscheidung für oder gegen einen jahrgangsübergreifenden Unterricht.

Die Meinung der Eltern beruht hier also maßgeblich auf den Beobachtungen und Berichten des Kindes über die Gruppe.

Die Bewertungen der Eltern stützen insgesamt die Einschätzungen der Kinder. Die Ergebnisse fallen im Gesamtverlauf sehr ähnlich aus und geben einen Hinweis darauf, dass auch aus der Perspektive der Eltern der Schulversuch eher negative Auswirkungen hat als neutral oder gar förderlich zu sein.

15.4.3 Die Perspektive der Lehrerinnen

Die Befunde zeigen zusammenfassend, dass auch die Lehrerinnen die Lautstärke in den Klassen nicht als ein problematisches Thema erleben; der Unterricht während des Schulversuchs anstrengender für die Mehrzahl der Kolleginnen wurde; die Mehrzahl der Kolleginnen zunehmend glaubt, dass die Kinder mehr lernen; der schulische Selbstwert der Kinder, als Gruppe betrachtet, im Laufe des Schulversuchs absinkt; das Sozialverhalten eher positiv geworden ist; es keine gravierenden Unterschiede hinsichtlich der Leistung zwischen den Kindern gibt; die älteren Kinder nicht von dem Versuch profitieren; die jüngeren Kinder eher von dem Versuch profitieren; und die Organisation des Unterrichts auch mittelfristig für diese Unterrichtsform nicht leichter wird.

Die Ergebnisse zeigen in ihrem Gesamtbild, dass offensichtlich manche Lehrerinnen jahrgangsübergreifenden Unterricht zu favorisieren scheinen und deshalb weniger Schwierigkeiten bei der Umsetzung des Modells berichten, andere Kolleginnen geben hier weniger extreme Meinungen ab.

Das Einschätzungsbild der Lehrerinnen ist insgesamt widersprüchlich. Einerseits sinkt in ihrer Wahrnehmung der schulische Selbstwert der Kinder, andererseits finden sie, dass das Sozialverhalten der Kinder eher besser geworden ist. Der schulische Selbstwert der Kinder ist jedoch eng an das Sozialverhalten der Umgebung gekoppelt. Aus methodischer Sicht sind die Angaben zum schulischen Selbstwert der Kinder als verlässlicher zu bewerten, da sie aus einer Kombination mehrerer Aussagen berechnet werden und nicht auf einer einzelnen Aussage beruhen.

Obwohl die Lehrerinnen angeben, dass die Kinder im Laufe des Versuchs mehr lernen und das Sozialverhalten besser wird, denken sie dennoch auch, dass von dem Versuch eher die jüngeren Kinder profitieren, überhaupt nicht die älteren und dass der schulische Selbstwert im Laufe des Versuchs abgesunken ist.

15.4.4 Die Perspektive der Durchführenden

Zwischen T1 und T2 erfolgten zu drei Zeitpunkten unangekündigte Besuche. Die Arbeitsatmosphäre war ausnahmslos ruhig, konzentriert, angeregt und angenehm. Bei einem Besuch kamen die Kinder der dritten und vierten Klasse aus einem Messebesuch. Die Kinder machten einen disziplinierten (obwohl im Karnevalskostüm) und fröhlichen Eindruck.

Bei einem angekündigten Besuch zwischen T2 und T3 fand in vier Gruppen eine jeweils viertelstündige Hospitation statt. Die Hospitation ergab, dass die Zusammenarbeit zwischen Lehrerinnen und Kindern sehr gut verläuft. Die Ansprüche an die Organisation des Ablaufs erscheinen von außen betrachtet als sehr hoch.

Durch die Befragung der Kinder konnte von diesen ein erster Eindruck gewonnen werden. Die Kinder machten durchweg einen sehr motivierten, interessierten und kooperativen Eindruck. Auch wenn es vor allem den jüngeren Kinder am Anfang schwer fiel, mit den Skalen zu arbeiten, bemühten sie sich sehr, zu verstehen, wie sie diese verwenden konnten.

Ebenfalls kamen durch die Befragung einige telefonische Kontakte mit Eltern zustande. Dabei wurde stets deutlich, dass gerade zu Beginn des Schulversuchs die meisten Eltern sehr aufgeschlossen waren, sich vor allem aber nicht kompetent in der Beurteilung des Versuchs fühlten.

Alle Beteiligten haben sich in der Regel dem Schulversuch gegenüber kooperativ und aufgeschlossen verhalten. Das Kollegium der Schule hat sich sehr bemüht, die neuen Gruppen zusammenzuführen und anregenden Unterricht zu geben, der eine individuelle Förderung der Kinder gewährleistet. Die Eltern haben sich mit einer vorschnellen Meinung zurückgehalten und ihre Meinungen erst im Verlauf des Versuchs, gestützt auf die Beobachtungen ihrer Kinder, gebildet. Die Kinder haben unserer Beobachtung nach, obwohl ihre freien Äußerungen deutlich zeigen, dass sie sich häufig mit den veränderten Konstellationen unwohl gefühlt haben, kooperiert.

Dennoch gibt es mehr negative als positive Auswirkungen des Schulversuchs. Die negativen Veränderungen sind nicht dramatisch, aber unübersehbar zum Nachteil der meisten Kinder. Das erprobte Modell ist zumindest nach dieser Phase, auch wenn es Kosten spart, nicht gleichwertig oder gar besser als das Vorläufermodell zu bewerten.

15.5 Implikationen

Insgesamt können den hier zusammengetragenen Ergebnissen entnommen werden, dass es für die Kinder der Schule besser ist, wenn die Unterrichtsform jahrgangsspezifisch beibehalten wird und die individuelle Förderung nicht durch umfassende Veränderungen der Gruppen herbeigeführt wird, sondern wirklich den jeweiligen Kindern zu Gute kommt, die diese benötigen. Auch kann die benötigte Anzahl der Unterrichtsstunden gewährleistet werden, wenn projektbezogen jahrgangsübergreifend für bestimmte regelmäßig wiederkehrende Zeitperioden Unterricht stattfindet.

15.5.1 Anmerkungen zum schulischen Selbstwert

Aus der Perspektive von Befürwortern des jahrgangsübergreifenden Unterrichts scheint es verwunderlich zu sein, dass ausgerechnet der schulische Selbstwert der Kinder sinkt, aus der Perspektive empirisch gestützter sozialpsychologischer Gruppenforschung überrascht dieser Befund allerdings nicht. Kinder vergleichen sich genau wie Erwachsene mit ähnlichen anderen Bezugspersonen (siehe Kapitel 6 Soziale Vergleichsprozesse). Alter und Fähigkeit sind für Kinder im schulischen Kontext wichtige Merkmale für eine relevante Bezugsperson. So zeigt die Forschung hier eindeutig, dass Kinder am besten profitieren, wenn sie erfolgreiche Modelle beobachten können, die genauso alt sind wie sie selbst und am besten noch das gleiche Geschlecht (siehe Kapitel 8 Sozial-kognitive Lerntheorie) besitzen. Wenn ein Kind der dritten Klasse beispielsweise ein Kind der vierten Klasse beobachtet, welches erfolgreich eine Subtraktionsaufgabe löst, dann wird es den Erfolg des beobachteten Kindes eher auf dessen Zeit- und Lernvorsprung zurückführen als auf bestimmte Strategien, die es selber lernen könnte. Wenn ein vergleichbares Kind jedoch erfolgreich diese Aufgabe löst, dann wird das beobachtende Kind eher zu dem Schluss kommen, dass es ebenfalls diese Aufgabe lösen könnte. Auch umgekehrt ist es für ältere Kinder, die sich mit jüngeren Kindern nach unten vergleichen könnten, eher verwirrend als selbstwertsteigernd, wenn sie sehen müssen, dass ihre Leistungsfähigkeit nicht deutlich besser ist als die mancher jüngerer Kinder. Ein leistungsmäßig schwacher Viertklässler hat immer noch den Rückhalt, dass er in der vierten Klasse ist und zu den Großen gehört; vergleicht er sich jedoch mit einem Drittklässler, der leistungsbezogen besser ist als er selbst, dann wird sein Selbstwert sinken (siehe Kapitel 6 Soziale Vergleichsprozesse). Chancen einer jahrgangsgemischten Gruppe enthalten besondere Risiken für die eher leistungsbezogen schwächeren Kinder, da sie mit ungünstigeren Bezugsnormen konfrontiert werden. So erklärt es sich, dass auch der schulische Selbstwert der Viertklässler und Zweitklässler sinkt, obwohl sie durchschnittlich im sozialen Vergleich besser dastehen müssten.

Es ist zweifelhaft, ob das Sozialverhalten einer jahrgangsgemischten Gruppe wirklich dem Sozialverhalten einer jahrgangsspezifischen Gruppe überlegen sein kann. Die Befunde von Tesser, die sich teilweise auch auf den schulischen Kontext und alle Altersstufen erstrecken, zeigen, dass selbstwertmindernde Vergleichsprozesse sogar ganz im Gegenteil belastend für den emotionalen Haushalt sind und zu eher unsozialeren Verhaltensweisen führen können.

Auch wenn der schulische Selbstwert der Kinder während des Versuchs nicht dramatisch, jedoch statistisch signifikant, absinkt, ist dieser Befund ernst zu nehmen, da der schulische Selbstwert, wie Post Hoc Analysen ergeben, signifikant negativ mit der empfundenen Anstrengung und der empfundenen Lernquantität korreliert. Das bedeutet, dass je niedriger der schulische Selbstwert der Kinder ist, sie die Schule desto anstrengender finden und dass je niedriger der schulische Selbstwert der Kinder ist, sie desto stärker den Eindruck haben, dass sie nicht viel in der Schule lernen. Der schulische Selbstwert, so wie hier gemessen, gibt also nicht nur einen Hinweis darauf, wie die Kinder sich in der Schule fühlen, sondern zeigt, dass Kinder mit niedrigem Selbstwert auf dieser Dimension wahrscheinlich die Schule als recht anstrengend erleben und gleichzeitig das Gefühl haben, dass sie nicht viel lernen. Dies spiegelt genau die Schulunlust wieder, die durch dieses Verfahren mit erfasst wird.

Das Fazit aus diesem Befund ist, dass eine Schule möglichst so beschaffen sein sollte, dass die Faktoren gegeben sind, die den schulischen Selbstwert der Kinder erhöhen, und dazu gehören positive Beziehungen zu relevanten Bezugspersonen, ein rational nachvollziehbarer Vergleichsmechanismus, ein gutes Gruppenklima, anregendes Lernen und eine angemessene individuelle Förderung.

Selbst wenn die Kinder von Anfang an in jahrgangsübergreifende Klassen kämen, ist anzunehmen, dass dieses Modell den großen Nachteil, der durch einen Verlust einer stabilen Vergleichsdimension zustande kommt, nicht auffangen kann. Eine gute mentale Beweglichkeit ist nicht möglich, wenn die äußeren Rahmenbedingungen die dafür notwendige Infrastruktur nicht zur Verfügung stellen kann.

15.5.2 Konfundierungen

Abschließend ist zu erwähnen, dass dieser Schulversuch mit vielen anderen Faktoren konfundiert ist. Eine der neben den sozialen Veränderungen am stärksten wirksamen Faktoren scheint zu sein, dass auch die Unterrichtsmethode *Wochenplan* bei den Dritt- und Viertklässlern eingeführt wurde. Vielen Kindern, das zeigen die freien Äußerungen, scheint diese Unterrichtsmethode den Spaß an der Schule zu nehmen. Die Kinder, welche nicht zwischen Unterrichtsform und -methode differenzieren, schienen teilweise gehofft zu haben, dass mit dem Abschluss des Schulversuchs auch diese Methode nicht mehr angewendet würde. Allerdings zeigen die Ergebnisse hinsichtlich der ersten und zweiten Klassen, dass auch hier die Kinder mehrheitlich, obwohl sie nicht durch Wochenpläne unterrichtet wurden, einen jahrgangsspezifischen Unterricht wünschten.

15.5.3 Konsequenzen von Erprobungsphasen

Die Ergebnisse zeigen nur auf der Oberfläche, dass ein Schulversuch wie dieser eine ziemlich große Gruppe von involvierten Personen betrifft. Nicht nur die Lehrerinnen, die mit organisatorischen Aufgaben konfrontiert werden, die zur normalen Gestaltung des schulischen Alltags hinzukommen, sind von einer solchen Erprobung betroffen und auch nicht nur die Eltern, die hier Modelle an ihren Kindern ausprobiert sehen, deren Beurteilung ihnen schwer fällt. Besonders die Kinder haben die Konsequenzen von solchen Erprobungsphasen zu tragen. Wenn der zeitliche, emotionale und inhaltliche Aufwand eines auch nur sechswöchigen Schulversuchs betrachtet wird, sollten die Umsetzung und die Ergebnisse wenigstens relativ objektiv beurteilt werden können. Eine Evaluation eines Versuchs, die von einer außerschulischen Einrichtung konzipiert und durchgeführt wird, wie dies hier geschehen ist, erspart, wenn dies systematisch geschieht, überflüssige weitere Versuche. Eine Auflage, ein Modell zu erproben, muss auch von einem rational nachvollziehbaren Modell der Bewertung begleitet werden. Nur so können wirklich Kosten und Nutzen von Modellen erstellt werden.

15.5.4 Schlußfolgerungen

Aufgrund der Ergebnisse, die hier zusammengetragen wurden, ist dieses Modell zwar kostenneutral (in Einheiten von Unterrichtsstunden gerechnet), aber es trifft nicht die intellektuellen und sozialen Bedürfnisse der Kinder, ein Befund, der durch die Perspektive der Eltern und teilweise auch durch die Perspektive der Lehrerinnen untermauert wird.

Angenommen, dass auch weitere außerschulisch durchgeführte Evaluationen ähnlicher Modelle zu ähnlichen Erkenntnissen kommen, dann stellt sich die Frage nach Alternativen. Sollen die Kosten für die Primarstufe nicht erhöht werden, idealerweise sogar gespart werden, dann kann dies durch eine Verringerung der Gruppenanzahl einer Schule geschehen. So werden Personalkosten gespart, die den größten Ausgabenposten ausmachen.

Auf einem Elternabend der Schule wurden hierzu Alternativen diskutiert. Die Unterrichtsform, die mehrheitlich akzeptiert wurde, sieht weiterhin einen jahrgangsspezifischen Unterricht mit jahrgangsübergreifenden Projektzeiten vor, die themenbezogen eine willkommene Bereicherung zu den Unterrichtsroutinen darstellen können. Modelle, in welchen zu viele Gruppenkonstellationen auftreten, wurden von den meisten Eltern nach diesem Schulversuch deutlich abgelehnt. Jegliche Alternative zu dem hier erprobten Modell sollte also, würden die Erkenntnisse dieser Evaluation erhärtet werden, dies als Grundlage haben: Ein solides Bezugssystem für die Kinder, das stabil ist und ihnen realistische Ableitungen über die eigene Entwicklung erlaubt.

Reformen müssten von vorneherein theoriegeleiteter und evidenzbasierter formuliert werden. Umgesetzte Reformen können nicht durch eine Schule selbst bewertet werden. Es wundert nicht, dass jede Schule sich selbst als eine gelungene Institution darstellen wird.

15.6 Zusammenfassung

Ein in einer Grundschule eingeführtes Modell zur Umsetzung jahrgangsübergreifenden Unterrichts wurde in Hinblick auf Variablen des Unterrichts und des schulischen Selbstwerts der Kinder evaluiert. Hierzu wurden alle drei in den Schulalltag involvierten Gruppen befragt. Das neue Modell bietet keine Verbesserung gegenüber dem klassischen jahrgangsspezifischen Unterricht, sondern sogar eine Verschlechterung. Besonders der schulische Selbstwert der Kinder sank statistisch bedeutsam, sowohl in der Beurteilung der Eltern als auch der Kinder.

Die Ergebnisse des Kollegiums legen nahe, dass Selbstevaluationen von Schulen von zweifelhaftem Wert sind, da notgedrungen ein Kollegium auch immer betriebsblind sein wird, besonders dann, wenn es unter bestimmten Bedingungen Reformen umsetzen soll, und ein nur eingeschränktes Spektrum an Alternativen wahrnimmt.

15.7 Fragen, Übungen, Lektüre

Fragen
- Was bedeutet jahrgangsübergreifender Unterricht?
- Warum ist jahrgangsübergreifender Unterricht aus der Perspektive der sozialen Vergleichstheorie nicht besonders effektiv?
- Welche anderen Argumente aus anderen Theorien könnten Sie für eine Diskussion der Pros und Cons bezüglich jahrgangsübergreifenden Unterrichts anführen?

Übungen
- Versuchen Sie eine Lehrkraft nach verschiedenen praktizierten Unterrichtsformen zu befragen. Aufgrund welcher empirischen Evidenz ist diese von einer Methode überzeugter als von der anderen?

Zur Nachbereitung empfohlene Lektüre
- Hattie, J. (2009). *Visible Learning. A Synthesis of over 800 Meta-analyses relating to achievement. (S. 91 ff.).* New York: Routledge.
- Steins, G. (2004). Eine Evaluation jahrgangsübergreifenden Unterrichtes in der Primarstufe. http://www.uni-due.de/biwigst/evaluationen/Gesamtbericht.pdf

16. Vielfalt in der Schule

Vielfalt als ein wichtiger Aspekt moderner Gesellschaften und damit auch ihrer Bildungsinstitutionen wird in der wissenschaftlichen Sprache unter dem Schlagwort *Heterogenität* erforscht und spielt in der aktuellen Bildungsforschung eines große Rolle. Heterogenität als Begriff ist neutraler als Vielfalt. Vielfalt ist sprachlich eher positiv konnotiert. Deswegen ist der neutralere Begriff für eine unvoreingenommene Sichtweise angemessen. Vielfalt oder/und Heterogenität schafft aber bekanntlich Probleme, so dass auch der neutrale Begriff Heterogenität nicht mehr unbedingt neutral geblieben ist, sondern einen negativen Beigeschmack bekommen hat.

Was sind nun die Vor- und Nachteile von Vielfalt in der Schule, welche psychologischen Herausforderungen stellt sie an die Lehrkräfte einer Schule und wie kann der Umgang mit Vielfalt konstruktiv gestaltet werden? Welche Erkenntnisse aus der Sozialpsychologie können für einen konstruktiven Umgang eingesezt werden?

16.1 Schulrelevante Dimensionen von Vielfalt

Was ist mit Vielfalt in der Schule gemeint? Für das Zusammensein in einer Lerngruppe, als solche im Folgenden eine Klasse bezeichnet werden soll, sind viele Dimensionen von Vielfalt beschreibend. Geschlecht, Alter, Migrationshintergrund, sozioökonomischer Hintergrund der Eltern, Leistungsstand sind überlappenden Dimensionen von Vielfalt. Die Variable Migrationshintergrund beispielsweise hat durchaus einen starken Effekt auf den Schulerfolg. Allerdings sind die Effekte der Dimensionen sozioökonomischer Hintergrund der Eltern, Bildungshintergrund der Eltern und Kultur sehr viel stärker, weil sie sich allesamt mit den Werten der Herkunftsfamilie überlappen. Dadurch, dass die Dimensionen nicht vollständig unabhängig voneinander sind, ist das Wort Vielfalt sehr treffend, denn die Heranwachsenden, die eine Lerngruppe bilden, sind an vielen Schulen durch sehr unterschiedliche Ausprägungen dieser Dimensionen von Vielfalt charakterisiert. Die erwähnten Dimensionen stellen nur eine Auswahl zahlreicher möglicher Dimensionen von Vielfalt dar. Das biologische Alter der Schüler/innen spielt ebenfalls eine Rolle, auch die geistige und körperliche Gesundheit der Kinder und Jugendlichen. Es ist davon auszugehen, dass Lerngruppen an vielen schulischen Orten in Deutschland durch eine hohe Vielfalt gekennzeichnet sind (Aberkane, 2008).

16.1.1 Umgang mit Vielfalt in der Schule

Der Auftrag der Schule ihre Schüler/innen individuell zu fördern, beinhaltet die Erkenntnis, dass Schüler/innen in den existierenden Lerngruppen nicht optimalen Lernbedingungen ausgesetzt sind, sondern dass gruppenspezifisch zugeschnittene Lernangebote bereit gestellt werden müssen. Dies wird allerdings im Schulalltag nicht wirklich umgesetzt. Weder in den meisten Grundschulen noch in den meisten weiterführenden Schulen findet ein ausgeprägtes Angebot individueller Förderung statt. Stattdessen ist zu beobachten, dass der Anteil von Frontalunterrichtsformen besonders hoch an den weiterführenden Schulen ist (Hansen, 2010). Durch Frontalunterricht kann die Lösung von Problemen vermieden werden, die durch Vielfalt entstehen und Vielfalt kann auf allen möglichen Dimensionen kaschiert werden. Erst durch eine Klausur oder die Verteilung mündlicher Bewertungen wird beispielsweise Leistungsvielfalt offenkundig.

Schulen üben auf Schüler/innen häufig einen hohen Konformitätsdruck aus, um das Zur Schau Stellen von bestimmten Aspekten von Vielfalt zu vermeiden, das zu einer Wahrnehmung von Ungerechtigkeit führen könnte (siehe Kapitel 5). Der Wunsch mancher Schulen, Uniformen einzuführen, ist ein beispielhafter Versuch Vielfalt im Sinne von Herkunft aus verschiedenen sozioökonomischen Schichten zu kaschieren. Es wird ein hoher Druck auf Schüler/innen ausgeübt, um bestimmte Verhaltensweisen zu zeigen (Melden, Freundlichkeit, Höflichkeit, Hilfsbereitschaft) und andere zu vermeiden (Lärm, Verhandlung privater Angelegenheiten während des Unterrichts, Sachbeschädigung, Beleidigungen). Obwohl der Wunsch nach regelkonformem Verhalten nachvollziehbar ist, wird er meistens jedoch nur als gesetzte Regel mit entsprechenden Sanktionen präsentiert und mit unwirksamen Strafen bei Verstoß gekoppelt (Steins & Welling, 2010). Selten aber wird das gewünschte Verhalten sorgfältig motiviert, eingeführt, eingeübt und verstärkt; es wird nicht als Lerninhalt gesehen, sondern als Können vorausgesetzt. Schüler/innen, die hier gravierende Abweichungen zeigen und zu verschiedenartig vom Durchschnitt sind, laufen Gefahr der Schule verwiesen zu werden (siehe Kapitel 19).

Aber auch unter Schülern/innen herrscht das Bestreben Vielfalt einzudämmen und zu kaschieren. Sehr begabte Schüler/innen lernen ihre Begabung zu verstecken, um nicht von Lehrern/innen wie von Schülern/innen als Streber betitelt zu werden (Breidenstein & Meier, 2004; Pelkner, Günther & Boehnke, 2002; Reichle, 2004). Leistungsschwache Schüler/innen lernen zu pokern und irgendwie durchzukommen und können so nicht aus ihren Fehlern lernen (Juvonen, 2000). Selbstdarstellung in Bezug auf implizite soziale Normen, die alle Schüler/innen irgendwie als akzeptabel erscheinen lassen, trägt zu einem eher uniformen Bild von Schülern/innen bei, das den wahren Tatsachen nicht entspricht und Vielfalt kaschiert.

Es ist ein sehr interessantes Phänomen, dass in individualistischen Gesellschaften ein sehr hoher Konformitätsdruck herrscht, der jedoch schwer zu erkennen ist, da er eigentlich nicht herrschen sollte und die Regeln implizit sind. So verhalten sich Schüler/innen häufig unbewusst konform aus Angst nicht dazu zugehören (Baumeister & Leary, 1995), auch wenn sie nicht wirklich der

Überzeugung sind, dass ihr Aussehen oder ihre offiziellen Einstellungen ihren wahren Meinungen entsprechen (siehe Kapitel 5).

16.2 Vielfalt in einer Gruppe und Leistung

In der gruppenpsychologischen Forschung wurden einige dieser Dimensionen in Hinblick auf die Produktivität und den Lernerfolg von Gruppen in verschiedenen Kontexten erforscht. In Tabelle 20 sind ausgewählte Studien zusammengestellt, die einige Vorteile vielfältig zusammengesetzter Gruppen zeigen. Allerdings wurden diese Untersuchungen ausschließlich mit Erwachsenen durchgeführt.

Die Ergebnisse kann man gut auf einen Nenner bringen: Wenn es für die Aufgabe einer Gruppe gut ist, wenn unterschiedliche Kompetenzen zusammen kommen, dann ist es natürlich ein Vorteil, wenn die Gruppe Aspekte dieser Dimensionen von Vielfalt bedient. Ob eine vielfältig zusammengesetzte Gruppe also produktiv sein kann, hängt von der Aufgabe ab, die sie zu bearbeiten hat (siehe Kapitel 8).

Tabelle 20: Vorteile von Vielfalt in einer Gruppe für ihre Produktivität

Gruppe	Vielfalt	Hohe Produktivität	Quelle
Forschungsteams	Anzahl der Disziplinen	Forschungsoutput	Pelz; 1967
Verschiedene Gruppen	Konträre Meinungen	Innovative Lösungen/ Entdecken von Fehlern	Peterson & Nemeth, 1996
Management Teams (Banken)	Sozialer Hintergrund der Mitglieder	Innovationsgrad	Jackson, 1992
Lerngruppen (Mathematik)	Unterschiedliche Begabungsgebiete	Schnelligkeit und Richtigkeit	Stasson & Bradshaw, 1995

Mindestens genauso viele Studien zeigen, dass bestimmte Dimensionen von Vielfalt den Erfolg einer Gruppe schmälern und behindern (siehe Tabelle 21 für ausgewählte Studien). Zu diesen Dimensionen gehört die Existenz sehr unterschiedlicher Kompetenzniveaus in einem Gebiet. Gruppen, die auf dieser Dimension homogener sind, können schneller und erfolgreicher lernen und sind produktiver. Eine interessante Variable stellt die Persönlichkeit der Gruppenmitglieder dar. Sind die Persönlichkeiten einer Gruppe sehr unterschiedlich ausgeprägt, ist das von Nachteil für die Produktivität der Gruppe.

Tabelle 21: Nachteile von Vielfalt in einer Gruppe für ihre Produktivität

Gruppe	Vielfalt	Niedrige Produktivität	Quelle
Lerngruppen	Kompetenzniveaus	Lernerfolg	Tziner & Eden, 1985
Lerngruppen	Persönlichkeit	Lernerfolg	Shaw, 1981
Schulklassen	Persönlichkeit	Lernerfolg	Bond & Shiu, 1997

Dieser Effekt ist auch für Schulklassen nachgewiesen. Allerdings schnitten nur solche Klassen mit ähnlichen Schülern besser ab, denen das Erreichen von Lernzielen auch wichtig war. Die Werte und Normen der Gruppe sind hier entscheidend, damit die gute Voraussetzung fürs Lernen durch eine relativ homogene Klasse hinsichtlich der Persönlichkeit genutzt werden kann (siehe Kapitel 9).

Weitere Erkenntnisse aus der gruppendynamischen Forschung zur Leistung in der Gruppe sind hier interessant. Bei einfachen Aufgaben gibt es einen so genannten Effekt der *sozialen Erleichterung*: Menschen arbeiten schneller und produzieren mehr in Gruppen als alleine bei einfachen Aufgaben. Allerdings ist dies bei komplexeren Lerninhalten anders: Hier schmälert die Anwesenheit anderer die Quantität und Qualität. Dabei ist der letzte Effekt stärker als der erste Effekt, d.h. der Verlust bei der individuellen Bearbeitung einfacher Aufgaben ist nicht so hoch wie der Verlust bei der Bearbeitung komplexer Aufgaben in der Gruppe. Hierfür gibt es besonders zwei Erklärungen, die als ergänzend zu verstehen sind. Zajonc (1965) findet, dass die Anwesenheit anderer Personen zur *Aktivierung dominanter Reaktionen* führt und zur Deaktivierung nicht-dominanter Reaktionen. Verlangt die Aufgabe dominante Reaktionen, dann ist der Effekt sozialer Erleichterung bemerkbar und die Produktivität höher, aber nur dann. Wenn die Aufgabe keine dominanten Reaktionen verlangt kommt es zur sozialen *Interferenz* und die Produktivität sinkt (siehe Kapitel 8).

Dazu kommen die Beobachtungen von Cottrell (1972). Personen, die schon Misserfolg erlebt hatten, wurden noch schlechter, wenn andere dabei waren. Hier verschlechtert Selbstzweifel die eigene Leistung in Gegenwart anderer.

Aus diesen gesicherten Erkenntnissen ergeben sich folgende Lernempfehlungen für kognitive Inhalte: Kognitive Inhalte sollten alleine gelernt werden, jedoch in der Gruppe angewendet werden.

> „... study all alone, preferably in an isolated cubicle, and arrange to take his examinations in the company of many other students, on stage, and in the presence of a large audience. The results of his examination would be beyond his wildest expectations, provided, of course, he had learned his material quite thoroughly." (Zajonc, 1965, p. 274).

Dasselbe gilt übrigens auch für die Inhalte sozialer Kompetenzen. Soziale Kompetenzen ergeben sich nicht automatisch durch die Koexistenz in einer Gruppe, sondern sie haben ethische, moralische und sachliche Grundlagen, die erlernt werden müssen (Limbourg & Steins, 2011; Haep, Steins, & Wilde, 2012).

16.3 Bedeutung dieser Befunde für den Schulunterricht

Die Schule als Institution soll langfristig aufgrund ihres Bildungs- und Erziehungsauftrages dazu beitragen, dass die Heranwachsenden als mündige Bürger/innen ihrer Gesellschaft agieren können. Was aber ein mündiger Bürger ist, kann durchaus in jedem Bundesland anders akzentuiert werden. Sich einfügen können, Rücksichtnahme, Ehrlichkeit, sich an Regeln halten, mit eigenen Gefühlen zurechtkommen, Hilfsbereitschaft, Ordnung, Höflichkeit sind erwünschte Kompetenzen, die neben fachlichem Wissen erlernt werden müssen. Offiziell betrachtet werden, auf der Grundlage des gesetzlichen Auftrags der Schule, zwei Arten von Produktivität in der Schule angestrebt: Soziale Kompetenzen und kognitive Kompetenzen der Schüler/innen.

Wie sieht es nun mit den Bedingungen optimaler Produktivität in der Schule aus? Aufgrund der Tatsache, dass ein sehr hoher Prozentsatz des Unterrichts in Deutschland rein frontal verläuft (Hansen, 2010), wird die wichtige Phase des Alleine Lernens in den häuslichen Erziehungsbereich verlagert. Zu Hause haben Schüler/innen häufig die einzige Möglichkeit, sich zurückzuziehen und in Ruhe und abgeschieden zu lernen, so wie es eigentlich optimal wäre. Wenn die häusliche Umgebung diese Bedingungen nicht begünstigt bzw. einfordert, kommt es zu sich akkumulierenden Lernrückständen. Deswegen ist vermutlich auch der hohe Zusammenhang zwischen sozialer Herkunft und Bildungserfolg nur dann zu schwächen, wenn die Einzel- und Stillarbeit bei der Einführung komplexer Sachverhalte, verbunden mit Möglichkeiten, Rückfragen zu stellen bei auftauchenden Problemen, ein integraler und häufiger Bestandteil von Unterricht wird.

Um das Gelernte zu testen, es einzuüben, das gilt für soziale wie kognitive Kompetenzen, ist eine soziale Umgebung erforderlich. Die Arbeit in der Gruppe ist ein großer Vorteil der Institution Schule.

Die gruppendynamischen Grundlagen für Lernerfolg, die von Zajonc und Cottrell ausgiebig erforscht wurden, stellen an verschiedene Dimensionen von Vielfalt einige Herausforderungen, die jeder Lehrperson bekannt sind. Wie kann das Lerntempo der Schüler/innen möglichst so gestaltet werden, dass einige nicht zu schnell fertig sind und andere überhaupt fertig werden? Stillarbeit führt nicht dazu, dass alle Schüler/innen gleichzeitig fertig werden, sondern legt die Unterschiede im Verständnis der Fachinhalte schon während der Themenbearbeitung offen, nicht erst durch eine Klausur oder einen anderen Test.

Hier kommen normative Fragen ins Spiel, die eine Gesellschaft für ihren Nachwuchs entscheiden muss. Bekommen die Schüler/innen, die hinsichtlich der Dimensionen Schnelligkeit, Wissen etc. sehr unterschiedlich sind, spezielle Förderung? Oder werden alle zur Mitte gezogen? Eine Entscheidung für die erste Option würde bedeuten, dass man den besten Schülern/innen eine hervorragende Entwicklung ermöglicht und ihnen das Ausmaß an Eintönigkeit und Langeweile erspart, das sie meistens im schulischen Alltag erwartet. Auch setzt man damit ein Signal der Wertschätzung hoher Begabung, das gerade begabte Schüler/innen in gesellschaftlich nicht als relevant erachteten Gebieten benachteiligt (Dauber & Persson Benbow, 1990). Für die leistungsschwächeren Schüler/innen würden wesentlich mehr Ressourcen zur Verfügung gestellt werden können, um deren Rückstand einzudämmen. Zu beachten ist, dass solche Gruppenzugehörigkeiten sich durchaus ändern könnten, sie hängen vom jeweiligen Leistungsstand und der Anstrengungsbereitschaft der Schüler/innen ab. Die Entscheidung für diese Option verlangt das Durchdenken negativer Etikettierung, die sowohl sehr gute und sehr begabte Schüler/innen (Streber, Besserwisser etc.), als auch schlechte Schüler/innen (Looser, Versager) häufig erdulden müssen. Lehrpersonen selbst müssten ihre Einstellungen zu Leistung, Begabung, Fähigkeit und Anstrengung reflektieren. Eine Offenlegung von Vielfalt kann allerdings erst individuelle Förderung ermöglichen.

Die zweite Option, alle Schüler/innen zur Mitte zu ziehen, wird ungleich häufiger gewählt, weil man glaubt, dass zur Schule auch das soziale Lernen gehört und dieses gleichsetzt mit zwei Prämissen: Schlechte Schüler/innen müssen lernen, es auszuhalten, dass andere besser sind; gute Schüler/innen müssen lernen es auszuhalten, dass sie Rücksicht auf andere nehmen und ihnen helfen müssen. So werden soziale Inhalte häufig auf opportunistische und implizite Weise mit Fachinhalten gemischt. In Wahrheit sind aber auch soziale Kompetenzen kognitiver Natur und beruhen auf komplexem Wissen.

Zusammenfassend kann festgestellt werden: Produktivität in der Schule ist häufig auf den Lernerfolg in bestimmten Fächern begrenzt. *Soziales Lernen findet alleine dadurch statt, so die falsche Auffassung, dass die Kinder in vielfältigen Gruppen lernen und sich dadurch akzeptieren müssen.* Gemessen an den Erkenntnissen der gruppendynamischen Lernforschung sind die Lehr-Lernverhältnisse in der Schule für alle Schüler/innen ungünstig, wenn der Anteil des reinen Frontalunterrichts so hoch bleibt und nicht durch eine sinnvolle Kombination von Still- und Einzelarbeit und kooperativen Lernformen reduziert wird. Da Vielfalt vor allem dann Vorteile für Leistung hat, wenn die Mitglieder einer Gruppe unterschiedliche Kompetenzen einbringen können, ist sie für den Erwerb von Bildungsinhalten nicht positiv, denn Klausuren werden nicht in der Gruppe durchgeführt, sondern sind Einzelleistungen. Versteht man auch soziale Kompetenzen auf kognitiven Lerninhalten basierend, ist auch hier Vielfalt nicht unbedingt nützlich im Sinne von Kompetenzerwerb. Auch ist es offensichtlich, dass eine Verschiedenartigkeit der Schüler/innen in Hinblick auf lernrelevante Dimensionen den alltagsüblichen Unterricht erschwert, der dieses jedoch durch Frontalunterricht und viele implizite Normen kaschiert. Im Sinne gruppendynamischer Erkenntnisse würde man Schüler/innen differenzieren, den besten Schülern/innen in einem Fach andere Möglichkeiten einräumen als den anderen Schülern/innen und einen schnelleren Fortschritt gönnen, den Leistungsschwächeren jedoch jede Unterstützung geben, damit sie sich verbessern können. Still- und Einzelarbeit mit unterstützenden, direkten Instruktionen in Kombination mit kooperativen Lernformen für die Anwendung des Erlernten sollten den Anteil des Frontalunterrichts reduzieren.

Selbst bei leistungshomogenen Gruppen werden jedoch immer Dimensionen vorhanden sein, die eine Gruppe vielfältig macht: Die Persönlichkeit der Schüler, ihre Herkunft, ihre unverwechselbare Kombination aus Interessen, Begabungen werden immer wieder zu Konflikten führen. Deshalb ist vor allem eines wichtig, nämlich welche Normen eine Schule setzt, lehrt, einübt und unterstützt, damit Schüler/innen lernen mit Vielfalt konstruktiv umzugehen. Denn als mündige Bürger/innen sollten sie dazu in der Lage sein und wie oben ausgeführt, wird Vielfalt im Berufsleben ein auch im Sinne von Produktivität positiver Indikator.

16.4 Vielfalt, Gruppenzusammenhalt, Schul- und Klassenklima

Es ist *ein großer Irrtum* zu glauben, dass die Begegnung verschiedenartiger Menschen dazu führt, dass sie sich besser kennen lernen und in Folge dessen Vorurteile abgebaut werden. Ganz im Gegenteil zeigt die Forschung auf diesem Gebiet, die durch die *Kontakthypothese* bekannt wurde (Stephan, 1987), dass die Wahrscheinlichkeit hoch ist, dass Vorurteile sogar verstärkt werden, das Selbstwertgefühl der statusniedrigen Gruppe abgesenkt wird und es zu Rivalitäten kommt.

Ob es zu Segregation kommt oder zu einer Assimilation im Sinne einer oberflächlichen Konformität hängt davon ab wie die Mengenverteilung ist. Mehrheiten neigen dazu, die öffentliche Meinung und Einstellung zu dominieren und hinterfragen sich selbst nicht. Minderheiten stehen häufig unter Anpassungsdruck und werden dominiert (siehe Kapitel 5). Dazu kommt, dass sie ein erhöhtes Ausmaß an Selbstaufmerksamkeit aufweisen und so ständige Diskrepanzen zwischen Idealbild und Realbild erleben (Duval & Wicklund, 1972; Mullen, 1983). Selbstaufmerksamkeit ist häufig für das Absenken des Selbstwertgefühls verantwortlich (siehe Kapitel 9).

Vielfalt in der Schule ist also eine objektiv große Herausforderung, denn ihre pure Existenz wird Vorurteile wahrscheinlich verstärken. Einfach so, ohne soziale Arrangements, die von außen gesetzt werden, neigen Menschen stark dazu, sich in ihrer Ingroup zu formieren und zu segregieren. Die nordamerikanische Anthropologin Nathan (2005) beobachtete zum Beispiel in ihrem Forschungssemester, in dem sie sich als Studentin tarnte und wieder studierte, dass die ethnischen Studierendengruppen unter sich blieben. Es gab so gut wie keine Integration. Dasselbe ist von vielen anderen Lebensbereichen bekannt, beispielsweise aus dem Bereich Wohnen (Steins, Nothbaum, Kämper, Mölder & Müller, 2003).

Menschen suchen sich nach dem Ähnlichkeitsprinzip (Heider, 1958) ihre Bezugspersonen. Hierbei spielen zentrale Merkmale eine große Rolle wie beispielsweise Geschlecht, Alter, nationale Herkunft und Attraktivität (siehe Kapitel 4). Wahrgenommene Ähnlichkeit führt zu Sympathie und Annäherung, Gruppenbildung und Selbstbestätigungsprozessen. Gegenüber Mitgliedern der Ingroup werden ermutigende freundliche Verhaltensweisen gezeigt, nicht aber gegenüber Mitgliedern der Outgroup, so dass es zu selbsterfüllenden Prophezeiungen kommt und zur Bedrohung durch Stereotype (zusammenfassend in Aronson, Wilson & Akert, 2008; Elias & Scotson, 1993). Wenn es also vielfältige Gruppen gibt, dann ist es wichtig, Vorurteile abzubauen. Wird dies unterlassen, kommt es zur Verstärkung von Vorurteilen.

Wie aber können Vorurteile abgebaut werden? Aus der sozialpsychologischen Vorurteilsforschung sind *sechs Bedingungen* bekannt, die zum Abbau von Vorurteilen führen können (vgl. Steins & Rudolph, 1994; Aronson, Wilson & Akert, 2008). (1) Es muss eine *wechselseitige Abhängigkeit* der Gruppenmitglieder existieren. Die Gruppe kann nur dann bestimmte Leistungen erzielen oder bestimmte Ziele erreichen, wenn alle Verantwortung zeigen müssen. (2) Es muss *ein gemeinsames Ziel* vorhanden sein. (3) Die Mitglieder müssen *den gleichen Status* aufweisen. (4) Es muss die Möglichkeit zu *zwanglosen zwischenmenschlichen Kontakten in einer freundlichen Atmosphäre* geben und zwar mit (5) *mehreren Mitgliedern der jeweils anderen Gruppe*, sonst gilt bei erfreulichen Erfahrungen das Mitglied der anderen Gruppe als Ausnahme. (6) Die soziale Norm der Gruppe ist letztendlich entscheidend: Es müssen *soziale Normen von Gleichheit* in Gruppen motiviert und etabliert sein. Die Führungskraft, in diesem Fall die Lehrperson, kann diese Normen vorleben, vorgeben, deren Erfüllung unterstützen und dadurch schon sehr viel erreichen.

Diese 6 Bedingungen für eine Lerngruppe zu etablieren, bedarf eines über den Fachunterricht hinausgehenden Wissens und Engagements (siehe Tabelle 22).

Eine Lehrperson kann von Beginn an in ihrer Klasse soziale Ziele als gemeinsames Ziel etablieren, zu deren Erfüllung jeder beitragen kann.

Status in der Schule wird vor allem durch die Normen der Gruppe festgelegt. Es variiert in Abhängigkeit von den Werten der Gruppe was als hoher Status bewertet wird: Leistung, Herkunft, Statussymbole, Aussehen. Die Kriterien können sehr unterschiedlich sein. Schulen versuchen manche dieser Kriterien von vornherein zu unterbinden, indem sie zum Beispiel bestimmte Kleidervorschriften machen. Die Forschung zu Schuluniformen zeigt aber den Effekt, dass das Klima und auch andere Variablen in diesen Schulen nicht verbessert werden (Dickhäuser, Helgert & Köppe, 2009). Man kann nicht über Konformitätsdruck die Normen einer Lerngruppe steuern. Deswegen muss mit Schülern/innen offen darüber diskutiert werden, wie Status zustande kommt und was es bedeutet, unkritisch gegenüber Statuskriterien zu sein.

Exkursionen, Feiern, das Einstudieren von Theaterstücken, Ereignisse also, die jenseits des normalen Fachunterrichts ablaufen, sind wichtige Gelegenheiten eine zwanglosere Begegnung der

Gruppenmitglieder zu ermöglichen. Besonders wichtig ist es, dass die Gruppenprozesse von Schülern/innen, die in gemeinsamen fachlichen oder außerfachlichen Projekten in kooperativen Lernformen arbeiten, überwacht werden. Ein gutes Beispiel ist die gegenwärtige Art und Weise wie ein Abiturjahrgangsbuch erstellt wird. Wenn es gut läuft, halten die Schüler/innen bei ihrer Abiturfeier ein schönes Erinnerungsstück in den Händen. Läuft es schlecht, dann müssen sie sich vorher beleidigende Bemerkungen durchlesen und entscheiden, ob sie diese streichen oder zulassen. Auch wenn die beleidigenden Bemerkungen gestrichen wurden, sind sie doch gefallen und zeugen von verpassten Chancen eines konstruktiven Umgangs mit Vielfalt. Dieses Beispiel zeigt, dass Schüler/innen auch in fortgeschrittenem Alter nicht unbedingt in der Lage sind, konstruktiv mit Vielfalt umzugehen, wenn sie es zuvor nicht gelernt haben.

Die fünfte in der Vorurteilsforschung gefundene Bedingung wird nicht immer leicht zu erfüllen sein, die sechste hat jedoch die Lehrperson in der Hand. Denn von ihr wird es entscheidend abhängen, ob soziale Normen etabliert werden, die Vorurteile korrigieren können oder nicht.

Tabelle 22: Soziale Arrangements zum Abbau von Vorurteilen

Bedingung	Möglichkeiten der Umsetzung
Wechselseitige Abhängigkeit der Gruppenmitglieder	Ziel kann nur durch die Summe aller Einzelbeiträge erreicht werden
Gemeinsames Ziel	z.B. soziale Ziele, Theaterstück, Projekt etc.
Gleicher Status aller Mitglieder	Einflussnahme auf Normen, die Status-Wahrnehmung steuern
Zwanglose zwischenmenschliche Kontakte in freundlicher Atmosphäre	Bewertungsfreie Situationen, Ausflüge, Spiele
Erfahrungen mit mehreren Mitgliedern der anderen Gruppe	Möglicherweise über Besuche, Einladungen, Texte
Soziale Normen von Gleichheit	Sozialerziehung, rationale Denkmodelle

Vielfalt kann also genutzt werden, um Vorurteile zubauen. Ihre pure Existenz verstärkt jedoch Vorurteile. Wenn eine Schule kein überzeugendes Programm hat, das konstruktiv mit Vielfalt umgeht, dann kommt es zu Segregation, Rivalitäten, und Cliquenbildungen. Damit wird das Schul- und Klassenklima geschwächt. Das Schul- und Klassenklima sollte jedoch gut sein, denn es ist ein begünstigender Faktor für den Lernerfolg und ein Indikator für den sozialen Lernerfolg.

16.4.1 Klassenklima

Bezüglich des Begriffs Klassenklima ist es wichtig, diesen Begriff vom Begriff des Gruppenzusammenhalts abzugrenzen. Es ist ein großer Irrtum zu glauben, dass ein hoher Gruppenzusammenhalt auf ein gutes Klima hinweist. Der Zusammenhalt einer Gruppe ist dann am stärksten ausgeprägt, wenn die Mitglieder einer Gruppe ein gemeinsames Ziel haben und sich auf wichtigen Dimensionen als ähnlich wahrnehmen, wodurch sie füreinander attraktiv werden (Forsyth, 2010). In Hogwart, der Zauberschule von Harry Potter, wird dies sehr simpel umgesetzt. Die Schüler/innen werden verschiedenen Häusern zugeteilt und tragen dementsprechende farbige Schals. Sie haben das gemeinsame Ziel den Ruhm des eigenen Hauses zu steigern und haben einen gemeinsamen Gewinn in Aussicht. Allerdings beschreibt die Schriftstellerin auch die Schattenseiten des großen Gruppenzusammenhalts der einzelnen Häuser. Es wird versucht, den anderen Häusern Steine in den Weg zu legen und es herrscht ein hoher Konformitätsdruck auf die Mitglieder der eigenen Gruppe. Die positiven Eigenschaften der eigenen Gruppe und die schlechten Eigenschaften der anderen Gruppe werden akzentuiert. Diese unerwünschten Folgen eines hohen Gruppenzusammenhalts, nämlich der Verlust des individuellen kritischen Denkens und die Begünstigung unfairen und rein konkurrenzorientiert motiviertem Verhaltens gegenüber Mitgliedern der Outgroup wird in der gruppendynamischen Forschung als Groupthink bezeichnet und steht der Entwicklung zum mündigen Bürger im Weg (Forsyth, 2010). Deswegen ist es aus gruppendynamischer Perspektive gar nicht wünschenswert einen zu hohen Gruppenzusammenhalt zu erzielen, denn dieser hat in der Regel unerwünschte Nebenwirkungen.

Ein gutes Klassenklima kann anders erreicht werden. Es muss eine begründete und erlernte Verpflichtung an bestimmte Normen des Verhaltens geben, welche für alle, Schüler/innen und Lehrer/innen, gültig sind. Letztendlich sind es die internalisierten Normen von Individuen und Gruppen, die zu bestimmten Verhaltensweisen führen. Eine Gruppe mit einem hohen Zusammenhalt kann sich durchaus sehr wohl fühlen, aber wenn sie die Norm hat, dass Lernen keinen Spaß macht, dann fühlt sie sich auf einem sehr niedrigen Bildungsniveau wohl und der Bildungsauftrag kann nur unter schwierigen Bedingungen erfüllt werden.

Gruppenzusammenhalt wird im Schulsystem häufig durch Konkurrenz zu anderen Klassen oder Schulen, durch Cliquenbildung innerhalb der Klasse hergestellt. Dies wird toleriert, in der irrigen Annahme, dies trage zu einem guten Lernklima bei.

Die Offenlegung von Vielfalt in Hinblick auf fachliches Wissen, fachliches Interesse und Können führt, entgegen dem Vorurteil, nicht dazu, dass das Klima einer Klasse automatisch schlechter wird. Das Schul- und Klassenklima wird letztendlich von den Normen bestimmt, die in einer Klasse etabliert werden. Ein zu hoher Gruppenzusammenhalt, der dadurch geschmälert werden könnte, ist aus gruppendynamischer Perspektive sowieso nicht erwünscht, weil er die Entwicklung kritischen Denkens behindert.

16.5 Die Rolle der Führungskraft für den konstruktiven Umgang mit Vielfalt

In ihrer Forschung zur Wirkung verschiedener Unterrichtsformen auf die Lernleistung von Schülern/innen, kam Hansen (Hansen, 2010; Hansen & Steins, 2009) immer wieder zu dem Ergebnis, dass die Variable Lehrperson einen entscheidenden Einfluss auf den Lernerfolg und die Motivation der Schüler/innen ausübt. Der Einfluss der Unterrichtsform verschwindet häufig hinter der Art und Weise *wie* eine Lehrperson unterrichtet (siehe Kapitel 2).

Frontalunterricht kann genauso wie kooperative Unterrichtsformen langweilig oder motivierend sein. Es kommt darauf an, *wie* der Unterricht gemacht ist. Schlecht durchgeführte Gruppeninteraktionen sind genauso unwirksam wie schlecht durchgeführter Frontalunterricht. Hier ist der Beitrag der Lehrperson entscheidend. Auch wenn eine Kombination verschiedener Unterrichtsformen, Alleine lernen für neue Inhalte und gruppenspezifische Anwendungsformen des Gelernten, am besten ist, kann diese Kombination nur wirksam sein, wenn die Rolle der Lehrperson als Führungskraft gut ausgeführt wird.

16.5.1 Interaktion mit Schülern/innen

Lehrer/innen üben erzieherische Einflüsse aus, ob sie dies ablehnen oder nicht, für sinnvoll oder sinnlos halten. In der Lernumgebung der Schule sind sie die erwachsenen Bezugspersonen der Schüler/innen und damit haben sie auch Modellcharakter. Aus den Erkenntnissen der empirisch fundierten rational-emotiven Erziehung (siehe zusammenfassend Steins, 2011) ergibt sich, dass Lehrkräfte sich für die inneren Vorgänge ihrer Schüler/innen interessieren, ihnen zuhören und selber eine rationale Philosophie von Schule und Unterricht vertreten, wenn sie ein positives und unterstützendes Modell für die Schüler/innen sein wollen (siehe Kapitel 8). Es ist logisch, dass Lehrer/innen selber glaubwürdig sein müssen, wenn sie zentrale Normen vermitteln wollen.

Banduras sozial-kognitive Lerntheorie hat in besonderem Maße dazu beigetragen, zu erkennen, dass Einstellungen durch Beobachtung und Imitation der Bezugspersonen erworben werden. Kinder und Jugendliche lernen durch die Modelle ihrer Umgebung, was angemessenes und erfolgreiches Verhalten ist und das Gelernte festigt sich dann in besonders hohem Maße durch die Imitation des modellhaften Verhaltens (Bandura, 1986). Fest steht, dass es zentrale Prinzipien gibt, die einen erfolgreichen Einfluss auf das soziale, emotionale und gesamtschulische Erleben der Schülerschaft und damit auch auf deren Sozial- und Lernverhalten, haben. Für die Lehrkraft sind dies vor allem der Respekt gegenüber der Schülerschaft (Zugänglichkeit, Zugewandtheit, Freundlichkeit) und die Klarheit des Verhaltens (Transparenz der Kriterien und Ziele und Regeln, Konsequenz bei der Umsetzung).

Die Institution Schule kann konstruktives Verhalten von Lehrkräften unterstützen, indem es diese Prinzipien zu den Prinzipien des eigenen Handelns macht. Damit ist nicht nur der Umgang im Kollegium oder zwischen Schulleitung und Kollegium gemeint, sondern auch die Forderung nach genauen Absprachen über schulweite Sanktionssysteme und anderen notwendigen kooperativen Verhaltenssystemen (Steins & Welling 2010).

16.5.2 Umgang mit Gruppenleistungen

Wenn Schüler/innen mit kooperativen Lernformen konfrontiert werden, dann sollten idealerweise soziale Grundkompetenzen vorliegen und generelle Normen gelten. Aber auch wenn dies nicht der Fall ist helfen einige Erkenntnisse aus der Gruppenforschung, die Leistung der Schüler/innen zu steigern und Ungerechtigkeiten zu vermeiden. Dies ist wichtig, denn die Wahrnehmung von Ungerechtigkeit kann bei Schülern/innen zu einer Abneigung gegen kooperative Lernformen führen.

Erstens muss als soziale Tatsache akzeptiert werden, dass Gruppen zu sozialer Faulheit neigen. Deshalb müssen Lehrpersonen Vorkehrungen treffen, um die persönliche Involviertheit der Schüler/innen zu steigern. Es muss zum Beispiel die Möglichkeit geben, dass individuelle Leistungen auch in einer Gruppe erkennbar sind und belohnt werden können. Sonst tritt der Fall ein, dass der oder die Beste die ganze Arbeit macht, um nicht unter das eigene Leistungsniveau zu fallen. Dafür müssen auch negative Konsequenzen sozialer Faulheit eingeführt werden. Die Lehrperson muss unmissverständlich klar machen, dass soziale Faulheit nicht toleriert wird. Das setzt aber voraus, dass die Gruppenprozesse beobachtet werden. Gruppenarbeit der Schüler/innen bedeutet nicht, dass diese Unterrichtszeit für die Vorbereitung anderen Unterrichtes genutzt werden kann. Wichtig ist es auch, dass die Schüler/innen interessante und herausfordernde Aufgaben erhalten. Diese drei Aspekte steigern die persönliche Involviertheit der Schüler/innen.

Zweitens ist es relevant, dass die Lehrperson Vorkehrungen trifft, um Trittbrettfahren zu minimieren. Wenn Gruppenmitglieder wissen, dass jeder Beitrag wichtig ist, wird Trittbrettfahren unwahrscheinlicher. Auch ist eine große Gruppe ungeeignet für eine effektive Gruppenarbeit und erhöht die Wahrscheinlichkeit, dass jemand einfach so mitläuft, was zur Wahrnehmung von Ungerechtigkeit beiträgt und auch dem Schüler bzw. der Schülerin nichts bringt.

Drittens müssen die Gruppenziele geklärt sein. Die Ziele müssen konkret und erreichbar formuliert sein. So hilft es, wenn beispielsweise die angelegten Leistungs- und Bewertungskriterien konkret und vorher beschrieben werden.

Viertens sollten Lehrpersonen hohe Standards und Erwartungen haben (siehe Kapitel 2). Lewin et al. fanden, dass die meisten Menschen einen Kompromiss zwischen Ideal- und Realanspruch suchen und ihr Verhalten danach ausrichten (Lewin, K., Dembo, T., Festinger, L., & Sears, 1944).

Wenn der erwartete Standard schon niedrig ist, sinkt das Anspruchsniveau der Schüler/innen noch mehr. Allerdings sollte ein Anspruchsniveau auch realistisch erreichbar sein, denn dieses fördert die Motivation in Gruppen.

Fünftens sollte eine Lehrperson durch Ermunterung, Unterstützung, Ansprechbarkeit, Respekt und Freundlichkeit dazu beitragen, dass die kollektive Wirksamkeit der Gruppe gesteigert wird, damit die Erwartung von Erfolg in der Gruppe auch hoch ist. Selbstzweifel und Unsicherheit begünstigen eine Vermeidung von Anstrengungsbereitschaft.

16.5.3 Einführung von Normen

Eine Erkenntnis aus der gruppendynamischen Forschung ist, dass die Zusammensetzung der Gruppe relevant für die Gruppenleistung ist und dass Vielfalt durchaus Probleme aufwirft, die gelöst werden müssen. So führt die Existenz sehr unterschiedlicher nicht kompatibler Persönlichkeiten in einer Gruppe zu persönlichen Konflikten, die durch individuelle Antipathie gegenüber bestimmten Gruppenmitgliedern verursacht werden. Individuelle Antipathie verursacht beispielsweise im oberen Management 40 % aller Konflikte (Morrill, 1995) und die meisten Menschen kennen die teilweise desaströsen Folgen solcher Konflikte aus vielen verschiedenen Lebensbereichen. In der Schule schwächen sie das Klima von Klassen und Kollegien. Deswegen sind basale soziale Kompetenzen notwendig und müssen in der Schule entwickelt werden (siehe Kapitel 19).

Die Grundlage von allem sind die Werte und Normen, die in einer Schule etabliert werden. Normen sind Standards, welche das Verhalten von Gruppenmitgliedern regeln. Diese richten ihr Verhalten danach aus. Normen motivieren aber auch neues Verhalten und organisieren soziale Interaktionen. Normen haben den Vorteil, dass sie das Verhalten anderer vorhersehbar und bedeutungsvoll machen, aber auch den Nachteil, dass sie einengend wirken können. Deskriptive Normen definieren, was die meisten Personen in einer bestimmten Situation tun, fühlen, oder denken würden. Verstößt man gegen deskriptive Normen, dann gilt man als ungewöhnlich. Injunktive Normen definieren, wie man sich verhalten muss. Sie haben eine bewertende Komponente und bei Verstoß werden Sanktionen verhängt.

Sind in einer Umgebung keine Normen erkennbar, dann richten sich Menschen nach den Hinweisreizen für Normen aus, die andere Menschen zeigen (Sherif, 1966; Forsyth, 2010), verinnerlichen diese Norm und akzeptieren diese als legitimen Verhaltensstandard. So wird aus einer Norm eine soziale Tatsache, die an neue Mitglieder übertragen wird.

Steins und Welling (2010) haben die empirischen Studien zusammengetragen, aus denen hervorgeht, dass Schule hinsichtlich des Themas Normen die Erkenntnisse der Sanktionsforschung sehr häufig nicht berücksichtigt. Weder werden konstruktive Normen und die damit verbundenen sozialen Kompetenzen zu ihrer Umsetzung in Präventions- oder Interventionsprogrammen systematisch erlernt und geübt, noch werden Normen so gesetzt und ihre Einhaltung bzw. ein Verstoß sanktioniert, dass sie als verbindlich wahrgenommen werden. Dazu kommt, dass negative Sanktionen in der Schule nachgewiesenermaßen unwirksam und ungerecht sind und dazu beitragen, dass Vielfalt kaschiert werden kann, denn abweichende Schüler/innen werden mit verschiedenen Methoden zu exkludieren versucht (Steins et al., 2013). Normen in der Schule sind häufig so beschaffen, dass sie im Rahmen einer Schulordnung oder Klassenregeln irgendwo vergessen an der Wand hängen. Wenn die Normen jedoch nicht salient sind, d.h. klar erkennbar und aktiviert, sind sie nicht verhaltenswirksam (siehe Kapitel 9).

Auf der Basis der Erkenntnisse sozialpsychologischer Experimente müssen einige Bedingungen erfüllt sein, damit erwartete Normen verhaltenswirksam sind. Partizipation der Schüler/innen beim Aufstellen von Klassenregeln ist unerlässlich, auch wenn es zu unangenehmen Diskussionen kommen kann. Das Schaffen sozialer Realität ist genauso wichtig: Regeln sollten in Form von Verträgen aufgeführt werden; sie müssen unterschrieben werden. Auch müssen Schüler/innen die Möglichkeit haben, andere auf drohenden Regelverstoß hinzuweisen, ohne als Verräter/innen oder Petzen bezeichnet zu werden. Und es muss ein rationales Sanktionskonzept vorliegen: Wie Einhaltung belohnt, wie Verstoß bestraft wird, muss transparent geregelt sein, idealerweise schulweit.

Abgesehen von diesen wichtigen Abläufen zur Etablierung von Normen, die das Miteinander in der Schule ermöglichen, sollte im Rahmen einer Sozialerziehung überhaupt das Thema Werte und Normen eine große und immerwährende Rolle spielen. Denn letztendlich formiert das grundsätzliche zugrundeliegende Bewertungssystem, das philosophische System, das Menschen von der Welt entwickelt haben, ihr Verhalten (Ellis, 1994; Ellis & Hoellen, 2008). Sind entwicklungsförderliche Normen etabliert, dann hat ein guter Gruppenzusammenhalt positive Auswirkungen auf die Gruppenleistungen.

16.6 Zusammenfassung

Die Gestaltung schulischen Lernens in vielfältigen Gruppen ist nicht natürlicherweise ein Gewinn für die Beteiligten, weder für die Lehrer/innen, noch für die Schüler/innen. Vielfalt ist jedoch ein Merkmal des Lebens schlechthin und stellt in vielen Kontexten einen Reichtum dar.

Zu der Frage der Vielfalt wurden hier einige Stränge der sozialpsychologischen Grundlagenforschung in Hinblick auf das Thema dargestellt. Folgende Schlussfolgerungen ergeben sich daraus:

- Wo Vielfalt ist, entstehen sowohl für die leistungsstarken als für die leistungsschwachen Schüler/innen Nachteile. Auch die durchschnittlichen Schüler/innen wären sicherlich unter anderen Bedingungen zu besseren Leistungen fähig. Deshalb müssen die Unterrichtsmethoden darauf abgestimmt werden. Sinnvolle Kombinationen von Einzelarbeit und kooperativen Lernformen sollten den hohen Anteil reinen Frontalunterrichts senken.

- Wo Vielfalt ist, entstehen Vorurteile. Es müssen Bedingungen geschaffen werden, diese Vorurteile abzubauen. Vielfalt per se schafft keinen Abbau, sondern Kontakt verstärkt die Vorurteile.

- Der Faktor Lehrperson ist entscheidend: Sie kann durch eine respektvolle Interaktionskultur, einen professionellen und verantwortlichen Umgang mit modernen Unterrichtsformen und die Etablierung und Bewahrung von Normen und Werten viel dazu beitragen, dass Vielfalt konstruktiv genutzt wird. Allerdings setzt das voraus, dass sie selber ein rationales Bewertungsmodell in Bezug auf Vielfalt hat. Lehrpersonen mit ethnischen, sexistischen oder anderen Vorurteilen gegenüber Schülern/innen, die von individuellen Normerwartungen abweichen, verstärken die Neigung der sozialen Umgebung eigene Vorurteile zu bewahren.

Die dargestellten Erkenntnisse können eine konstruktive Basis für angewandte Fragen bilden: Wie können Fachinhalte so vermittelt werden, dass eine Kombination von Einzelarbeit und kooperativen Lernformen möglich ist? Wie kann Schulkultur so verändert werden, dass Schüler/innen motiviert sind Normen des sozialen Miteinanders zu internalisieren? Ist ein mehrgliedriges Schulsystem für eine vielfältige Gesellschaft gut, oder sind andere Strukturen besser? Was bedeutet vor dem Hintergrund dieser Erkenntnisse Inklusion für Grundschulen? Wie kann eine Überprüfung der eigenen Bewertungssysteme bereits in der ersten Ausbildungsphase von Lehrpersonen verankert werden?

16.7 Fragen, Übungen, Lektüre

Fragen
- Wie kann Vielfalt definiert werden?
- Welchen Zusammenhang gibt es zwischen Produktivität und Vielfalt einer Gruppe?
- Was besagt die Kontakthypothese?
- Welche Arrangements helfen, soziale Vorurteile abzubauen?

Übungen
- Interviewen Sie eine/n Lehrer/in an einer Schule mit sehr heterogener Schülerschaft. Welche konkreten Maßnahmen hat die Schule hier eingeführt, um allen gerecht zu werden?
- Fragen Sie einen Bekannten dazu, was er/sie unter Heterogenität versteht. Versuchen Sie die Antworten vor dem Hintergrund dieses Kapitels zu bewerten.
- Welche Erfahrungen haben Sie mit vielfältig zusammengesetzten Gruppen gemacht? Versuchen Sie Ihre Erfahrungen anhand der in diesem Kapitel verwendeten Dimensionen zu reanalysieren.

Zur Nachbereitung empfohlene Lektüre
- Forsyth, D. R. (2010). *Group Dynamics. (Kapitel Performance)*. Belmont, CA: Wadsworth, Cengage Learning.

17. Schule als System, das schwer zu verändern ist

Etwas zu verändern bedeutet, dass Menschen ihre Verhaltensweisen ändern müssen. Routinen werden abgewandelt, Gelerntes wird modifiziert, erweitert oder verworfen und durch Neues ersetzt. Veränderungen auf systemischer Ebene versuchen solche Verhaltensveränderungen systematisch zu bewirken, um ein System einem Ziel näher zu bringen. Hierfür werden Instrumente der Veränderung entwickelt und eingesetzt.

Veränderungen kommen nicht alleine durch Wissen zustande. Wie die sozialpsychologische Forschung sehr deutlich zeigt, ist Lernen, die Aneignung von Wissen durch Aufmerksamkeit und Gedächtnis, wichtig, führt aber nicht dazu, dass sich Verhalten ändert (French & Marrow 1945; vgl. Kapitel 1 und 8). Hierzu müssen Menschen motiviert sein. Die Motivation zu neuem Verhalten ist jedoch nicht immer gegeben, besonders nicht in größeren Systemen.

Veränderungen sind folglich ein grundsätzliches und universelles Problem des Menschen und dieses Problem betrifft nicht nur Lehrer/innen und das System Schule.

Der Umgang mit Schulinspektionen und Lernstandserhebungen zeigt die Art und Weise, wie sich dieses Problem ausdrückt. Ausgehend von Lewins grundlegender Formel Verhalten = f(Person, Umwelt) spielen Personfaktoren und Situationsfaktoren hier eine Rolle (Lewin, 1951; siehe Kapitel 1).

17.1 Schulinspektionen

In einer im Auftrag des Schulministeriums NRW durchgeführten unabhängigen Untersuchung wurden 50 Schulleiter/innen aus zufällig ausgewählten Schulen, die eine repräsentative Stichprobe bilden, zu ihrer Einstellung zur Qualitätsanalyse (= Schulinspektion NRW) interviewt (Haep & Steins, 2011). Diese hatten noch keine Qualitätsanalyse an ihrer Schule. Es stellte sich heraus, dass für die Qualitätsprüfer/innen in schwer festzustellender Häufigkeit eine künstliche Situation geschaffen wurde, analog zu den Gerüchten darüber, was diese als positiv oder negativ bewerteten. Analog des Gerüchts, die Qualitätsanalyse bevorzuge soziale und kooperative Unterrichtsformen, wurden an den Besuchstagen der Qualitätsprüfer/innen solche Unterrichtsformen gezeigt, Tische und Stühle hierfür verschoben, Schüler/innen instruiert. Obwohl viele Schulleiter/innen der Qualitätsanalyse durchaus grundsätzlich positiv gegenüberstanden, sah ein Drittel der befragten Schulleitungen der Qualitätsanalyse mit einer negativen Einstellung entgegen. Ein bestimmter Anteil der Kritik basierte auf dem Verhalten, das manche Schulleiter/innen zeigen: So wurde sehr häufig kritisiert, Qualitätsanalysen wären Showveranstaltungen, somit das Ganze ungerecht. Die Qualitätsanalyse ist damit ein Veränderungsinstrument, das neben positiven Effekten, zu einigen unbeabsichtigten und negativen Nebenwirkungen führt, die Veränderungen hemmen können (Bitan, Haep & Steins, 2013).

17.2 Zentrale Prüfungen

Lernstandserhebungen und zentrale Prüfungen könnten idealerweise als Information im Sinne einer Rückmeldung des Standes der eigenen Schüler/innen betrachtet werden. Allerdings ist eine unerwünschte Nebenwirkung von Lernstandserhebungen eingetreten, nämlich dass die Schüler/innen speziell für diese Tests vorbereitet werden. Da die Vergleichsarbeiten zum Beispiel von manchen Lehrern/innen auch als Kontrolle empfunden werden, werden auch Kniffe angewendet, um Testergebnisse zu verbessern, die nicht der Ermittlung des Lernstandes entsprechen: Es wird den Schülern/innen mehr Zeit eingeräumt, es werden ihnen die Aufgaben vorher gesagt, es werden Lösungen an die Tafel geschrieben, es werden Ergebnisse gefälscht (zusammenfassend Steins, 2009). Da dann die Rückmeldung nicht mehr informativ sein kann, kann auch nichts mehr von ihr gelernt werden.

17.3 Die zweite Ausbildungsphase

In der zweiten Ausbildungsphase werden die angehenden Lehrer/innen mit verschiedenen Formen des Feedbacks konfrontiert. Die zweite Ausbildungsphase ist für manche eine Zeit, die man irgendwie überstehen muss, um danach dann sein eigenes Ding zu machen. Wie Blumberg schon 1974 schreibt: *„Teachers who are happy about their supervision seem to constitute a definitive minority"* (Blumberg 1974, S. 14). Sein Buch heißt nicht ohne Grund: „Supervision and teachers: A private cold war."

17.4 Personfaktoren als ein Teil der Erklärung

17.4.1 Das Selbstkonzept

Das Selbstkonzept einer Person umfasst alle selbstwahrgenommenen Fähigkeiten, Fertigkeiten und Eigenschaften der eigenen Person, die sowohl eine beschreibende als auch eine bewertende Komponente aufweisen. Die bewertende Komponente wird als Selbstwert bezeichnet. Teil des Selbstkonzepts ist die eigene Wahrnehmung und die wahrgenommene Wahrnehmung der anderen relevanten Personen (Higgins 1989). Der Selbstwert gilt als eine kritische Komponente des

Selbstkonzepts, insofern sein Schwanken eine bestimmte Dynamik in Gang setzen kann. Menschen scheinen allgemein sehr darauf zu achten, dass ihr Selbstwert nicht sinkt, sondern zumindest stabil bleibt, wenn nicht sogar steigt (Tesser 1988; siehe Kapitel 6 und 9). Deswegen ist es verständlich, dass Menschen positives Feedback bevorzugen und negatives Feedback vermeiden. Negatives Feedback kann als Bedrohung des Selbstwertes in einem Bereich aufgefasst werden (siehe Kapitel 7).

Ideal wäre es natürlich, wenn Menschen nicht dazu neigen würden ihren Selbstwert an Misserfolgen oder Erfolgen festzumachen. Wenn sie jedoch dazu neigen, dann haben sie ein großes Problem mit negativem Feedback. Erhalten sie dieses oder befürchten sie dieses, haben sie verschiedene Möglichkeiten analog der Vorhersagen der Selbstaufmerksamkeitstheorie (siehe Kapitel 9). Eine Schulinspektion, idealerweise eine Lerngelegenheit, kann durch diesen Prozess zu großem Stress und zu großer Angst führen. Da eine Schulinspektion nicht zu vermeiden ist, setzt sie Personen mit dieser globalen Bewertung von Feedback unter Stress und stellt eine große Belastung dar.

17.4.2 Reaktanz

Dass die Gestaltung von Schule für eine/n Lehrer/in ein relevantes Gebiet ist, dürfte unstrittig sein. Idealerweise besitzt eine Person philosophische Freiheit: Auch wenn es Veränderungen gibt, die sie persönlich nicht gut findet und die sie individuell in ihren Freiheiten einschränken, würde sie dies einsehen und sich den Veränderungen anpassen, wenn die Notwendigkeit der Veränderungen rational einsehbar ist. Es gibt viele Beispiele dafür, dass Menschen fähig sind, philosophisch frei zu sein, auch wenn es schwer ist. So kann ein Schüler durchaus verstehen, dass er, um seine Versetzung nicht zu gefährden, zunächst weniger seinen Freizeitaktivitäten nachgehen kann und sich mehr um seine schwächeren Fächer kümmern muss. Es wird ihm nicht gefallen, aber anders wird er keine Veränderung bewirken können.

Die Forschung zeigt, dass Menschen jedoch häufig von ihrer Fähigkeit rational zu denken und zu handeln, keinen Gebrauch machen, sondern lediglich über psychologische Freiheit verfügen. Es scheint Menschen leichter zu fallen irrational zu denken (Ellis 1994; vgl. Kapitel 12). Im Fall des Schülers wäre es für ihn zunächst viel leichter, weiterhin seinen Freizeitaktivitäten nachzugehen und sich gegen den Veränderungswunsch seiner Eltern zu stemmen, sich also nicht anzupassen, sondern Widerstand zu zeigen. Er kann dies offen tun und einfach nicht üben, nicht zur Nachhilfe gehen etc. Er kann dies versteckt machen, also zwar im Zimmer über seinen Büchern sitzen und die Nachhilfe in Anspruch nehmen, aber mit den Gedanken wo anders sein. In jedem Fall, ob er nun offenen oder latenten Widerstand zeigt, wird er den Veränderungsansprüchen mit negativen Gefühlen gegenüberstehen und seine bisherigen Freiheiten besonders attraktiv finden.

Reaktanz beschreibt und erklärt, warum Menschen häufig allergisch auf Einschränkungen ihrer Freiheit reagieren. Sie macht aber auch klar, dass Widerstand kein valides Erkennungsinstrument von Realität ist, sondern aus hoch subjektiven Wahrnehmungen resultieren kann (vgl. Kapitel 11). Ein Kollege, der große Angst vor Selbstwertverlust angesichts einer Schulinspektion hat, wird große Reaktanz verspüren, denn er hat viel zu verlieren. Ein Kollege, der sich kompetent einschätzt, wird weniger Reaktanz verspüren. Ein Kollege, der Zukunftsprognosen macht und die Schulinspektion als Vorbereitung für Rankings mit finanziellen Konsequenzen sieht, so wie dies beispielsweise in den USA praktiziert wird, wird sehr viel mehr Reaktanz verspüren als jemand, der dies nur als punktuelle Prüfung sieht, aus der man etwas lernen kann.

Dass es aber in Hinblick auf Veränderungsinstrumente im schulischen System viele Gerüchte gibt und eine schwer zu diagnostizierende Stimmung, ist aus reaktanztheoretischer Perspektive kein Indikator dafür, dass diese Veränderungsinstrumente falsch sind, sondern dass es zumindest viele Ängste, Sorgen und Unsicherheiten gibt, die diskutiert und konfrontiert werden müssen, damit überhaupt philosophische Freiheit entstehen kann. Diese wird nämlich umso wahrscheinlicher, je mehr Personen einsehen, dass die gewünschten Veränderungen vorteilhaft sein können.

17.5 Situationsfaktoren als der andere Teil der Erklärung

Schule kann als Gruppe oder Konstellation von Gruppen gesehen werden, die zusammen auf ein bestimmtes Ziel hin arbeiten, nämlich das Entlassen der Schüler/innen als mündige Bürger/innen in die Gesellschaft. Idealerweise arbeiten Gruppen koordiniert zusammen. Eine gute Koordination hängt davon ab, ob es klare Ziele gibt, ob die Arbeit als sinnvoll empfunden wird, wie verantwortlich sich der/die Einzelne fühlt, ob ein offenes Klima herrscht und ob dieses Klima auch wertschätzend ist (Forsyth 2010; siehe Kapitel 16). Sind diese Faktoren alle gegeben, dann ist die Wahrscheinlichkeit einer gelungenen koordinierten Zusammenarbeit sehr hoch.

In der Realität erreichen nur wenige Gruppen ihr Potenzial, weil negative Gruppenprozesse ihre Leistung begrenzen. Gruppen werden weniger produktiv, wenn sie in ihrer Größe wachsen. Es entstehen Koordinationsverluste, vor allem soziale Faulheit ist als Phänomen zu beobachten. Soziale Faulheit wird verursacht durch Anonymität, geringe Identifizierbarkeit, geringe Befürchtung evaluiert zu werden, Trittbrettfahren, die Illusion produktiv zu sein, mangelnde Synchronisation der Abläufe. Dazu kommen Konflikte unter den Gruppenmitgliedern: Persönliche Konflikte, die durch mangelnde Sympathie zustande kommen, substanzielle Konflikte, verursacht durch unterschiedliche Meinungen zu sachlichen Themen, die dann am größten werden, wenn man sich nicht leiden kann. Es kommen hinzu prozedurale Konflikte und Konflikte durch kompetitive Situationen.

In der Schule spielt wie in allen großen Gruppen Verantwortungsdiffusion eine große Rolle, d.h. das einzelne Individuum fühlt sich nicht verantwortlich, weil es denkt, dass andere die Arbeit schon machen werden.

Auch finden sich in Gruppen häufig sehr ungünstige Meinungsbildungsprozesse (Forsyth, 2010). Es gibt häufig Majoritäten, die den Ton angeben, und zu Meinungspolarisationen führen und Minderheiten nicht zu Wort kommen lassen und diese zum Teil auch einschüchtern (Erb & Bohner 2002; siehe Kapitel 5). Ungünstig für realistische und konstruktive Meinungsbildungsprozesse ist auch die Neigung von Gruppen nicht alle Informationen zu beachten, wenn es um Entscheidungen geht, sondern nur diese Informationen zu selegieren, die das eigene Meinungssystem nicht gefährden (Schultz-Hardt, Greitemeyer, Brodbeck & Frey 2002; siehe Kapitel 5). Blumberg (1974) beschreibt in seinem Buch eine von ihm mehrfach beobachtete Szene, welche die Meinungsbildung zu einem Supervisor bei den auszubildenden Lehrer/innen abbildet: Eine Lehrkraft erzählt eine Begebenheit, die den Supervisor negativ malt, die anderen fangen an zu nicken und steuern passende Eindrücke bei. Zum Schluss ist die negative Meinung über die Person des Supervisors bzw. der Supervisorin zementiert und bei den einzelnen Mitgliedern der Gruppe noch negativer als sie zuvor war. Es wird eine soziale Realität konstruiert, die eine konstruktive Interaktion mit dem Supervisor erschwert. *"As soon as they start, it becomes evident that what the discussants are saying echoest the feelings of others in the room. There is much laughter and nodding of agreement and, after the formal part oft the exercise has terminated, frequent interjection of corroborative experiences. The point is that the way people behave in these situations lend credence to what they say."* (Blumberg 1974, S. 25). Gibt es also eher negative Gerüchte und Einstellungen gegenüber den Qualitätsprüfern/innen vor einer Diskussion im Kollegium, dann wird die negative Einstellung nach der Diskussion umso extremer ausfallen.

Soziale Realität wird in Gruppen also nicht immer hilfreich konstruiert (siehe Kapitel 6). Es ist wichtig für die Beurteilung von Veränderungen, diese Tatsache anzuerkennen: Dass die konstruierte soziale Realität oft ein Spiegelbild der eigenen Motive und nicht identisch mit der Wirklichkeit ist.

Ein anderes Beispiel zeigt, dass Menschen Schwierigkeiten haben, alle Informationen zu nutzen. Alternative A könnte herkömmlicher Unterricht sein, Alternative B schülerorientierter Unterricht. A wird im Kollegium geteilt, B wird nicht aufgenommen, erschwerend dazu kommt, dass B scheinbar auch von der Schulinspektion favorisiert wird, also zu Reaktanzeffekten führen kann. Auch normative Einflüsse spielen eine große Rolle: Ungeteilte Informationen, die auf eine richtige Lösung hinweisen, gefährden den Konsens und werden daher systematisch unterdrückt, entweder per Selbstzensur oder aber durch sozialen Druck auf solche Personen, die solche Informationen nennen.

17.6 Was kann die einzelne Person tun, damit positive Veränderungen weniger schwierig werden?

Jede einzelne Person trägt dazu bei, soziale Realität zu konstruieren. Man kann das Ziel haben, lediglich dazu zugehören, und passt sich so immer der Mehrheitsmeinung an mit allen Denkfehlern, die oben ausgeführt wurden. Oder macht pure Interessenspolitik ohne das große Ganze im Auge zu haben, was auch erhebliche Realitätsverzerrungen nach sich zieht (Talavera 2002). Möchte man jedoch möglichst nah an der Realität sein, um angemessen handeln zu können, dann ist eine wissenschaftliche Denkweise angesagt, d.h. die menschliche Neigung der Realitätsverzerrung anerkennen und durch eigenes Verhalten herausfinden, was falsch und richtig ist (Ellis 1994; siehe Kapitel 12). In Hinblick auf Gerüchte heißt dies beispielsweise, dass Gerüchte zunächst nicht Realität sind, solange man keinen unstrittigen Beweis in Händen hält. *„Eine rollende Kugel hört auf zu rollen, wenn sie in ein Loch fällt. Ein kursierendes Gerücht hört auf weiter zu laufen, wenn es an einen klugen Menschen gerät."* (Xun Zi etwa 313-238 v. Chr. zitiert in von Senger 1992, S. 139.)

17.7 Wie kann die schulische Umwelt Veränderungen erleichtern?

Es gibt mindestens drei Faktoren, die Veränderungen für Menschen erleichtern. Die persönliche Involviertheit muss hoch sein, d.h. im Falle der Schule, eine Lehrkraft muss in ihrer Arbeit einen Sinn sehen können und verstehen, dass es entscheidend ist, wie gut sie ihre Arbeit verrichtet (siehe Kapitel 7). Widerstand wird häufig auch dadurch legitimiert, dass Verantwortung auf andere abgeschoben wird. So konnte Hynds (2010) bei einer Studie zum Umgang mit Veränderungen im neuseeländischen Schulsystem, einige Glaubensgrundsätze der Lehrer/innen herausarbeiten, die die eigene Verantwortlichkeit für die Umsetzung von Veränderungen schmälerten (vgl. Kapitel 12). Diese Glaubensgrundsätze lauteten:

- Die Eltern sind verantwortlich für die geringen Leistungen von Schülern/innen.
- Es ist nicht die Rolle der Lehrer Reformprojekte umzusetzen.
- Wenn Vorschläge von anderen Lehrern selber kommen, ist dies unzulässige Kritik.
- Neue Erhebungsverfahren sind eine Zumutung.

Solche Glaubensgrundsätze werden nicht böswillig aufgestellt. Aber wie Blumberg beschreibt, ist die Wahrscheinlichkeit groß, dass sie soziale Realität konstituieren. Es ist also wichtig, diese Bremsen im Kopf offen anzusprechen und alternative Betrachtungen zu erarbeiten.

Partizipation bei Entscheidungsprozessen ist ein weiterer wichtiger Faktor. Persönliche Verantwortung wird nicht empfunden, wenn man nur Weisungsempfänger/in ist und keine Möglichkeit der Teilhabe an der Gestaltung von Weisungen hat. Verantwortlich ist dann immer derjenige, der die Weisung geliefert hat.

Und drittens ist ein wertschätzendes Klima, konstruktiv und problemorientiert, unerlässlich für eine gute Zusammenarbeit.

17.8 Um welche Veränderungen geht es?

Es ist selbstverständlich, dass es hier nur um positive Veränderungen geht. Für negative Veränderungen muss man sich nicht engagieren, sondern man sollte versuchen sie zu verhindern. Doch es sollte deutlich geworden sein, dass es nicht einfach ist, zwischen negativen und positiven Veränderungen zu unterscheiden. Da Menschen eine hoch irrationale Disposition haben, bewerten sie häufig jede Veränderung zunächst als negativ (vgl. Kapitel 12). Es ist also wichtig, das eigene Denken kritisch zu hinterfragen und nicht negative Eindrücke, die aus ungenauen Quellen entstehen, als Beweis für die Negativität einer Veränderung zu interpretieren. Widerstand enthält immer eine Information, mitunter aber eine über die eigenen Ängste; aber auch diese zu verstehen, ist enorm wichtig, um Veränderungen bewirken zu können (Arkowitz, 2002; Waddell & Sohal, 1998). Veränderungen, die nach Prüfung der Tatsachen, nützlich sein könnten, und Schule verbessern, sollte man ausprobieren. Das wäre philosophische Freiheit im Sinne der nächsten Generation.

17.9 Zusammenfassung

Menschen scheuen Veränderungen, insbesondere wenn sie deren Folgen nicht absehen können und an der Gestaltung der Veränderungen keinen Anteil haben. Deswegen sind Prüfverfahren, wie beispielsweise externe Schulinspektionen Einrichtungen, deren Feedback häudig nicht angenommen wird. Personfaktoren wie Situationsfaktoren spielen hierbei interaktiv eine wichtige Rolle.

17.10 Fragen, Übungen, Lektüre

Fragen
- Welche Personfaktoren spielen eine Rolle bei Veränderungen?
- Welche Situationsfaktoren spielen eine Rolle bei Veränderungen?

Übungen
- Interviewen Sie eine/n Lehrer/in zu einer Schulinspektion /Qualitätsanalyse – analysieren Sie das Gespräch vor dem Hintergrund dieses Kapitels.
- Wie stehen Sie selber zu einer Beobachtung einer prüfenden Person Ihres eigenen Unterrichts? Können Sie das mit den hier beschriebenen Prozessen erklären?

Zur Nachbereitung empfohlene Lektüre
- Forsyth, D. R. (2010). *Group Dynamics. (Kapitel Performance).* Belmont, CA: Wadsworth, Cengage Learning.
- Haep, A. & Steins, G. (2011). Wenn der Qualitätsprüfer kommt... *Forum Schule, 2,* 18-20.
- Steins, G. & Haep, A. (2012). Warum sind Veränderungen in der Schule so schwierig? Erklärungen aus der Sozialpsychologie. *Lehren & Lernen, 38,* 28 - 31.

18. Geschlechtergerechte Didaktik

Sind Unterschiede zwischen Jungen und Mädchen zu beachten, wenn man Jungen bzw. Mädchen fördern möchte? Um diese Frage zu beantworten, muss Evidenz dafür vorliegen, dass wirklich von *den* Jungen und *den* Mädchen die Rede sein kann. Zwischen Jungen und Mädchen gibt es allerdings mehr Gemeinsamkeiten als Unterschiede. Eine gute Förderung von Kindern und Jugendlichen richtet sich deshalb nach individuellen und nicht nach vermeintlich geschlechtsspezifischen Bedürfnissen. Jungen und Mädchen, Frauen und Männer gehören alle der Spezies Mensch an. Deswegen verhalten sie sich nach universell für diese Spezies gültigen Gesetzmäßigkeiten. Durch Kultur, Familie, sozioökonomischen Hintergrund und andere Faktoren kommt es zu systematischen Variationen von Verhaltensregeln zwischen Gruppen von Menschen, die auch geschlechtsspezifisch sein können, immer aber auch statistischen Gesetzmäßigkeiten unterliegen: Es gibt auch hier eine große Variation. Gerade Förderung kann sich nicht nach groben Gruppenmerkmalen richten, sondern muss individuumszentriert sein, um diese Variation zu berücksichtigen. Folgende Argumente sind hierbei bedeutsam:

18.1 Soziale Realität und Objektive Wirklichkeit

Um sich mit Geschlechterfragen auseinanderzusetzen ist es hilfreich, die Wirklichkeit zu unterteilen in eine soziale Realität, die durch Vorstellungen, Meinungen, Einstellungen des Individuums und seiner Umwelt geschaffen wird und die objektive Wirklichkeit, die hinter dieser sozialen Realität aufgedeckt werden kann und tatsachenbezogen ist (vgl. Kapitel 6). Da Menschen nicht außerhalb einer sozialen Realität leben können, ist es für sie schwierig, wenn nicht gar unmöglich, die dahinter liegende Wirklichkeit zu erkennen. Menschen müssen mit der Unsicherheit leben, dass sie sich über den Wirklichkeitsgehalt ihrer Vorstellungen nicht absolut sicher sein können.

Ein Beispiel soll zeigen, wie wichtig es ist, beide Wirklichkeitsstufen auseinanderzuhalten. Das Beispiel bezieht sich auf das räumliche Vorstellungsvermögen. Durch Bücher mit Titeln wie „Warum Frauen nicht rückwärts einparken und Männer nicht zuhören können" haben einseitig soziobiologisch orientierte Forscher/innen wie Pease und Pease dazu beigetragen, dass traditionelle Stereotype von Frauen und Männern salonfähig wurden (Steins, 2008). Unterzieht man Mädchen und Jungen einem Test zum räumlichen Vorstellungsvermögen, dann kennen sowohl die

Jungen als auch die Mädchen dieses Stereotyp. Schon Grundschulkinder wissen, was in der Gesellschaft von Mädchen und Jungen erwartet wird (Hannover, 2010). Wenn die Kinder wissen, dass es um räumliches Vorstellungsvermögen und einen Fähigkeitstest geht, dann wird dieses Stereotyp aktiviert und es kommt zu systematischen geschlechtsspezifischen Unterschieden. Dieses Phänomen ist als Sterotype Threat bekannt (Hirnstein & Hausmann, 2010). Interessanterweise verschwinden diese Unterschiede, wenn räumliches Vorstellungsvermögen gemessen wird, ohne Stereotype zu aktivieren. Dasselbe Ergebnismuster kann für sprachliche Leistungen festgestellt werden (Hirnstein & Hausmann 2010): Hier schneiden die männlichen Probanden schlechter ab, denn auch sie kennen das bestehende Stereotyp des sprachlich unbegabteren Mannes. Es gibt folglich einerseits die tatsächlichen Fähigkeiten, die sich universell nicht geschlechtsspezifisch unterscheiden. Nichts in der Spezies Mensch deutet darauf hin, dass systematische kognitive Unterschiede zwischen Frauen und Männern zu erwarten sind. Und es gibt die soziale Realität, die zu systematischen Geschlechtsunterschieden führen kann, wenn sie darauf angelegt ist.

In Hinblick auf die Gestaltung der sozialen Realität gibt es beträchtliche Variation. Menschen unterscheiden sich in ihren Anlagen und nutzen die Angebote der sozialen Realität individuell. Kinder, deren Eltern keine geschlechtsspezifischen Stereotype verinnerlicht haben, haben ein größeres Einstellungs- und Verhaltensspektrum. Deswegen richten sie sich auch nicht konformistisch nach Realitätskonstruktionen, die ihnen ein vermeintlich geschlechtsspezifisch natürliches Verhaltensmuster vorschreiben (Stainton Rogers & Stainton Rogers 2004). Eine Förderung aller Heranwachsenden schließt beide Ebenen der Realität ein.

18.2 Zu den Unterschieden zwischen Jungen und Mädchen

Frauen und Männer unterscheiden sich minimal und statistisch nicht bedeutsam in ihren psychischen, kognitiven wie emotionalen, Merkmalen (Maccoby 2000). Die Unterschiede innerhalb der Frauen und innerhalb der Männer sind wesentlich größer und signifikanter als diejenigen zwischen Frauen und Männern. Dies gilt sogar, wie neuere Studien überzeugend darstellen, für ein psychisches Merkmal, das traditionellerweise Frauen von Männern unterscheiden soll, nämlich Emotionalität (Lozo, 2010). Frauen sind entgegen allen Stereotypen nicht emotionaler als Männer, stellen sich aber in Situationen, in denen offen nach Indikatoren für Emotionalität gefragt wird, im Sinne des Stereotyps dar, Männer genauso.

Es gibt in der moderneren Forschung zahlreiche Befunde für die These, dass die eigentlichen Unterschiede zwischen den Geschlechtern, psychische Merkmale, Fähigkeiten, statistisch uninteressant sind. Interessant ist aber die soziale Realität, die für Mädchen und Jungen geschaffen wird, denn, wenn es Unterschiede gibt, dann spielt diese eine große Rolle.

18.3 Welche Merkmale sozialer Realität begünstigen die Förderung von Jungen und Mädchen im Lern-Lehrkontext?

Im Lern-Lehrkontext sind besonders die Geschlechterstereotype der Lehrenden relevant, denn durch sie werden auch die Stereotype bei den Kindern aktiviert (Ziegler, Kuhn & Heller, 1998; siehe Kapitel 4). Lehrende konstruieren durch Stereotype vermeintlich geschlechtsspezifischer Fähigkeiten Kontexte, die bei den Lernenden Stereotype aktivieren (Hannover 2010). Das ist auch ein Grund dafür, warum Monoedukation keine Lösung des Problems ist, da auch hier Geschlechterstereotype aktiviert werden können, die zu unerwünschten Nebenwirkungen bei den Lernenden führen. Ein förderlicher Lehrstil für beide Geschlechter ist frei von Geschlechterstereotypen. Schulische Situationen sollten folglich nicht so gestaltet werden, dass die Geschlechter gegeneinander arbeiten oder geschlechtsspezifische Merkmale in den Vordergrund rücken.

Lehrende können positive Modelle für die Entwicklung Heranwachsender sein (Steins 2011; Haep, Steins & Wilde, 2012; vgl. Kapitel 1, 8, 12 und 19). Bislang gibt es keinen empirisch fundierten Anhaltspunkt dafür, dass diese ebenfalls geschlechtsspezifisch passend sein müssen (Steins, 2012a). Generell ergibt sich der Befund, dass weibliche Lehrmodelle für alle Lernenden durchschnittlich vorteilhafter sind als männliche Lehrmodelle. Lehrmodelle waren in ihrer Wirkung auf die Leistung der Lernenden dann überlegen, wenn sie folgende Lehrmerkmale aufwiesen: Sie zeigten eine größere Zugewandtheit, ermöglichten den Lernenden eine größere Partizipation und zeigten einen interaktiveren Kommunikationsstil (Hannover 2011), ein Befund, der auch in der Hochschullehre gefunden wurde (Viebahn, 2004; Steins, 2012b, siehe auch Kapitel 2).

Die soziale Wirklichkeit ist folglich so konstruiert, dass sie nur bedingt den Möglichkeiten und Fähigkeiten der einzelnen Individuen entspricht. Geschlechtsspezifische Programme in allgemeinen Bildungsstätten tragen dazu bei, eine die Entwicklung der Individuen hemmende Wirkung zu zeigen, die Kinder und Jugendliche mit sozial konstruierten Vorstellungen von Angemessenheit für eine Geschlechtsidentität versorgen.

Um Kinder und Jugendliche zu fördern, reicht Wissen allein nicht aus. Wissen verändert keine Stereotype, diese sind robust und schaffen sich durch die individuellen Konstruktionen von sozialer Realität ihre eigenen Beweise (French & Marrow 1945; siehe Kapitel 4). Was not tut, ist, dass Lehrende an Lehr- und Lernkontexte wissenschaftlich herangehen: Selbstkritisch und unvoreingenommen systematisch ausprobieren wie sie Kinder und Jugendliche fördern können. Das Geschlecht einer Person ist unerheblich für ihre Förderung. Und nicht nur das: Es ist kontraindiziert (Steins 2008a).

18.3.1 Genderkompetenz der Lehrenden

Stereotype von Lehrenden können sich auf den Lernenden im Sinne selbsterfüllender Prophezeiungen auswirken (siehe Kapitel 4). Deswegen ist die Frage nach den jeweils aktuellen Inhalten von Geschlechterstereotypen im Lehr-Lernkontext informativ. Geschlechtergerechte Didaktik kann nur funktionieren, wenn die Vorstellungen der Lehrkräfte über die Fähigkeiten der Geschlechter nicht an Klischees ausgerichtet sind, sondern an den realen Fähigkeiten der individuellen Schülerinnen und Schüler. Die Korrektur von Stereotypen ist ein erster Schritt, der didaktischen Überlegungen immer voraus gehen sollte, denn die besten Methoden nutzen nichts, wenn sie mit falschen Vorstellungen umgesetzt werden und auf falsche Vorstellungen stoßen (Hannover 2010, S. 37).

18.3.2 Gestaltung sozialer Situationen

Die Aktivierung von Geschlechterstereotypen spielt eine große Rolle in sozialen Situationen. Aktivierende Situationsfaktoren sind beispielsweise gemischtgeschlechtliche Gruppenkonstellationen. Hier fallen die Leistungen dann besonders divergent aus, wenn Geschlechtsrollenstereotype aktiviert sind. Geschlechtshomogene Gruppen sind aufgrund der fehlenden direkten Konfrontation durch Mitglieder des anderen Geschlechts weniger anfällig für den Stereotype Threat (Hirnstein & Hausmann, 2010). Soziale Vergleiche zwischen den Geschlechtern, geschlechtstypisierte Aktivitäten und die Betonung von Aspekten physischer Attraktivität zählen zu den Situationsfaktoren, die Geschlechtsrollenstereotypen aktivieren (Boeger, 2010; Hannover 2010; Steins, 2007). Auch müssen die schulinternen Medien sorgfältig und kritisch daraufhin untersucht werden, welche Stereotype sie wiedergeben (Bülow 2008). Soziale Lehr-Lernsituationen sollten so gestaltet werden, dass die Zugehörigkeit zu der Kategorie Geschlecht irrelevant ist.

18.3.3 Fähigkeitseinschätzungen

In der Psychologie spielen in Lehr-Lernsituationen Interaktionen eine große Rolle, die darauf abzielen, die Selbstwirksamkeit des Individuums in einem bestimmten Gebiet zu steigern (siehe Kapitel 8). Die bekanntesten Methoden stammen aus der kognitiven Psychologie wie beispielsweise das sokratische Gespräch (siehe Kapitel 12) oder ein Reattributionstraining (Ziegler & Heller 1998, siehe Kapitel 7). Mit ihrer Hilfe sollen Personen ein realistisches Fähigkeitskonzept auf einem bestimmten Gebiet erwerben und ihren globalen Selbstwert nicht an einer bestimmten Fähigkeit festmachen.

Für eine geschlechtergerechte Didaktik stellen diese Methoden ein sehr gutes und notwendiges Handwerkszeug dar. Die Anteile weiblicher Personen mit unrealistisch niedrigem Fähigkeitsselbstkonzept, besonders für mathematisch-naturwissenschaftliche Fächer, sind höher als die männlicher Personen, obwohl die schulischen Leistungen vergleichbar sind. Insgesamt schätzen sich Mädchen aber auch bescheidener ein (Smaxwil 2008).

Das Ziel der erwähnten Methoden (sokratisches Gespräch und Reattributionstraining) ist es nun, mit einem Individuum ein realistisches Selbstkonzept zu erarbeiten.

18.3.4 Positive Modelle

Die Rolle von gleichgeschlechtlichen Modellen für die eigenen Erfolgserwartungen ist bislang unklar (Hannover 2011). Das mag auch daran liegen, dass neben den Lehrenden viele andere Modelle wirksam werden (Segal et al. 2001) und mehrere demographische Faktoren eine Rolle spielen können wie der sozioökonomische Status der Eltern (Kulik & Ambrose 1992). Unstrittig ist jedoch, dass positive Modelle eine motivierende Rolle für Lernende haben, auch in der sekundären Sozialisation (Buunk, Peiró & Griffioen 2007; Lockwood 2006; Wood & Bandura 1989; Hall 1986; siehe Kapitel 8). Vor allem scheinen zwei Faktoren motivierend zu sein (Lockwood & Kunda 1997):

1. Wenn das Modell für die eigenen Bedürfnisse und Ziele relevant ist und
2. wenn der oder die Beobachter/in die Position und die Expertise des Rollenmodells für sich als erreichbar einschätzt.

Interessant ist eine Untersuchung von Gibson (2003). Das professionelle Selbstkonzept einer Person entwickelt sich in den Stadien einer beruflichen Laufbahn unterschiedlich. In einem frühen Stadium der Ausbildung überwiegt der Versuch, ein realisierbares Selbstkonzept zu finden. Im mittleren Stadium wird dieses Selbstkonzept verfeinert. In einem späteren Stadium werden vor allem Informationen genutzt, um das Selbstkonzept zu erhöhen und zu bestätigen. Will man also Heranwachsende erreichen und in Bezug auf ein realistisches Selbstkonzept beeinflussen, dann ist der Anfang einer Laufbahn besonders wichtig.

18.4 Zusammenfassung

Aus der sozialpsychologischen Forschung lassen sich zahlreiche Erkenntnisse für eine geschlechtergerechte Didaktik ableiten. Wenn sie beherzigt werden, sollten Lehrpersonen in der Lage sein, ihre eigenen Stereotype zu identifizieren und zu revidieren und Gruppen so anzuleiten, dass in ihnen keine Geschlechterstereotype aktiviert werden. Darüber hinaus arbeiten sie an den Fähigkeitsselbstkonzepten ihrer Studierenden, falls diese unrealistisch ausfallen und zu unangemessenen Fähigkeitseinschätzungen führen. Sie sind zugewandt und aktivieren die Lernenden. Sie stellen im Lehr-Lernkontext ein positives Modell dar oder sorgen dafür, dass solche Modelle verfügbar sind. Hierzu müssen sie die

> Bedürfnisse und Ziele der Lernenden kennen. Es ist wichtig, bereits zu Beginn einer Ausbildung diese Erkenntnisse zu berücksichtigen, denn hier ist das Selbstkonzept der Lernenden noch nicht verfestigt.

18.5 Fragen, Übungen, Lektüre

Fragen
- Welche Unterschiede zwischen Jungen und Mädchen spielen in der Schule eine Rolle?
- Sollte man geschlechtsspezifischen Unterricht anbieten? Begründen Sie Ihre Antwort?
- Welche Faktoren wirken sich günstig auf den Lernerfolg von Mädchen und Jungen aus?

Übungen
- Interviewen Sie eine/n Bekannte/n zu seiner/ihrer Meinung über Geschlechtsunterschiede: Was können demnach Jungen bzw. Mädchen besser? Analysieren Sie die Gesprächsinhalte vor dem Hintergrund des Kapitels.
- Lesen Sie zu einem Ihrer Fächer die Empfehlungen nach in Kamphoff, M., & Wiepcke, C. (Hrsg.), *Handbuch Geschlechterforschung und Fachdidaktik* Wiesbaden: VS Verlag für Sozialwissenschaften | Springer Fachmedien und nehmen Sie Stellung dazu.

Zur Nachbereitung empfohlene Lektüre:
- Steins, G. (2010). Handbuch Psychologie und Geschlechterforschung. Wiesbaden: VS Verlag für Sozialwissenschaften | Springer Fachmedien.
- Kamphoff, M., & Wiepcke, C. (Hrsg.), *Handbuch Geschlechterforschung und Fachdidaktik*. Wiesbaden: VS Verlag für Sozialwissenschaften | Springer Fachmedien.

III

19. Sozialerziehung

Sozialerziehung bekommt vor dem heute häufig verwendeten Begriff Bildung eine sehr konkrete Bedeutung (Limbourg & Steins, 2011; Haep, Wilde & Steins, 2012; Steins & Haep, 2014). Der starke Zusammenhang zwischen Sozialer Herkunft und Schulerfolg (Bauer, 2012), hat viel damit zu tun, dass die Kinder mit sehr unterschiedlich entwickelten sozialen und emotionalen Kompetenzen in die Schulwelt eintreten. Diese Kompetenzen werden nicht systematisch entwickelt, was der Inhalt des Erziehungsauftrags wäre, sondern stillschweigend vorausgesetzt. Fertigkeiten wie Impulskontrolle, Emotionsregulation, Aufmerksamkeitssteuerung, Selbstreflexion, Selbstkenntnis und Frustrationstoleranz sowie Verantwortlichkeit sind eine notwendige Voraussetzung für Bildungserfolg (Liew, Chen & Hughes, 2010). Sind diese Fertigkeiten nicht altersangemessen entwickelt, können sie vor allem in den gesellschaftlichen Gruppen wahrscheinlicher nicht kompensiert werden, in denen die Kinder diese Fertigkeiten nicht durch ihr Elternhaus erwerben (Pianta & Walsh, 1996). Die Freiheit des Individuums zur freien Entfaltung ist hier von Beginn an eingeschränkt. Man kann diese Sicht als herrschaftskonform betrachten oder behaupten, dass jede gesellschaftliche Gruppe ihre Schwächen oder Stärken hat (Bauer, 2012). Ein Kind mit sozialen und emotionalen Kompetenzen wird über ein breiteres Verhaltensrepertoire verfügen und sich situationsangemessener verhalten können als eines mit einem nur sehr eingeschränkten Verhaltensrepertoire. Soziales Lernen zielt also auf die Erweiterung des Verhaltensrepertoires von Heranwachsenden ab im Dienste ihrer Entwicklung, nicht im Dienste der Konformität an spezifische Benimmregeln.

19.1 Was ist Soziales Lernen?

Die Heranwachsenden sollen die Schule als Personen verlassen, die sie zu mündiger Bürgerschaft befähigt. So lautet das Erziehungsziel der Schule. Auf die Sprache der Wissenschaftsdisziplin Psychologie herunter gebrochen sollten die Heranwachsenden nach ihrer Schulzeit über emotionale und soziale Kompetenzen verfügen, die ihnen eine verantwortungsvolle Teilhabe an ihrer Gesellschaft ermöglichen. Deswegen geht es in der Schule nicht nur um das Erlernen fachlicher Inhalte, sondern auch genauso um das Soziale Lernen (Limbourg & Steins, 2011). Was aber sind Sozialkompetenzen?

Soziales Lernen bedeutet nicht, dass die Schüler/innen sich nach den Vorstellungen der Lehrer/innen benehmen, es resultiert nicht in Konformität. Soziales Lernen bezieht sich auf den systematischen Erwerb von sozialen und emotionalen Kompetenzen, die dem Heranwachsenden nach der Schulzeit ein angemessenes und kritisch reflektiertes Verhalten in der Gesellschaft ermöglichen. Soziales Lernen bedeutet keinesfalls, dass Heranwachsende durch die gegebene Gruppenzugehörigkeit zu einer Lerngruppe lernen. Lernen in der Gruppe führt nicht automatisch zu Sozialem Lernen, sondern kann Lernprozesse schwächen (siehe Kapitel 8 und 16; Forsyth, 2010). Es geht also um die Herausbildung von grundlegenden Reflexions-, Regulations- und Verhaltenskompetenzen, die das Fundament des gesellschaftlichen Miteinanders ausmachen (Sennett, 2012) und ihren verantwortungsvollen Einsatz.

19.2 Wirkungen von Sozialem Lernen

Je früher Kinder soziale und emotionale Kompetenzen erwerben, desto besser entwickeln sie sich in kognitiver, emotionaler und sozialer Hinsicht. Verläuft die Entwicklung sozialer und emotionaler Kompetenzen altersunangemessen, hat dies einen nachgewiesenen hinderlichen Einfluss auf den Bildungserwerb, aber auch auf die persönliche Entwicklung (Hamre & Pianta, 2001).

In Kapitel 12 wurde eine rational-emotive Perspektive eingenommen (Ellis, 1994). Aus dieser Perspektive werden über eine bestimmte Interaktionsgestaltung die sozialen und emotionalen Kompetenzen von Kindern und Jugendlichen gestärkt. Die hierzu durchgeführten Präventions- und Interventionsstudien zeigen sehr starke bis mittlere Effekte für die weitere Entwicklung der Kinder und Jugendlichen: Diese verhalten sich selbstverantwortlicher und unerwünschte impulsive Verhaltensweisen nehmen ab (de Voge, 1979; Grünke, 2000, 2004; Gonzalez, Nelson, Gutkin, Saunders, Galloway & al., 2004 und David et al., 2010; Haep & Steins 2012). Gerade schwächere Schüler/innen profitieren besonders stark von Formen emotionaler Unterstützung in der Interaktionsgestaltung (Hamre & Pianta, 2005).

Wenn also Kinder mit nur rudimentär entwickelten sozialen und emotionalen Kompetenzen die Schulwelt betreten, dann können Lehrer/innen die nur schlecht genutzte voraus laufende Zeit kompensieren und diese Kinder in ihrer weiteren Entwicklung unterstützen, mit sichtbarem Erfolg für den Bildungsverlauf dieser Kinder. Jedoch nur, wenn die Lehrer/innen-Schüler/innen-Interaktion zu entwicklungsförderlichen Bedingungen führt. Die Grundlage dafür ist eine konstruktive Interaktionsgestaltung, die auf klaren Erwartungen, Unterstützung und besonders einer freundlichen zugewandten Beziehung beruht (Maas & Steins, 2012; Kuck, del Monte, Maas, Parker & Steins, 2008). Freundliche Interaktionen, hohe Erwartungen, entwicklungsförderliche Bedingungen, soziale Kompetenzen und Bildungserfolg hängen eng zusammen (Hamre & Pianta 2001; siehe Kapitel 2).

19.3 Soziales Lernen in der Schule

Auch wenn die Wirkungen sozialen Lernens vielfach belegt sind und Lehrer/innen selber wissen, dass Sozialerziehung eine dringend zu erwerbende Kompetenz ist (Weishaupt et al., 2004; Limbourg & Steins, 2011), ist Soziales Lernen, und damit auch der Erziehungsauftrag, oft kein explizites Thema für Schüler/innen. Die mit dem Sozialen Lernen verbundene Sozialerziehung wurde, abgesehen von einigen Versuchen, immer wieder sowohl in der Wissenschaft wie in der Schule vergessen (Siller, 2011). In der Schule werden durch die Vermittlung fachlichen Wissens grundlegende soziale und emotionale Kompetenzen nur implizit erworben und auch nur, wenn die Lehrkräfte die Möglichkeiten nutzen, fachliche Inhalte mit Inhalten des Sozialen Lernens zu verbinden (Limbourg & Steins, 2011). Auch werden häufig bestimmte Fächer als Vermittlungskanäle sozialen Lernens gesehen, z.B. Ethik und Religionsunterricht (Bucher, 2011; Meyer, 2011) und so andere Fächer stillschweigend von ihrem Erziehungsauftrag entbunden. Sozialerziehung findet häufig nur indirekt und ineffektiv durch negative Sanktionen statt (Sugai, Horner & Gresham, 2002).

Viele Schulen wissen, dass Sozialerziehung zugunsten des Bildungsauftrags vernachlässigt wird und versuchen dieses Defizit in der Vermittlung sozialer und emotionaler Kompetenzen durch Projektwochen zu kompensieren. Lernpsychologisch ist es nicht sinnvoll den Erwerb so grundlegender und wichtiger Fertigkeiten einzelnen Projektwochen zu überlassen. Wenn der Erziehungsauftrag der Schule überwiegend an zufällige regionale Angebote delegiert wird, für die im Schulalltag der Kinder und Jugendlichen nur ausnahmsweise Platz ist, dann wird dadurch auch etwas über den Wert dieser Kompetenzen ausgesagt, den man diesen zumisst (Steins & Haep, 2013). Desweiteren ist es in diesen Fällen schwieriger umzusetzen, dass gelernte Verhaltensweisen aus dem Angebot im Unterrichtsalltag unterstützt und verstärkt werden. Auch ist das massierte punktuelle Lernen nicht so gewinnbringend für den Erwerb von Wissen und die Veränderung von Verhalten wie kontinuierliches Lernen über einen längeren Zeitraum, da es sonst von neuen Wissensinhalten überlagert und vergessen wird (Donovan & Radosevich, 1998, 1999). Niemand käme auf die Idee den Erwerb der deutschen Sprache in eine Projektwoche zu legen und danach zu erwarten, dass die Kinder nun die deutsche Sprache beherrschen. Der Erwerb sozialer Fertigkeiten ist jedoch genauso grundlegend und komplex wie der Spracherwerb, er bedarf auch der Anleitung, Übung, Wiederholung, Unterstützung und Kontrolle sowie der Einbettung in das Gesamtgefüges des Miteinanders (Steins & Haep, 2014).

Diese Ausgangsüberlegungen waren für unsere Arbeitsgruppe der Anlass eine Unterrichtsreihe Soziales Lernen zu entwickeln, die sichtbar als Doppelstunde pro Woche über ein ganzes Schuljahr hindurch unterrichtet wird. Diese Unterrichtsreihe wurde in der siebten Jahrgangsstufe einer Hauptschule erprobt und in den curricularen Lehrplan einer Gesamtschule implementiert (Haep & Steins, 2012; Haep, Steins & Wilde, 2012). Von 2009 bis 2013 haben bereits 17 Klassen der

Jahrgangsstufe 7 diese Unterrichtsreihe durchlaufen. Eine Adaption auf die Grundschule wird zur Zeit erprobt (Jahrgangsstufe 3).

19.4 Grundlagen einer Unterrichtsreihe Soziales Lernen

Die Schüler/innen lernen durch die Vermittlung psychologischen Wissens sich selber und andere realistischer wahrzunehmen, eigene emotionale Zustände besser zu regulieren und sich sozial kompetenter zu verhalten (Haep & Steins, 2012; Haep, Steins & Wilde, 2012). Die theoretische Basis aller schriftlichen und verhaltensbezogenen Übungen bilden emotionspsychologische Überlegungen. Angelehnt an Kurt Lewins Satz, dass nichts so praktisch sei wie eine gute Theorie (Lewin 1948, siehe Kapitel 1) lernen die Schüler/innen die Grundannahmen der rational-emotiven Verhaltenstherapie kennen. Diese Theorie kann als Explorations- und Regulationsinstrument anschaulich erklärt und eingesetzt werden (Knaus, 1974; Ellis, 1994; David et al., 2010, siehe Kapitel 12).

Die Unterrichtsreihe beginnt mit Übungen zur Emotionserkennung. Als Basis dienen Erkenntnisse aus der Emotionsforschung. Diese Übungen dienen dazu, mit den Schülern/innen ein sprachliches Repertoire für die Emotionsbeschreibung zu entwickeln und mit ihnen zu üben, Emotionen und ihr variantenreiches Auftreten erkennen zu können.

Am Beispiel der Emotion Ärger werden aufbauend auf Annahmen der rational-emotiven Verhaltenstherapie mit den Schülern/innen die Zusammenhänge zwischen Fühlen, Denken, Verhalten und Ereignissen schrittweise systematisch und konkret erarbeitet (Ellis, 1994). Im letzten Drittel des Schuljahrs lernen die Schüler/innen mit ausgewählten Übungen selbstkritisch zu disputieren, zum Beispiel ein hedonistisches Kalkül vorzunehmen, in dem dissonanztheoretische Erkenntnisse transferiert werden. Hier ist z.B. Schulabsentismus ein häufiges Thema: Warum lohnt es sich (nicht) zu Schule zu gehen, kurz- bzw. langfristig? Erkenntnisse aus der gruppendynamischen Forschung dienen zum Erwerb von Konzepten, welche die soziale Umwelt der Schüler/innen beschreibbar macht (Forsyth, 2010). Zu diesem Zeitpunkt der Unterrichtsreihe können meistens schon komplexe Diskussionen geführt werden.

Emotionstheoretische Grundlagen sind den Schülern/innen zu Beginn der Unterrichtsreihe komplett unbekannt. Es ist erstaunlich über wie wenige Methoden der Selbstanalyse und -reflexion sie verfügen. Sie haben in der siebten Jahrgangsstufe häufig wichtige soziale Fertigkeiten noch nicht gelernt.

19.5 Wie wird gelernt – was tun die Lehrenden?

Die Lehrenden sind in diesem Projekt einerseits die Dozenten/innen im universitären Setting, die Studierende des Lehramtes ausbilden sollen und andererseits die lernenden Studierenden, die als Lehrende für die Schüler/innen, die hier als Lernende zu verstehen sind, auftreten. Die Schüler/innen lernen die Inhalte Sozialen Lernens. Die studentischen Lehrenden werden in den Kompetenzen unterrichtet und trainiert, die sie zu erfolgreichen Übermittlern von Bildungsinhalten befähigen sollen. Hier beziehen wir uns sehr stark auf interaktionistische Auffassungen der Forschung zum Classroom Management (Everston & Weinstein, 2006), deren wichtigste Merkmale für das Soziale Lernen in der Schule nun beschrieben werden.

19.5.1 Feedback als wichtiger Prozess Sozialen Lernens

Feedback ist notwendig für Lernprozesse und sollte konkret, weiterführend und umsetzbar sein (Hattie & Timperly, 2007; Shute, 2008). Feedback etabliert Standards, die verhaltensorganisierend wirken (Duval & Silvia, 2009; Semmer & Jacobshagen, 2010) und im Falle des schulischen sozialen Miteinanders die Vermittlung von Bildungsinhalten ermöglichen. Deshalb wird der Erwerb der Inhalte Sozialen Lernens durch den Einsatz verschiedener Feedbackinstrumente unterstützt.

Zu Beginn jeder Unterrichtsreihe wird gemeinsam mit den Schülern/innen eine überschaubare Zahl von Verhaltensregeln aufgestellt und sichtbar gemacht sowie eine persönliche Verpflichtung unterzeichnet (Lohaus, 1985, siehe Kapitel 9). Es ist wichtig, dass diese Regeln konkret und verhaltensbezogen sind. Sehr beliebt sind in der Schule gegenwärtig Regeln wie „Jeder verdient Respekt" oder „Die Lehrer haben das Recht ungestört zu unterrichten" (siehe Kapitel 14). Diese Formulierungen sind jedoch nicht verhaltensorganisierend. Sie sind zu abstrakt formuliert und stellen Forderungen, keine Regeln dar. Klare Regeln benennen Verhaltensweisen, die beobachtbar und umsetzbar sind. Alle Regeln werden in der Ich-Form formuliert, um die Verantwortlichkeit des Individuums anzuregen. Die Regeln werden durch Folgen für den Fall der Einhaltung bzw. Nicht-Einhaltung ergänzt.

Regeln stellen die Grundlage der wöchentlichen Selbstreflexion und des Feedbacks dar. Jede/r Schüler/in gibt zum Ende einer Doppelstunde an, wie gut er/sie sich entsprechend der vereinbarten Regeln verhalten hat und begründet seine/ihre Einschätzung mit den Symbolen + (hat sich gut an die Regeln gehalten), – (hat sich nicht gut genug an die Regeln gehalten) und +- (hat sich insgesamt genauso oft gut wie nicht gut an die Regeln gehalten). Zu Beginn der nächsten Unterrichtseinheit wird die eigene Einschätzung mit der Einschätzung und Begründung der Lehrkraft verglichen. Zwei Plus können ein Minus wieder gut machen. Diese Möglichkeit der Wiedergutmachung erhöht die Akzeptanz des Feedbacks (siehe Kapitel 11, Brehm & Brehm, 1981; Miron & Brehm, 2006; Duval & Silvia, 2009).

Das Feedback führt zu Beginn der Unterrichtsreihe stets zu vielen Nachfragen, die sich schnell reduzieren, wenn eine gemeinsame Realitätskonstruktion gefunden wird. Zum Ende eines Schulhalbjahres können die Schüler/innen, die mehr Plus als Minus in der Fremdeinschätzung erhalten haben, an einem gemeinsamen Ausflug teilnehmen. Diejenigen, die mehr − als + erhalten haben und nicht teilnehmen können, bekommen zeitgleich eine intensive Nachbereitung der Inhalte durch die Dozenten/innen. Zum Ende des Schuljahres hat dann jede/r Schüler/in erneut die Chance an einer gemeinsamen außerschulischen Aktivität teilzunehmen.

Zum Ende des Schulhalbjahres bzw. Schuljahres bekommen alle Schüler/innen für den Unterricht eine von den drei Bewertungen auf ihr Zeugnis: „hat teilgenommen", „hat mit Erfolg teilgenommen" oder „hat mit großem Erfolg teilgenommen". Jede/r Schüler/in erhält zusätzlich eine ausführliche Begründung der Bewertung sowie einen Tipps für sein/ihr zukünftiges Verhalten.

Aufgrund der Sanktionsforschung, die eindeutig belegt, dass Exklusion ein kontraindiziertes Erziehungsmittel ist (Steins & Welling, 2010) und Anmerkungen von Matthias Grünke anlässlich eines Gutachtens (Haep & Steins, 2012), haben wir das Konzept ab dem Schuljahr 2013/14 verändert. Der gemeinsame Ausflug wird nicht mehr als Anreiz, der gewährt bzw. genommen werden kann, gestaltet, sondern mit allen Schülern/innen, unabhängig von ihrem Verhalten durchgeführt. Allerdings müssen Schüler/innen, die zweimal hintereinander regelwidriges Verhalten zeigen, einen besonders intensiven Unterricht Soziales Lernen aufsuchen, wo auf sie zugeschnittene Inhalte erarbeitet werden. Die Einrichtung dieser Interventionsgruppen wurde zum ersten Mal im Schuljahr 2012/13 erprobt und hat sich bewährt. Das wöchentliche Feedback bekommt nun einen stärkeren Informationswert und verliert seinen bestrafenden Charakter, der es in der Vergangenheit einzelnen Schülern/innen vermutlich erschwert hat, das Feedback anzunehmen (Steins & Welling, 2010). Eine Evaluation hierzu steht jedoch noch aus.

19.6 Wie wird gelehrt?

19.6.1 Konstruktive Interaktionsgestaltung als eine zentrale Aufgabe der Lehrenden

Im Schulalltag wird die Wichtigkeit der interaktiven Dimension mit der abstrakten Forderung nach gegenseitigem Respekt häufig nur oberflächlich behandelt. Unklar bleibt, was Respekt auf der konkreten interaktiven Ebene bedeutet (Kapitel 14). Von gleicher Bedeutung wie die Inhalte des Sozialen Lernens ist jedoch, wie die Ausführungen über Feedback bereits nahe legen, die Art und Weise wie Soziales Lernen unterrichtet wird. In dem Projekt spielen rational-emotive Erziehungsprinzipien eine wesentliche Rolle für die Interaktionsgestaltung, so der Modellgedanke (Kapitel 8), die Sprache (Kapitel 12), und die Kombination von Konsequenz und Freundlichkeit (Kapitel 12). Die Beobachtungen und Fragebogendaten zeigen, dass unerfahrene Lehrende im

Ärger häufig zu schnellen negativen Sanktionen in Form exkludierender Maßnahmen oder Hinzuziehung Dritter (andere Teammitglieder, Klassenlehrer, Trainingsraum) neigen. Eine sozial kompetente Verhaltensweise ist das nicht, sondern letztendlich wird das ausgespielt, was French und Raven als Coercive Power bezeichnet haben, eine Machtgrundlage, die von den Autoren als äußerst sparsam im Einsatz in pädagogischen Kontexten empfohlen wird, da sie zur Eskalation und Konformität führt, nicht aber zu der Etablierung einer konstruktiven Beziehung (French & Raven 1959; Erchul, Raven & Ray 2001, Kapitel 5). Das Ausbildungskonzept versucht bei den Lernenden die Fähigkeit zu entwickeln bzw. zu stärken, Konsequenz mit Freundlichkeit zu verbinden und die Zusammenhänge zwischen intensiven negativen Emotionen und eigene Bewertungen zu reflektieren. Diese systematische Anleitung zur Emotionsregulation übt bei Lehrenden einen stressreduzierenden Effekt aus (Brackett, Palomera, Mojsa-Kaja, Reyes & Saloves, 2010; Wilton & Steins, 2012; Steins, Haep & Bitan, 2013).

19.7 Zusammenfassung

Sozialerziehung hat in der Schule häufig keinen systematischen Platz, sondern wird als Kompetenz vorausgesetzt. Bei der Umsetzung sozialen Lernens empfiehlt sich eine kontinuierliche, konzeptgebundene Herangehensweise. Die Entwicklung und Evaluation altersangemessener Inhalte für eine Unterrichtsreihe Soziales Lernen ist ein erster Schritt, um das Thema in der Schule sichtbar zu machen. Das *Wie* ist der zweite Schritt. Hierfür entwickeln wir ein Ausbildungskonzept für Studierende des Lehramtes, das sie befähigt genau die Interaktionsqualitäten zu entwickeln, die gegenwärtig als besonders entwicklungsfördernd erkannt worden sind. Die Studierenden führen die Unterrichtsreihe Soziales Lernen in Teams an verschiedenen Kooperationsschulen durch, werden dabei begleitet, mit theoretischen Grundlagen versorgt, im Unterricht beobachtet und erhalten zeitnahes Feedback.

19.8 Fragen, Übungen, Lektüre

Fragen
- Was ist Soziales Lernen?
- Warum ist Sozialerziehung nicht vom Fachunterricht zu trennen?
- Welche Rolle spielen Konformitätsprozesse bei Sozialerziehung in der Schule?
- Warum erwerben Heranwachsende nicht automatisch durch Gruppenarbeit soziale Kompetenzen?

Übungen
- Recherchieren Sie, welche Möglichkeiten Sie in Ihren Unterrichtsfächern haben, Fachinhalte mit Inhalten sozialen Lernens zu verbinden. Nuzen Sie dafür den Sammelband von Limbourg und Steins (siehe unten Weiterführende Lektüre).
- Fragen Sie einen Studierenden, besser noch eine/n Schüler/in zu den Erfahrungen mit Gruppenarbeit in der Schule. Was ist daran gut, was schlecht gewesen? Was hätten die Dozenten/innen bzw. Lehrer/innen besser machen können? Bewerten Sie die Aussagen vor dem Hintergrund Ihrer bisherigen sozialpsychologischen Kenntnisse.
- Welche Rolle spielt Sozialerziehung in den Profilen von Schulen Ihrer Region? Schauen Sie sich die Homepages ausgewählter Schulen an und skizzieren Sie das zusammenfassende Ergebnis.

Weiterführende Lektüre
- Limbourg, M., & Steins, G. (2011). *Sozialerziehung in der Schule*. Wiesbaden: VS Verlag für Sozialwissenschaften | Springer Fachmedien.
- Haep, A., Steins, G., & Wilde, J. (2012). *Soziales Lernen. Sek I*. Wiesbaden: Auer.
- Steins, G. & Haep, A. (2013). *99 Tipps Soziales Lernen*. Berlin: Cornelsen Scriptor.

III

20. Ausblick

Zwei Zitate, die im Kontext der deutschen Bildungsdebatte gefallen sind, beginnen den Ausblick. Das erste Zitat stammt von Jürgen Kaube:

> *„Pisa, das war keine Studie über den Untergang des Abendlands, mangelndes Wissen über Goethe und die Goten oder fehlende Kenntnisse in Geographie. Pisa war ein Befund über Kinder, denen weder der Wille noch die Fähigkeit beigebracht wurde, sich mit einem Bleistift in der Hand, in Kenntnis der deutschen Sprache und durch ihren Verstand zu orientieren."* (Kaube, 2002).

Das zweite Zitat fiel in einem Interview mit dem Cyberpunk-Autor Neal Stephenson (Schmundt & Traufetter, 2003; S. 124):

> *„Computer sind eigentlich nichts für Kinder. Am besten wäre es, wenn sie erst mit 18 an den Rechner dürften. Stattdessen daddeln die von Kindesbeinen an den Kisten rum und können nicht mal die kleinsten Programme selber schreiben. (...) Heutzutage lernen Kinder nur, wie man Microsoft Word benutzt. Das ist genauso überflüssig, wie in der Schule zu üben, eine Waschmaschine zu benutzen. Das wichtigste Ziel jeder Erziehung muss sein: Das Kind muss merken, wenn ihm jemand Unsinn erzählt. Das hätte uns vieles erspart – möglicherweise sogar den Börsencrash."*

Beide Zitate weisen darauf hin, dass die Grundlage für Lernen *kritisches Denken* ist. Um dies zu lernen brauchen Heranwachsende materiell eigentlich nicht besonders viel. Es reicht in der Tat ein Papier und ein Bleistift oder Sand und Stöcke. Aber Heranwachsende brauchen eine gute persönliche Anleitung.

Es klingt vielleicht provokant zu behaupten, *dass bildungspolitische und pädagogische Maßnahmen entweder am A oder am C arbeiten, aber nie am B,* (siehe Kapitel 12) aber es trifft den Kern der beiden Zitate.

Der Aufwand an Geld, Papier, Zeit, Bildern, Computern mit Zubehör und anderen materialisierten Lernhilfen (*A*) steht in keiner Relation zu dem Effekt, den er bringen soll. Materialien sind nicht überflüssig, aber es erhebt sich die Frage, ob sie nicht ohne die notwendigen Grundlagen das Fehlen dieser Grundlagen im Sinne einer symbolischen Selbstergänzung (siehe Kapite 10) kaschieren.

Die Essenz aus den theoretischen Perspektiven dieses Buches, das neun theoretische Perspektiven und zahlreiche Anwendungen darstellt, ist die Erkenntnis, dass es entscheidend ist, wie ernsthaft und kompetent ein Fach durch ein Modell vermittelt wird und wie dieses darüber hinaus versteht, die Aufmerksamkeit und Motivation einer Gruppe von Kindern und Jugendlichen so zu lenken, dass diese lernen und motiviert sind. Dies ist aber nicht zu schaffen, wenn Schüler/innen nicht über Methoden verfügen, wie sie den Unterrichtsstoff und ihre eigenen Befindlichkeiten reflektieren können. Logisches Denken, rational nachvollziehbare Argumente, selbstkritisches Überprüfen eigener Argumente, Kalkulationen, realistische Einschätzungen: Grundlagen des kritischen Geistes werden oft viel zu spät vermittelt, nämlich dann, wenn ein Philosophiekurs gewählt wird oder wenn eine wissenschaftliche Ausbildung begonnen wird. Und diese Methoden müssen auch von den Lehrenden angewendet werden, wenn sie entwicklungsfördernde Interaktionen gestalten wollen.

Es wird in keinem Fall entscheidend sein, ob ein Computer in einem Klassenzimmer gestanden hat oder nicht. Die Kunst der zwischenmenschlichen Verhandlung, des respektvollen Umgangs miteinander, des begründeten Standpunktes, sei er mathematisch oder philosophisch, lässt sich mit keinem Lernmaterial und keinem noch so ausgefeilten Wochenplan zur individuellen Förderung ersetzen.

Mit zu den schönsten Augenblicken im Bereich des Lernens zählen solche, in denen etwas verstanden und erkannt wird. Diese Augenblicke stellen sich sein, wenn man gleichzeitig gefordert und kunstvoll angeleitet wird. Nicht indem man Formulare ausfüllt und vorgefertigte Materialien bearbeitet, sondern indem methodisch über eine Fragestellung nachgedacht wird, aus einer Vielzahl von Perspektiven heraus. Die hier aufgeführten theoretischen Perspektiven regen hoffentlich an, wie solche Augenblicke immer wieder erreicht werden können.

Band II „Sozialpsychologie im Klassenzimmer" greift auf einer sehr konkreten Ebene die Interaktionen auf, auf die es entscheidend bei der Entwicklung Heranwachsender im schulischen Kontext ankommt.

TEIL VI
Anhang

ANHANG
Literatur

Aberkane, C. (2008). *Eine Betrachtung multiethnischer Sozialgruppen an Schulen im Düsseldorfer Stadtgebiet aus gruppenpsychologischer Perspektive.* Saarbrücken: Südwestdeutscher Verlag für Hochschulschriften.

Abrams, D., Sparkes, K., & Hoff, M.A. (1985). Gender salience and social identity: The impact of sex of siblings on educational and occupational aspirations. *British Journal of Educational Psychology, 55*, 224-232.

Allport, F.H. (1920). The influence of the groups upon association and thought. *Journal of Experimental Psychology, 3*, 159-182.

Allport, G.W. (1954). *The nature of prejudice.* MA: Reading.

Altmann, T. & Roth, M. (2013). The evolution of empathy: From single components to process models. In C. Mohiyeddini, M. Eysenck & S. Bauer (Hrsg.), *Handbook of Psychology of Emotions, Recent Theoretical Perspectives and Novel Empirical Findings, 1,* (S. 171-188). New York, NY: Nova Science Publishers.

Arkowitz, H. (2002) Toward an Integrative Perspective on Resistance to Change. *Psychotherapy in Practice, 58*, 219-227.

Aronson, E., Wilson, T.D. & Akert, R. M. (2008). *Sozialpsychologie.* München: Pearson Studium.

Asch, S.E. (1952). *Social Psychology.* Englewood Cliffs, NJ: Prentice Hall.

Asch, S.E. (1955). Opinions and social pressures. *Scientific American, 193*, 31-35.

Baldwin, M.W., Holmes, J.G. (1987). Salient private audiences and awareness of the self. *Journal of Personality and Social Psychology, 52*, 1087-1098.

Bandura, A. (1965). Influence of models' reinforcement contingencies on the acquisition of imitative responses. *Journal of Personality and Social Psychology, 6*, 589-595.

Bandura, A. (1979). *Sozial-kognitive Lerntheorie.* Stuttgart: Klett-Cotta.

Bandura, A. (1982). Self-efficacy mechanism in human agency. *American Psychologist, 37*, 122-147.

Bandura, A. (1986). *Social Foundations of Thought and Action: A Social Cognitive Theory.* Englewood-Cliffs, NJ: Prentice Hall.

Bandura, A. (1997). *Self-efficacy: The Exercise of Control.* NY: Freeman.

Bandura, A., Blanchard, E.B., & Ritter, B. (1969). The relative efficacy of desensitization and modelling approaches for inducing behavioural, affective, and attitudinal changes. *Journal of Personality and Social Psychology, 13*, 173-199.

Bauer, U. (2012). *Sozialisation und Ungleichheit. Eine Hinführung.* 2., korrigierte Auflage. Wiesbaden: VS Verlag für Sozialwissenschaften | Springer Fachmedien.

Baumeister, R.F. & Leary, M.R. (1995). The need to belong: desire for interpersonal attachments as a fundamental human motivation. *Psychological Bulletin, 17,* 497-529.

Beck, A.T. (1976). *Cognitive Therapy and the Emotional Disorders.* New York: International Universities Press.

Beckman, L.J. (1976). Causal attributions of teachers and parents regarding children's performance. *Psychology in the Schools, 13,* 212-218.

Berger, P.L., & Luckmann, T. (1966). *The Social Construction of Reality.* New York: Doubleday, Inc., Garden City.

Bernard, C., & Schlaffer, E. (2002). *Einsame Cowboys. Jungen in der Pubertät.* München: DTV.

Betz, N.E., & L. F. Fitzgerald, L.F. (1987). *The Career Psychology of Woman.* New York: Academic Press.

Bitan, K., Haep, A. & Steins, G. (2013). Psychology of Emotion and its Application in Educational Settings. In C. Mohiyeddini, M. Eysenck & S. Bauer (Hrsg.), *Handbook* of *Psychology of Emotions, Recent Theoretical Perspectives and Novel Empirical Findings, 1, 101-114.* New York: Nova Publisher.

Blumberg, A. (1974). *Supervisors and Teachers: A Private Cold War.* Berkeley, California, McCutchen Publishing Co.

Bölsche, et al. (2004). Die Hölle danach. *Spiegel, 49,* 88-101.

Bond, M.H. & Shiu, W.Y. (1997). The relationship between a group's personality resources and the two dimensions of its group process. *Small Group Research, 28,* 194-217.

Bond, R., & Smith, P.B. (1996). Culture and conformity: A meta-analysis of studies using Asch's (1952b, 1956) line judgement task. *Psychological Bulletin, 119,* 111-137.

Borich, G.D., & Klinzing, H.G. (1987). Paradigmen der Lehrereffektivitätsforschung und ihr Einfluss auf die Auffassung von effektivem Unterricht. *Unterrichtswissenschaft, 1,* 90-111.

Brackett M.A., Palomera, R., Mojsa-Kaja, J., Reyes, M.R. & Saloves, P. (2010). Emotion-regulation ability, burnout, and job satisfaction among british secondary-school Teachers. *Psychology in the Schools, 47,* 406-417.

Bradford Brown, B., & Lohr, M.J. (1987). Peer-group affiliation and adolescent self-esteem: An integration of ego-identity and symbolic-interaction theories. *Journal of Personality and Social Psychology, 52,* 47-55.

Brehm, J. (1966). *A Theory of Psychological Reactance.* New York: Academic Press.

Breidenstein, G. & Meier, M. (2004). "Streber" – Zum Verhältnis von Peer Kultur und Schulerfolg. *Pädagogische Rundschau, 58,* 549-563.

Brooks-Gunn, J., Ohring, R., & Graker, J. (2002). Girls recurrent and concurrent body dissatisfaction: Correlates and consequences over 8 years. *International Journal of Eating Disorders, 31,* 404-415.

Brophy, J. (1981). Teacher praise: a functional analysis. *Review of Educational Research, 51*, 5-32.

Bucher, A.A. (2011). Sozialerziehung im Religions- und Ethikunterricht. In M. Limbourg & G. Steins (Hrsg.), *Sozialerziehung in der Schule* (205-222). Wiesbaden: VS Verlag für Sozialwissenschaften | Springer Fachmedien.

Buchmann, C., & Dalton, B. (2002). Interpersonal influences and educational aspirations in 12 countries: The importance of institutional context. *Sociology of Education, 75*, 99-122.

Burger, J.M. (2009). Replicating Milgram: Would people still obey today? *American Psychologist, 64*, 1-11.

Buss, A.R. (1978). Causes and reasons in attribution theory: A conceptual critique. *Journal of Personality and Social Psychology, 36*, 1311-1321.

Charon, J.M. (1979). *Symbolic interactionism: an introduction, an interpretation, an integration.* N.J.: Prentice Hall.

Clark, R.D., III. (1990). Minority influence: The role of argument refutation on the majority position and social support for the minority position. *European Journal of Social Psychology, 20*, 489-497.

Cobb, J.C., Cohen, R., Houston, D.A., & Rubin, E.C. (1998). Children's self-concepts and peer relationships: Relating appearance self-discrepancies and peer perceptions of social behaviors. *Child Study Journal, 28*, 291-308.

Cottrell, N.B. (1972). Social facilitation. In C.G. McClintock (Hrsg.), *Experimental social psychology (185-236)*. New York: Holt, Rinehardt & Winston.

Cowan, P.A., & Walters, R.H. (1963). Studies of reinforcement of aggression. I. Effects of scheduling. *Child Development, 34*, 543-552.

Csikszentmihalyi, M. (1997). *Finding flow.* New York: Basic Books.

Cunningham, M.R. (1986). Measuring the physical in physical attractiveness: Quasi-experiemnts on the socio-biology of female face beauty. *Journal of Personality and Social Psychology, 50*, 925-935.

Dalbert, C. (2011). Bedeutung des schulischen Gerechigkeitserlebens. In E. Witte, J. Doll (Hrsg.), *Sozialpsychologie, Sozialisation und Schule*, (S. 217-232). Lengerich: Pabst Science Publishers.

Dauber, S.L. & Persson Benbow, C. (1990). Aspects of personality and peer relations of extremely talented adolescents. *Gifted Child Quarterly, 34*, 10-14.

David, D., Lynn, S.J., & Ellis, A. (2010). *Rational and Irrational Beliefs.* Oxford: Oxford University Press.

Davidson, D. 81994). Knowing one's own mind. In Qu. Cassam (Hrsg.), *Self-Knowledge.* Oxford: Oxford University Press.

Deaux, K., & Farris, E. (1977). Attributing causes for one's own performance: The effects of sex, norms, and outcome. *Journal of Research in Personality, 11*, 59-72.

DePaulo, B.M., Tang, J., Webb, W., & Hoover, C. et al. (1989). Age differences in reactions to help in a peer tutoring context. *Child Development, 60*, 423-439.

De Voge, C. (1979). Ein verhaltenstherapeutischer Ansatz zur Vermittlung von rational-emotiven Prinzipien bei Kindern. In: Albert Ellis & Russell Grieger (Hrgs), *Praxis der rational-emotiven Therapie (276-282)*. München: Urban & Schwarzenberg.

Dick, P.K. (1993). Der Minderheiten Bericht. In: *Autofab*, S. 120-172. Zürich: Haffmanns.

Dickhäuser, O., Helgert, J. & Köppe, A. (2009). Machen Kleider wirklich Schule? Eine längsschnittliche Analyse der Effekte des Tragens einheitlicher Schulkleidung. *Psychologie in Erziehung und Unterricht, 56*, 38-48.

Diener, E. (1979). Deindividuation, self-awareness, and disinhibition. *Journal of Personality and Social Psychology, 37*, 1160-1171.

Di Giuseppe, R.A. (1979). Die Verwendung verhaltenstherapeutischer Methoden zur Vermittlung von rationalen Selbstverbalisierungen bei Kindern. In: A. Ellis & R. Grieger (Hrgs), *Praxis der rational-emotiven Therapie (283-287)*. München: Urban & Schwarzenberg.

Dion, K., Berscheid, E., & Walster, E. (1972). What is beautiful is good. *Journal of Personality and Social Psychology, 24*, 285-290.

Donovan, J.J. & Radosevich, D.J. (1998). The moderating role of goal commitment on the goal difficulty – performance relationship: A meta-analytic review and critical reanalysis. *Journal of Applied Psychology, 83*, 308-315.

Donovan, J.J. & Radosevich, D.J. (1999). A meta-analytic review of the distribution of practice effect: Now you see it, now you don't. *Journal of Applied Psychology, 84*, 308-315.

Dumke, D. (1978). The influence of Rosenthal effect on performance in intelligence test after arousal of intense expectation. *Psychologie in Erziehung und Unterricht, 25*, 32-38.

Duval, S., & Wicklund, R.A. (1972). *A theory of objective self-awareness*. New York: Academic Press.

Dweck, C.S. (1999*). Self-Theories: Their Role in Motivation, Personality and Development.* Philadelphia: Psychology Press

Elias, N. & Scotson, J.L. (1993). *Etablierte und Außenseiter.* Frankfurt/M.: Suhrkamp.

Elias, N. (2003). *Die Gesellschaft der Individuen.* Frankfurt/M.: Suhrkamp.

Ellis, A. (1958). Rational psychotherapy. *Journal of General Psychology, 59*, 35-49. Reprinted: New York: Institute for Rational-Emotive Therapy.

Ellis, A. (1972). Klinisch-theoretische Grundlagen der rational-emotiven Therapie. In: A. Ellis, & R. Grieger (Hrsg.), *Praxis der rational-emotiven Therapie*, 3-36. München: Urban & Schwarzenberg.

Ellis, A. (1994). *Reason and Emotion in Psychotherapy. A Comprehensive Method of Treating Human Disturbances. Revised and Updated.* New York: Birch Lane Press.

Ellis, A. & Hoellen, B. (2008). *Die rational-emotive Verhaltenstherapie: Reflexionen und Neubestimmungen.* München: Pfeiffer.

Ellis, A., & Wilde, J. (2002). *Case Studies in Rational Emotive Behavior Therapy with children and adolescents.* NJ: Merrill Prentice Hall.

Entwisle, D.R., & Alexander, K.L. (1996). Family type and children's growth in reading and math over the primary grades. *Journal of Marriage & the Family, 58*, 341-355.

Erb, H.-P. & Bohner, G. (2002). Sozialer Einfluss durch Mehrheiten und Minderheiten. In Frey, D. & Irle, M. (Hrsg.), *Theorien der Sozialpsychologie, Band II (47-61).* Göttingen: Huber.

Erchul, W.-P., Raven, B. & Ray, A-G. (2001). School psychologists perceptions of social power bases in teacher consultation. *Journal of the Educational and Psychological Consultation, 12*, 1-23.

Etzold, S. (2000). Die Leiden der Lehrer. *DIE ZEIT, 48.*

Everston, C.M., & Weinstein, C.S. (2006). *Handbook of Classroom Management. Research, Practice, and Contemporary Issues.* NJ: Mahwah: Lawrence Erlbaum Associates.

Feinberg, M.E., Neiderhiser, J.M., Simmens, S., Reiss, D., & Hetherington, E.M. (2000).Sibling comparison of differential parental treatment in adolescence: gender, self-esteem, and emotionality as mediators of the parenting-adjustment association. *Child Development, 71*, 1611-1628.

Festinger, L. (1954). A theory of social communication processes. *Human Relations, 7,* 117-140.

Fischer, L. & Wiswede, G. (2002). *Grundlagen der Sozialpsychologie.* München: Oldenbourg.

Flade, A. (2011). Einflüsse der physischen Umwelt auf das Sozialverhalten in der Schule – zur Bedeutung des dritten Lehrers. In M. Limbourg & G. Steins (Hrsg.), *Sozialerziehung in der Schule* (157-182). Wiesbaden: VS Verlag für Sozialwissenschaften | Springer Fachmedien.

Flavell, J.H. (1963). *The Developmental Psychology of Jean Piaget.* New York: Van Nostrand.

Flavell, J.H., Botkin, P.T., Fry, C.L., Wright, J.W., & Jarvis, P.E. (1968). *The development of role-taking and communication skills in children.* New York: Wiley.

Försterling, F., & Rudolph, U. (1988). Situations, attributions and the evaluation of reactions. *Journal of Personality and Social Psychology, 54,* 225-232.

Forsyth, D. R. (2010). *Group Dynamics.* Belmont, CA: Wadsworth, Cengage Learning.

Fouts, G., & Burggraf, K. (2000). Television situation comedies: female weight, male negative comments, and audience reactions. *Sex Roles, 42,* 9-10.

French, J.R.P., Jr., Marrow, A.J. (1945). Changing a stereotype in industry. *Journal of Social Issues.*

French, J.R.P., Jr., & Raven, B. (1959). The bases of social power. In D. Cartwright (Hrsg.), *Studies in social power.* Ann Arbor, Mi: Institute for Social Reasearch.

Frey, K.S., & Ruble, D.N. (1985). What children say when the teacher is not around: Conflicting goals in social comparison and performance assessment in the classroom. *Journal of Personality and Social Psychology, 48,* 550-562.

Friedman, H.S. Riggio, R.E. (1981). Effect of individual differences in nonverbal expressiveness on transmission of emotion. *Journal of Nonverbal Behavior, 6,* 96-101.

Fry, P.S. (1982). Pupil performance under varying teacher conditions of high and low expectations and high and low controls. *Canadian Journal of Behavioural Science, 14*, 219-231.

Gaschke, S. (2003). *Die Erziehungskatastrophe*. München: Heyne.

Geen, R.G., & Stonner, D. (1971). Effects of aggressiveness habit strength on behavior in the presence of aggression-related stimuli. *Journal of Personality and Social Psychology, 17*, 149-153.

George, R.C. (1977). Six ways to heighten pupil participation. *High School Behavioural Science, 4*, 79-83.

Gergen, K. (1985). The social constructionist movement in modern psychology. *American Psychologist, 40*, 266-275.

Gergen, G.W. & Gergen, M.M. (1986). *Social Psychology*. New York.

Gibson, D.E. (2003). Developing the professional self-concept: Role model construals in early, middle, and late career stages. *Organization Science, 14*, 591-610.

Gonzalez, J.E., Nelson, J.R., Gutkin, T.B., Saunders, A., Galloway, A., & Shwery, C.S. (2004). Rational - Emotive Therapy with children and adolescents: A meta-analysis. *Journal of Emotional and Behavioral Disorders, 12*, 222-235.

Grolnick, W.S., & Slowiaczek, M.L. (1994). Parent's involvement in children's schooling: a multidimensional conceptualization and motivational model. *Child Development, 65*, 237-252.

Grünke, M. (2000). Rational-emotive Erziehung bei Schülern mit Lernbehinderung. *Psychologie in Erziehung und Unterricht, 47*, 296-306.

Grünke, M. (2004). Die Wirksamkeit von rational-emotiver Erziehung bei lernbehinderten Schülern. *Heilpädagogische Forschung, 2*, 62-69.

Guay, F., Boivin, M., & Hodges, E.V.E. (1999). Social comparison processes and academic achievement: The dependence of the development of self-evaluations on friends' performance. *Journal of Educational Psychology, 91*, 564-568.

Guttmann, J. (1982). Pupils', teachers' and parents' causal attributions for problem behavior at school. *Journal of Educational Research, 76*, 14-21.

Haep, A. & Steins, G. (2011). Wenn der Qualitätsprüfer kommt… *Forum Schule, 2*, 18-19.

Haep, A. & Steins, G. (2012). Rational-emotive Erziehung als Sozialerziehung im schulischen Kontext: Effekte und Implementierung. *Zeitschrift für Rational-Emotive & Kognitive Verhaltenstherapie, 22*, 18-37.

Haep, A., Steins, G. & Wilde, J. (2012). *Soziales Lernen Sekundarstufe I*. Donauwörth: Auer.

Haep, A. & Steins, G. (2013). Soziales Lernen in der Schule. *SchulVerwaltung, 18*, 196-198.

Haep, A. & Steins, G. (2014). Ausbildung von Lehrerinnen und Lehrern. *SchulVerwaltung, Zeitschrift für Schulentwicklung und Schulmanagement*, Februar, S. 36ff.

Hammerl, M., Grabitz, H.-J., & Gniech, G. (2001). Die kognitiv-physiologische Theorie der Emotion von Schachter. In: D. Frey & M. Irle (Hrgs.), *Theorien der Sozialpsychologie, Band I: Kognitive Theorien*, 123-154. Bern: Huber.

Hamre, B.K. & Pianta, R.C. (2001). Early teacher-child relationships and the trajectory of children's school outcomes through eighth grade. *Child Development, 72*, 625-638.

Hamre, B.K. & Pianta, R.C. (2005). Can instructional and emotional support in the first-grade classroom make a difference for children at risk of school failure? *Child Development, 76*, 949-967.

Hannover, B. (2010). Sozialpsychologie und Geschlecht: Die Entstehung von Geschlechtsunterschieden aus der Sicht der Selbstpsychologie. In G. Steins (Hrsg.), *Handbuch Psychologie und Geschlechterforschung* (27-42).Wiesbaden: VS Verlag für Sozialwissenschaften | Springer Fachmedien.

Hannover, B. (2011). Ist die Überrepräsentanz von Frauen im Bildungssystem für den geringeren Bildungserfolg von Jungen verantwortlich? In Witte, E.H., & Doll, J. (Hrsg.), *Sozialpsychologie, Sozialisation und Schule. Beiträge des 26. Hamburger Symposiums zur Methodologie der Sozialpsychologie.* Lengerich, Pabst Science Publishers, (233-245).

Hansen, N. (2010): Spielend lernen? Lernspiele in divergierendem Fächerkontext der Sekundarstufe I und II und ihre Auswirkungen auf Lernerfolg und Motivation bei Kindern und Jugendlichen. Dissertation: Universität Duisburg-Essen.

Hansen, N. & Steins, G. (2009). Moderne versus traditionelle Unterrichtsgestaltung. Divergierende Unterrichtsformen und ihr Einfluss auf Motivation und Lernerfolg am Beispiel des Biologieunterrichts. *Mathematischer und Naturwissenschaftlicher Unterricht, 62,* 298-303.

Hatfield, E., Cacioppo, J.T., & Rapson, R.L. (1994). *Emotional Contagion*. Paris: Cambridge University Press.

Hattie, J. (2009). *Visible Learning. A Synthesis of over 800 Meta-analyses relating to Achievement.* New York: Routledge.

Hauck, P.A. (1979). Irrationale Erziehungsstile. In: Albert Ellis & Russell Grieger (Hrgs), *Praxis der rational-emotiven Therapie (299-309).* München: Urban & Schwarzenberg.

Heckhausen, H.C. (1980). *Motivation und Handeln*. Berlin: Springer.

Heider, F. (1958). *The Psychology of Interpersonal Relations.* New York: Wiley.

Herkner, W. (1991). *Lehrbuch Sozialpsychologie.* Bern: Huber.

Higgins, E.T. (1987). Self-discrepancy: A theory relating self and affect. *Psychological Review, 94*, 319-340.

Higgins, E.T. (1989). Self-discrepancy theory: What patterns of self-beliefs cause people to suffer? In Berkowitz, L. (Hrsg.), *Advances in Experimental Social Psychology, 22, 93-136.* San Diego: Academic Press.

Hirnstein, M. & Hausmann, M. (2010). Kognitive Geschlechtsunterschiede. In G. Steins (Hrsg.), *Handbuch Psychologie und Geschlechterforschung*, (S. 69-86). Wiesbaden: VS Verlag für Sozialwissenschaften | Springer Fachmedien.

Hofstadter, D.R. (1988). *Metamagicum. Fragen nach der Essenz von Geist und Struktur.* Stuttgart: Klett-Cotta.

Horney, K. (1951/2004). *Der neurotische Mensch unserer Zeit.* Gießen: Psychosozial Verlag.

Hymel, S. Wagner, E., & Butler, L.J. (1990). Reputational bias: View from the peer group. In S.R. Asher & J.D. Coie (Hrgs.), *Peer Rejection in Childhood* (156-182). Cambridge, England: Cambridge University Press.

Hynds, A. (2010). Unpacking resistance to change within-school reform programmes with a social justice orientation. *International Journal of Leadership in Education, 13,* 377–392.

Jackson, S.E. (1992). Team composition in organizational settings; Issues in managing an increasingly diverse workforce. In S. Worchel, S. Wood, & J.A. Simpson (Hrgs.), *Group Process and Productivity* (138-172). Newbury Park, CA: Sage.

Janoff-Bulman, R. & Wortman, C.B. (1977). Attributions of blame and coping in the "Real World". *Journal of Personality and Social Psychology, 35,* 351-363.

Jones, E.E., & Nisbett, R.E. (1972). The ator and the observer: Divergent perceptions of the causes of behavior. In: E.E. Jones, D.E. Kanouse, H.H. Kelley, R.E. Nisbett, S. Valins & B. Weiner (Hrgs), *Attribution: Perceiving the Causes of Behaviour* (79-94). Morristown, NJ: General Learning Press.

Juvonen, J. (2000). The social functions of attributional face-saving tactics among early adolescents. *Educational Psychology Review, 12,* 15-32.

Kaube, J. (2002). Ein Jahr nach Pisa. *Frankfurter Allgemeine Sonntagszeitung, 49,* 8.12.2002.

Keil, L.J., McClintock, C.G., Kramer, R., & Platow, M.J. (1990). Children's use of social comparison standards in judging performance and their effects on self-evaluation. *Contemporary Educational Psychology, 15,* 75-91.

Kelley, H.H. (1967). Attribution theory in social psychology. In D. Levine (Hrsg.), *Nebraska Symposium on Motivation, 15,* 192-238. Lincoln: University of Nebraska Press.

Kessel, K. (2008). Sind Mädchen konformer als Jungen? Unterrichtsbeobachtungen innerhalb eines selbstaufmerksamkeitstheoretischen Rahmens. In: G. Steins (Hrsg.), *Geschlechterstereotype in der Schule - Realität oder Mythos? Anregungen aus und für die schulische Praxis,* (108-133). Berlin: Pabst Science Publishers.

Knaus, W. (1974). *Rational-Emotive Education: A Manual for Elementary School Teachers.* New York: Institute for Rational Living.

Knaus, W.J. (1979). Rational-emotive Erziehung. In: Albert Ellis & Russell Grieger (Hrgs), *Praxis der rational-emotiven Therapie (287-298).* München: Urban & Schwarzenberg.

Konrad, J. (1947). *Schicksal und Gott: Untersuchungen zur Philosophie und Theologie der Schicksalserfahrung.* Gütersloh: Bertelsmann.

Kuck, E., Maas, M., del Monte, M., Parker, B., & Steins, G. (2007). *Pädagogische Arbeit als Beziehungsarbeit - Entwicklungsförderung benachteiligter Grundschulkinder in einem Essener Patenschaftsprojekt.* Berlin: Pabst Science Publishers.

Kupersmidt, J.B., Buchele, K.S., Voegler, M.E., & Sedikdes, C. (1996). Social self-discrepancy: A theory relating peer relations problems and school maladjustment. In: Juvonen, J., & Wentzel, K.R. (Hrgs.), *Social Motivation: Understanding Children's School Adjustment*, 66-97. New York, NY, US: Cambridge University Press.

Kreienbaum, M.A. (1995). *Erfahrungsfeld Schule. Koedukation als Kristallisationspunkt*. Weinheim: Deutscher Studienbuch Verlag.

Laing, R.D., Phillipson, H., & Lee, A.R. (1966). *Interpersonal Perception. A Theory and a Method of Research*. London: Tavistock Publications.

Langer, E.J. & Piper, A.I. (1987). The prevention of mindlessness. *Journal of Personality and Social Psychology, 53*, 280-287.

Langlois, J.H., Kalakanis, L., Rubenstein, A.J., Larson, A., Hallam, M., & Smoot, M. (2000). Maxims or myths of beauty? A meta-analytic and theoretical review. *Psychological Bulletin, 126*, 390-423.

Langmaack, B. (1991). *Themenzentrierte Interaktion. Einführende Texte rund ums Dreieck*. Weinheim: Psychologie Verlagsunion.

Latané, B. (1981). The Psychology of social impact. *American Psychologist, 36*, 343-356.

Lawler, E.J., & Yoon, J. (1996). Commitment in exchange relations: test of a theory of relational cohesion. *American Sociological Review, 61*, 89-108.

Lazarus, R.S. (1966). *Psychological Stress and the Coping Process*. New York: McGraw-Hill.

Lerner, M.J. & Lerner, S.C. (1980). The belief in a just world: The fundamental delusion. New York: Verlag?

Lewin, K. (1926). Vorsatz, Wille und Bedürfnis. *Psychologische Forschung, 7*, 330-385.

Lewin, K. (1931). Der Übergang von der aristotelischen zur galileiischen Denkweise in Biologie und Psychologie. *Erkenntnis, 1*, 421-466.

Lewin, K. (1948). *Resolving Social Conflicts: Selected Papers on Group Dynamics*. New York: Harper.

Lewin, K. (1951). Field Theory in Social Science. New York: Harper.

Lewin, K., Dembo, T., Festinger, L. & Sears, P.S. (1944). Level of aspiration. In J.M. Hunt (Hrsg.), *Personality and the Behavior Disorders*. New York: Ronald.

Liew, J., Chen, Qi. & Hughes, J.N. (2010). Child effortful control, teacher-student-relationships, and achievement in academically at-risk children: Additive and interactive effects. *Early Childhood Research Quarterly, 25*, 51-64.

Limbourg, M. & Steins, G. (2011). *Sozialerziehung in der Schule*. Wiesbaden: VS Verlag für Sozialwissenschaften | Springer Fachmedien.

Locke, D. (1968). *Myself and Others*. Oxford University Press.

Lohaus, A. (1985). Objektive Selbstaufmerksamkeit und unterrichtsstörendes Schülerverhalten. *Psychologie, Erziehung und Unterricht, 32*, 28-37.

Lozo, L. (2010). Emotionen der Geschlechter: Ein fühlbarer Unterschied? In G. Steins (Hrsg.), *Handbuch Psychologie und Geschlechterforschung* (43-54). Wiesbaden: VS Verlag für Sozialwissenschaften | Springer Fachmedien.

Lupatsch, J. & Hadjar, A. (2011). Determinanten des Geschlechterunterschieds im Schulerfolg: Ergebnisse einer quantitativen Studie aus Bern. In A. Hadjar (Hrsg.), *Geschlechtsspezifische Bildungsungleichheiten* (176-202). Wiesbaden: VS Verlag für Sozialwissenschaften | Springer Fachmedien.

Maas, A., Clark, R.D. III. & Haberkorn, G. (1982). The effects of differential ascribed category membership and norms on minority influence. *European Journal of Social Psychology, 12,* 89-104.

Maas, M., & Steins, G. (2012). *Zeit für Kinder - Erfahrungen und Wirkungen eines Patenschaftsprojektes.* Berlin: Pabst Science Publishers.

Maccoby, E.E. (2000). *Psychologie der Geschlechter. Sexuelle Identität in den verschiedenen Lebensphasen.* Stuttgart: Klett-Cotta.

Maccoby, E.E., & Martin, J.A. (1983). Socialization in the context of the family: Parent-child interaction. In E.M. Hetherington (Ed), P.H. Mussen (Series Hrsg.), *Handbook of Child Psychology: Vol. 4. Socialization, Personality, and Social Development* (1-102). New York: Wiley.

Marrow, A.J. (1977). *Kurt Lewin - Leben und Werk.* Stuttgart: Klett.

McCrone, J. (1994). *The Myth of Irrationality.* New York: Carrol & Graf.

Medway, F.J. (1979). Causal attributions for school-related problems: Teacher perceptions and teacher feedback. *Journal of Educational Psychology, 71,* 809-818.

Meichenbaum, D. (1971). *Cognitive factors in behavior modification: Modifying what clients say to themselves.* Research Report No. 25, University of Waterloo, Waterloo, Canada, July 23, 1971.

Meichenbaum, D., & Goodman, J. (1971). Training impulsive children to talk to themselves. *Journal of Abnormal Psychology, 77,* 115-126.

Merz, J. (1983). Fragebogen zur Messung der psychologischen Reaktanz. *Diagnostica, XXIX,* 75-82.

Meyer, W.-U. (2000). *Gelernte Hilflosigkeit.* Bern: Huber.

Meyer, K. (2011). Moralische Bildung im Philosophie- und Ethikunterricht. In Limbourg, M. & Steins, G. (Hrsg.), *Sozialerziehung in der Schule* (223-238). Wiesbaden: VS Verlag für Sozialwissenschaften | Springer Fachmedien.

Milgram, S. (1970). The experience of living in cities. *Science, 167,* 1461-1468.

Milgram, S. (1974). *Obedience to Authority.* New York: Harper & Row.

Miller, R. (1999*). Lehrer lernen. Ein pädagogisches Arbeitsbuch.* Weinheim: Beltz.

Miron, A.M. & Brehm, J.W. (2006). Reactance Theory – 40 years later. *Journal of Social Psychology, 37,* 9-18.

Montessori, M. (2002). *Schule des Kindes.* 8. Auflage. Herder.

Morrill, C. (1995). *The Executive Way.* Chicago: University of Chicago Press.

Moriarty, B., Douglas, G., Punch, K., & Hattie, J. (1995). The importance of self-efficacy as a mediating variable between learning environment and achievement. *British Journal of Educational Psychology, 65*, 73-84.

Moscovichi, S. (1980). Toward a theory of conversion behaviour. In: L. Berkowitz (Hrsg.), *Advances in Experimental Social Psychology, Vol. 13*, 209-230. New York: Academic Press.

Moscovichi, S. (1985). Social influence and conformity. In: G. Lindzey & E. Aronson (Hrgs.), *Handbook of Social Psychology* (3rd ed., 347-412). Reading: Addison-Wesley.

Mullen, B. (1983). Operationalizing the Effects of the group on the individual: a self-attention perspective. *Journal of Experimental Social Psychology, 19*, 295-322.

Münstermann, S., & Steins, G. (2003). Stigmatisierung essgestörter Frauen in Abhängigkeit vom Diagnosematerial und Form der Essstörung. *Zeitschrift für Klinische Psychologie und Psychotherapie, 32*, 1-9.

Murray, H.A. (1938). *Explorations in Personality.* New York: Oxford.

Nagel, Th. (1981). Wie ist es, eine Fledermaus zu sein? In P. Bieri (Hrsg.), *Analytische Philosophie des Geistes.* Königstein/Ts.: Hain.

Nathan, R. (2005). *My Freshman Year. What a Professor learned by becoming a Student.* Ithaca & London: Cornell University Press.

Nemeth, C.J., & Wachtler, J. (1974). Creating the perceptions of consistency and confidence: A necessary condition for minority influence. *Sociometry, 37*, 529-540.

Noack, P. (1998). School achievement and adolescents' interaction with their fathers, mothers, and friends. European *Journal of Psychology of Education, 13*, 503-513.

Nothbaum, N. & Steins, G. (2010). Nicht sexistischer Sprachgebrauch. In: : Steins (Hrsg.), *Handbuch Psychologie und Geschlechterforschung*, (409-416). Wiesbaden: VS Verlag für Sozialwissenschaften | Springer Fachmedien.

Oren, D.L. (2001). Evaluation systems and attributional tendencies in the classroom: A sociological approach. *Journal of Educational Research, 76*, 307-312.

Pelkner, A.-K., Günther, R. & Boehnke, K. (2002). Die Angst vor sozialer Ausgrenzung als leistungshemmender Faktor. *Zeitschrift für Pädagogik, 45*, 326-340.

Pelz, D.C. (1967). Creative tensions in the research and development climate. *Science, 157*, 160-165.

Perry, D.G., & Bussy, K. (1979). The social learning theory of sex differences: Imitation is alive and well. *Journal of Personality and Social Psychology, 37*, 1699-1712.

Pesendorfer, B. (1974). Beobachtungen von entfremdeter Bildung. In Gerhard Schwarz (Hg), *Gruppendynamik in der Schule.* München: Jugend und Volk.

Peterson, R.S. & Nemeth, C.J. (1996). Focus versus flexibility: Majority and minority influence can both improve performance. *Personality and Social Psychology Bulletin, 22*, 14-23.

Philipp, E., & Rademacher, H. (2002). *Konfliktmanagement im Kollegium. Arbeitsbuch mit Modellen und Methoden.* Weinheim: Beltz.

Phillips, J.M. & Gully, S.M. (1997). Role of goal orientation, ability, need for achievement, and locus of control in the self-efficacy and goal-setting process. *Journal of Applied Psychology, 82*, 792-802.

Pianta, R.C. & Walsh, D. (1996). *High-risk Children in the Schools: Creating Sustaining Relationships.* New York: Routledge.

Pliner, P., & Chaiken, S. (1990). Eating, social motives, and self-presentation in women and men. *Journal of Experimental Social Psychology, 26*, 240-254.

Popper, K.R. (1984). *Logik der Forschung.* 8. Aufl. Tübingen: Mohr.

Pratkanis, A.R., Greenwald, A.G., Leippe, M.R. & Baumgardner, M.H. (1988). In search of reliable persuasion effects: III. The sleeper effect is dead. Long live the sleeper effect. *Journal of Personality and Social Psychology, 54*, 203-218.

Queneau, R. (1986). *Zazie in der Metro.* Frankfurt/M.: Suhrkamp.

Regan, D.T., & Totten, J. (1975). Empathy and attribution: Turning observers into actors. *Journal of Personality and Social Psychology, 32*, 850-856.

Reichle, B. (2004). *Hochbegabte Kinder.* Weinheim: Beltz.

Retter, H. (1996). *Peter Petersen und der Jenaplan.* Weinheim: Beltz.

Reyna, C. (2000). Lazy, dumb, or industrious: When stereotypes convey attribution information in the classroom. *Educational Psychological Review, 12*, 85-110.

Rheinberg, F., Schwarz, N., & Singer, G.M. (1987). Symbolische Selbstergänzung und Leistungsmotivation. *Zeitschrift für Sozialpsychologie, 18*, 50-58.

Roberston, J.S. (2000). Is attribution training a worthwhile classroom intervention for K-12 students with learning difficulties? *Educational Psychology Review, 12*, 111-134.

Robins, R.W., Sprance, M.D. & Mendelsohn, G.A. (1996). The actor-observer effect revisited. Effects of Individual Differences and Reported Social Interaction on Actor and Observer Attributes. *Journal of Personality and Social Psychology, 71*, 375-389.

Rosenman, S. (1956). The paradox of guilt in disaster victim populations. *Psychiatric Quarterly Supplement, 30*, 181-221.

Rudolph, U. & Steins, G. (1997). Causal versus existential attributions: Different perspectives on highly negative events. *Basic and Applied Social Psychology, 20*, 191-205.

Ryle, G. (1994). Self-Knowledge. In Qu. Cassam (Hrsg.), *Self-Knowledge.* Oxford: Oxford University Press.

Schachter, S. & Singer, J.E. (1962). Cognitive, social and physiological determinants of emotional state. *Psychological Review, 69*, 379-399.

Schauder, T. (1996). *Die Aussagen-Liste zum Selbstwertgefühl für Kinder und Jugendliche.* 2. Aufl. Weinheim: Beltz.

Schmitz, G.S., & Schwarzer, R. (2000). Selbstwirksamkeit von Lehrern: Längsschnittbefunde mit einem neuen Instrument. *Pädagogische Psychologie, 14* (1), 12-25.

Schmundt, H., & Traufetter, G. (2003). „Angst vor ‚Kleinen Brüdern'". Interview mit dem Kultautor Neal Stephenson über seine düsteren Technikvisionen und die Bespitzelung im Netz. *Der Spiegel, 2*, 124.

Schultz-Hardt, S., Greitemeyer, T., Brodbeck, F.E. & Frey, D. (2002). Sozialpsychologische Theorien zu Urteilen, Entscheidungen, Leistung und Lernen in Gruppen. In Frey, D. & Irle, M. (Hrsg.), *Theorien der Sozialpsychologie, Band II (13-46)*. Göttingen: Huber.

Schümer, G. (1998). Mathematikunterricht in Japan. Ein Überblick über den Unterricht in öffentlichen Grund- und Mittelschulen und privaten Ergänzungsschulen. *Unterrichtswissenschaft, 26*, 195-228.

Schunk, D.H., & Hanson, A.R. (1985). Peer models: Influence on children's self-efficacy and achievement. *Journal of Educational Psychology, 77*, 313-322.

Semmer, N. K. & Jacobshagen, N. (2010). Feedback im Arbeitsleben – eine Selbstwert-Perspektive. *Gruppendynamik & Organisationsberatung*, 41, 39-55.

Sherif, M. (1966). *In common Predicament: Social Psychology of Intergroup Conflict and Cooperation*. Boston: Houghton Mifflin.

Shumow, L., & Miller, J.D. (2001). Parent's at-home and at-school academic involvement with young adolescents. *Journal of Early Adolescence, 21*, 68-82.

Sennett, R. (1990). *Autorität*. Frankfurt/M.: Fischer.

Sennett, R. (2002). *Respekt im Zeitalter der Ungleichheit*. Berlin: Berlin Verlag.

Sennett, R. (2012). *Zusammenarbeit. Was unsere Gesellschaft zusammenhält*. Berlin: Hanser.

Singh, D. (1993). Adaptive significance of female physical attractiveness: Role of waist-to-hip ratio. *Journal of Personality and Social Psychology, 65*, 293-307.

Sitton, S., & Blanchard, S. (1995). Men's preferences in romantic partners: Obesity vs addiction. *Psychological Reports, 77,* 1185-1186.

Shaw, M.E. (1981). *Group dynamics: The psychology of small group behavior*. New York: McGraw-Hill.

Shute, V. J. (2008). Focus on Formative Feedback. *Review of Educational Research, 78*, 1, 153-189.

Siller, R. (2011). Geschichte der sozialen Erziehung in der Schule. In M. Limbourg & G. Steins (Hrsg.), *Sozialerziehung in der Schule* (67-90). Wiesbaden: VS Verlag für Sozialwissenschaften | Springer Fachmedien.

Smaxwil, J. (2008). Geschlechtsspezifische Lern- und Motivaionsprozesse – Lernen Mädchen anders als Jungen? In G. Steins (Hrsg.), *Geschlechterstereotype in der Schule - Realität oder Mythos? Anregungen aus und für die schulische Praxis*. (42-63). Berlin: Pabst Science Publishers.

Stahlberg, D., & Sczesny, S., & Braun, F. (2001). Name your favorite musician. Effects of masculine generics and of their alternatives in German. *Journal of Language and Social Psychology, 20*, 446-464.

Stahlberg, D. & Sczesny, S. (2001). Effekte des generischen Maskulinums und alternativer Sprachformen auf den gedanklichen Einbezug von Frauen. *Psychologische Rundschau, 52*, 131-140.

Stainton Rogers, W. & Stainton Rogers, R. (2004). *The Psychology of Gender and Sexuality.* Oxford, Open University Press.

Stapel, D.A., & Tesser, A. (2001). Self-activation increases social comparison. *Journal of Personality and Social Psychology, 81*, 742-750.

Stasson, M.F. & Bradshaw, S.D. (1995). Explanations of individual-group performance differences: What sort of „bonus" can be gained through group interaction? *Small Group Research, 26,* 296-308.

Steins, G. (1998a). Diagnostik von Empathie und Perspektivenübernahme: Eine Überprüfung des Zusammenhangs beider Konstrukte und Implikationen für die Messung. *Diagnostica, 44*, 117-129.

Steins, G.(1998b). Perspektivenübernahme in Liebesbeziehungen: Der Einfluss der gedanklichen Beschäftigung mit einer geliebten Person und der Qualität einer Liebesbeziehung auf Perspektivenübernahme. *Zeitschrift für Psychologie, 206*, 75-92.

Steins, G. (2000). Motivation in person perception: Role of other's perspective. *Journal of Social Psychology,* 140, 692-709.

Steins, G. (2003). *Identitätsentwicklung. Die Entwicklung von Mädchen zu Frauen und Jungen zu Männern.* Berlin: Pabst (2. Auflage 2008).

Steins, G. (2005). Empathie. In H. Weber & T. Rammsayer (Hrsg.), *Handbuch der Persönlichkeitspsychologie und Differentiellen Psychologie* (S. 467 - 475). Göttingen: Hogrefe.

Steins, G. (2006a). Perspektivenübernahme. In H.-W. Bierhoff & D. Frey (Hrsg.), *Handbuch der Sozialpsychologie und Kommunikationspsychologie* (S. 471 - 476). Göttingen: Hogrefe.

Steins, G. (2006b). Merging or differentiation? Is there an optimum closeness for perspective-taking in love-relationships? *Advances in Social Psychology Research,* 67-82. New York: Nova Science Publishers.

Steins, G. (2008a), *Geschlechterstereotype in der Schule - Realität oder Mythos? Anregungen aus und für die schulische Praxis.* Berlin: Pabst Science Publishers.

Steins, G. (2008b). *Schule trotz Krankheit.* Berlin: Pabst Science Publishers.

Steins, G. (2009a). Empathie. In Otto, J.H., & Brandstätter, N. (Hrsg.), *Handbuch der Allgemeinen Psychologie: Motivation und Emotion* (S. 723-730) Göttingen: Hogrefe.

Steins, G. (2009b). Widerstand von Lehrern gegen Evaluationen aus psychologischer Sicht. In Bohl, T. & Kiper, H. (Hrsg.), *Lernen aus Evaluationsergebnissen (185-195).* Bad Heilbrunn: Klinkhardt.

Steins, G. (2010). *Handbuch Psychologie und Geschlechterforschung*. Wiesbaden: VS Verlag für Sozialwissenschaften | Springer Fachmedien.

Steins, G. (2011a). Bewertungssysteme von Lehrkräften und das Sozialverhalten von Schülern/innen. In Limbourg, M. & Steins, G. (Hrsg.), *Sozialerziehung in der Schule, 499-522*. Wiesbaden: VS Verlag für Sozialwissenschaften | Springer Fachmedien.

Steins, G. (2011b).Stigmatisierungsprozesse als Phänomen menschlicher Wahrnehmung: Eine sozialpsychologische Perspektive am Beispiel von Essstörungen. In: Ernst, J.-P., Simonovic, V., Groß, D., Herpertz-Dahlmann & Hagenah, U. (Hrsg.), *Stigmatisierung bei Anorexia Nervosa. Aachener Beiträge zur Klinischen Ethik*, Band 1, 31-38. KasseL: kassel university press.

Steins, G. (2012a). Für wen und für was soll eine Männerquote gut sein? In Hurrelmann, K., & Schultz, T. (Hrsg.), *Jungen als Bildungsverlierer* (232-247). Weinheim: Beltz/Juventa.

Steins, G. (2012b). Geschlechterforschung, Psychologie und ihre Didaktik. In Kamphoff, M., & Wiepcke, C. (Hrsg.), *Handbuch Geschlechterforschung und Fachdidaktik*, Kapitel 27 (369-382). Wiesbaden: VS Verlag für Sozialwissenschaften | Springer Fachmedien.

Steins, G. (2014). Empathie und Perspektivenübernahme. In: Bierhoff, W. & Frey, D., *Enzyklopädie Sozialpsychologie, in Druck*. Göttingen: Hogrefe.

Steins, G., Blum, B., Bremkens, A., Fleurkens, A.-K., Grensemann, P., Platzköster, M. et al. (2004). Von der Mädchenschule zum Nobelpreis? Eine Untersuchung und neue Überlegungen zur Debatte Monoedukation-Koedukation. *Iff Info, 21*, 83-90.

Steins, G. & Haep, A. (2012). Warum sind Veränderungen in der Schule so schwierig? Erklärungen aus der Sozialpsychologie. *Lehren & Lernen, 38*, 28 - 31.

Steins, G. & Haep, A. (2014). Soziales Lernen in der Schule. Angewandte Sozialpsychologie auf allen Ebenen der Bildung und Erziehung. *Zeitschrift für Gruppendynamik und Organisationsberatung, 45*, 5-23.

Steins, G. & Maas, M. (2009). Entwicklungsförderung für benachteiligte Grundschulkinder. *Schulkinder, 4*, 30-33.

Steins, G., Nothbaum, N., Kämper, A., Mölder, M., & Müller, N. (2003). Zu den Bedingungen von Integration in unterschiedlichen Hausgemeinschaften bei türkischen und deutschen Mietern. *Zeitschrift für Umweltpsychologie, 7,* 108-123.

Steins, G. & Rudolph, U. (1994). Fremdenfeindlichkeit aus sozialpsychologischer Sicht: Vorauslaufende Bedingungen, Folgen, Interventionen. In: H. Knortz, *Fremdenfeindlichkeit in Deutschland: Ein interdisziplinärer Beitrag, 101-118*, Frankfurt/M.: Lang.

Steins, G. & Sprehe, B. (2003). Maskulin oder schön, Mann oder Frau? Maskulin schön! Auswirkungen von Attraktivität und Geschlechtsspezifität auf die zugeschriebene Berufliche Qualifikation. *Iff Info, 20*, 7-15.

Steins, G., Weber, P. & Welling, V. (2013). *Von der Psychiatrie zurück in die Schule: Reintegration bei Schulabsentismus. Konzepte - Begründungen – Materialien*. Wiesbaden: VS Verlag für Sozialwissenschaften | Springer Fachmedien.

Steins, G., & Weiner, B. (1999). The influence of perceived responsibility and personality characteristics on the emotional and behavioral reactions to persons with AIDS. *Journal of Social Psychology, 139*, 487-495.

Steins, G. & Welling, V. (2010). *Sanktionen in der Schule*. Wiesbaden: VS Verlag für Sozialwissenschaften | Springer Fachmedien.

Steins, G., & Wickenheiser, R. (1995). Konzepte von „Frau", „Selbst" und „Führung": Ein Vergleich zwischen Managerinnen und Betriebswirtschaftsstudentinnen. *Zeitschrift für Arbeits- und Organisationspsychologie, 39*, 78-80.

Steins, G., & Wicklund, R.A. (1993). Zum Konzept der Perspektivenübernahme: Ein kritischer Überblick. *Psychologische Rundschau, 44*, 226-239.

Steins, G., & Wicklund, R.A. (1996). Perspective-taking, conflict and press: Drawing an E on your forehead. *Basic and Applied Social Psychology, 18*, 319-346.

Steins, G., & Wicklund, R.A. (1997). Untersuchungen zu Bedingungen der Förderung von Perspektivenübernahme. *Zeitschrift für Sozialpsychologie, 28*, 172-183.

Stephan, W.G. (1987). The contact hypothesis in intergroup relations. *Review of Personality and Social Psychology, 9*, 13-40.

Stürzer, M., Roisch, H., Hunze, A., & Cornelißen, W. (2003). *Geschlechterverhältnisse in der Schule*. Opladen: Leske & Budrich.

Sugai, G., Horner, R.H., & Gresham, F.M. (2002). Behaviorally Effective School Environments. In G.S. Stoner, R. Mark, H.M. Walker (Hrsg.), *Interventions for Academic and Behavior Problems II: Perspective and Remedial Approaches* (315-359). Washington DC: National Association of School Psychologists.

Sullins, E.S. (1991). Emotional contagion revisited: Effects of social comparison and expressive style on mood convergence. *Personality and Social Psychology Bulletin, 17*, 166-174.

Talavera, M.L. (2002). Innovation and resistance to change in bolivian schools. *Prospects, XXXII*, 301-309.

Tesser, A. (1988). Toward a self-evaluation maintenance model of social behavior. *Advances in Experimental Social Psychology, 21*, 181-227.

Tesser, A., Pilkington, C.J., & McIntosh, W.D. (1989). Self-evaluation maintenance and the mediational role of emotion: The perception of friends and strangers. *Journal of Personality and Social Psychology, 57*, 442-456.

Tollefson, N. (2000). Classroom applications of cognitive theories of motivation. *Educational Psychology Review, 12*, 63-83.

Toulmin, S. (1970). Reasons and Causes. In: R. Borger & F. Cioffi (Hrgs), *Explanation in the Behavioural Sciences, 1-26*. Cambridge: At the University Press.

Toyama, M. (2001). Developmental changes in social comparison in preschool and elementary school children: Perceptions, feelings, and behavior. *Japanese Journal of Educational Psychology, 49*, 500-507.

Tracey, T.E. (1998). Peer rejection: A follow-forward study of the relationships among peer status and school-related variables. *Dissertation Abstracts International Section A: Humanities & Social Sciences, 58* (10-A), 3837.

Triplett, N. (1898). The dynamogenic factors in pacemaking and competition. *American Journal of Psychology, 9*, 507-533.

Tschöpe-Scheffler, S. (2005). Neue Konzepte der Elternbildung – Ein kritischer Überblick. Opladen: Barbara Budrich.

Tücke, M. (1999). Psychologie in der Schule – Psychologie für die Schule. *Osnabrücker Schriften zur Psychologie, 4*. Münster: LIT.

Tziner, A. & Eden, D. (1985). Effects of crew composition on crew performance: Does the whole equal the sum of its parts? *Journal of Applied Psychology, 70*, 85-93.

Ulich, K. (2001). *Einführung in die Sozialpsychologie der Schule*. Weinheim: Beltz.

Umberson, D., & Hughes, M. (1987). The impact of physical attractiveness on achievement and psychological well-being. *Social Psychology Quarterly, 50*, 227-236.

Valins, S. (1966). Cognitive effects of false heart-rate feedback. *Journal of Personality and Social Psychology, 4*, 400-408.

Viebahn, P. (2004). *Hochschullehrerpsychologie*. Bielefeld: UVW.

Von Senger, H. (1992). *Strategeme*. Bern: Scherz.

Waddell, D. & Sohal, A.S. (1998). Resistance: a constructive tool for change management. *Management Decision, 36*, 543–548.

Walster, E., Walster, G.W., & Berscheid, E. (1978). *Equity: Theory and research*. Boston: Allyn & Bacon.

Walster, E., Walster, G.W., Piliavin, J., & Schmidt, L. (1973). „Playing hard to get": Understanding an elusive phenomenon. *Journal of Personality and Social Psychology, 26,* 113-121.

Walters, R.H. & Brown, M. (1963). Studies of reinforcement of aggression: III. Transfer to responses to an interpersonal situation. *Child Development, 34*, 536-571.

Weiner, B. (2000). Intrapersonal and interpersonal theories of motivation from an attributional perspective. *Educational Psychology Review, 12*, 1-14.

Weiner, J., & Brehm, J. (1966). Buying behaviour as a function of verbal and monetary inducements. In: Brehm, J.W., *A theory of psychological reactance*, 82-90. New York: Academic Press.

Weishaupt, H., Berger, M., Saul, B. Schimunek, F.-P., Grimm, K., Pleßmann, St., Zügenrücker, I. (2004). *Verkehrserziehung in der Sekundarstufe. Bericht der Bundesanstalt für Straßenwesen* M 157, Bergisch Gladbach.

Wicklund, R.A. (1982). How society uses self-awareness. In J. Suls (Hrsg.), *Psychological Perspectives in the Self, Vol. 1*, 209-229. New Jersey: Lawrence Erlbaum Associates.

Wicklund, R.A., & Gollwitzer, P.M. (1981). Symbolic self-completion, attempted influence, and self-deprecation. *Basic and Applied Social Psychology, 2,* 89-114.

Wicklund, R.A., & Gollwitzer, P.M. (1982). *Symbolic self-completion*. Hillsdale: Erlbaum.

Wicklund, R.A. & Steins, G. (1996). Person perception under pressure: When motivation brings about egocentrism. In P.M. Gollwitzer, & J.A. Bargh (Hrsg.), *The Psychology of Action: Linking Cognition and Motivation to Behavior (511-528)*. New York: Guilford Publications.

Wilton, T. & Steins, G. (2012). Umgang von Lehrenden mit Stress: Zur Bedeutung des Konzeptes rationaler Gedanken in der Lehrerausbildung. *Zeitschrift für Rational-Emotive & Kognitive Verhaltenstherapie, 23*, 7-32.

Winner, E. (2004). *Hochbegabt. Mythen und Realiäten von außergewöhnlichen Kindern*. Suttgart: Klett-Cotta.

Witte, E. H. (1994). Minority influences and innovations: The Search for an integrated explanation of psychological and sociological models. In: Moscovichi, S., Muchi-Faina, A., Maass, A. (Hrgs.), *Minority Influence*. Chicago: Nelson-Hall.

Wong, P.T.P. (1991). Existential versus causal attributions: The social perceiver as a philosopher. In: S. Zelen (Hrsg.), *New Models, new Extensions of Attribution Theory* (84-125). New York: Springer.

Woolfolk, A. (1995). *Educational Psychology*. (6. Auflage). Boston: Allyn and Bacon.

Wortman, C.B., & Brehm, J.W. (1975). Responses to uncontrollable outcomes: An integration of reactance theory and the learned helplessness model. In: L.E. Berowitz (Hrsg.), *Advances in Experimental Social Psychology, 8*. New York: Academic Press.

Zajonc, R.B. (1965). Social facilitation. *Science, 149*, 269-274.

Zajonc, R.B. (1968). Attitudinal effects of mere exposure. *Journal of Personality and Social Psychology, 9*, 1-27.

Zajonc, R.B., & Sales, S.M. (1966). Social facilitation of dominant and subordinate responses. *Journal of Experimental and Social Psychology, 2*, 160-168.

Zajonc, R.B. (1980). Feeling and thinking: Preferences need no inferences. *American Psychologist, 36*, 151-175.

Zajonc, R.B. (1984). On the primacy of affect. *American Psychologist, 39*, 117-123.

Ziegler, A., Kuhn, C., & Heller, K.A. (1998). Implizite Theorien von gymnasialen Mathematik- und Physiklehrkräften zu geschlechtsspezifischer Begabung und Motivation. *Psychologische Beiträge, 40*, 271-287.

Zillmann, D. (1971). Excitation transfer in communication — mediated aggressive behavior. *Journal of Experimental and Social Psychology, 7*, 419-434.

ANHANG
Internetquellen

Hansen, N. (2010): *Spielend lernen? Lernspiele in divergierendem Fächerkontext der Sekundarstufe I und II und ihre Auswirkungen auf Lernerfolg und Motivation bei Kindern und Jugendlichen.* Dissertation: Universität Duisburg-Essen.
http://www.uni-due.de/biwigst/promotionen.php

Hyde, J.S. & Janet E. Mertz, J.E. (2009). Gender, culture, and mathematics performance. *PNAS, 106*, 8801-8807.

Steins, G. (2004). Evaluation eines Schulversuchs zum jahrgangsübergreifenden Unterricht der Albert-Schweitzer-Grundschule in Essen: Ein Bericht.
http://www.uni-due.de/biwigst/evaluationen/Gesamtbericht.pdf

ANHANG
Empfehlungen für weiterführende Lektüre

Forsyth, D.R. (2010). *Group Dynamics.* **Belmont, CA: Wadsworth, Cengage Learning.**
In diesem Buch wird ein guter Überblick über die Variablen gegeben, die dazu beitragen, die Dynamik einer Gruppe zu beeinflussen. Die dargestellten Theorien werden an zahlreichen Beispielen illustriert. Die Implikationen für den Schulalltag ergeben sich von selbst aus der Lektüre: Wie die Gruppenstruktur einer Klasse ermittelt werden kann, wie Rollenambivalenzen zustande kommen und welche Bedeutung sie haben können, welche Art von Aufgaben für Gruppenarbeit geeignet ist und welche eher nicht usw. Das Buch ist sehr lebendig geschrieben; aus diesem Grunde ist die Tatsache, dass es in englischer Sprache verfasst ist, kein Lesehindernis.

Frey, D. & Irle, M. (2001), *Theorien der Sozialpsychologie, Band I-III.* **Bern: Huber.**
In diesen drei Bänden sind die wichtigsten sozialpsychologischen Theorien eingehend beschrieben; auch wird deren empirische Evidenz detailliert berichtet. Alle Theorien, die in diesem Buch aufgeführt werden, können dort hinsichtlich ihrer Entwicklungsgeschichte – Modifikationen, Erweiterungen usw. – vertieft werden. Die Bände sind von den genannten Autoren herausgegeben; jedes Kapitel wurde von einem anderen Autor bzw. einer anderen Autorin geschrieben, so dass sich der jeweilige Lesecharakter unterscheidet.

Ulich, K. (2001). *Einführung in die Sozialpsychologie der Schule.* **Weinheim: Beltz.**
Anders als in diesem Buch, welches von verschiedenen konzeptuellen Standpunkten aus ins Klassenzimmer geht, bewegt sich der Autor im Kontext Schule und zieht zur Beschreibung und Erklärung der dort anzutreffenden Phänomene verschiedene sozialpsychologische Ansätze heran. Die Lektüre dieses Buches wird zu vielen der hier genannten Problemfelder, insbesondere der Schüler/in-Lehrer/in-Interaktion, weitere Aspekte bewusst machen können.

Tücke, M. (1999). Psychologie in der Schule – Psychologie für die Schule. *Osnabrücker Schriften zur Psychologie, 4.* **Münster: LIT.**
Der Autor geht von dem Blickwinkel der pädagogischen Psychologie auf zentrale Konzepte und Probleme des Schulalltags ein. Dadurch ergeben sich thematisch Überschneidungen zu den hier angesprochenen Problemen und Fragen, die sich aus dieser Perspektive jedoch anders gestalten und somit zu einem differenzierteren Verständnis eines psychologischen Zugangs zum Kontext Schule beitragen.

Vernon, A. (2002). What works when. With children and Adolescents. A Handbook of individual counseling techniques. Illinois, Champaign: Research Press.

In diesem Handbuch werden zahlreiche didaktisch gut vorbereitete, auf verschiedene Altersgruppen zugeschnittene Übungen zusammengestellt, mit Hilfe derer, in Gruppen oder individuell, emotionale Probleme konstruktiv besprochen und Lösungen angeregt werden können. Gleichzeitig stellen diese Übungen hervorragende Beispiele dafür da, wie mit einfachen Mitteln nach den Prinzipien der rational-emotiven Verhaltenstherapie rational-emotive Erziehung im Unterricht geleistet werden kann.

Hattie, J. (2009). Visible Learning. A Synthesis of over 800 Meta-analyses relating to achievement. New York: Routledge.

Hatties Schlussfolgerungen, auf der Grundlage von Metaanalysen zahlreicher empirischer Studien, über das, was mit dem Lernerfolg der Heranwachsenden in der Schule zusammenhängt, sind sehr lesenswert. Viele Mythen über Schule werden relativiert. Die zentralen Prozesse rücken in den Fokus und das ist vor allem die Gestaltung der Schule durch die Lehrperson und ganz besonders die Gestaltung einer lernförderlichen Beziehung. Auch wenn Hatties Bild der Schule sehr komplex ist, so einfach ist es doch nicht. Beim Lesen immer im Auge behalten, dass nur Haupteffekte untersucht werden. Die Realität ist natürlich noch sehr viel komplizierter als von Hattie abgebildet; dennoch eine gewinnbringende Lektüre.

ANHANG
Verzeichnis der Tabellen

Tabelle 1	Was Sozialpsychologie ist – eine Auswahl von Definitionen	21
Tabelle 2	Was ist eine gute Theorie? Ausgewählte Fragen zur Bestimmung	53
Tabelle 3	Ausgewählte sozialpsychologische Theorien zur Beschreibung und Erklärung von Facetten des Schulalltags. Ein Überblick	55
Tabelle 4	Freundlichkeit von anderen in Abhängigket von Attraktivität: Hochgerechnet auf 10 Jahre	70
Tabelle 5	Machtgrundlagen von Lehrern/innen und Schülern/innen	89
Tabelle 6	Soziale Vergleichsinformationen in der Schule	108
Tabelle 7	Informationsquellen nach Kelley. Angewandt auf eine Schülerin, die nach den Ursachen für ihre Mathematikleistung sucht.	120
Tabelle 8	Informationstypen nach Kelley. Angewandt auf den schulischen Kontext: Zusammenhang zwischen Vorbereitung und Mathematiknote	121
Tabelle 9	Warum habe ich eine schlechte Note in der Deutschklausur erhalten?	128
Tabelle 10	Variablen im schulischen Alltag, die Selbstwirksamkeit der Schüler/innen steigern können	153
Tabelle 11	Einführung von Klassenregeln	163
Tabelle 12	Möglichkeiten der symbolischen Darstellung einer noch nicht erreichten Selbstdefinition	173
Tabelle 13	Die Dichotomie von Verstand und Gefühl – Alltagstheorien	190
Tabelle 14	Weit verbreitete nicht hilfreiche Grundüberzeugungen	199
Tabelle 15	Nicht hilfreiche Überzeugungen von Lehrpersonen in der Interaktion mit Schülern/innen	203
Tabelle 16	Nicht hilfreiche Überzeugungen von Lehrpersonen in der Interaktion mit Eltern	206
Tabelle 17	Nicht hilfreiche Überzeugungen von Lehrpersonen ihren Kollegen und Kolleginnen gegenüber	208
Tabelle 18	Vor- und Nachteile jahrgangsübergreifenden Unterrichts	237
Tabelle 19	Vor- und Nachteile jahrgangsspezifischen Unterrichts	237
Tabelle 20	Vorteile von Vielfalt in einer Gruppe für ihre Produktivität	257
Tabelle 21	Nachteile von Vielfalt in einer Gruppe für ihre Produktivität	258
Tabelle 22	Soziale Arrangements zum Abbau von Vorurteilen	263

Verzeichnis der Abbildungen

Abbildung 1	Theorien über sich selbst und andere und die Folgen	20
Abbildung 2	Die Komplexität des schulischen Alltags	37
Abbildung 3	Die Handelnden-Beobachter-Divergenz	66
Abbildung 4	Langfristige Wirkungen positiver impliziter Persönlichkeitstheorien	70
Abbildung 5	Determinanten des selbstwerterniedrigenden Vergleichsprozesses und des selbstwerterhöhenden Reflexionsprozesses	110
Abbildung 6	Informationen und Kausaldimensionen	128
Abbildung 7	Auswirkungen der Kausaldimensionen auf der kognitiven Ebene	130
Abbildung 8	Auswirkungen der Kausaldimensionen auf der Verhaltensebene	131
Abbildung 9	Die Verantwortlichkeitstheorie nach Weiner unter Hinzunahme der Persönlichkeit nach Steins und Weiner (1999)	134
Abbildung 10	Ein Explorations- und Analysemodell nach den Annahmen der rational-emotiven Verhaltenstherapie (REVT)	195
Abbildung 11	Schulischer Selbstwert bei Schülern/innen einer Grundschule zu drei Messzeitpunkten während eines Projektes „jahrgangsübergreifender Unterricht"	245
Abbildung 12	Erleben des schulischen Selbstwertes aus der Perspektive der Kinder, die zum ersten Messzeitpunkt einen vergleichsweise niedrigen Selbstwert hatten versus der Kinder, die zum ersten Messzeitpunkt einen vergleichsweise hohen Selbstwert hatten	246

ANHANG

Danksagung

Vor über zehn Jahren habe ich an der ersten Version dieses Buches geschrieben. Ich war sehr begeistert von meiner neuen Aufgabe, Studierende des Lehramtes Wissen darüber zu vermitteln, wie Menschen sich miteinander verhalten und wie dies mit ihren inneren Vorgängen zusammenhängt. Es war für mich theoretisch sehr klar, dass man mit diesem Wissen viele Probleme des schulischen Miteinanders erkennen und lösen kann.

In der Schule müssen viele verschiedene Menschen miteinander klar kommen, und es ist für alle gut, wenn es eine interessante und positiv bewegende Zeit wird. Das funktioniert nicht mit Alltagsvorstellungen über „Benehmen", sondern nur mit einem fundierten Wissen über menschliche Beziehungen. Mit Rezepten kommt man im Schulalltag nicht weit. Insofern stellt dieses Werk eine Elementarlehre von Beziehungen in der Schule dar, die kunstvoll auf die verschiedenen Situationen angewandt werden muss, wenn Schule eine gute Zeit werden soll.

Mittlerweile stellt sich immer deutlicher heraus, dass in der Schule der Beziehungsaspekt eine zentrale Rolle für die soziale, emotionale und kognitive Entwicklung der Schüler/innen spielt. 2009 stellte Hattie den Beziehungsaspekt als einen der zentralen Dreh- und Angelpunkte der Lernentwicklung von Schülern/innen heraus.

Seit 2004 arbeitet unsere Arbeitsgruppe praktisch im Feld, nämlich in verschiedenen Schulformen. Die schulische Realität ist der Prüfstein für unser theoretisches Wissen und wird dies bleiben. Nicht nur hier haben wir den Eindruck, dass sozialpsychologisches Wissen eine Bereicherung für den Blick auf Schule und das Handeln in ihr ist. Auch das Feedback der Studierenden bestätigt uns, dass ein sozialpsychologischer Blick hilfreich ist.

Ich möchte mich an dieser Stelle bei einigen Personen sehr herzlich und voller Zuneigung bedanken: Bei Frau Prof. emr. Maria Limbourg, die mich zu diesem Buch inspiriert hat; bei Herrn Dr. Karl Reiter für sein anregendes Querdenken; bei Dr. Norbert Nothbaum, der mein schärfster Kritiker ist, was dazu führt, dass ich stets selbstaufmerksam alles überdenke, was ich über Schule sage und schreibe; meinen Mitarbeiterinnen Kristin Bitan und Anna Haep, die mit so viel Schwung und Elan die schwierigen Forschungs- und Praxisprojekte anpacken, und stets konstruktiv sind. Besonderen Dank an Anna Francesca Steins, der ich die sprachliche Verbesserung dieser Auflage zu verdanken habe. Und den Studierenden, mit denen ich in all diesen Jahren in Berührung gekommen bin, für die so interessanten und lebhaften Diskussionen in Vorlesungen, Seminaren und Übungen. Auch den ehemaligen Studierenden, aus denen heute Lehrer/innen geworden sind, danke ich; es ist immer schön, zu hören, wie sich Ihr Berufsleben gestaltet; Ihr Vertrauen, mich bei Problemen im Beruf um Rat zu bitten, zeigt mir, dass Sie aus unserer Perspektive auf Rat hoffen können.

Herrn Wolfgang Pabst danke ich sehr. Ich kenne keinen offeneren Verleger. Stets hat er unsere Forschungsarbeiten nicht nur unterstützt, indem er sie publizierte; er hat uns auch immer seine Anerkennung spüren lassen. Nun konnte ich dieses Buch substanziell überarbeiten und alle Fehler verbessern, die mich so lange geärgert haben. Und neue Fehler machen... vielen Dank, Herr Pabst!

ANHANG

Index

Anerkennung 38, 88, 166, 175
Angst 214
Ärger 215
    Ärgermännchen 215
Attraktivität 68
    weibliche 68
Attribution 119, 221, 222, 224
    existenzielle 124
    Kausalattribution 123
    Reattributionstraining 136
    Schicksal 125
attributionale Theorien 127, 224
Aufmerksamkeit 144
Aufmerksamkeitsregulierung 165
Außenseiter 19, 224
Beleidigungen 226
Beobachter-Handelnde-Divergenz 126, 130
Bewertungen..195, 230
    dysfunktionale 197, 203, 206, 208, 211
    Forderungen 202
    hilfreiche 209
Bezugspersonen 105, 137, 166, 209
Bumerangeffekt 183
Diskrepanzen 39
Disputation 197
Drogenkonsum 185
Egozentrismus 174
Eltern 177, 205
    Involviertheit 39
Emotionale Erziehung 209
Entscheidungen 95, 221
Erregungsübertragung 193
Erwartungen
    Auswirkungen 40
    Leistung 40
    Rosenthal-Effekt 40
Erziehungsfehler 211
Erziehungsstile 212
Erziehungsvorstellungen 211

Familienkonstellation 43
Feedback 39, 138
Freiheit 223, 230
    Einschränkung..182
Frustrationstoleranz 196, 211, 215
Gardinenpredigten 227
Geduld 213
Gefühle..................................111, 131, 167, 189, 195
    Ansteckung..193
    Training 210
Gerechtigkeitsstandard 232
Geschlecht 68, 71, 93, 133
    Aufmerksamkeitsverteilung 72
    Begabung in Mathematik 71
    Begabung in Physik 71
    Eignung für ein Studium 71
    Stereotype 72
Geschwister 45, 111, 113
    Abgrenzung 45
Gesichtsausdruck 193
Gruppe 103, 156
    Dynamics 19
    Entscheidungen..83
    Gefüge...37
    Gruppenarbeit..232
    Gruppenkonstellation 38
    Mehrheit..91
    Meinungsdivergenzen 104
    Minorität 91
    Zugehörigkeit...38
Hausaufgaben 187, 204, 222
Herausforderung 43, 138
Hilflosigkeit..182
Implizite Persönlichkeitstheorie
    Schönheitsstereotyp 68
implizite Persönlichkeitstheorien.....................68
Informationsquelle 120
Involviertheit...42
    drei Arten 42

Kategorisierung	67, 75
Kollegium	39, 177, 207
Kommunikation	183
Komplexität des schulischen Alltags	49
Komplizenschaft	92, 95
Konflikt	181, 205, 207
Konformität	83, 91
Konformitätsdruck	94
Körpergröße	167
Körperunzufriedenheit	68
Kovariation	120
Langzeitgedächtnis	144
Lautstärke	165
Lehrerpersönlichkeit	231
Lehrpersonen	177
Einschätzungen	39
Lehrerpersönlichkeit	54, 75
Selbstdefinition	173
Urteile	32
Lernen	143, 146, 150
Lernmotivation	90
Lügen	175
Macht	90, 99
Belohnungsmacht	84
Experten-	86
Grundlagen	84
Informations-	225
legitime	85
Quellen	39
Referenz-	86
zu zwingen	85
Meinung	205
Metaebene	19, 38
Metawissen	44
Minderwertigkeit	19
Mitarbeit	204
Modell	226
Modellperson	144, 230
Motivation	145
Noten	105, 107, 119, 120, 121, 128, 134, 145, 156
Peers	37, 44, 135, 148, 166
Personenwahrnehmung	
Egozentrismus	65
Einfühlung	63
Perspektivenübernahme	63
Überprüfungsregeln	75
Zugänglichkeit	63
Persönlichkeit	135
Perspektivenübernahme	230
Aufforderungscharakter	76
für den Schüler, die Schülerin	79
Konflikt	78
Perspektivenwechsel	80
Quasi-Bedürfnis	171
Quellen der Macht	39
Reaktanz	182, 225
Realität	
physikalische	104
soziale	104
Respekt	79, 90, 225, 229
Rollenspiele	210
Sanktionen	39, 184
Schlankheit	167
Schulerfolg	42, 122, 131
Bildungsgrad	44
Familientyp	43
Involviertheit	43
Selbstakzeptanz	198
Selbstaufmerksamkeit	224
Selbstdarstellung	175
Selbstdefinition	172
Selbstdisziplin	216
Selbsterwartungen	
Freundlichkeit	70
selbsterfüllende Prophezeiungen	20
Selbstgespräch	145
Selbstkonzept	70, 133
Selbstwert	110, 112, 137, 138, 157, 196
schulischer	240
Selbstwirksamkeit	146, 149
Selbstwirksamkeitserwartungen	146
sleeper-Effekt	184, 224
Soziales Verhalten	185
Spannungszustand	174
Stereotyp	133
Streit	180
symbolische Selbstergänzung	172, 175
Theorie	
Alltagstheorie	49, 221
falsifizierbar	52
gute	53
Wahrheit	52
Wissenschaftliche	49
Theorien	19
Minimodelle	19
Toleranz	213

Unterricht 162, 209, 231
    jahrgangsübergreifend 236
    Mitarbeit 200
Unterrichtsmethode..144
unterrichtsstörendes Verhalten 165
Unterrichtsstörung 184
Variablen
    unabhängige 50
Verantwortlichkeit..134

Vergleiche 103, 112, 223
    Umgang 106
Vergleichsprozesse 45
Wert eines Menschen 213
Widerstand 181
Wutanfälle 215
zentrale Merkmale 69, 75, 80
Ziel
    selbstbezogenes 172